普通高等学校

WENHUA CHANYE JINGJIXUE
YUANLI HANGYE ZHENGCE

王海文　主编

文化产业经济学

——原理·行业·政策

高等教育出版社·北京
HIGHER EDUCATION PRESS　BEIJING

内容简介

　　文化产业经济学是国际文化贸易、文化产业管理等专业的核心课程。本教材的编写广泛吸收了国内外同类教材、著作的优点、长处和相关信息，尽可能地反映当下文化产业发展的新特征、新趋势和新资讯，既突出文化产业经济学作为产业经济学分支所具有的理论体系的完整性，又兼顾其交叉、应用的特点。本教材共分三篇、十二章，包括原理篇：导论、文化产业结构、文化产业组织、文化产业投资、文化产业经营、文化产业竞争力；行业篇：新闻出版产业、广播影视产业、网络动漫产业、演艺娱乐产业；政策篇：文化产业政策、国际协定与文化产业。每章配有主要内容、学习重点提示以及案例导引、专栏介绍、复习思考题和案例讨论题等供学习者学习参考之用。本书既可作为大专院校国际文化贸易、文化产业管理专业的本科教材，也可作为产业经济学、传媒经济学等相关专业方向教材或参考用书，亦可作为关注、喜爱文化产业的人士以及开展业务培训的机构的有益读物。

图书在版编目（CIP）数据

　　文化产业经济学——原理·行业·政策／王海文主编. -- 北京：高等教育出版社，2013.3（2018.1 重印）
　　ISBN 978 - 7 - 04 - 035574 - 1

　　Ⅰ. ①文… Ⅱ. ①王… Ⅲ. ①文化产业 - 产业经济学 - 高等学校 - 教材 Ⅳ. ①G114

　　中国版本图书馆 CIP 数据核字（2012）第 224342 号

策划编辑 牛 杰	责任编辑 牛 杰	封面设计 张 志	版式设计 王艳红	
责任校对 金 辉	责任印制 赵义民			

出版发行	高等教育出版社	咨询电话	400 - 810 - 0598
社　　址	北京市西城区德外大街 4 号	网　址	http://www.hep.edu.cn
邮政编码	100120		http://www.hep.com.cn
印　　刷	固安县铭成印刷有限公司	网上订购	http://www.landraco.com
开　　本	787 mm×960 mm　1/16		http://www.landraco.com.cn
印　　张	21	版　次	2013 年 3 月第 1 版
字　　数	390 千字	印　次	2018 年 1 月第 3 次印刷
购书热线	010 - 58581118	定　价	32.80 元

本书如有缺页、倒页、脱页等质量问题，请到所购图书销售部门联系调换
版权所有　侵权必究
物 料 号　35574 - 00

总　序

（一）

　　记得 2012 年年初在美国参加国际学术会议，台下有国外同行针对我的论文讲演《中美国际文化贸易发展比较研究》提问："中国为什么现在重视发展文化贸易？"我答："缘于人工成本上升促成产业结构转换，消除西方世界对于中国的种种误解，以及市场化运作比之政府主导的交流活动更容易被接受等。"又问："中国向各国'出口'熊猫是文化贸易吗？"答："不是，但《功夫熊猫》是。"（有笑声！）再问："现在美国大学里有越来越多的中国老师和学生，他们的文化影响也很大？"答："是的，这可能看起来比文化贸易影响更大，但事实上，教育本身就属于广义的文化贸易，它与文化贸易的狭义部分（如影视、演艺等）是相互促进的。"上述问答基本反映了国际文化贸易概念的内涵、外延以及贸易的动机。

　　另一个例子同样是 2012 年年初，韩国政府讨论推出"韩流 3.0 版"（Korean Wave 3.0），以相关系列政策措施推动韩国娱乐及其他文化产品和服务的出口，预计三年动用财力达 2.32 亿美元。韩国的政策制定者们普遍认为，"韩流 1.0 版"开始于十年前韩国影视在海外受追捧，而近两年蹿红国际的韩国特色流行音乐（K-pop music）则自然构成了所谓"韩流 2.0 版"。①

　　可见，在经济全球化背景下，国际文化贸易已经成为当下时代文化经济乃至整个社会经济发展的亮点，影响着其发展水平以及未来去向。来自麦肯锡咨询公司的分析证实了这一点，文化贸易发展的主要推动力和国家经济发展水平的相关度超过 90%。② 而全球范围内的经验也表明，文化贸易的发展将带来包括经济增长、产业结构及贸易结构优化、升级等诸多经济效益和社会效益。

　　就中国情况而言，虽与世界文化经济贸易强国相比仍有很大差距，但近年来政策环境的优化改善、产业基础的不断夯实，也促成了中国对外文化贸易发

① *For Korean Wave 3.0, Go Retro*，WSJ，2012-1-31.
② 彭壮壮. 文化贸易应成为中国影响全球的着力点. 光明日报，2009-6-17.

展重要战略机遇期的形成。特别是，中共十七届六中全会提出了建设社会主义文化强国的战略目标，在此基础上，中共十八大更进一步将其明确为显著增强国家的文化软实力，将使文化产业成为国民经济支柱性产业，中华文化走出去迈出更大步伐。由此，我们唯有顺应大势，迎难而上，在资源、人才、产业、市场、国际化等方面苦练内功，才能在文化经济全球化的竞争中立于不败之地。

具体而言，还有以下三点需要注意：

第一，必须理解国际文化贸易极其特殊的贸易标的。在人本位世界里，文化的发生、绵延伴随着人类社会经济发展的始终，我们可以从多重视角观照人的文化以及文化中的人，可以从人类历史波澜壮阔的画卷中去寻觅广博厚积的与文化相关的事物与现象。发现之一便是我们的生活本身就是前行的文化，而文化的交流与交往则在展开生活历史的同时又滋养着其本身，推动着文化的多维、多样性发展，并在人类社会生产力的上升以及生产方式和生活方式的变迁中发挥日益重要的作用，其中文化与经济的相伴相融便成为生活与历史的必然。

追溯经济生活中的文化交往活动，应该涵盖人类社会发生的林林总总的一切。因而从有交换与交易发生起，文化的元素、内涵、气质已然被纳入其中，且目标直指人类自身发展。由此来看，在一定意义上，国际贸易，更确切地说是货物贸易也可以被视为文化的交往。然而在世界市场形成的进程中，没有比资本主义阶段更能推动文化以一种独立而强有力的姿态站到历史前台、以商品和服务的形式迅速弥散于国别市井之间的，从而进一步拓宽了国际贸易的领域与范围。

第二，必须重视国际文化贸易的产业基础。"文化产业"概念的提出最早可追溯至 20 世纪初。在德国法兰克福学派学者西奥多·阿多诺及马克斯·霍克海默所著的《启蒙辩证法》一书中，作者首次提出"文化工业"一词，用以批判资本主义社会下大众文化的商品化及标准化。然而时至今日，文化产业的迅猛发展以及为各国所推崇之势绝非学者们当初所能预料。有关研究报告展现了这样的事实，即与汽车业、化工业以及煤气、电力业等传统工业部门相比，欧洲文化创意产业从业者较这些行业雇用人数的总和还要多。[1] 文化产业的发展无疑为国际文化贸易的繁荣奠定了坚实的基础。

第三，必须强调国际文化贸易的市场属性。我们应该习惯市场机制作用下"表面看似无序、实则内在有序"的状态，习惯于这种由"看不见的手"所营造的高效、良性的秩序；切忌为达到可见而低效的秩序，给政府那只"闲不

---

① KEA European Affairs, 2006.

住的手"干预市场寻找理由。贸易就是贸易，尽管它关乎文化。这有时可能很痛苦，但结果却总是好的。例如国际知名导演李安在推介其在中国大陆市场广受好评的好莱坞大片《少年派的奇幻漂流》时，也曾感叹要平衡艺术和商业，坦言在艺术良心和商业压力间挣扎。[①]

（二）

诞生于1964年的北京第二外国语学院，曾直接隶属国家对外文化联络委员会，其建校初衷即来自于周恩来总理当时有关培养国际文化交流人才以促进新中国对外关系发展的战略思考。近年来，通过对国际文化贸易这一新生事物的持续关注和研究，北京第二外国语学院逐渐形成了一支学缘结构合理、专业背景交叉的教学科研团队，主持并完成了"国有表演艺术院团改革及其国际化发展战略研究"、"首都文化贸易现状及发展趋势研究"、"国际文化贸易本科应用型人才培养模式研究"等10项国家级、省部级研究课题，出版发表了《国际文化贸易》（专著）、《首都文化贸易发展报告》（2008—2012年）、《国际文化贸易专刊》（2010—2012年）以及50余篇核心期刊学术论文。丰硕的研究成果，使北京第二外国语学院业已成为国内国际文化贸易的理论研究高地。

同时，我们还汇集政、产、学、研多方力量，与文化部对外文化联络局、英国纽卡斯尔大学联合主办"国际文化贸易论坛（2010—2012年）"，与中国国际贸易学会、《国际贸易》杂志社联合主办"国际服务贸易论坛（2007—2012年）"，与文化部文化体制改革工作领导小组办公室联合成立国家文化发展国际战略研究院，并主办了"文化体制改革与中国文化走出去高峰论坛（2010—2012年）"，通过上述高端学术交流，建设国家文化发展的信息智库和外脑平台，为政府决策、企业发展贡献才智。

多年的学术积累、广泛的合作交流，加之世界范围内文化产业对外贸易迅猛发展对于大量专门人才的需求，催生了对于国际文化贸易人才进行专业培养的需求，加快了北京第二外国语学院造就国际文化经营管理人才培养基地的步伐：

2004年2月，开设"国际文化贸易热点问题"课程。

2007年4月，在公开出版的国际服务贸易教材中加入"国际文化贸易"章节。

2007年9月，招收国际经济与贸易专业（国际文化贸易方向）本科生。

2009年2月，经教育部批准，增设国际文化贸易本科专业。

2009年7月，成立国际文化贸易系。

---

① 李安：在艺术良心与商业压力间挣扎. 汕头特区晚报，2012 – 11 – 6.

2011 年 9 月，由文化部和商务部共同推荐申报"国家文化发展国际战略人才"博士培养项目。

2012 年 12 月，获得教育部批准设立交叉学科——国际文化贸易专业二级学科硕士学位授予权。

北京第二外国语学院国际文化贸易专业人才的培养实践说明，高等学校应该主动适应社会经济发展对人才的需求，实现政产学研用一体化的办学模式，兼容外语和国际贸易专业特色，强化多学科、各领域的交流互动，推动项目驱动型、教学研究型及社会实践型等人才培养模式创新，凸显鲜明的国际文化贸易人才竞争优势，以更好地服务于文化"走出去"的国家战略。

（三）

专业建设是推进人才培养的基石，而教材建设无疑是专业建设的最重要组成部分。在高等教育出版社经济管理分社张冬梅社长的全力支持下，国际文化贸易专业系列教材被列入出版计划。

我们深知，教材是用于向学生传授知识、技能和思想的材料，一般应是经过实践检验、相对成熟的人类智慧结晶的逻辑梳理。但国际文化贸易专业各门课程所涉及均属开创性领域，从概念到规律几乎无国内外先例可资借鉴，相关实践活动尚在探索过程之中，这就给我们编写本系列教材带来了很多具体困难，举个例子，从头至尾编写者都要面对各种各样似是而非、不够严谨的概念和说法，如"文化折扣"、"共同消费"及"离岸、在岸"的误用，等等，我把这些称作"概念扰乱"。为此，我们采取了进一步强化与相关实践领域的联系、加强与文化创意产业发源地英国高校的交流力度以及全口径借鉴与对接国际经济贸易类课程等措施，尽最大可能打造一套符合经济学规范的国际文化贸易专业系列教材。

本套教材包括《国际文化贸易》、《中国对外文化贸易概论》、《文化产业经济学》、《跨国文化投融资》、《文化市场营销学》和《文化贸易统计学》六本，是为从事国际文化贸易以及相关专业领域学习、研究和实践而设计、编写的系列教材。它为读者理解文化经济全球化背景下国际文化贸易的发生、发展打开了一扇扇别致的窗户，从窗口中读者将可以领略不同景致构成的亮丽而壮阔的画面——选材精要且富有联系，表现生动又符合智趣，以创新、立意、体系首开国内国际文化贸易专业系列教材之先河，令人耳目一新。教材以促进国内国际文化贸易及相关专业建设和人才培养为己任，立足国际化高度和全球化视野，从经济学的专业视角考察国际文化贸易发展，突出新兴交叉学科在社会前进浪潮中所呈现出的新特点，使教材具有更强的示范性和可读性。

本系列教材的编写团队成员，均来自具有深厚国际文化特色和贸易经济背景的北京第二外国语学院。我们顺应社会经济发展形势，勇于探索实践，以国际化、复合型、应用型的人才培养特色不断致力于打造国际文化贸易精品专业。通过专业系列教材的编写和建设，最大程度地体现学校的办学特色，最大限度地发挥教材建设的团队优势，最好地诠释编写者们对于我国高校教育教学事业的追求和热爱。

当然，这也是我们相关团队在国际文化贸易专业系列教材建设领域的第一次尝试。教材中难免有不尽如人意的地方，希望各位读者多提宝贵意见和建议，以便今后日臻完善。

北京第二外国语学院副校长
国家文化发展国际战略研究院院长
国际服务贸易暨国际文化贸易研究中心主任

教授、经济学博士
李小牧
于二〇一二年岁末

前　　言

　　社会进步及经济发展急需大量能紧随形势、应对难题、参与竞争的高素质创新性专门人才。而在全球文化繁荣、软实力比拼日益激烈的背景下，我国对文化人才的需求更是迫切。如何培养和造就一批具有国际视野、能够适应急速发展的文化经济形势、肩负起中华文化复兴使命的高端文化人才已经成为当前推进我国文化强国以及文化"走出去"等战略顺利实施的头等问题。在这样的背景和形势下，应文化产业实践发展及教学科研之需、人才培养之急，编写一本既反映产业原理、又涉及行业发展及政策状况的教学用书成为一件重要且极有意义的工作。

　　综观近年来全球文化产业的态势，用"如火如荼的战略性新兴产业"字眼来形容毫不为过。日新月异的实践滋养并汇聚着各种丰富的资源，推动着相关专业学科建设、科学研究、人才培养等各方面的工作的进步和成长，因此也为教材体系的设计和各章的撰写准备了资料、创造了条件。目前，国内关于文化产业经济的教材不在少数，然而如何集各家之长，立己之说，编写一本既有鲜活理论，又有行业、政策追踪，把原理、行业和政策有机结合起来，全面而细致地反映当下文化产业发展面貌的专业教材确实是一件值得尝试的工作。

　　而今呈现给读者的便是编者参阅大量文献资料，集各家之长、融教研心得之作。教材尽可能地反映当下文化产业发展的新特征、新趋势和新资讯，既突出文化产业经济学作为产业经济学分支所具有的理论体系的完整性，又兼顾其交叉、应用的特点。

　　本教材共分三篇十二章，包括原理篇：导论、文化产业结构、文化产业组织、文化产业投资、文化产业经营、文化产业竞争力；行业篇：新闻出版产业、广播影视产业、网络动漫产业、演艺娱乐产业；政策篇：文化产业政策、国际协定与文化产业。在原理阐述部分，教材在充分考虑和运用经济学及产业经济学原理进行分析的基础上，重点关注文化产业经济学自身的体系架构，注重原理剖析的精要及难易的适当；在行业展示部分，教材着重选取重要且有特色的文化行业部门进行介绍，如此以点带面，引发学生对其他行业的学习和关注；在政策关注部分，教材注重国别及国际视角，因而呈现出一幅较为完整的政策画卷。应该说，本教材已经形成了相对完善的教学架构体系，为教学模式和教育教法的创新奠定了坚实的基础。

本教材既可作为大专院校国际文化贸易、文化产业管理专业的本科教材，也可作为产业经济学、传媒经济学等相关专业方向教材或参考用书。当然，对于关注、喜爱文化产业的人士以及开展业务培训的机构也不失为一本有益的读物。

教材几易其稿，其中张伟、张宁、郑伟巍、李佩昂帮助搜集了部分资料。在教材出版之际，编者要衷心感谢所在单位各部门、各位同事给予的支持和帮助，感谢学生的支持和鼓励，尤其要感谢高等教育出版社经济管理分社相关编辑给予的大力帮助。没有他们的帮助、关心和鼓励，这本教材的出版几近奢望。

限于编者水平，教材难免有不妥、不足之处，我们真诚欢迎批评指正，以便日后修改补充。

编　者

二〇一二年十二月

目　　录

第一篇
原 理 篇

no.1

第一章
导　论

【主要内容】

　　作为导论，本章介绍了文化产业的概念、特征、统计分类，文化产业的兴起和发展，以及相关研究内容和方法，从而使读者从总体上建构起对文化产业经济的认识，为今后进一步学习奠定基础。

【学习要求】

　　1. 掌握文化产业的概念和统计分类。

　　2. 掌握文化产业的特征、作用及发展趋势。

　　3. 理解文化产业的兴起和发展。

【课时安排】

　　6 课时。

【案例导引】

软实力是我国文化产业发展的"短腿"

二十国集团研究中心秘书长龙永图在第五届中国北京国际文化创意产业博览会广播电影电视高峰论坛上指出，软实力是我国文化产业发展的"短腿"，需要我们全力去补足。龙永图表示，在今后10年乃至20年，我国经济的重要发展趋势是在继续加强经济硬实力的同时发展国家软实力。"我国经济增速惊人，但同时应注意到，软实力在我国整个经济社会发展中是比较'短腿'的，怎样加强中国经济的软实力已成为一个重要命题。"

"在我国现今经济社会背景下，光靠外交活动和国际承诺来发挥影响力是不够的，还要大力发展文化产业，以期通过一个有世界性影响力的产业来增强软实力。"龙永图指出，文化产业对于加强中国软实力具有持续作用，应被视作增强中国软实力的重要载体和手段。文化是软实力的核心，同时也是发展文化产业的灵魂。龙永图说，要发展影响世界的文化产业，首先要打造出具有世界性影响力的文化。"如同北京若要成为一个真正的世界城市，不能光靠经济的发达和繁荣，而是应该同时具备能够影响世界的文化力量。"

龙永图强调，文化产业不能孤军奋斗，而应被视作整个经济社会发展的有机组成部分。"产业链理论决定了现今的竞争不是单一企业间的竞争，而是整个产业链的竞争。这就如同在纺织品产业链的形成中，不仅需要服装业，还应该有面料制造业、设计业、金融业、保险业、物流业、零售业和批发商的加入。"

资料来源：白瀛，马嘉骊. 软实力是我国文化产业发展的短腿. 中国文化报，2010 – 11 – 24(1).

第一节　文化产业的基本概念及分类

一、"文化产业"概念的源起

"文化产业"概念的提出最早可追溯至20世纪初。在德国法兰克福学派学者西奥多·阿多诺(Theodor W. Adorno)及马克斯·霍克海默(Max Horkheimer)所著的《启蒙辩证法》一书中，作者首次提出"文化工业"一词，用以批判资本主义社会下大众文化的商品化及标准化。

阿多诺和霍克海默尖锐地指出，文化工业是一种资本主义控制下的文化体系，与大众权益相对立。它也是现代科学技术的产物。文化商品生产者凭借现代科学技术手段大规模地复制、传播文化商品。文化工业用威力无比的技术以及标准化、统一性等科学意识，瓦解了艺术本身所需求的个性。简而言之，文化工业是在先进的现代科学技术手段的基础上大批量地复制、传播商品化、标准化的文化产品的娱乐工业体系。

法兰克福学派认为，文化服务于资本的权力。文化工业赖以存在和发展的动力基础是资本，而资本同时也是文化工业所追求的目标。不仅如此，艺术作品的商品化、消费化使艺术从精神领域蜕化成一种物化的文化。文化工业环境下的文化作品已经不再具备太多的艺术价值。更为严重的是，先进的工业技术使各种文化形式能更好地操纵、控制群众的心理结构。在各类文化工业产品的包围和冲击下，大众消费者日益失去自己独立的头脑和判断能力，代之以被动的文化消费，从而被动地接受文化工业产品的塑造。

可见，法兰克福学派的学者们已经正视文化经济发展中的利益矛盾，认为文化的商品化和标准化工业生产改变了其原有的生产模式，创造了一个由上层阶级主导的文化影响。这种思路对此后的文化经济研究产生了深远的影响。

然而，随着世界范围内文化产业的迅猛发展，法兰克福学派理论的局限性日益显现。日新月异的文化实践推动着文化领域研究的进一步深入，关于文化产业概念的探讨层出不穷。

二、各国及国际组织对文化产业的解释

"文化产业"这一概念从诞生之日起就带有批判性，加之与"文化"定义本身有着密切的联系，使得无论从理论、还是实践对其进行厘清与界定都并非是一件容易的事情。众所周知，"文化"是一个非常复杂、多层次的概念。从广义上讲，文化（Culture）是指人类创造的一切物质产品和精神产品的总和，其所涉及的范围几乎囊括了人类生活的方方面面，由此也决定了对"文化产业"内涵及外延的把握不仅困难，而且必须运用动态的眼光，不断更新对它的认识和看法。

目前，世界各国有关文化产业的名称大不相同，如在美国，称之为版权产业（Copyright Industries）；在英国、新西兰、新加坡等国，称之为"创意产业"（Creative Industries）；在韩国称之为"文化内容产业"（Culture Content Industry）；在中国则称之为"文化产业"（Cultural Industries）。由此，各国及相关组织对文化产业的解释也存在很大差异，本书统一使用"文化产业"的名称。

（一）联合国教科文组织对文化产业的解释

1972年，联合国教科文组织（UNESCO）在蒙特利尔召开大会时给出"文化产业"的定义，即按照工业标准，生产、再生产、储存以及分配文化产品和服务的一系列活动。

该定义是从文化产品和服务的工业标准化生产、流通、分配、消费的角度进行界定，涉及两个重点：一是大工业化生产方式，二是文化产品和服务的生产与交换。符合上述两点并具有系列化、标准化、生产过程分工精细化和消费的大众化特征的文化产品和服务才能被纳入到产业所指的对象中。

（二）美国对文化产业的解释

美国倾向版权产业的提法，主要是从文化产品具有知识产权的角度进行界定。美国1997年制定了"北美行业分类系统"（NAICS），强调美国已进入"以信息和知识为基础的经济"阶段，将通信、新闻出版、电影、音像录制、在线服务等列入"信息产业"。这标志着美国将文化、信息产业从其传统工业中彻底剥离出来，融为一体，形成了新的文化产业体系。

（三）英国对文化产业的解释

英国最早提出"创意产业"概念，并且通过对"文化"的诠释，使其发展成为一种在全球化的背景下，推崇智力创新、强调文学艺术作品的创作与传播（即文化活动）对经济的支持与推动作用的新兴理念、思潮和实践活动。在世界上，特别是在工业发达国家，文化创意产业越来越受到政治界、经济界、文化界的重视。以伦敦为例，作为一个无可争议的富有变化的全球性城市，文化创意产业已成为其第三大产业。

（四）欧盟对文化产业的解释

欧盟提出的文化产业概念与美国有较大区别。欧盟于1997年重新界定了文化产业，认为文化产业是基于文化意义内容的生产活动，除了新闻出版业、广播影视业、音像业、网络业、文学艺术、音乐创作外，还包括一切具有现代文化内容标志的产品和贸易活动，如摄影、舞蹈、工业与建筑设计、艺术场馆、博物馆、艺术拍卖、体育、文化演出以及教育活动等。

（五）韩国对文化产业的解释

2001年8月韩国成立了文化内容振兴院（KOCCA），该院是韩国政府为发展文化内容产业并支援国际合作而成立的专门机构。韩国将文化内容产业定义为，由与内容有关的经济活动（如创意、生产、制作、流通等）组成，这些活动的内容源自于任何类型的知识、信息以及与之相关的文化资源，具体包括动画、卡通、漫画、电影、音乐、电子图书、移动、互联网内容、游戏、娱乐内容、广播电视等。

（六）中国对文化产业的解释

2003年9月，中国文化部制定下发的《关于支持和促进文化产业发展的若干意见》中将文化产业界定为：从事文化产品生产和提供文化服务的经营性行业。2004年4月，国家统计局颁布的《文化及相关产业分类》又进一步明确了文化产业的内涵和范围。该文件指出，文化产业是为社会公众提供文化娱乐产品和服务的活动，以及与这些活动有关联的活动的集合。为了适应文化产业发展形势和文化统计工作的要求，2012年8月，国家统计局颁布《文化及相关产业分类（2012）》，将文化及相关产业界定为：为社会公众提供文化产品和文化相关产品的生产活动的集合。

总之，现代意义上的文化产业实际上是一个巨大的"产业群"，它们奠基于大规模复制技术和现代知识产权之上，履行最广泛传播的功能，经商业动机的刺激和经济链条的中介，迅速向传统文化艺术的原创和保存两个基本环节渗透，将原创变成资源开发，将保存变成展示。

三、相近概念的比较

（一）文化产业与文化事业

古往今来，国家、地区、民族都要直接掌握一部分文化产品，使之成为公共产品，以满足经济社会发展的基本需要，这就是文化事业。国家、地区、民族的财力越雄厚，掌握文化产品的数量就越多，反之则少。余下部分，则由社会成员或居民自行解决。在商品货币社会中，文化产品以商品的形式满足消费需要，既简单又快捷，于是部分文化服务劳动者专门从事文化商品生产，形成文化产业或文化产业经营。在我国，文化产业是与文化事业相对应的概念，两者都是社会主义文化建设的重要组成部分。

文化事业与文化产业的不同点主要表现在其主体不同：[1]

第一，生产目的不同。文化事业部门是生产公共产品，以国家需要为转移。文化产业部门是为市场生产商品，以市场需要为转移。

第二，资本来源不同。生产文化产品必须有资本。文化事业的生产资本由国家或社会提供，而生产文化商品的资本来源则因社会制度而异。在我国社会主义市场经济制度下，多种经济成分并存，生产资本需从不同经济成分中获取。广泛吸收民营经济进入文化产业经营领域，是发展文化产业的重要战略。

第三，机构性质不同。文化事业机构是政府部门的附属单位，以行政方式管理。文化产业机构是企业单位，以企业法人的身份进行经营活动。

第四，运营机制不同。事业机构是由国家财政提供经费维持其生产与服务活动的，以寻求最高社会效益为原则。企业的本质是以少投入、多产出、追求最高经济效益为原则。社会效益与经济效益有时是一致的，有时则是矛盾的。在有矛盾的时候，事业机构必须把社会效益放在第一位。而企业则必然要考虑自己的利润目标和承受能力。

第五，调控方式不同。对事业单位，国家可以采取行政命令的方式直接调控，要求它生产什么样的文化产品，怎样为大众提供服务。对企业单位，一般地说，是以间接调控为主。一是法律，具体说来，国家通过立法程序把生产和经营文化服务商品的基本准则写进法律，要求企业依法经营，违法必究。二是税收政策引导，就是对企业经营国家和社会最需要的商品实行低税，而对加以

---

[1]　张翔鹏．文化产业与文化事业的区别．中国文化报，2001－5－23.

限制的文化商品则实行高税。三是价格杠杆，如工资、利率、商品与服务的价格等，都可以对企业按社会效益的原则进行引导。

（二）文化产业与内容产业

文化产品的核心价值是其产品具有的精神内涵，即内容。形式各异、内涵多样的文化产品因其内容而有价值，因此也可以称之为内容产品。近年来，信息技术在内容产品生产、传播和消费上的应用，极大地提高了内容产品的生产能力，形成了数字内容产业(Digital Content Industry)，引领着当代文化产业发展的新趋势。数字内容产业的概念最早于 1995 年由西方七国经济会议提出。1996 年欧盟《信息社会 2000 计划》进一步将其内涵明确为"那些制造、开发、包装和销售信息产品及其服务的产业"。内容产业的范围包括各种媒介上所传播的印刷品内容(报纸、书籍、杂志等)、音响电子出版物内容(联机数据库、音响制品服务、电子游戏等)、音像传播内容(电视、录像、广播和影院等)、用以消费的各种软件等。这些产业是经济价值的生产者。

总之，内容产业关注当代数字类产品的文化内容，以创意为动力，以数字技术为载体，将各种"文化资源"与最新数字技术相结合，融汇重铸，建立了新的生产和消费方式，产生了新的产业群落，培育出新的消费人群，并以高端技术带动传统产业实现数字化更新换代，创造出了惊人的经济社会价值，已逐步成为当代社会发展中的主流产业，赋予了文化产业新的时代内涵。可见，文化产业与内容产业有着密切联系。从文化产业到数字内容产业的发展，是文化产业与现代科技相结合、向纵深发展的体现，是当前及将来文化产业发展的重要业态形式。

（三）文化产业与版权产业

版权产业是当今知识经济时代最重要的产业之一，是文化产业的核心和基础因素，其发展水平被国际社会认为是衡量一个国家或地区创新能力和核心竞争力的基本标尺。

世界知识产权组织(WIPO)将版权产业划分为四类，即核心版权产业、部分版权产业、边缘版权产业和交叉版权产业。

核心版权产业是指那些主要目的是为了原创、生产、发行或展览版权产品的产业，这些产业包括报纸、图书、期刊、摄影、录音、音乐出版、广播和电视播放、商用及娱乐软件等。

部分版权产业是指那些部分产品为版权产品的产业，这部分产业包括纺织品、珠宝首饰、家具、玩具、游戏等。

边缘版权产业包括那些将受版权保护和部分不受版权保护的产品发行给商家和消费者的产业，涉及为发行版权产品服务的运输服务、电信业、批发商和零售商，这些行业产生的全部产值中只有一部分被视作版权产业的产值。

交叉版权产业是指那些生产、制造和销售其主要功能是为了促进有版权的作品的创造、生产、使用的设备的产业，这些产业包括制造业，如 CD 机、电视机、VCR 机、个人计算机的批发商和零售商，还包括空白磁带和打印纸等。

版权产业高度关注知识内容、市场权益以及知识产权的归属，这也是在世界贸易组织（WTO）体制下像美国这样的版权大国发展版权产业的重要着眼点。早在 1990 年，美国国际知识产权联盟就已经利用"版权产业"的概念来计算其对美国整体经济的贡献。

（四）文化产业与创意产业

1998 年，英国创意产业特别工作组首次对创意产业进行了定义：源自于个人创意、技能及才华，通过知识产权的开发和运用，具有创造财富和就业潜力的行业。在英国的文化、传媒与体育网上，将创意产业界定为"广告、建筑、艺术品和文物交易、工艺品、设计、时装设计、电影和音像、互动休闲软件、音乐、表演艺术、出版、软件与计算机游戏、广播和电视"等 13 个行业。

创意产业具有以下特征：第一，知识、文化要素密集性特征。创意产品和服务一般是以文化、创意理念为核心，是人的知识、智慧和灵感在特定行业的物化表现，呈现出高知识性、智能化的特征。第二，强融合性特征。创意产业作为一种新兴的产业，它是经济、文化、技术等相互融合的产物，具有高度的融合性、较强的渗透性和辐射力，为发展新兴产业及其关联产业提供了良好条件。第三，高附加值、高风险特征。创意活动为产品或者服务提供了实用价值之外的知识、文化附加值，提升了文化产品和服务的经济价值，创意产业更强调人的创造力，更加注重文化艺术对经济的渗透和贡献。同时，创意活动本身及市场的不确定性，使创意产业面临较高的经营和市场风险。

在理论研究和现实实践中，存在文化创意产业的习惯提法。文化创意产业与创意产业，无论是内涵还是外延都极为相近。国际上比较通行的提法是创意产业。1998 年，英国最早提出创意产业，这一概念影响了欧洲、美洲、亚洲等许多有意发展创意产业的国家，在短短几年内迅速地被全球接受。我国上海也接受了这一提法，出台了"十一五"期间《上海创意产业发展重点指南》。而采用文化创意产业的地区除了北京外，目前还只有台湾和香港。香港最初使用的是创意产业，在 2005 年将其改称为文化创意产业。

相比较而言，版权产业概念侧重于对智力创造成果的肯定和保护，创意产业概念侧重于对创造性行为和过程的肯定和重视，而文化产业则是较为综合的概念。创意产业为创意人群发展创造力提供了根本的文化环境，因此又往往与文化产业概念交互使用。

（五）文化产业与信息产业

信息产业是生产经营信息商品的信息企业的集合。随着高新技术的广泛应用，信息产业与文化产业达到了全面互渗的境界，成为互为表里的现代社会的支柱产业。正是数字技术的崛起为与信息有关的一切产业提供了一个统一的平台，大众传媒（新闻、出版、广播、电影、电视、音像等）、通信（电话与无线通信）以及信息业（计算机与网络）也因此而相互融合和渗透，为共同的"用户"提供服务。但是，并不是所有的科技进步都可归于文化产业。只有当"信息"成为文化商品而有偿使用时，即"信息"成果作为文化产品进入生产经营且进入市场化的生产、交换和消费，实现了关于"信息"的文化产业运作，才有商品和市场意义上的文化产业。在这种情况下，信息产业成为文化产业的重要部分。①

四、文化产业的分类

（一）重要国家、地区及国际组织对文化产业的分类

文化产业活动与人们的社会生活、经济生活密切相关。它是涉及多行业、跨部门的一个交叉集合体，在内容和形式上的表现复杂多样。不同国家和地区的不同学者对于文化产业的分类各不相同（见表1-1），这是由于各国产业名称和定义不同，涵盖内容不同，分类标准不一，归类也就不同。

表1-1　文化产业分类表

定义	国家、地区（国际组织）	分类
创意产业	英国	13类：广告、建筑、艺术及古董市场、工艺、设计、流行设计与时尚、电影与录像、休闲软件与游戏、音乐、表演艺术、出版、计算机软件、广播电视
	新西兰	10类：广告、软件与资讯服务业、出版、广播电视、建筑、设计、时尚设计、音乐与表演艺术、视觉艺术、电影与录像制作
	中国香港	11类：广告、建筑、设计、出版、数码娱乐、电影、古董与工艺品、音乐、表演艺术、软件与资讯服务业、电视与电台
	澳大利亚	7类：制造（出版、印刷等）、批发与销售（音乐或书籍销售）、财务资产与商务（建筑、广告及其他商务）、公共管理与国防、社区服务、休闲服务、其他产业

---

① 张涵. 文化产业与信息产业、知识产业、创意产业的联系和区别. 东岳论丛，2008(6).

续表

定义	国家、地区 （国际组织）	分类
文化产业	新加坡	3 类：文化艺术、设计、媒体
	韩国	17 类：影视、广播、音像、游戏、动画、卡通形象、演出、文物市场、美术、广告、出版印刷、创意性设计、传统工艺品、传统服装、传统食品、多媒体影像软件、网络
	芬兰	9 类：文学、塑像、建筑、戏剧、舞蹈、影像、电影、工业设计、媒体
	联合国教科文组织	6 类：印刷、出版、多媒体、视听产品、影视产品、工艺设计
文化创意产业	中国台湾	13 类：视觉艺术、音乐与表演艺术、文化展演设施、工艺、电影、广播电视、出版、广告、设计、品牌时尚设计、建筑设计、创意生活、数字休闲娱乐
版权产业	美国	4 类：核心版权产业、交叉版权产业、部分版权产业、边缘支撑产业
感性产业	日本	3 类：内容产业、休闲产业、时尚产业

资料来源：蒋三庚. 文化创意产业研究. 北京：首都经济贸易大学出版社，2006：9.

（二）中国文化产业的分类

中国《文化及相关产业分类（2012）》中，文化及相关产业的范围包括：

（1）以文化为核心内容，为直接满足人们的精神需要而进行的创作、制造、传播、展示等文化产品（包括货物和服务）的生产活动。

（2）为实现文化产品生产所必需的辅助生产活动。

（3）作为文化产品实物载体或制作（使用、传播、展示）工具的文化用品的生产活动（包括制造和销售）。

（4）为实现文化产品生产所需专用设备的生产活动（包括制造和销售）。

其中文化产品的生产活动构成文化及相关产业的主体，其他三个方面是文化及相关产业的补充。

《文化及相关产业分类（2012）》是以《国民经济行业分类》（GB/T 4754—2011）为基础，根据文化及相关单位生产活动的特点，将行业分类中相关的类别重新组合，是《国民经济行业分类》的派生分类。该分类不仅兼顾了部门管理需要和可操作性，而且借鉴了联合国教科文组织的《文化统计框架 2009》的分类方法，在定义和覆盖范围上可与其衔接。

依据上述分类原则，本分类将文化及相关产业分为五层：

第一层包括文化产品的生产、文化相关产品的生产两部分。

第二层根据管理需要和文化生产活动的自身特点分为 10 个大类。

第三层依照文化生产活动的相近性分为 50 个中类。

第四层共有 120 个小类，是文化及相关产业的具体活动类别，直接用《国民经济行业分类》（GB/T 4754—2011）相对应行业小类的名称和代码表示。对于含有部分文化生产活动的小类，在其名称后用"＊"标出。

第五层为带"＊"小类下设置的延伸层。

《文化及相关产业分类（2012）》延续 2004 年制定的《文化及相关产业分类》的分类原则和方法，调整了类别结构，增加了与文化生产活动相关的创意、新业态、软件设计服务等内容和部分行业小类，减少了少量不符合文化及相关产业定义的活动类别。

在 2004 年制定分类时，为反映文化建设和文化体制改革的情况，提出《文化及相关产业分类》的内容可进一步组合成文化产业核心层、文化产业外围层和相关文化产业层。目前国家化体制改革已取得新突破，文化业态不断融合，文化新业态不断涌现，许多文化生产活动很难区分是核心层还是外围层，因此《文化及相关产业分类（2012）》不再保留三个层次的划分。

（三）国内外学者对文化产业的分类

顺应文化产业迅猛发展之势，理论探讨同样热烈。表 1-2 是国内外学者对文化产业分类的不同观点，对于认识文化产业有着重要的启发意义。

表 1-2　国内外学者对文化产业的分类

姓名	分类
李江帆	文化艺术业（艺术、出版、文物保护、图书馆、档案馆、群众文化、新闻、文化艺术经纪和代理、其他文化艺术业）和广播电视电影业
胡惠林	文化艺术业、新闻出版业、广播电视业、电影业、音像制品业、娱乐业、版权业和演出业

续表

姓名	分类
范道桂	第一类，本体文化产业，即生产、传播完全意义上的意识形态产品和提供同类服务的行业。如通常所说的文学艺术（包括音乐、舞蹈、戏剧、美术、电影、电视、曲艺等）以及以传播此类产品为主而形成的广播影视业、图书出版业、报刊业、演艺业、音像制品业、艺术教育业、舞台美术业、文博业等 第二类，交叉文化产业，即由于文化与其他产业结合而提高产品和服务的档次和质量，增加产品和服务的附加值的产业。如旅游业、大众娱乐业、工艺美术业、餐饮文化业、包装业、广告业、工业设计业、企业文化、装饰业、服饰业等 第三类，外延性文化产业，即为提高文化产品和服务质量及消费者技能水准而开展的辅助性或相关性文化产业。如文化教育培训业、文化信息咨询业、文化科技业等
贾斯汀·奥康纳	传统文化产业：广播、电视、出版、唱片、设计、建筑、新媒体 传统艺术：视觉艺术、手工艺、剧院、音乐厅、音乐会、演出、博物馆和画廊
大卫·索斯比	处于同心圆核心并向外辐射的是音乐、舞蹈、戏剧、文学、视觉艺术、手工艺等创造性艺术 围绕这一核心的是那些具有上述文化产业的特征同时也产生其他非文化性商品与服务的行业，如电影、广播、报刊和书籍等 处于同心圆最外围的则是有时候具有文化内容的行业，如建筑、广告、观光等。

资料来源：邓安球. 论文化产业概念与分类. 湘潭大学学报：哲学社会科学版，2008(5)；范道桂. 文化产业的界定与分类. 社会主义论坛，2004(4).

第二节　文化产业的特征、作用及发展

一、文化产业的特征

文化产业是一个特殊产业，具有不同于一般产业的属性，它是由文化及文化产品的特性所决定的。随着全球经济与文化的发展，文化产业呈现新的变化和特征。

（一）文化产业的生产方式采取工业化模式，复制性特点明显，具有开发

固定成本高、边际成本低的特征

文化产业具有文化与经济的双重属性，是文化性与商品性的集合体。它采取工业化的生产方式，建立在大规模复制技术之上，从而使文化产品和服务的生产和销售具有产业化、市场化和商品化特征。与其他产业相比，文化产业大都在研发阶段需要较高的投入，开发固定成本高。然而由于采用了现代科技及工业化的复制方式，其产品和服务的边际成本相当低，从而可以获得巨大的经济效益。

（二）文化产业属于知识创新密集型产业，内生收益递增明显，外部性显著

文化生产是创造性生产，是创新活动，极具创造性和个性。每一件文化产品之间都具有不可重复性、不可替代性和不可再生性。这就决定了文化产业属于知识创新密集型产业。经济学理论表明，在普通的物质产品消费中，边际生产力递减规律与边际效用递减规律是普遍存在的。但是，以知识、文化作为资本和资源的文化产业，由于分工与专业化的发展以及创新机会的不断扩张，文化产业成为一个内生收益与边际效用递增的产业部门。不仅如此，文化产业兼具生产的外部性和消费的外部性。文化生产不仅具有经济功能，同时具有社会、文化功能；文化消费不仅满足了消费者的效用，同时也是消费者学习知识、进行人力资本投入的过程。

（三）文化消费具有典型的"网络效应"和"口红效应"，不确定性明显，消费方式日益全球化

"网络效应"指的是当消费同样产品的其他使用者的人数增加时，某一使用者消费该产品所获得的效用增量。网络效应是一种需求方的规模经济。当网络规模没有达到临界点时，市场就会萎缩甚至为零；一旦超过，就会表现出很强的网络外部性。从需求方来讲，文化消费相互带动、影响显著，如大型文艺表演、体育赛事，其网络效应就十分明显。

"口红效应"是指每当经济不景气，消费者购买预期有所下降时，口红的销量反而会直线上升。口红并非生活必需品，但因其廉价并能带来满足消费欲望与心理慰藉的双重愉悦。文化消费就具有这种"口红效应"，在经济下行、金融危机时往往呈现出逆势而上的反周期性质。

此外，由于文化消费的知识性、娱乐性和差异性，其不确定性明显。在经济全球化不断发展的今天，文化产业的消费方式日益呈现出全球性的特征。文化消费的全球性给文化生产以有力的推动，促使各国文化产业朝集团化和全球化方向发展，文化产品在日益丰富的同时也使它在全球范围内更加具有竞争性。

（四）文化产业渗透性、融合性强，产业内部关联紧密，具有较为显著的

范围经济

　　文化产业的核心要素是信息、知识，特别是文化和技术等无形资产，是具有自主知识产权的高附加值产业。因此，其产品往往是新思想、新技术、新内容的物化形式，特别是数字技术和艺术的交融和升华，技术产业化和文化产业化交互发展，使其渗透到诸多产业部门，具有很强的渗透性和融合性。而从产业内部来看，文化产业内部关联紧密，不同行业部门之间有着密切的联系和影响，这就表明文化产业价值链较长。同时文化产业较高的固定成本特性决定了该产业具有很强的范围经济特征。范围经济是指由一个企业联合生产若干种产品，要比由多个企业分别生产各自产品更节约成本。从文化产业各部门之间的关联性以及产业价值链延伸来看，文化产业可以取得较为显著的范围经济。

二、文化产业的作用

　　（一）文化产业促进经济增长，提供就业机会

　　作为"新经济"或者"知识经济"的典型，文化产业促进了经济增长。文化产业的经济贡献在微观上表现为：在单位产品的价值构成中，物质、能源消耗的比重减少，文化的比重增加；在宏观上表现为：文化产业在国民生产总值中所占的比重和从事文化工作的劳动者在全社会就业中所占比例的提高。在西方许多国家，以文化产业为核心（或主体）的第三产业产值比重已超过第一、第二产业而居首位。一份关于欧洲文化经济的报告从以下方面披露了这样的事实，即从 1999 年到 2003 年，欧洲文化产业增长 12%，超过了其经济增长的普遍水平，产业增加值增长了 19%，就业则从 2002 年到 2004 年增长了 1.8%。与汽车业、化工业以及煤气、电力业相比，欧洲文化产业比这些行业雇佣人数的总和还要多。

　　（二）文化产业推动产业结构升级，带动相关产业发展

　　文化产业对产业结构的升级作用体现在两方面：一是以独立的产业形式存在，并成为国民经济的主导产业；二是通过产业渗透的方式对传统产业加以改造，推动传统产业服务化、服务产业知识化、知识产业人文化、文化产业网络化。文化产业是在全球化的消费社会背景中发展起来的一门新兴产业，被公认为 21 世纪经济全球化时代的"朝阳产业"或"黄金产业"。在后危机时代，各国纷纷将文化产业视为支柱性产业加以大力发展，以促进经济方式转变和本国产业结构升级。

　　此外，文化产业可以带动相关产业发展。文化一旦成为充满活力的经济因素，它便不可阻挡地向一切可能的产业中渗透发展。在这一过程中，不仅壮大了自己，也大大刺激拉动了相关产业的延伸和升级，促进生产方式的变革。

　　（三）文化产业具有重要的社会功能

文化产业能够传承、改变、重塑，甚至创造新的文化观念，直接刺激和引导个人、群体、社会的价值取向、思维方式以及兴趣偏好、消费观念和消费倾向，进而影响总体经济。

文化产品能够作用于人的智力、观念、思想、能力，并从整体、根本上引导、培育人力的素质。通过提高全体劳动者的文化素质，为生产力和总体经济的发展，源源不断地提供了高质量的劳动力和各类人才。

文化产业还具有娱乐和审美功能，能够满足大众放松身心、活动肌体、交流情感的作用。人们在享受文化产品精神内涵的同时，也得到了精神的愉悦和心灵的陶冶。

（四）文化产业具有重要的政治功能

文化产业的政治功能表现在三个方面。一是文化产业具有教化功能。文化产业虽然不具备文化事业那样强烈的使命意识和责任意识，但同样具有教化功能，大众在接受、享用文化产品时，总是会受到他们所共同认可的价值以及相应的行为准则、规范等的教育。二是文化产业具有维护国家安全的功能。文化产业不仅具有重要的社会价值和经济价值，而且具有重要的战略价值，关系到国家政权的巩固和稳定。三是文化产业具有维护社会安定的功能。文化产业为大众提供各种文化娱乐和文化服务，使大众可以更好地享用业余时间，获得身心放松。可见，文化产业对社会稳定具有促进功能。

三、文化产业发展概览

（一）文化产业的兴起

1. 文化产业兴起的历史背景

早在 17 世纪，西方经济学家威廉·配第就已经敏锐地发现了文化产品供给的变动趋势。他说："随着时间的推移，社会经济的发展，从事农业的人数将相对减少，从事工业的人数比从事服务业的人数又相对地减少。"而产业变动的趋势恰如配第的预见，朝着配第—克拉克定律所阐明的方向发展。时至今日，在全球服务经济以及文化经济浪潮的推动下，伴随大众生活水平的提高、休闲时间的增加，文化产业正如火如荼地发展。

中国文化产业伴随改革开放、社会主义市场经济建设不断深入发展。从国家管文化、办文化向政府管文化、由社会多元建设力量办文化过渡，中国文化建设开始关注需求，贴近市场，让可以产业化的部分大步走入市场，民营资本涉足文化产业领域。据文化部系统的统计，在其管辖范围的文化产业，非公经济所创增加值已占增加值总量的一半以上，就业人数的三分之二以上。中国文化产业迎来了大繁荣、大发展的黄金时期。

2. 文化产业兴起的动因

（1）科学技术革命的推动作用。

科学技术革命，特别是电子信息技术的发展，是文化产业兴起的技术前提和直接推动力。电子技术的出现，是传播媒介的重大革命。随着现代技术的发明和运用，技术以前所未有的规模入侵文化领域，衍生出一种以工业生产的方式制造文化的行业，特别是数字技术和网络技术日新月异的变化，把人类由文本文化时代推进到了视觉的读图文化时代，从而催生出新的文化业态，如以计算机、电视、手机、PDA、MP4等设备为终端的媒体，能够实现个性化、互动化、细分化的传播方式，部分新媒体能够实现精准投放、点对点的传播，新媒体博客、电子杂志等应运而生，数字文化产业和网络文化产业成为当今世界占主导地位的文化产业。总之，科技革命使文化艺术的科技含量大幅度增加，使文化的生产与服务真正进入规模化、标准化、高质量化阶段，显示出产业化的基本特征。

（2）文化消费需求增长的推动作用。

文化消费需求是文化产业兴起的内在动力。随着社会经济发展，大众的需要逐步从生存需要向发展和享受需要过渡，由物质层面上升到精神层面，文化教育、娱乐开支逐步增大，生活水平的提高也使更多的人有经济能力享受精神文化消费。而科技的发展，劳动者素质和技能的不断提高，劳动手段的不断改进，使劳动生产率大大提高，人们在相同时间内可以创造比过去更多的产品，这给工作时间的缩短提供了可能，为人们提供了更多的闲暇时间，从而引起社会的生活方式、经济结构以及个人的娱乐行为发生巨大变化。当下大众文化以其快速化、商业化、营利化、规模化发展，成为全球文化的一大景观。

（3）文化产业市场化运作的推动作用。

市场化运作是文化产业兴起的环境保证。文化产业的出现是产业分化、社会进步的必然结果，其产业化与市场化进程也是相伴相随、相辅相成的。文化产业的市场化运作为文化产品的生产导入了市场竞争机制，使文化资源得到合理的配置，从而也提高了文化产业的经营水平。当文化产品进入市场，就已经被赋予了商品的属性，必须受到市场规律的制约和市场检验。文化产品的生产者和经营者为了追逐最大的生产经营利润，就必须不断生产出质优价廉、受人欢迎的文化产品。在市场竞争面前，生产者不断分化，文化生产资源得到重新配置和优化，刺激并推动文化产业的发展。文化产业发展既受制于市场经济的发展，又反映市场经济的发育程度。文化的产业化只有在非物质文化的生产、交换和消费发展到一定程度、文化市场发育到一定程度后才成为可能。由此可见，市场经济的成熟发展以及文化产业的市场化运作推进了产业的发展。

专栏 1 – 1

年增速 15% 以上，深圳文化龙头企业助推产业发展

深圳大力实施"文化立市"战略，积极推进文化体制改革，文化产业发展速度明显加快。据悉，2008 年在国际金融危机冲击下，深圳文化产业逆势上扬，保持高速增长，全年增加值达 550 亿元，到 2010 年，深圳文化产业的增加值达到 700 亿元左右，占全市 GDP 的 8%，年增长速度达到 15% 以上。

业内人士认为，深圳文化产业逆市上扬的主要原因，在于拥有一批以高新技术为依托、以自主知识产权为核心的文化龙头企业，这些企业抗风险能力强、带动效果显著，造就了深圳文化产业的整体强势。

据了解，从 2007 年延续至今的全球金融危机对传统印刷业造成了很大冲击，但以出产高端艺术品印刷而闻名全国的深圳雅昌集团却成功实现了利润增长超过三成；深圳 A8 音乐集团短短几年，已经成为国内最大数字音乐公司，数字音乐的收入超过了华纳、百代等国际四大唱片公司在中国收入的总和。像腾讯、劲嘉股份、华视传媒、天威视讯、A8 音乐等分别在深圳和境外主板纷纷上市的企业，其经营理念独到、创新能力突出，成为全国同行业的领军企业。还有一批各具特色的文化产业集聚区成为深圳文化产业发展的亮点，形成了大芬油画村、田面设计之都、华侨城 LOFT 创意园区等各类文化产业园区、基地 48 个，涵盖了动漫、游戏、设计、数字内容、出版发行等领域，呈现良好的聚集效应，推动了深圳文化产业的整体发展。

资料来源：雷中校. 年增速 15% 以上，深圳文化龙头企业助推产业发展. 上海证券报，2009 – 5 – 18(A6).

（二）世界文化产业发展现状、趋势

当下世界文化产业处在一个全球化不断深化、知识经济迅猛发展、低碳经济渐成主流、国际政治经济秩序重构的时代，人类的生产与生活方式正面临重大变革。在这样的时代背景下，世界文化产业的发展趋势成为备受关注的问题。

1. 经济全球化及新兴产业的蓬勃兴起正开创世界文化产业发展的战略机遇期

即便全球化进程会遭遇各种各样的羁绊，但它仍以不可阻挡之势在整个世界拓展、渗透，已然成为当今人类社会存在的一种方式，无处不体现在生产与生活方式的变迁中。单从服务经济以及文化经济在全球的蓬勃兴起，就不难发现全球化推动的社会发展的时代机遇。那些最先把握趋势、抓住机遇的国家往

往能够引领潮流，占尽先机。

《2010 年创意经济报告》显示，2008 年全球创意产业出口总值达到 5 920 亿美元，与 2002 年相比几乎翻了一倍，意味着在这六年间，全球创意产业出口以每年 16% 的平均速度增长。不仅如此，在以绿色、智能和可持续为特征，以信息技术和新能源革命为主导，科技革命和产业革命相伴随的新兴产业振兴的时代背景下，世界文化产业必将顺应上述时代趋势，成为新兴产业浪潮的宠儿，迎来具有历史意义的成长战略机遇期。

2. 知识经济及科技日新月异正催生面向生产及生活的文化产业新业态

在以知识密集和创新创意为特征的文化经济浪潮中，文化产业以其多面性和多样性呈现于世界产业体系中。多面性体现在：如欧盟、日本将文化产业称为"内容产业"，英国、新加坡等国称为"创意产业"，美国称为"娱乐业"或"版权产业"，充分体现了其知识、创意的特征；多样性则表现为文化产业所涉门类繁多，不一而足，包括影视制作、出版发行、演艺娱乐、数字和动漫等。而恰恰由于知识和科技的日新月异，为文化产业的创意带来了前所未有的想象空间。同时我们不难发现，这些具体的文化行业部门，它们虽然是为生产服务，却更多体现了从生存向发展乃至享受过渡的人的需要的变化，直指人的生活本身，这显然代表未来社会的发展趋势。更为重要的是，文化产业，尤其是文化产业新业态，不仅表现出强劲的发展势头，而且呈现出明显的产业融合的趋势。据《2010 年创意经济报告》称，创意经济是艺术、商业、关联性、创新驱动和新商业模式的交叉融合。数字时代打开了音乐、动漫、电影、新闻、广告业等的营销渠道，从而增加了创意经济的收益。移动通信技术革命正在改变发展中国家亿万人民的生活方式。可见，未来不同产业及行业部门的融合将成为必然的趋势。

3. 国际分工深化及全球文化市场的繁荣正推动各国对外文化贸易的发展

不断拓展的经济全球化推动着国际分工的深化。同时，伴随着知识经济的发展，国际分工的知识、技术基础也更加突出。总的来讲，水平型国际分工以及产业内及产品内国际分工或网络分工兴起，由此催生出新的产业和部门，推动着全球文化市场的繁荣及新兴市场的产生，其直接的结果就是促使各国对外文化贸易的迅速发展。

据麦肯锡咨询公司的一项调查分析表明，文化贸易发展的主要推动力和国家经济发展水平的相关度超过 90%。而全球范围内的经验也表明，文化贸易的发展将带来包括经济增长、产业结构及贸易结构优化、升级等诸多经济效益和社会效益。然而，鉴于国际分工的发展变化以及当前世界范围内贸易投资全球化趋势的加强，文化产业国际化路径及国际文化贸易模式均面临创新，这是将来全球文化经济必须面对的一大课题。

4. 开放文化经济面临更为集中的自由与保护的利益纷争

资料显示，2008 年，发展中国家向世界出口的创意产品达到 1 760 亿美元，占整个创意产业贸易额的 43%，2002—2008 年间，年均增长 13.5%。这表明发展中国家在世界创意产业市场上具有强大的活力，所占市场份额增长迅速。南南创意产品贸易总额将近 600 亿美元，该时期达到了 20% 的惊人增长率。上述数据确实能反映出发展中国家文化产业及对外文化贸易发展的良好态势，然而这却并不表示，在世界文化经济体系中，发展中国家已经能与发达国家分庭抗礼。

从具体行业部门来看，发达国家仍以明显的比较优势和竞争力占据价值链的高端；更重要的是，已经形成的国际政治经济秩序目前也难以发生重大改变，相反，在新的时代背景下，新贸易保护主义抬头，发达国家与发展中国家之间的贸易摩擦增多，特别是在文化经济领域，其中较有代表性的案例如中美视听服务案。① 相关事实说明，在未来世界文化产业发展过程中，发达国家仍然将主导世界文化产业的发展，发展中国家必然要面对各国利益博弈下的摩擦与纷争。

（三）国际视野下对中国文化产业发展现状的总体判断

在对世界文化产业发展趋势分析的基础上，我们需要进一步在国际视野下对中国文化产业发展的现状做出判断，以便能针对性地提出其国际化的战略取向。

1. 发展速度快，规模和效益提升潜力大

《2010 创意经济报告》显示，2008 年中国创意经济产品出口值达 848 亿美元，占全球市场的 20.8%，位居世界第一。而《2010 年中国文化产业发展报告》指出，2009 年堪称是中国文化产业发展的转型之年。在宏观经济复苏的大背景下，文化产业不负人们的高度期待，在多数领域实现了超常增长，成为国民经济发展中最为亮眼的领域，国际金融危机凸显了文化产业的特殊优势，文化产业已经登上了国家战略性产业的位置。② 虽然依据数据资料或许我们可以认定中国文化产业近几年发展非常快，总量很大，然而与发达国家相比，中国尚称不上文化经济强国，起码在打造大型文化集团、甚至跨国文化公司方面，在产业集聚、集群发展，规模与范围经济的获得以及产业效益、效率的提升方面还有很大空间，发展潜力巨大。

2. 发展不平衡，国内外市场拓展空间大

---

① 王海文.新形势下中国对外文化贸易的困境与出路：基于中美视听服务案的剖析.国际经贸探索.2011(2).

② 张晓明，等.2010 年中国文化产业发展报告.北京：社会科学文献出版社，2010.

数据显示，2010 年中国人均国内生产总值已超过 4 000 美元，但 2009 年中国文化产业增加值仅为 GDP 的 2.5% 左右，相比于美国文化产业增加值占 GDP 的 27%，英国的 11%，中国的文化消费需求还远未得到释放，产业发展前景广阔。① 就目前状况看，中国文化产业虽然发展快，具有广阔的国内外市场，但是发展不平衡问题较为突出。中国三大都市经济圈、东南沿海成为中国文化产业及对外文化贸易领先地区，而文化资源丰富的内陆地区却显得落后。中国文化经济空间及部门发展的不平衡将会制约统一文化市场的形成，以及资源在更广阔范围内的配置，最终将影响文化经济发展水平的总体提升。

3. 产业组织主体单一，打造面向国际的多元化市场主体成为必然要求

在市场经济成熟的国家，文化产业组织形成较为完整的体系，从而能够保障竞争市场的形成，资源的优化配置，形成价格机制完善，市场、企业及其他主体边界合理，产业效率较高的利益链条和经济系统。单以美国文化经纪公司为例，好莱坞的顶级经纪公司如 CAA、WMA、ICM、UTA 等② 就让众多国家难以望其项背。相比而言，中国的产业组织主体单一，公有制文化企业 "一支独大" 不利于文化体制改革的深化和健康繁荣文化市场的形成。以中国民营文化企业为例，其在中国文化经济发展以及文化体制改革过程中面临重重困难，体现在：第一，公有制单位在文化产业中处于主体地位，但是其垄断地位却阻碍了行业的公平竞争和良性发展，民营企业缺乏宽松的发展环境和空间；第二，行业财税等优惠政策支持不足，企业税费负担较重；第三，缺乏行业自律与引导，市场环境需要改善。为了推进中国开放文化经济的发展，打造面向国际的多元化市场主体已成为必然要求。

4. 市场化改革及政策支持力度大，应对外部纠纷能力尚待加强

自 2009 年中国颁布第一部文化产业专项规划——《文化产业振兴规划》以来，财政、税收、金融支持等相关意见和措施也随之跟进。应该说，中国政府在 "十二五" 规划期内促进本国文化经济繁荣的决心不可谓不大，力度不可谓不强。但是，我们又必须做好打硬仗的准备，起码在中国文化产业国际化道路上将面临愈加激烈和复杂的竞争与纠纷。这对于尚没有强大竞争实力和应对外部纠纷能力的中国文化产业而言将是巨大的考验。

（四）国际视野下中国文化产业发展的战略取向

1. 抓住战略机遇期，以市场为导向，大力实施 "走出去" 国际化战略

要紧紧抓住未来若干年世界文化产业蓬勃发展的战略机遇期，以国际化的

---

① 杨晨. 文博会成交将破 1 200 亿 文化企业 30 强出炉. 证券时报，2011 - 5 - 14.

② 它们分别是创新艺人经纪公司（CAA）、威廉·莫里斯经纪公司（WMA）、国际创意管理公司（ICM）、联合艺人经纪公司（UTA）。

视野，从国家经济发展方式转变以及可持续发展的战略高度全力推进中国文化产业的国际化步伐。为此，必须融入到国际市场环境中，积极参与国际分工，而此前提是中国文化产业的繁荣发展一定要以社会主义市场经济为导向，充分发挥好市场配置资源的基础性作用以及作为化解发展难题有效途径的功能，真正处理好政府与市场的关系。对于市场化程度要求高且具备条件的文化产业部门，可以最大限度搞活放开。注意为生产与为生活、传统与新兴文化产业部门的和谐发展。同时，深入研究学习国际经验，坚定不移实施"走出去"战略，推进战略性贸易政策的有效实施，力争实现文化"走出去"及贸易"走出去"的双赢目标。

2. 统筹规划，"线面"结合，"内外"并举，促进健康有序的中国开放文化格局的形成

要科学制定国家及各地区"十二五"发展规划，统筹城市、省域、经济圈、经济带以及国际经济合作区域文化产业的发展，做到"线面"结合，"内外"并举。"线"指的是产业及产业链、价值链，"面"指的是空间布局，由此二者结合促进产业集群发展，获得更大的规模经济和范围经济。"内外"并举指的是注意国内外市场、资源的有效结合和利用。由此实现规划科学、健康有序、层次分明的中国开放文化格局。

3. 培育主体，完善体系，促进交融，推动文化产业、贸易及投资的良性互动

要培育好多元化的文化经济主体，特别要推进个体、民营及股份制文化主体的壮大，促进文化市场竞争机制的完善；要鼓励文化经济领域创新和科技应用，关注新兴业态的成长，同时适应国际分工形式的变化，促进不同文化部门以及不同产业之间的交融；要高度重视新型工业化阶段产业、贸易、投资的良性互动，在文化经济领域推动三者的区域协同发展战略，重点地区和行业部门领先、突破战略；要依据具体文化产业特点，利用现代科技手段探索贸易、投资模式创新，特别要重视商业存在模式及服务外包的发展，充分融入到国际分工中去。

4. 加强合作，发出中国声音，积极应对贸易、投资纷争，为中国文化产业国际化创造良好的外部环境

加强国家、区域及城市间的合作与交流。在世界经济贸易组织及相关国际性组织谈判方面，中国要发出自己的声音，竭力推进符合时代发展潮流的国际政治经济秩序的重构。国家要鼓励新兴产业协会、促进会等非官方组织的成立，组织力量深入研究国际规则，积极应对文化贸易及投资领域的摩擦和争端，积累相关经验。通过交流、合作和利益博弈，不仅为新兴产业国际化创造有利的国际政治环境，更应争取在国际领域中的发言权和影响力。

第三节 文化产业研究的内容与方法

一、文化产业研究内容

（一）文化产业原理

文化产业原理主要介绍与文化产业相关的基本理论问题，包括文化产业导论、文化产业结构、文化产业组织、文化产业投资、文化产业经营和文化产业竞争力。通过学习，使学生对文化产业经济学基本原理有所了解，对重要理论问题达到掌握并运用的水平。

（二）文化产业行业部门

文化产业行业部门分析主要围绕重点领域展开，包括图书报刊、广播影视、演艺娱乐、网络动漫等内容。通过学习，使学生对具体行业状况及运作规律有所认识，并尽可能运用原理知识展开分析。

（三）文化产业政策

文化产业政策部分主要针对中国文化产业政策、WTO 等相关文化产业政策进行概略性介绍。本部分内容旨在让学生了解当下重要的文化产业政策，由此在理论和行业部门学习的基础上，提高对政策的认识和分析运用的理论水平。

二、文化产业研究方法

文化产业是产业经济学的一个应用分支，因此应始终紧密联系产业经济学并纳入到经济学的总体分析框架之中去考察文化产业的理论与实践。经济学的研究方法，特别是产业经济学的研究方法也是文化产业研究的基本方法。此外，文化产业作为一个交叉性的产业门类，涉及文化学、社会学、统计学、法学等学科，文化产业的具体研究方法也随之多样化。因此，文化产业的研究方法是以经济学研究方法为主的多种方法的融合。文化产业的经济学研究方法主要有以下两方面：

（一）规范和实证的研究方法

这是经济学研究最基本的两种方法。规范分析是一种主观性的表述，是对于现实状况的判断，即在有关经济现象的分析中得出的一种价值判断。实证分析一般是描述性的，是对经济现象特征的客观表达，并对于经济问题提出解决办法。

（二）理论分析和经验分析方法

理论分析方法是指在特定的框架内对事物进行理论上的演绎、推理和归纳，而经验分析方法是运用数据和实际资料的经济学分析。

本章小结

　　从诞生之日起就带有批判性的文化产业概念至今众说纷纭，统计分类也莫衷一是。这种状况反映出作为新兴产业的文化产业，一直处于发展之中，产业内涵和边界尚在拓展之中。而随着全球文化经济的发展，文化产业不断呈现新的变化和特征，在各国社会经济发展中占据越来越重要的地位。深入了解文化产业兴起的历史背景及动因，发展现状与趋势对于深化对该产业的认识，获得总体的正确判断和评价，引导此后进一步学习有着重要意义。

复习思考题

　　1. 什么是文化产业？它与文化事业、创意产业、内容产业、版权产业有什么不同？
　　2. 文化产业的特征是什么？
　　3. 文化产业的作用体现在哪些方面？
　　4. 中国文化产业如何分类？
　　5. 试述世界文化产业发展现状和趋势。

案例讨论题

北京文化产业：离世界城市有多远①

　　北京是世界现代城市中的"长者"，有着3 000多年建城史的底蕴，如今提出"世界城市"的目标，不仅有经济之都的指标，也有文化之都的含义。

　　一、首都发展新引擎

　　从文化产业集聚区放眼到北京市，整个文化创意产业的发展可谓是硕果累累。自2005年北京市大力发展文化创意产业以来，五年增加近1 000亿元产值，占GDP的比重达12.6%，文化创意产业跃居为仅次于金融业的第二大产业，成为首都发展的"新引擎"。

　　尽管如此，北京文化产业与世界城市的要求仍有差距：北京的小剧场快速发展，已达到100多家，而纽约、巴黎这样的世界城市却有1 000多家小剧场；从文化产业的人才上看，北京的创意性人才只占从业人员的1‰，而纽约

---

　　① 张玉玲，杜弋鹏. 北京文化产业：离世界城市有多远. 光明日报，2010 - 12 - 1.

的创意人才占从业人员的12%，伦敦为14%；此外，在企业规模、国际竞争力、品牌影响力等诸多方面，北京的文化产业与世界城市的要求都还相去甚远。

二、整合首都优势资源

在第五届北京文博会上，北京16个区县纷纷亮出了自己发展文化创意产业的新思路，各有特色、各有侧重。专家认为，差异化发展就要深掘各区县得天独厚的基础条件，将优势资源进行发掘和整合，形成与世界城市相适应的文化产业发展新动力。

首先，北京有着丰富的历史资源，3 000年建城史、850年建都史、500年的世界之都，皇城文化与民俗文化各领风骚，古都文化与多元文化融合发展。因此，作为"首都文化中心区"的东城区和西城区致力于回答的是要如何推动文化传承在文化产业中的巨大生命力，让古老东方文明焕发新的魅力。

其次，北京已进入后工业时期，有大量的工业遗存可以进行创意利用。从已经成功利用的798艺术区，到正在规划转型的石景山首钢工业区，旧厂房中盛满新创意，带给文化产业一片发展的新天地。

再次，雄厚的教育和科技实力是北京市文化产业可以依靠的重要力量。海淀区把文化看成"继科技和教育之后的又一核心推动力"，力促文化与教育和科技的融合，百度、联想、爱国者等海淀文化创意产业"梦之队"，将形成高端文化创意产业的最新成果。

三、奋起直追的新举措

没有金融的支持，文化产业不能发展壮大，与世界城市的差距也难以缩小。为解决文化创意企业普遍存在的"融资瓶颈"，北京市综合运用银企合作、贷款贴息、融资担保、培育上市等多种行之有效的手段，鼓励和引导金融机构支持文化创意产业发展，有的银行还特意成立对口支持文化创意产业融资的专门分行。

与世界城市的文化产业相比，北京最缺的是有影响力的文化大企业，为此，北京市着力在推动高端化、品牌化、集群化的文化创意产业项目落地上下工夫，加速文化创意产业资源整合和资本对接，把发展文化创意产业同推动产业结构调整、促进经济发展方式转变结合起来。

（一）石景山区网游动漫业成气候

近几年来，石景山区经过努力和发展，在文化创意产业，特别是网游动漫已经形成了聚集效应。目前，全区已经有2 700多家文化创意产业的企业，其中网游动漫和数字媒体的企业就达到了700多家，全国网游动漫公司前十名基本都已经落户到了石景山区。2009年石景山区的文化创意产业在GDP中的比重已经超过了10%，未来几年发展空间还会依然很大。

（二）东城区专项资金扶持文化产业

在"2010年东城区文化创意产业政策兑现会"上，东城区共有65家文化创意企业的69个项目获得东城区文化创意产业专项资金扶持，扶持方式包括资金配套、中小企业资助、贷款贴息等七大类，扶持金额达到3 100多万元。未来的新东城将充分发挥区域文化资源优势，打造特色文化创意集群，重点发展创意设计、交易营销等环节，促进关联资源聚集，促进文化创意各子行业间以及与其他关联产业间的相互融合、联动发展，将文化创意产业打造成支撑东城区未来经济发展的重要增长点。

（三）海淀区文创产业收入占全市四成多

海淀区，是全国最早提出发展文化创意产业的地区之一，2004年确立了"发挥海淀科技文化结合优势，打造北京文化创意产业高端"的发展目标。2005年建立了全市第一个文化创意产业基地——中关村创意产业先导基地。经过几年的努力，海淀区的文化创意产业迅速壮大，规模效益不断显现，海淀区的文化创意产业中，以软件与信息服务行业、互联网行业、设计服务业、图书出版等高端文化创意产业为代表的主导产业销售收入和增加值总额，占据了海淀文化创意产业一半以上的比重，也形成了辐射全国的影响力。

（四）丰台区打造国际文化会都

丰台区国际文化会都将顺应新一轮全球化发展趋势，借鉴纽约、日内瓦、达沃斯等国际著名会都的发展模式，抓住"文化多样性"这个与"生物多样性"同等重要的涉及人类文明命运的大主题，吸引国内外高端文化资源，建设一个以全球性文化品牌会议为主导，以重要的国际文化组织机构聚集为骨干，以文化会展经济为基础，集会议、展览、科技研发、产品交易、节庆、赛事、演艺、旅游休闲为一体的具有中国特色的会议会展之都。

问题：

文化产业对城市发展有何影响？北京建设世界城市，如何发挥文化产业的作用？

参考文献

1. 邓安球. 论文化产业概念与分类. 湘潭大学学报(哲学社会科学版)，2008(5).
2. 李彪. 文化产业概念的演变及其基本特征分析. 湖南科技学院学报，2009(9).
3. 汪建明. 文化产业兴起的原因及其发展特点分析. 连云港职业技术学院学报，2003(1).
4. 戴志望. 文化产业兴起与发展的内在规律. 厦门理工学院学报，2008(3).

5. 张谨. 文化产业兴起与发展的缘由及未来走向. 理论与现代化，2010(5).

6. 石杰，司志浩. 文化创意产业概论. 北京：海洋出版社，2008.

7. 王颖，石美玉. 文化产业的带动作用. 吉林日报，2007 - 5 - 26.

8. 赵力平. 文化产业特征、功能. 中共杭州市委党校学报，2002(4).

9. 胡惠林，施惟达. 文化产业概论. 昆明：云南大学出版社，2005.

no.2

第二章
文化产业结构

【主要内容】

在学习经济结构、产业结构等相关内容的基础上，本章重点介绍文化结构、文化产业结构的概念，文化产业发展与经济结构演进、产业结构演进的基本理论问题，世界及中国文化产业结构现状等内容。

【学习要求】

1. 掌握经济结构、产业结构、文化结构、文化产业结构的定义。
2. 掌握文化产业对一国或地区经济结构演进的作用。
3. 理解文化产业推动产业结构调整的机制和路径。
4. 了解世界及中国文化产业结构现状。

【课时安排】

4 课时。

【案例导引】

文化产业需要"跨界"发展　调整结构转变发展方式①

经过十余年的发展，中国文化产业已经成长为国家战略性、先导性产业。文化产业的发展壮大，将有利于提升中国经济质量和水平，改变目前经济发展的落后模式和方式。但文化产业自身的发展重点必须做出适当调整，特别是要更加注重文化产业发展"边界"的突围，力促文化产业与其他产业的融合，力促不同文化产业门类之间的渗透交叉，突破行政疆域限制壁垒，从而深化文化管理体制，迎接"十二五"文化产业发展的繁荣。

融合不同行业，延伸产业链条

文化产业虽然在"十一五"期间获得了长足进步，在中心城市和部分发达省份，已经成长为战略支柱产业。但从国家产业战略格局整体而言，文化产业还处于发展成长阶段，仍是需要大力培植扶助的新兴产业。"十二五"时期，要强化引导，促进文化产业与其他产业的融合，从而提升传统产业的品格和质量。

调整自身结构，转变发展方式

文化产业必须更加注重内生增长和发展方式的转变，进一步提升文化产品和服务品质，实现文化产业从内部结构到产品形态、组织形式的调整和优化，模糊不同文化产业的边界，实现融合创新。

突破区域限制，推进协调联动

中国文化产业发展的区域不平衡性和结构性矛盾突出，文化产品和服务的供给存在数量与质量不平衡、城乡不平衡、地区间不平衡。因此，文化产业发展必须考虑区域之间的协调、分工、联动问题。

第一节　经济结构与产业结构

一、经济结构

（一）经济结构的含义

以系统的观点看，经济结构属于经济系统，系统中各个要素之间互相关联、互相结合，有着数量对比关系。因此，经济结构指组成国民经济的各种产业、各个地区、各种经济成分等要素之间的相互关系。

一定的社会经济和技术条件，要求具有与它相适应的一定的经济结构。经

---

① 高宏存. 文化需要"跨界"发展调整结构转变发展方式. 人民日报, 2010 – 11 – 2.

济结构的各个组成部分之间都是有机联系在一起的，具有客观制约性，并不是说随意建立任何一种经济结构都是合理的。

经济结构包含多重含义。从国民经济各部门和社会再生产的各个方面的组成和构造考察，可分为产业结构、分配结构、交换结构、消费结构、技术结构、劳动力结构等；从所包含的范围来考察，可分为国民经济总体结构、部门结构、地区结构、企业结构等；从不同角度进行专门研究的需要来考察，可分为经济组织结构、产品结构、人员结构、就业结构、投资结构等。

（二）中国经济结构的调整与发展

新中国成立以来特别是改革开放 30 多年来，中国经济发展取得了辉煌成就，在经济总量迅速扩大的同时，经济结构不断得到优化和调整。调整经济结构是转变发展方式的重要内容，对加快经济发展方式转变具有决定性意义。"十一五"期间，中国经济发展方式转变和经济结构调整取得重要进展，具体表现为：

（1）三次产业全面快速发展，服务业水平及比重明显提高，结构优化升级取得新进展，农业基础稳固、工业生产能力全面提升，服务业全面发展的格局逐步形成。

（2）节能减排、生态建设和环境保护力度明显加大，"十一五"规划确定的能源消费和污染物排放等相关约束性目标基本如期实现，节能降耗工作进展顺利。

（3）内需对经济增长的贡献明显扩大，外需稳定发展，内、外需求结构的协调性显著增强。基础设施和基础产业投入快速增加，消费结构升级加快，贸易结构不断优化，投资、消费和出口三大需求快速增长。

（4）西部大开发战略、振兴东北地区等老工业基地、促进中部地区崛起、鼓励东部地区率先发展的发展区域总体战略进一步向纵深推进，城镇化水平持续提高，新农村建设进展明显，区域间、城乡间发展的协调性进一步增强。

（5）伴随着经济的快速发展，财政收入高速增长，城乡居民收入大幅提高，社会保障取得突破性进展，收入分配结构积极调整。

当然，在看到成绩的同时，必须注意到中国经济结构不合理的深层次矛盾和问题始终存在，"十二五"时期中国经济结构调整任重道远。

二、产业结构

（一）产业结构的概念

产业是指国民经济中以社会分工为基础，在产品和劳务的生产和经营上具有某些相同特征的企业或单位及其活动的集合。简单地说，产业是指具有某类共同特性的企业集合。产业是社会生产力发展的结果，是社会分工的产物，并且随着社会生产力水平和分工专业化程度的提高不断变化和发展。

产业结构是分析把握产业发展状况的重要范畴，它是指国民经济中各个物质资料生产部门（包括部门内的分部门）之间的组合与构成的情况，以及它们在社会生产总体中所占的比重，实质上是生产资料和劳动力在各产业部门之间的按比例分配。简言之，就是指产业间的技术经济联系及其数量比例关系。

一切决定和影响经济增长的因素都会在不同程度上对产业结构的变动产生直接或间接影响。技术创新、人口规模、经济体制、自然资源禀赋、资本规模、需求结构、国际贸易等是一国产业结构演变过程中的基本制约因素。除这些因素外，一国资本的积累程度、国际投资规模、经济体制、产业政策、历史条件等，都会不同程度地影响一国的产业结构。

（二）产业结构的演进规律

随着经济的发展，产业结构在产业高度方面不断地由低级向高级演进，在产业结构的横向联系方面不断地由简单向复杂转化，这两个方面的不断变化推动产业结构向合理化方向发展。

在揭示与产业变动有关的研究成果中，有多个规律和定理，包括配第—克拉克定理、库兹涅茨提出的产业结构演变规律、霍夫曼定理、主导产业转移规律等。这些规律和定理阐明和揭示出产业结构演进中存在的趋势。

配第—克拉克定理揭示了经济发展中劳动力在三大产业中分布结构的演变规律，指出劳动力分布结构变化的动因是产业之间相对收入的差异。不同产业间相对收入的差异，会促使劳动力向能够获得更高收入的部门移动，随着人均国民收入水平的提高，劳动力首先由第一产业向第二产业转移；当人均国民收入水平进一步提高时，劳动力便向第三产业转移。

库兹涅茨在继承克拉克研究成果的基础上，对产业结构的演变规律做了进一步探讨，阐明了劳动力和国民收入在产业间分布结构演变的一般趋势，从而在深化产业结构演变的诱因分析方面取得了突出成就，进一步完善了配第—克拉克定理。

德国经济学家霍夫曼（W. G. Hoffman）通过研究，发现在工业化过程中消费资料（消费品）工业的净产值和资本资料（资本品）工业的净产值之比（后人称其为霍夫曼比例）是不断下降的。在工业化过程中，霍夫曼比例不断下降，被人们称为"霍夫曼定理"。

主导产业是在产业结构中处于主体地位、发挥引导和支撑作用的产业，即一个国家在一定时期内，经济发展所依托的重点产业，这些产业在此发展阶段形成国民经济的"龙头"，并在产业结构中占有较大比重，对整个经济发展和其他产业发展具有强烈的前向拉动或后向推动作用。从产业结构变迁的历史看，主导产业转换引致产业结构演进，存在着从以农业为主的结构开始，按顺序依次向以轻工业为主的结构、以基础工业为重心的重工业为主的结构、以高加工度工业为重心的结构、以信息产业和知识产业为主的结构演进的规律性。[①]

上述产业结构的演进规律对于认识文化产业的发展和结构的变化演进具有重要意义。

> **专栏 2 - 1**
>
> ### 马斯洛需求层次理论与恩格尔定律
>
> 马斯洛需求层次理论与恩格尔定律可以为产业结构演进规律提供进一步的理论支撑和说明,从而表明人的需求、消费内容的变化和发展。
>
> 美国心理学家马斯洛将人的需求划分成生理需求、安全需求、归属与爱的需求、尊重需求和自我实现需求五类。五种需求像阶梯一样从低到高,按层次逐级递升。一般来说,某一层次的需要相对满足了,就会向高一层次发展,追求更高一层次的需要就成为驱使行为的动力。相应地,获得基本满足的需要就不再是一股激励力量。
>
> 德国统计学家恩格尔根据统计资料,对消费结构的变化得出一个规律:一个家庭的收入越少,家庭收入中(或总支出中)用来购买食物的支出所占的比例就越大,随着家庭收入的增加,家庭收入中(或总支出中)用来购买食物的支出则会下降。

(三) 中国产业结构的发展

新中国成立初期,中国农业基础薄弱、工业素质不高、服务发展滞后。在整个产业构成中,农业居主导地位。1952 年,第一产业增加值占国内生产总值的比重达 51.0%,第二产业增加值占 20.8%。第三产业增加值占 28.2%。第一产业劳动力所占比重为 83.5%,第二产业劳动力所占比重为 7.4%,第三产业劳动力所占比重为 9.1%。中国经济结构基本上处于以农业为主的阶段。

60 年来,中国十分重视三大产业协调发展问题,在不放松农业基础的同时,大力促进工业和服务业的快速发展。从重视调整农、轻、重比例关系,到大力促进第三产业发展,三大产业结构不断向优化升级的方向发展。

"十一五"时期,三大产业全面发展,服务业比重提高。2006—2010 年,第一产业年均增长 4.5%,第二产业年均增长 12.1%,第三产业年均增长 11.9%。经济增长由主要依靠工业带动向三大产业协同带动转变。从三大产业结构看,第一产业所占比重明显下降,第二产业所占比重略有下降,第三产业所占比重上升。其中,第一产业所占的比重从 2005 年的 12.1% 下降到 2010 年

---

① 王俊豪. 产业经济学. 北京:高等教育出版社,2008.

的 10.2%，下降了 1.9 个百分点；第二产业所占比重由 47.4% 下降为 46.8%，下降了 0.6 个百分点；第三产业所占比重由 40.5% 上升为 43.0%，上升 2.5 个百分点。三大产业就业结构也发生了明显的变化。2005—2009 年，第一产业就业人数占总就业人数的比重由 44.8% 下降到 38.1%，下降了 6.7 个百分点；第二产业就业人口所占比重由 23.8% 上升至 27.8%，上升了 4.0 个百分点；第三产业就业人口所占比重由 31.4% 上升至 34.1%，上升了 2.7 个百分点，详见图 2-1、图 2-2。

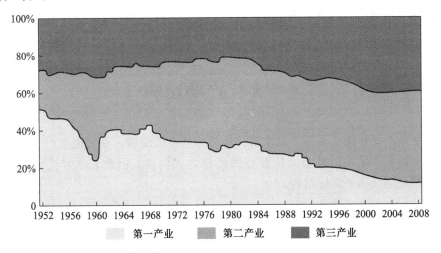

资料来源：国家统计局，http://www.stats.gov.cn/tjfx/ztfx/qzxzgcl60zn/t20090909_402585583.htm.

图 2-1 1952—2008 年中国三大产业增加值占国内生产总值的比重

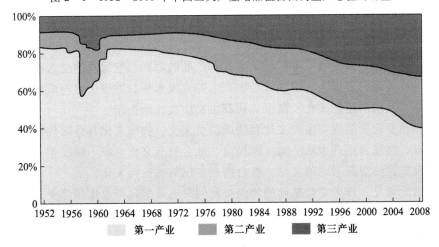

资料来源：国家统计局，http://www.stats.gov.cn/tjfx/ztfx/qzxzgcl60zn/t20090909_402585583.htm.

图 2-2 1952—2008 年中国三大产业就业比重

　　而服务业尤其是现代服务业的快速发展，是"十一五"时期中国产业结构调整的突出特征。交通运输、零批贸易、餐饮等传统服务业得到了长足的发展，为增加就业、方便群众生活发挥了重要作用。2005—2010年，交通运输、仓储和邮政业增加值年均增长8.3%，占GDP的比重由14.2%下降至11.1%；批发和零售业增加值年均增长16.5%，占第三产业增加值的比重由18.6%上升至20.1%；住宿和餐饮业增加值年均增长9.5%，占GDP的比重由5.6%下降至4.7%。为适应工业化、城镇化、市场化、信息化、国际化等的需要，金融保险、房地产、信息咨询、电子商务、现代物流、旅游等一大批现代服务业呈加速发展态势，大大提高了服务业的整体质量和水平。

第二节　文化结构与文化产业结构

　　文化产业结构首先是文化结构，然后才是经济结构，是文化生产、文化消费与文化需求结构的社会文化形态的经济方式体现。因此，学习文化产业结构，首先必须明了文化结构。

一、文化结构

　　文化结构同经济结构一样是一个系统。关于文化结构，有物质文化与精神文化两分说，物质、精神、制度三层次说，物质、制度、风俗习惯、思想与价值四层次说等。就三层次来说，物质文化、精神文化和制度文化构成一个系统。这个系统与经济结构系统有着密切联系，对文化产业发展有着重要影响。

　　（一）物质文化

　　物质文化是人类物质生产活动方式和产品的总和。它反映的是人与自然的物质变换关系，表现为一定的社会生产力的发展水平。物质文化构成整个文化的基础，其他的精神文化、制度文化都由物质文化所决定。

　　物质文化分为物质生产文化和物质消费文化。物质文化具有时代特点和民族特点，即随着生产力水平的不断提高，社会物质文化也在不断发生变化；而不同民族又创造着不同的文化，各自拥有本民族的独特文化。

　　由此可见，作为文化基础的物质文化同时也是文化产业化和产业文化化的基础和条件。物质文化结构决定文化产业结构作为一种经济形态存在的业态发展水平。

　　（二）精神文化

　　精神文化是文化整体的核心部分，它由价值观念、思维方式、道德情操、宗教感情、民族性格等因素构成，还包括文化信念与文化情趣等。

精神文化受物质文化的决定和制约。但是，精神文化具有相对的独立性，它的演进与物质文化并不完全同步。与物质文化一样，精神文化具有时代特点和民族特点。

作为文化整体核心部分的精神文化，它的结构决定文化产业结构作为一种意识形态存在的时代内容。

（三）制度文化

制度是人们在参与社会活动的过程中形成的要求人们遵守的规则。制度用法令、条例、规章等形式固定下来，借助一定的组织系统保证实施，要求人们遵守。制度文化是以制度为核心的文化，它是文化系统中最具权威性的因素，规定着文化整体的性质，它的结构规定了文化产业结构作为政治文化权利分配和权力体现的特殊安排。

二、文化产业结构

（一）文化产业结构定义

文化产业结构是指文化产业内部构成及其比例关系，它代表着文化产业的发展层级，决定着文化产业的发展规模。

从不同视角可以获得对文化产业结构不同的认识。

从文化产业的行业部门划分，可以获得新闻业、出版业、广播业、电视业、电影业等不同行业在文化产业中的构成比例，从而获得对文化产业结构的认识。

从文化产业的地域归属划分，可以获得省域、市域、不同经济圈、国家等地域文化产业的构成及比例关系，从而获得对文化产业结构的认识。

从文化产业的市场主体划分，可以获得国有、民营、混合所有制等文化产业机构所属文化产业的构成及比例关系，从而获得对文化产业结构的认识。

从文化产业生产对象的特征划分，可以获得：文化产品、文化服务的构成及比例关系，传统文化产业、新兴文化产业的构成及比例关系，技术密集型文化产业、创意知识密集型文化产业的构成及比例关系，从而获得对文化产业结构的认识。

（二）文化产业发展与经济结构演进

文化产业结构的构成与运动，不仅一般地反映了一个国家或地区文化产业发展的现代化程度，而且还深刻地反映了一个国家国民经济和社会发展的现代化程度。文化产业的发展，对于一国或地区经济结构的演进具有重要作用。

1. 文化产业的发展推动产业结构不断优化

　　文化产业化使具有文化价值的文化资源成为具有经济价值的生产要素，参与到生产、交换、分配与消费之中，因而产业本身就成为整个产业结构、经济结构的组成部分，直接创造财富，改变国内生产总值的构成。随着文化产业发展，其创造的财富不断增加，直接改变整个产业结构的比例和关系，引起整个产业结构的调整和优化。

　　2. 文化产业的发展推动就业结构向服务化形态转变

　　文化产业具有广泛吸纳各类社会劳动力的特点和优势。产业化的文化生产效率趋高，其创造的增加值和经济效益也较高。较高的收益将吸引更多的社会投资，形成更多的文化企业，创造和增加劳动力就业，特别是对脑力劳动者的吸纳数量迅速增加。目前，文化休闲娱乐、文化旅游、网络服务、广播电视、动漫等服务行业已成为就业人数增长较快的领域。可见，发展文化产业可以引起劳动力以较高的速度不断向文化产业转移，促进劳动力素质提高和增加服务业的就业比重。[①]

　　3. 文化产业的发展推动消费结构不断升级

　　发展文化产业，可以促进经济发展由适应市场需求向创造供给需求转化。文化产业既可以开辟新的需求领域，主动创造新的文化产品和服务，满足、对接不断增加与不断更新的市场消费需求，使新兴业态不断产生、发展，并迅速占领新兴消费市场，又可以引导社会消费，拉动内需增长。它以消费者需求为导向，通过产品的创意激发消费者的购买潜力，引导消费时尚，形成新的消费市场，同时提升社会品质，促进经济开拓更大的市场空间，从而推动消费结构不断升级。

　　此外，文化产业的发展还可以推动技术、投资、分配、贸易等结构不断调整和优化，从而促进整体经济结构的不断升级。

　　（三）文化产业结构的调整与优化

　　当今世界，文化产业的比重逐渐增大，在一些发达国家已经成为国民经济的主导产业和国民收入的重要来源。从行业部门的发展来看，文化娱乐业、文化设计业、传媒产业等迅速发展，成为服务业的领头羊；网络文化业、信息文化业等新兴的服务业迅猛崛起。同时，文化还渗透到餐饮业、商业等传统服务业，提升了这些产业的层次，衍生出饮食文化、网络文化、商业文化等新的文化形态。由此可见，文化产业结构在不断地变化、调整。

　　如何推动文化产业结构优化升级，已成为文化产业发展中的重大问题。鉴于文化产业自身特征及发展趋势，在文化产业结构调整、优化过程中，应注意下述几个方面：

---

　　①　陈焱. 文化产业发展对产业结构调整的作用. 长沙晚报，2011－1－28.

第一，用现代科学技术改造和提升传统文化产业，加快文化产业与高新技术的融合、加大高新技术在文化产业中的应用开发。

第二，用市场化的手段培育激励文化产业市场主体，改善文化产业主体结构，让更多社会资本进入文化领域，增强文化产业市场竞争力。

第三，政府应构建公开平等的文化管理体制，为不同类型文化企业提供公平竞争的环境。

第四，从科学规划布局角度出发，推动文化产业向重点区域和重点领域聚集，着力提升文化产业环境竞争力。同时，扩大社会文化消费，增强文化产业发展的消费需求原动力。

（四）产业结构调整与文化产业发展

1. 产业结构调整

产业结构调整包括产业结构合理化和高级化两个方面。

产业结构合理化主要是指产业与产业之间经济技术联系和数量比例关系趋向协调平衡的过程，即在一定的经济发展阶段上，根据消费需求和资源条件，对初始不理想的产业结构进行有关变量的调整，理顺结构，使资源在产业间合理配置，有效利用，促进产业结构的动态均衡和产业素质的提高。

产业结构高度化是指产业总体发展水平不断提高的过程，或者说是产业结构由低水平状态向高水平状态发展的过程，也可将其称为产业结构的升级。

产业结构的合理化与高度化有着密切的联系。产业结构的合理化为产业结构的高度化提供了基础，而高度化则推动产业结构在高层次上实现合理化。结构的合理化首先着眼于经济发展的近期利益，而高度化则更多地关注结构成长的未来，着眼于经济发展的长远利益。

2. 文化产业推动产业结构调整的机制①

文化产业推动产业结构调整主要有三项机制：

（1）渗透机制，指文化产业的发展促进文化理念渗透到传统产业的设计、生产、营销、品牌和经营管理等环节，从而改变传统产业的价值创造链条，使传统产业提供的产品更加富有文化含量、文化品位。

（2）转换机制，指随着文化产业的发展，资源逐步从传统产业流入文化产业，并由此加剧传统产业之间的竞争，使传统产业融入更多的文化元素，从而促进传统产业的结构调整。

（3）提升机制，指文化产业通过提升工业、服务业的文化含量与经济价值，提升整个社会经济的质量，进而促进经济增长方式的转变。提升机制是建立在渗透机制和转换机制基础之上的，它带来产业结构质的飞跃。在这一机制

---

① 焦斌龙. 文化产业怎样推动产业结构调整. 人民日报，2007－12－14.

作用下，产业对文化的需求从简单的吸收、组合过渡为文化要素的挖掘与创造，文化成为传统产业动态比较优势、竞争优势的核心要素。

3. 文化产业推动产业结构调整路径

文化产业推动产业结构调整的路径大致有如下四条：

（1）文化产业—文化渗透产业—产业结构调整。

在这条路径下，文化产业直接作用于传统产业，对传统产业的发展产生影响，进而推动产业结构调整。

（2）文化产业—文化提升产业—文化渗透产业—产业结构调整。

如艺术产业的发展，使艺术直接成为服装业（文化提升产业）的文化内涵和竞争力的组成部分，服装业的发展又推动纺织业、制造业等的发展。

（3）文化产业—文化驱动产业—文化渗透产业—产业结构调整。

如以历史文化为主要内涵的文物产业，通过拉动旅游产业（文化驱动产业）的发展，加速历史文化的传播，促进传统产业结构调整。

（4）文化产业—文化驱动产业—文化提升产业—文化渗透产业—产业结构调整。

这一路径主要适用于那些辐射力、影响力较弱的文化产业，如民俗文化产业通过发展民俗文化旅游业（文化驱动产业），扩大民俗文化的影响，进而发展起具有民俗特色的服装业、餐饮业（文化提升产业），这些产业的发展最后作用于传统产业，推动传统产业结构调整。

第三节　世界及中国文化产业结构现状

一、世界文化产业结构现状

《2010 创意经济报告》显示，2008 年全世界出口额达到 5 920 亿美元，连续 6 年来年平均增长率达到 14.4%。其中，创意产品出口达到 4 070 亿美元，年均增长率达到 11.5%；创意服务出口达到 1 850 亿美元，年均增长 17%。

从发展中国家向世界出口的创意产品平均每年增长 13.5%。2008 年，中国成为创意产品主要出口国，市场份额达到全球创意产品出口的 20%。而在 2008 年世界创意服务出口中，发达经济国家仍占据主要地位，其所占比重为 83%，发展中经济国家占 11%，转型经济国家占 6%。表 2-1 显示的是 2005 年不同类型国家创意产业出口状况。

表 2 - 1　**2005 年不同类型国家创意产业出口状况**

（单位：百万美元）

	发达国家	发展中国家	转型国家
全部创意产品	194 444	136 231	3 154
工艺	9 118	13 881	137
视听	592	55	2
设计	112 595	102 413	1 735
音乐	13 424	1 412	63
新媒体	6 471	5 508	50
出版	36 593	6 567	1 096
视觉艺术	15 651	6 395	71

资料来源：UNCTAD.

由表 2 - 1 可以看出，无论发达国家还是发展中或是转型国家，如设计、新媒体及视觉艺术等新兴文化业态占有较大的比重。由此表明，世界对音乐、动漫、电影、手工艺品、多媒体以及广告等创意产品和服务的需求保持着较高的发展态势。

二、中国文化产业结构现状

（一）分类别情况

统计显示，在文化产业各类别中，除文化用品、设备及相关文化产品外，规模最大的类别是出版发行和版权服务，2008 年年末，有从业人员 180 万人，占单位从业人员的 17.4%；拥有资产 5 862 亿元，占法人单位的 21.3%；实现增加值 1 394 亿元，占单位增加值的 18.9%；全年营业收入 4 851 亿元，占法人单位的 17.8%。文化休闲娱乐服务是规模排在第二的类别，有从业人员 150 万人，资产 4 524 亿元，增加值 1 126 亿元，营业收入 2 889 亿元。

2008 年年末，文化用品、设备及相关文化产品的生产类别共有从业人员 414 万人，拥有资产 7 855 亿元，全年营业收入 11 948 亿元，实现增加值 2 312

亿元。文化用品、设备及相关文化产品的销售类别共有从业人员 41 万人，拥有资产 1 982 亿元，全年营业收入 3 382 亿元，实现增加值 352 亿元。

（二）分注册类型情况

2008 年年末，在 46.08 万个法人单位中，有内资单位 44.87 万个，占 97.4%；从业人员 793 万人，占 78.7%；拥有资产 21 089 亿元，占 76.7%；实现增加值 5 511 亿元，占 76.9%；全年营业收入 18 759 亿元，占 68.9%。港澳台商投资和外商投资单位分别为 6 276 个和 5 801 个，从业人员分别为 127.8 万人和 87.4 万人，拥有资产分别为 2 937 亿元和 3 461 亿元，实现增加值分别为 847 亿元和 808 亿元，全年营业收入分别为 3 852 亿元和 4 633 亿元。

（三）分地区情况

分经济地域看，2008 年年末，东部地区的法人单位数量占全国的 59%，从业人员数占 67%，拥有资产占 75%，营业收入占 78%，增加值占 69%。从对国民经济的贡献看，东部地区文化产业增加值占本地区 GDP 的 2.73%，中、西部地区分别仅占 1.63% 和 1.34%，东北地区占 1.38%。

法人单位实现的增加值超过 200 亿元的省级地区有：广东（1 545 亿元）、山东（651 亿元）、江苏（645 亿元）、北京（641 亿元）、浙江（530 亿元）、上海（378 亿元）、福建（296 亿元）、湖南（284 亿元）和河南（250 亿元）。九省市占全国的 73%。

法人单位实现的增加值占本地区 GDP 比重高于全国水平（2.28%）的有北京（5.77%）、广东（4.20%）、福建（2.74%）、上海（2.69%）、浙江（2.47%）、湖南（2.46%）和江西（2.28%）七个省市。①

此外，依据《2009 全国文化产业发展调研报告》，就 2007 年全国部分省市自治区文化及相关产业增加值的变动情况而言，文化产业结构调整的压力仍然存在，调整步伐还需要进一步加快。目前许多省市自治区文化产业结构的同构现象比较突出，各地方居前三位的行业类别中出版发行和版权服务、文化休闲娱乐服务、文化用品、设备及相关文化产品生产和文化用品、设备及相关文化产品销售这四个类别占有相当大的比重，基本上都在各地居于主导地位。②

为了进一步优化中国文化产业结构，今后需要进一步推动新兴文化产业的发展，提高文化产业的科技含量和市场竞争力，进一步促进文化产业区域布局的合理性，促进文化企业之间的协调、合作，为文化产业结构改善创造良好的制度与政策环境。

---

① 国家统计局. 2008 年我国文化产业发展情况的报告.
② 2009 全国文化产业发展调研报告. 中国文化产业网，http：// www. onci. gov. cn/content/200969/news_47172. shtml

三、中国文化产业结构调整的任务

文化产业自身面临重大的结构调整任务，必须从转变发展方式中获得新的推动力和增长空间。中国文化产业结构调整，应该注意以下几个方向。[①]

（一）调整产品结构，既要满足消费需求，更要满足生产需求

中国文化产业的发展水平较低，远远没有满足人民群众的消费需求，但是由于种种原因，文化消费启动比较缓慢。与此同时，由于国家经济发展方式转型的实质性启动，新的市场空间已经由于制造业升级加速而迅速形成了。由此，采取措施及时调整产品结构，大大加强中国文化产业的生产性服务功能，使中国文化产业在作为最终消费品和作为中间产品之间有一个合理的比例，将为中国文化产业的快速发展提供重要的动力。

（二）调整企业组织结构，促进竞争，鼓励创造

文化体制改革取得决定性胜利，为在市场经济基础上真正造就一批优秀的文化企业、承担起引领中国文化产业发展的历史使命提供了重大契机。但是，如果我们只是停留在相对封闭的市场环境中，且过度依赖"做大"国有文化企业，而不是进一步开放市场，鼓励创建中小型文化企业，就可能使原有的行政垄断还没有摆脱就又形成市场垄断，对文化产业发展产生不利影响。今后几年，对于中国文化产业来说，既是大企业盘活存量、重新洗牌的机遇期，也是个人创业、建立中小企业的最佳时期。我们唯有不失时机地大力推动开放市场，拆除一切不利于企业发展的障碍，盘活一切有利于企业发展的资源，才能抓住这个机遇。

（三）调整所有制结构，形成多种所有制共同发展的良好格局

目前面临的主要问题是，国家从文化产业竞争性领域的退出还很不充分，国有文化产业机构改革还不彻底，有些行业领域民营文化资本尚未准入，有些行业领域有所进入但是发展不足，配套政策还不完善，因此，一个多种所有制共同发展的合理格局还远未形成，这极大地制约了中国文化产业充分发挥真实潜力。调整所有制结构意味着增加准入领域，扩大准入空间，创造准入条件，意味着解放广大人民群众的文化创造积极性，将释放出大量产业发展空间。

（四）调整技术结构，要有一个合乎中国经济、社会发展现实要求的、多层次的技术结构

中国是一个经济持续高速发展、居民消费不断升级但是发展极不平衡的国家。一方面，中国具有全世界最大的广电和电信消费群体以及最大的上网人口。近年来，在第三代手机（3G）和"中国移动多媒体广播电视"（CMMB）带动下，"三网合一"迅速推进，数字内容产业呈现爆发式增长态势。另一方

[①] 张晓明，等. 2010 年中国文化产业发展报告. 北京：社会科学文献出版社，2010.

面，中国具有众多的农村人口和深厚的地方文化资源，民族民间文化产品和服务形态多样，具有传统的出口优势。我们既应抓住经济危机推动科技创新大规模应用带来的发展机遇，在数字化信息技术有关的新兴文化产业领域赶超发达国家，成为世界领先国家，也应充分把握国际创意产品贸易蓬勃发展的机遇，推动中国民族和民间文化产品走出去，以占领更大的国际市场。

（五）调整区域布局结构，在全国统一市场环境中合理配置产业资源

从传统区域性资源配置机制的行政体制走向市场化的资源配置体制是必然的发展过程，中国文化产业必将从依靠政府政策"投资推动"的阶段走向依靠市场内生动力和消费拉动的新阶段。在市场的作用下，以往不合理的产业布局将被调整，中国文化产业将面临大规模洗牌和资源重组，并形成新的区域布局结构。对于近年来在文化体制改革中完成"事转企"的文化产业机构来说，这轮区域布局结构的大调整和大重组将创造重大的产业发展机会。

本章小结

文化产业的发展，对于一国或地区经济结构的演进具有重要作用。文化产业能够改变传统产业的价值创造链条，使传统产业提供的产品更加富有文化含量、文化品位；加剧传统产业之间的竞争，使传统产业融入更多的文化元素，从而促进传统产业的结构调整；通过提升工业、服务业的文化含量与经济价值，提升整个社会经济的质量，进而促进经济增长方式的转变。在经济转型的今天，文化产业的地位和作用日益凸显，但是中国的文化产业结构仍然存在结构低端、地区发展不平衡等问题，需要政府、企业通过政策手段和市场手段不断优化文化产业结构，保证中国文化产业的良性发展。

复习思考题

1. 什么是经济结构、产业结构、文化结构和文化产业结构？
2. 文化产业的发展对一国或地区经济结构演进有何作用？
3. 中国文化产业结构有哪些问题？该如何解决？

案例讨论题

洛阳产业结构的三重转型 第二大古都为何文化凋零？

古都，区域经济副中心，老工业基地，集多种角色于一身，使洛阳对于其

产业结构的调整与升级举棋不定。

一、洛阳产业结构的三重转型

一直到 20 世纪 90 年代中期，洛阳都是河南经济的龙头。

洛阳是中国重要的工业基地，新中国成立后的"一五"时期，全国 156 个工业重点项目有 7 个建在洛阳，洛阳石化总厂、中国一拖集团、洛阳轴承集团、中信重机公司、洛铜集团、洛玻集团等国内著名的大型企业纷纷落户洛阳，使洛阳独步河南。

不过，20 世纪 90 年代中期之后，大批老工业基地受到了国有企业改革的巨大冲击。1997 年，全国亏损的 6 599 家国有大中型企业中，洛阳就占了 38 家，其工业体系受到颠覆性打击，此后，洛阳经济走过一段弯路，又回归到工业立市的道路上来。

二、郑州洛阳　双雄争霸

作为十三朝古都，洛阳在几千年的历史中，一直是河南乃至中国的龙头；那时，郑州还是河南的一个小镇。长时间占据河南"龙头"位置的洛阳，却在 20 世纪 90 年代中期后一落千丈；而郑州凭借优势的政治、地理、交通条件，大力发展商贸和轻工业，以民营经济为先导，得以迅速超过洛阳，确立了其在省内的老大地位。事实上，在很多省域经济中，都存在着双雄争霸的局面。如浙江的杭州与宁波，福建的福州与厦门，广东的广州和深圳，辽宁的沈阳和大连，某种程度上说，正是因为经济活跃，才形成了这种双雄争霸的局面。但是，双雄争霸，也对中原城市圈的发展有一定不利。虽然在《中原城市群发展战略构想》中，郑州被设想为区域性中心城市、全国物流中心，但是，由于郑洛争雄，郑州在中部城市群竞争中的地位反而下降。

三、泛中原经济区的枢纽

其实，在中原城市群中处境尴尬的洛阳，完全可以将眼光投向更广袤的空间。所谓的逐鹿中原，最原始的地方，就是以西安为中心的关中。而后来，历朝历代疆域扩大，中原方为今日河南之地。洛阳更一度成为世人眼中的"中国"。如此，中原与关中，本来命同一线。正如洛阳与西安，兴衰沉浮总是同步。因此，洛阳在未来，可以与西安一起，谋划泛中原经济区。

就全球领域来看，现代内陆型大国有一种很奇特的发展曲线，即先是沿海区域的发展，然后达到全国发展的大致均衡。最典型的是美国，首先是东海岸靠近大西洋的一些州，其后才逐步推进到全国，目前，美国各个州已经基本达到发达水平。中国的区域发展曲线，与美国非常类似。由此可以预见，以西安和洛阳为中心的泛中原地区，在未来的均衡发展时代，亦值得期待。

四、第二大古都为何文化凋零？

洛阳素称"十三朝古都"，是中国第二大古都城市，先后有 13 个王朝在此建都，是中国建都时间最长、历经帝王最多的古都。拥有国家重点文物保护单位十处、是河洛文化的核心地带，其文化资源得天独厚，冠绝国内。但是，拥有如此灿烂文化积淀的古都洛阳，文化产业却仍很落后。

2009 年，洛阳文化产业总产值为 96 亿元，占比 4%，而国内其他古都城市，文化产业都已经成为重要支柱之一。北京 2009 年的文化产业，占比已经达到 12.3%，西安文化产业占比 5.5%，杭州最高，达到 12.6%。

坐拥如此雄厚的文化资源，洛阳却没有成为文化大市，是一种莫大的遗憾。昔日的灿烂，如何变为今日的辉煌？

究其原因，洛阳的文化产业发展，缺少三因素，即现代化、商业化、产业化。洛阳需要培养自己富有特点的龙头文化企业和文化项目。

同为古都，杭州就可以为洛阳借鉴。杭州虽然也是著名古都，但是，杭州的文化产业，并没有停留在过去的灿烂之上，而是积极融入现代潮流。在动漫、艺术等领域，杭州亦开始崛起。目前，杭州拥有五个国家级动漫基地，生产动画片居全国之首。

反观洛阳，其文化产业收入，更多来自传统的风景旅游点的门票收入，更多是"吃过去饭"。目前，洛阳的文化资源急需产业化。洛阳的众多古都遗址，如龙门石窟、白马寺等著名风景点，"三符（河图、洛书、八卦)"、"三彩（唐三彩)"等传统文化资源，都需要以产业化的模式，成立商业化的组织。

而洛阳的龙头项目牡丹花会、河洛文化节等，则需要走出洛阳，打造成为全国性的文化品牌。早在 2005 年，连战访问大陆时，就称自己是"河洛郎"，在未来，河洛文化节，可以打造成为面对海外华人寻根问祖的重要品牌；洛阳馆藏文物居全国地级市之首，可以通过文博会汇聚洛阳的文化资源，形成产业化和规模化。

更为重要的是，洛阳需要开放包容的社会文化。洛阳是一座典型的内陆城市，从人口构成方面看，洛阳对于外地人才的吸引能力欠缺。而北京、深圳和杭州等城市，除了其本身具有的吸引力之外，更是以开放、包容著称。有开放的胸襟气度，方可成就文化产业的繁荣。

资料来源：东方今报，2011 - 3 - 23.

问题：

讨论该案例，试通过查阅资料对洛阳文化产业结构的调整提几点建议。

参考文献

1. 聂辰席. 金融危机背景下文化产业的独特作用及发展路径. 光明日报，2009 - 4 - 8.

2. 杨润森．新兴经济驱动下的文化产业结构演变．艺术百家，2007(1)．

3. 许梦博，许罕多．文化产业结构的演进及中国的战略选择．社会科学战线，2009(3)．

4. 刘伟，李绍荣．产业结构与经济增长．中国工业经济，2002(5)．

5. 陈建华，马晓遥．中国对外贸易结构与产业结构关系的实证研究．北京工商大学学报（社会科学版），2009(2)．

6. 孙咏梅．文化产业的兴起与产业结构调整．经济理论与经济管理，2004(12)．

7. 王俊豪．产业经济学．北京：高等教育出版社，2008．

8. 谢勇，柳华．产业经济学．武汉：华中科技大学出版社，2008．

9. 胡惠林，施惟达．文化产业概论．昆明：云南大学出版社，2005．

10. 陈忞．文化产业发展对产业结构调整的作用．长沙晚报，2011 - 1 - 28．

11. 马学强，赵树廷．加快调整优化文化产业结构．大众日报，2010 - 10 - 30．

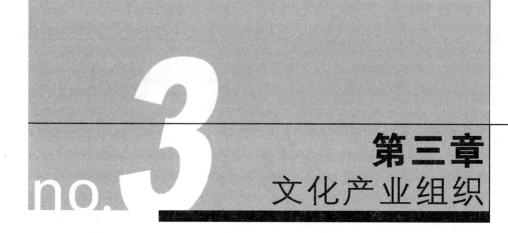

第三章
文化产业组织

【主要内容】

围绕产业组织理论的基本框架，本章介绍了文化市场结构、文化企业行为和文化产业市场绩效。内容涉及文化市场结构的概念与形态，文化市场结构的类型，决定文化市场结构的因素，文化企业的价格战略、产品战略和并购与集团化战略，体现文化产业市场绩效的资源配置效率、规模结构效率以及文化产业的技术进步水平等。

【学习要求】

1. 掌握文化市场的概念及结构类型。
2. 掌握决定文化市场结构的因素。
3. 了解文化企业的价格战略、产品战略和并购与集团化战略。
4. 了解文化产业市场的绩效衡量。

【课时安排】

6 课时。

【案例导引】

文化产业市场规模8 000亿元，面临发展模式转型①

根据国家统计局公布的数字和中国社会科学院文化研究中心课题组的估算，2009年我国文化产业国内外市场规模大约为8 000亿元人民币。文化产业在2009年逆势上扬，在多数领域实现了超常增长，成为国民经济发展中最为亮眼的领域。

五大结构调整重点

2009年我国实现了一个"V"形的经济复苏，整个国家经济工作重点从保增长向调结构转变，这个转型对文化产业的发展也提出了要求。未来中国文化产业是否能够持续发展、承担起参与经济结构调整的责任，很大程度上取决于结构调整是否有效，发展方式转型是否到位。

"以结构调整为主线，着力提高文化产业发展的质量和水平"是下一阶段文化产业发展的核心方针，同时《文化蓝皮书》还提出将产品结构、企业组织结构、所有制结构、技术结构、区域布局结构等五方面作为文化产业结构调整的重点。

产业政策或有突破

从2009年的振兴规划到2010年4月六部委联合发文"金融支持文化产业"，文化产业的发展和振兴得到了前所未有的关注。在此背景下，文化产业在市场化基础上推动结构调整，国家的相关文化产业政策或将有新突破。

《文化蓝皮书》提出了四方面政策建议：一是产业振兴政策；二是文化产业和相关产业的融合性政策；三是同城市化发展的政策相衔接；四是适应新的国际文化贸易发展趋势的出口政策。

产业组织理论是运用微观经济学理论分析企业和市场及其相互关系的一门学科，是研究企业结构与行为、市场结构与组织以及市场与厂商相互作用和影响的一门新兴应用经济学分支。本概念中的产业组织是指同一产业内企业间的关系。

文化产业组织是现代产业组织的特殊形态。其特殊性表现在，作为市场行为主体的企业或是企业间的关系，都具有不同于一般企业的个性。即便如此，现代产业组织理论的分析方法和手段依然可以运用到文化产业组织的分析过程中。其中"结构—行为—绩效"的分析范式就是一种重要的理论分析框架。

这个既能深入具体环节又有系统逻辑体系的框架被称为SCP分析框架，即"市场结构（Structure）—市场行为（Conduct）—市场绩效（Performance）"。结

---

① 胡萍. 文化产业市场规模8 000亿元，面临发展模式转型. 金融时报，2010－5－7.

构、行为、绩效之间存在着因果关系，即市场结构决定企业在市场中的行为，而企业行为又决定市场运行的经济绩效。因此，要研究文化产业组织，我们首先探讨结构问题，然后再转向行为和绩效。

第一节　文化市场结构

一、文化市场结构的概念与形态

（一）市场结构与文化市场结构

产业组织理论中的结构常用来描述在某一特定市场或产业中经营的企业所面临的环境。具体到市场结构，指的是在特定的市场中，企业与企业之间在数量、规模上的关系以及由此决定的竞争形式。

文化市场属于一般市场的特殊形态，是指按价值规律进行文化产品或服务交换和提供有偿文化服务活动的场所，也指相关主体形成的各种经济关系的总和。而文化市场结构同样是一种特殊的市场结构，是指在文化市场中，文化企业与文化企业之间在数量和规模上的关系以及由此决定的竞争形式。

在全球文化经济迅猛发展的今天，世界文化市场格外繁荣。就文化市场的地区结构而言，据《文化软实力蓝皮书：中国文化软实力研究报告（2010）》数据披露，世界文化市场，美国独占鳌头，占43%的份额；欧盟紧随其后，占34%；人口最多、历史悠久的亚太地区仅占19%。这19%中，日本占10%，澳大利亚占5%，剩下的4%才属于包括中国在内的其他亚太地区国家。上述信息表明，虽然经过改革开放三十多年的发展，中国文化市场取得了巨大的进步，但是差距和发展空间依然很大。

（二）文化市场形态

随着文化产业的发展，文化市场形态呈现多元化特征。文化市场的多元化一方面可以分散风险，并形成多个利润增长点，另一方面又可以整合资源，壮大规模，提升市场竞争力。

多元化的文化市场也是市场发展成熟的表现。以市场主体自主经营为主导的文化市场迅速发展，形成了包括娱乐业、演出业、音像业、影视业、网络业、艺术品业、出版业、传媒业、旅游业、会展业等多门类、多层次的综合性市场体系。随着文化体制改革的逐步推进，各种文化机构逐步转型，组建了一系列报业集团、演艺集团、广电集团、出版集团等大型文化企业集团，成为自主经营的文化市场主体。文化产品的生产和消费正在由国家指令性计划管理转型为市场经济条件下的多元化形态。

专栏 3 – 1

多元化的《时代》杂志

创刊于1923年的美国《时代》杂志，现在已经发展成为世界最大的文化传媒集团之一——时代华纳集团。目前，时代华纳集团主要有六大业务板块：网络业务、电视和广播、有线电视网、时代出版、电影娱乐以及音乐产业。在公司的收入结构中，包括期刊出版在内的整个出版业务不足其收入比例的10%。不难看出，从一本杂志延伸出其他刊物，再扩展到电视、电影、娱乐、网络等多元化文化产业，正是时代华纳集团的成长壮大之路。

二、文化市场结构的类型

文化产业市场结构简称文化市场结构。依据市场主体在某一商品市场中的数量比例和竞争程度，它可分为完全竞争市场结构、完全垄断市场结构、垄断竞争市场结构和寡头垄断市场结构四种类型。

（一）完全竞争市场

完全竞争市场又称纯粹竞争市场，是指不存在任何垄断因素、文化市场主体不受任何阻碍和干扰、完全依照市场经济规律自由进行生产和交易的市场。

完全竞争的市场一般具有以下条件：

（1）市场上存在众多市场主体，即大量的文化产品和服务的供给者和消费者。由于数量多，每个供给者在市场上占有很小份额，所以单个供给者并不能影响文化商品和服务的市场价格。同理，单个消费者也不能影响价格，因而交易双方都是市场价格的遵从者。

（2）产品和服务同质，不存在差别。同质性保证市场中的文化产品和服务没有品牌差异和消费偏好，不同供给者之间可以完全平等竞争。

（3）各种资源都可以完全自由流动而不受任何限制。每个市场主体都可以依据自己的意愿自由地进出市场。

（4）交易双方信息完全对称，即文化产品和服务的供给者充分了解各种要素的价格、产品和服务以及生产技术状况；文化产品和服务的消费者充分了解文化市场的价格、文化产品和服务的功能特征及供给状况。文化市场信息的完全性、对称性保证了文化产品和服务价格的唯一性。

完全竞争市场是一种理想的市场竞争状态。在这种市场结构状态下，价格可以充分地发挥其调节作用。它可以使文化生产者确保得到正常利润，使文化消费者以可能的最低价格购买文化商品。因此，完全竞争文化市场是一个有效率的市场结构。

（二）完全垄断市场

完全垄断市场又称独占性市场，分为买方垄断市场和卖方垄断市场，一般情况下，我们所说的垄断是指卖方垄断，意指只有一家企业独家控制某种文化产品和服务的供给与销售，垄断者是价格的制定者而非接受者。这是一种与完全竞争市场相反的市场结构，不存在任何竞争因素。

完全垄断市场有如下条件：

（1）市场上只有唯一的一个企业生产和销售文化商品。换言之，该企业完全垄断了文化商品市场的生产和供应，由此它也成为价格的决定者。

（2）新企业进入该行业存在很大限制，亦即有很高的进入壁垒，包括技术专利、版权保护、市场准入等。

（3）企业生产和销售的商品没有任何相近的替代品。

完全垄断的市场使社会福利受损，资源配置效率下降。而形成完全垄断的文化市场的原因是多方面的。原因之一是存在明显规模经济效益特点的文化产业，例如数字电视业，它的固定成本大大高于可变成本，因而供给随着需求的充分扩大才是经济的。另一个原因是制度性安排的结果。例如对于电影、新闻等行业，出于对国家文化产业安全等方面的考虑，赋予某些企业以垄断地位。

（三）垄断竞争市场

垄断竞争市场也称不完全竞争和不完全垄断市场，这一理论是由美国经济学家张伯伦和英国经济学家罗宾逊夫人于1933年提出来的。垄断竞争市场是指一个市场中有许多企业生产和销售有差别的同类商品。垄断竞争市场结构的特点在于：文化市场既存在有限度的垄断，又存在不完全的竞争。

垄断竞争市场结构的存在条件是：

（1）市场上存在较多的文化产品和服务的供应者与消费者，他们每个都没有明显优势，所占份额很小，因此相互之间存在一定竞争。

（2）产品和服务有差别。不同文化企业生产、提供不同的文化商品，即使生产、提供相同的文化商品也只能部分互相替代，而不是完全替代。

（3）进入或退出市场的障碍较小，即市场进退壁垒比较低。

（4）完全信息。市场中每个企业和消费者都十分清楚市场中所有文化产品及其价格、信誉等情况，信息搜索成本为零。

（四）寡头垄断市场

寡头垄断市场又称寡头、寡占，是指少数几家大企业生产和销售了该行业全部或极大部分产品或服务，每个企业的产量占据市场总量相当大的份额，在这个市场里，竞争只在几家大企业之间展开。

寡头垄断市场结构的存在条件是：

（1）市场上只有少数占支配地位的企业，对市场价格能产生重大影响，同时生成的市场价格较稳定。

（2）产品、服务同质或异质。产品、服务没有差别，彼此依存程度很高的，叫纯粹寡头；产品、服务有差别，彼此依存关系较低的，叫差别寡头。

（3）存在较高的进退壁垒。其他企业进入相当困难，甚至极其困难。因为不仅在规模、资金、信誉、市场、原料、专利等方面，其他企业难以与原有企业匹敌，而且由于原有企业相互依存，休戚相关，其他企业不仅难以进入，也难以退出。

在多元的文化市场形态中，最典型的寡头垄断结构多出现于传媒业、广播电视网络业、艺术品拍卖业、网络游戏业等，如全球艺术品拍卖业基本上被嘉士德和苏富比两家公司垄断。

寡头垄断形成的原因很多。第一个原因可归结为规模经济。许多文化行业，固定成本在总成本中占据的比例很大，单位文化产品的平均成本随着企业规模的扩大而降低，规模经济明显，从而容易产生垄断，如艺术品经营企业。第二个重要原因是存在行业进入壁垒，包括技术要求、制度设置等，如网游、动漫对技术人才的需求，政府的专业许可等。

> **专栏 3 - 2**
>
> **当网站遇上媒体，文化垄断还是市场引导？**
>
> 中国网络电视台正式上线，该网站以央视为依托，向用户提供包括视频直播、点播、上传、搜索、分享等传统视频网站的功能。国家网络电视台的上线看似水到渠成，但一系列的"退位让贤"举措却提示我们此事并非突然。
>
> 在广电总局严查互联网视听许可证事件中，众多 BT 网站遭遇关停。目前，国内比较主流的 BT 网站几乎已全被关闭。据不完全统计，关停 BT 网站数量至少达到 30 家。BTChina 关站，电驴传出病危，由于许多网民都有通过 BT 下载电影等文件的习惯，BT 网站的大规模关闭在互联网上引起了强烈反响。许多寄情于网络视频的网友为此怨声载道，在一些论坛上，已有网友默哀：今后何处下载电影？而似乎国家网络电视台的上线正是要回答网友的疑问。
>
> 相关人士分析，目前互联网视频行业以民营资本为主导，国家网络电视台的进场将影响整个格局。国家网络电视台的目标是抢占视频资源、新媒体、手机电视和"三网合一"等制高点，其冲击力显然不仅波及民营视频网站，还会影响手机电视乃至整个新媒体领域。

一些业内人士对国家电视台存在的必要性提出了疑问：网上视频分享是"草根"文化，这本身就与国家电视台的定位不符。如果国家电视台一方面拿着财政的钱，一方面借助国家力量参与市场竞争，这对民营视频网站显然不公平。

民营视频网站目前普遍持观望态度，公开的表态都是"欢迎"。有"国内最大的网络视频站点"之称的优酷网CEO古永锵曾向记者表示："国家队"进场无法垄断整个市场，差异化是未来的发展方向。他认为，央视网在资讯、体育、财经等领域有优势，而优酷网的重点发展领域在影视剧和娱乐等。

一方面，视频网站作为一个新兴市场，消费者版权意识、法律法规的完善都需要一个过程，并不是一纸封杀令就可以置身事外，特别是快速发展的互联网和新技术有其特殊性。据《中国互联网络发展状况统计报告》显示，网络视频的使用率高达65.8%，这样巨大的一个互联网应用领域，全行业却几乎面临着法律法规问题，这是值得政府监管部门思考的，而不仅仅是推出几个"国家级"的视频网站就可以解决的，毕竟，有竞争才有发展。

另一方面，如果说这股国进民退风潮，主要集中在实体和资本行业，中国网络电视台的开办，应该算是文化传媒领域"国进民退"的最新样本。顾名思义，中国网络电视台，既是电视台，也是网络视频提供网站。作为电视台，其本质是国家媒介，用现代政治和传播理论来讲，媒体更是社会的公器；作为网站，则应该是网民自由发表言论的阵地。而国家网路电视台是否能够平衡网站和媒体的利益，找到自己的定位，还要拭目以待。

资料来源：慧聪通信网，http://info.tele.hc360.com/2009/12/300833164375-2.shtml.

三、决定文化市场结构的因素

从现代产业组织理论出发，文化市场结构的决定因素主要包括：市场集中、规模经济、文化产品差别、产业的进入与退出等。

（一）市场集中

市场是由买卖双方组成的，相应来说，市场集中度包括买方集中度和卖方集中度。由于买方集中仅限于某些特殊产业，因此产业组织理论对市场集中度的研究主要集中于卖方集中度。所谓市场集中，是指文化市场上卖方和买方各自数量及其在市场上所占份额。文化市场集中度反映了文化市场中竞争或垄断程度的高低，是决定市场结构的基本因素。

一般来讲，某一文化市场集中度较高，意味着少数文化企业的市场占有率较高，在这一占有率之内的最大规模的文化企业的数量较少，这些数量较少的文化企业可凭借较高的市场占有率左右市场价格，从而垄断市场，形成卖方垄断市场结构。

文化产业中各个行业的文化企业分布的特点是不同的，也就是说各类文化市场中的市场集中度是不同的。比如，传媒市场与书画市场相比，前者市场集中度较高，后者市场集中度较低。文化产业发展过程中，随着成长、成熟、衰退生命周期的演进，市场集中度将呈现出上升、稳定、再上升的变动曲线。在文化产业发展初期，大量文化企业涌入，市场集中度较低；当产业发展成熟、进入繁荣时期后，市场集中度会逐步提高并趋于相对的动态均衡；文化产业如果进入衰退期，部分文化企业将退出，市场集中度将会再度上升。

衡量市场集中度有两种方法：一是绝对法；二是相对法。

1. 绝对法

绝对法是直接计算市场前几位大企业所占有的市场份额。常用的计算指标有：行业集中度、赫芬达尔—赫希曼指数等。

（1）行业集中度（CR_n），通常指行业内在规模上处于前 n 位企业的有关数值（如产值、产量、销售量、职工人数等）的累计数量占整个市场或行业的份额，用公式表示为：

$$CR_n = \sum_{i=1}^{n} X_i \bigg/ \sum_{i=1}^{N} X_i$$

其中，X_i 表示第 i 位企业相关指标的数值，N 表示市场中所有企业的总数，n 表示排名为前 n 位，其取值依赖于研究需要，一般情况下，$n = 4$ 或 $n = 8$。

一般而言，厂商集中度越高，意味着前几位厂商所占有的市场份额越大，市场势力越强，市场垄断程度越高。

表 3-1 为美国学者贝恩的研究成果。

表 3-1 贝恩的市场结构分类

集中度	CR_4（%）	CR_8（%）
寡占 I 型	$75 \leq CR_4$	——
寡占 II 型	$65 \leq CR_4 < 75$	$85 \leq CR_8$
寡占 III 型	$50 \leq CR_4 < 65$	$75 \leq CR_8 < 85$
寡占 IV 型	$35 \leq CR_4 < 50$	$45 \leq CR_8 < 75$
寡占 V 型	$30 \leq CR_4 < 35$	$40 \leq CR_8 < 45$
竞争型	$CR_4 < 30$	$CR_8 < 40$

> **专栏 3 - 3**
>
> ### 中国网络游戏市场集中度及竞争状况
>
> 　　2008 年网络游戏行业市场份额排名前五位的运营商分别是盛大、网易、腾讯、九城和巨人。和 2007 年相比，腾讯由第 5 名上升到第 3 名，而巨人则由第 3 名下降到第 5 名。
>
> 　　从市场集中度来看，排名前十的运营商总计占据 90% 的市场份额，而这一数据 2007 年为 92.7%。排名前五的运营商占据的市场份额为 63.5%，2007 年这一数据为 68%，即前五名的集中度有所下降，这主要是由于排名第 6 名到第 10 名之间的搜狐和完美时空在 2008 年增长较快。
>
> 　　从市场份额来看，中国网络游戏运营商主要可以分为三个梯队：
>
> 　　第一梯队：市场份额在 10% 以上的企业，包括盛大、网易、腾讯，这三家公司收入在 20 亿元以上。
>
> 　　第二梯队：市场份额在 5%~10% 之间的企业，包括九城、巨人、搜狐、完美时空和久游，这四家公司的年收入在 10 亿元到 18 亿元之间。
>
> 　　第三梯队：市场份额在 5% 以下的企业，这些企业包括光宇华夏、网龙、金山、中华网等。
>
> 　　资料来源：易观智库，http://www.enfodesk.com/msite/mainv2/? menu = info _ index&sub _ menu = info _ detail&info _ id = 19582.

　　（2）赫芬达尔—赫希曼指数（Herfindahl - Hirschman Index，简称 HHI），又称赫芬达尔指数，是一种测量产业集中度的综合指数。它是指一个行业中各市场竞争主体所占行业总收入或总资产百分比的平方和，用来计量市场份额的变化。

　　该指数的计算公式为：

$$HHI = \sum_{i=1}^{N} (X_i/X)^2 = \sum_{i=1}^{N} S_i^2$$

　　其中，X 为市场的总规模；X_i 为第 i 位企业的规模；$i = 1, 2, \cdots N$；N 为市场中的企业总数；S_i 为第 i 个企业的市场占有率。当市场上有很多企业，并且企业规模相差不大，也就是说 n 趋向于无穷大，用赫芬达尔—赫希曼指数来测度市场集中度时，HHI 就无限接近于 0，市场集中度就很低，市场垄断程度也相应比较低；相反，HHI 值越大，市场集中度就越高。当一个市场处于完全垄断时，HHI 值就等于 1。

> **专栏 3 - 4**
>
> ### 中心城市都市报发行市场集中度测度分析
>
> 　　都市生活类报纸是中国城市报业发行市场中最为活跃、市场化程度最

高的报纸类型，通过测算这类报纸发行市场集中度可以在一定程度上反映各大城市报业发行市场结构状况。因为都市类报纸主要靠零售来发行，所以零售市场集中度HHI值基本上可以反映出各个城市都市报发行市场的结构状况。笔者搜集了全国20个中心城市都市报零售市场近四年的相关数据，并在此基础上采用赫芬达尔—赫希曼指数计算公式得出各大城市都市报零售市场集中度HHI值，见表3-2：

表3-2　部分城市都市报零售市场集中度(HHI)(2005—2008年)

HHI　　年份　　城市	2005	2006	2007	2008
北京	2 999	3 087	3 429	3 301
上海	2 103	2 131	2 747	2 816
广州	2 656	2 332	3 140	2 860
重庆	2 274	1 895	2 510	2 533
武汉	2 871	2 808	2 890	2 774
郑州	—	3 173	3 150	3 927
成都	2 338	2 332	3 444	3 287
沈阳	2 475	2 655	3 110	3 396
南京	2 438	2 696	2 688	2 862
西安	—	2 878	3 278	3 475
杭州	—	3 427	3 228	3 533
济南	—	2 615	2 636	2 621
合肥	2 887	2 252	2 353	
天津	—	3 550	3 428	3 672
太原	—	3 374	2 932	3 573
长沙	—	5 109	4 791	5 159
福州	—	4 297	4 384	4 159
石家庄	—	3 730	3 549	3 334
哈尔滨	—	—	3 586	3 346
南昌	—	—	2 495	3 222

由表 3-2 可以看出，这 20 个城市中，HHI 最小值为 2006 年重庆的 1 895，最大值为 2008 年长沙的 5 159。都市报零售市场集中度相对较低的是重庆，近四年 HHI 平均值为 2 303。最高的为长沙，近三年 HHI 平均值为 5 020。可见，中心城市都市报零售市场集中度非常高，即使是集中度处于最低的年份，这些大城市的零售市场也属于高寡占型市场结构。从 2005 年到现在，都市报零售市场一直处于高寡占型市场结构的城市有郑州、杭州、天津、太原、长沙、福州、石家庄、哈尔滨等八个城市。这八个城市都市报零售市场的特点是，分别有一家都市报在零售市场上具有明显的优势，2008 年，以上 20 个城市中都市报的零售市场份额最大的一家所占有的份额分别为 58.37%、47.27%、43.65%、51.96%、66.48%、58.09%、33.68%、46.42%。值得注意的是，这些城市都市报零售市场中，除了石家庄出现"三国鼎立"的竞争局面外，其余的城市大多数属于一家独大，另有一小部分属于两强争霸的竞争局面。尽管都市报零售市场垄断程度很高，但其报业竞争依然较为激烈。因为，这种垄断属于几家报纸共同对市场的垄断，并非某一家报纸完全独占市场。只是在个别城市的都市报零售市场中出现过度集中的现象，但这不能消除竞争。北京、广州、成都、沈阳、西安、太原、南昌等七个城市都市报零售市场结构大体上徘徊于高寡占Ⅱ型和高寡占Ⅰ型之间。这几个城市都市报发行竞争范围要稍微大一些，不同年份的竞争垄断关系有细微的变化，既存在一家独大的现象，也有两强争霸和"三国鼎立"的竞争局面。尽管市场结构处于一种动态变化之中，但这种变化不大，对竞争关系和竞争强度造成的影响不太明显。上海、重庆、武汉、南京、济南、合肥等六个城市都市报零售市场属于高寡占Ⅱ型市场结构。从零售市场来看，这几个城市都市报的竞争非常激烈，每个城市都有三到五家具有一定发行量和竞争实力的报纸在拼抢市场。这些城市的都市报既存在"三国鼎立"的竞争格局，又有诸强争雄的竞争格局。除此之外，还存在一家市场领先者与几家实力均衡的市场跟随者所构成的寡头垄断市场结构。

资料来源：陶喜红. 我国日报发行市场集中度实证分析. 中国出版, 2010(2).

2. 相对法

相对法指通过比例关系衡量市场规模分布的差异，从而判断市场结构的一种方法。常用衡量市场集中度相对法的主要有洛伦茨曲线、基尼系数等。

（1）洛伦茨曲线(Lorenz Curve)，是一种相对指标，表示市场占有率与市场中由小到大企业的累计百分比之间的关系，例如图 3-1 所示。

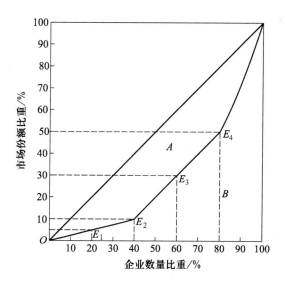

图 3-1　洛伦茨曲线和基尼系数与企业规模差异

图 3-1 中，横轴是市场企业数量的百分比，纵轴是文化企业市场份额的百分比，45°线为文化企业规模分布的绝对平均线。市场结构处于完全均等分布时，洛伦茨曲线将是一条 45°的对角线；右下角的 90°线为文化企业规模分布的绝对非平均线，表明市场此时处于完全垄断状态。处于 45°和 90°线之间的洛伦茨曲线代表了文化企业规模分布的差异，是一条向下弯曲的曲线。

（2）基尼系数（Gini Coefficient），是洛伦茨曲线反映出来的特定市场中企业规模的差异值。依据图 3-1 所示，基尼系数被定义为洛伦茨曲线与绝对平均线（45°线）所包围的面积的比值，即：

$$G = A/(A + B)$$

基尼系数越大，企业规模的差异越大；反之，基尼系数越小，企业规模差异则越小。基尼系数的取值范围是 $0 \leqslant G \leqslant 1$。

（二）规模经济

规模经济（Economies of Scale）是指当生产或经销单一产品的单一经营单位因规模扩大而减少了生产或经销的单位成本。[①] 规模经济有内部规模经济和外部规模经济之分。内部规模经济（Internal Economies of Scale）是指单位产品成本取决于单个企业的规模，随着单个企业规模的扩大，单位产品的生产成本逐渐下降；外部规模经济（External Economies of Scale）是指单位产品的成本取决于所在行业的生产规模，随着所在行业规模的扩大，单位产品的生产成本逐渐

---

① 小艾尔弗雷德·D. 钱德勒. 企业规模经济与范围经济. 北京：中国社会科学出版社，1999：19.

下降。

为了提升文化企业的规模经济，需要从规模经济的成因入手，影响和改善文化市场结构。规模经济主要来源于以下四个方面：

第一，专业化分工和协作的经济性。随着社会分工的深化、市场经济的繁荣，新的行业和部门独立化、专业化成为一种趋势，服务业及文化产业就是在这种背景下大规模发展起来的。不仅如此，专业分工协作能够大幅度提高劳动效率，使文化产业不同行业部门在独立化、市场化、商品化的趋势下愈加重视行业协作和融合，从而为各企业获得规模经济创造了空间。

第二，标准化和简单化的经济性。大规模企业所采用的大批量生产方式有利于实行标准化和简单化操作，从而有利于增加产量，提高产品质量，降低单位成本。这种方式是工业时代福特生产模式的典型特征。文化产业化就是顺应生产方式发展的要求，最大可能提升文化商品的供给量，从而获得更大的规模收益。

第三，采用高新技术、设备的经济性。目前，文化产业的知识性、创意性日益明显，成为技术密集型的典型产业。高新科技、设备的利用，大大增强了文化产业的生产效率和产业的可持续发展性，为其降低成本、获得更大的规模经济提供了条件。

第四，规模化经营管理的经济性。文化企业规模的提升和规模化经营管理方式使得文化产业在管理上提效率、出效益成为可能。日益扩大的目标市场，也为该产业规模化营销管理创造了可操作的空间。

全球服务经济和文化经济的发展，促使越来越多的文化企业在多方面进行探索，以充分发挥规模经济的优势，从而提升本企业的竞争力。

（三）文化产品差别

产品差别是指产业内相互竞争的企业所生产的相近或相同产品之间不可完全替代。文化产品差别是指文化企业所提供的文化产品和服务，由于在质量、款式、性能、销售服务、信息提供和消费者偏好等方面存在着差异，从而导致产品和服务之间替代不完全的状况。

文化产品差别可以分为以下几类：

1. 水平差异

水平差异指的是若以相同的价格出售属性基本相同而品牌不同的差异化产品，不同消费者偏好不同的品牌，那么，这些产品具有水平差异。水平差异表示不同消费者对于相同的产品评价不同，如可口可乐与百事可乐。

2. 垂直差异

垂直差异指的是若以相同价格出售不同品牌的差异化产品，而所有的消费者都会选择同一种品牌，那么，这些产品具有纵向差异，如精装本和平装本的图书。

3. 信息差异

信息差异指的是指由于消费者和厂商之间存在着信息不对称，从而导致消费者对产品认识产生了差异。

4. 策略性差异

策略性差异指的是厂商通过先占空间或选址来遏制潜在进入者进入相关市场，从而享有相应的市场权力。

5. 服务差异

服务差异指的是厂商在售前、售中和售后提供的服务内容和服务质量方面的差异。

上述差异在文化产品和文化服务的供给与消费中均有存在。相对于一般产品，文化产品特别是文化服务的差异化尤为明显，突出表现在其经验特征显著。

产品差别化战略可以使企业在行业中独具一格，并且利用有意识形成的差别化，建立起差别竞争优势，以形成对"入侵者"的行业壁垒，并利用差别化带来的较高边际利润补偿因追求差别化而增加的成本。因此，通过产品差别化，可以影响市场集中度，影响产业内垄断和竞争程度，对文化企业行为也将产生重要影响。

专栏 3－5

新加坡 Page One 书店进京，靠差异化经营吸引读者

台湾的诚品书店进驻北京的时间尚未敲定，新加坡的 Page One 书店却已悄然登陆京城。2011 年 4 月，北京第一家 Page One 书店在国贸开业，这家占地面积 960 平方米的书店选书品种达六七万，其中英文书达 65% 以上。

其实早在 2007 年，Page One 已经签约打算在奥运会前进驻北京，后来工程延期，开业时间一直推迟，直到 2011 年 4 月 2 日才正式开门迎客。书店中国区总经理刘贵以前曾经在龙之媒书店工作过，他向记者介绍，书店在设计上结合了北京文化特色，古色古香，属于中国山水风格。"Page One 每家书店的设计格调都不一样，比如新加坡店是主打桃花源记的概念，台北店又有台北店的风格，连书架都不一样，只有 Logo（企业标志）是一样的。"刘贵说，国贸店的书架不会像台北店那样高，图书都在读者伸手可以取到的位置。

除了书店设计是一大特色之外，当然还有读者普遍关心的图书采购特

色。刘贵说 Page One 的图书采购也是根据当地情况不同，每家店的侧重也不一样，比如国贸店紧挨写字楼，所以白领顾客会比较多，英文书成为其一大特色，其中尤以设计类书居多。由于 Page One 书店在 1983 年起家时，就是从专营美术设计类图书开始，所以刘贵说这部分也是书店的强项，是全品种经营。而国外的各种英文畅销书，也都会迅速到货。比起简体版图书的书价，刘贵承认英文版图书由于有进口税以及自身定价的原因肯定会贵一些，但是不会贵很多，读者应该是可以接受的。此前 Page One 在杭州已经开了大陆的第一家店，也经营英文书，市场反响是不错的。

除了英文书，书店里还会有一部分繁体版图书，大多是在港台畅销的图书。简体版图书也会以畅销书为主。Page One 国贸店也会经营一些创意产品，但是不会作为主要营业方向，也不会像现在许多复合式经营书店一样提供咖啡等饮品。刘贵说，主要是考虑到面积有限，如果店面可以开到1 500 平方米时，可以加入咖啡。他还提到，在 Page One 办理会员卡可以像信用卡一样，上面印有会员名字，而且还有专门为孩子准备的儿童卡，可以让读者有归属感。

面对北京市已经颇多的书店，刘贵说 Page One 希望通过差异化经营、卖场环境、英文全品种图书等特点吸引读者。

开业后，Page One 大陆书店的员工都为在本地招聘的工作人员，他们将接受来自新加坡及我国香港书店员工的培训。

资料来源：姜妍. 新加坡 Page One 书店进京. 新京报. 2011 - 3 - 30.

（四）产业的进入与退出

进入壁垒和退出壁垒是衡量一个产业竞争程度的重要指标，是指企业在进入或退出某一市场时所遭遇的障碍现象。只有当一个产业可以自由进入和退出，它才是一个可竞争产业。

1. 进入壁垒

（1）进入壁垒指的是与产业内的原有企业相比，潜在的新进入企业在竞争条件上所具有的不利性。它反映了新企业与现存企业之间竞争条件的差异，影响到该市场的垄断竞争状况，所以说进入壁垒是影响市场结构的重要因素。因此，进入壁垒的大小既反映了市场内已有企业优势的大小，也反映了潜在企业或新企业所面临的劣势的程度。

进入壁垒具有负面作用和正面作用的双重性质。一方面进入壁垒的存在容易引起价格扭曲，造成社会福利损失；另一方面进入壁垒的存在又具有正面作用。因为进入无壁垒的、原子型的完全竞争市场结构，尽管从理论说可以达到社会福利的极大化，但它却是以资源配置效率的牺牲和产品效用的损失为代价的，而具有一定高度的进入壁垒，则可以提高社会资源的配置效率和产品效用。①

（2）进入壁垒的形成主要来自以下三个方面。

一是结构性进入壁垒。结构性进入壁垒主要包括：绝对成本优势壁垒、规模经济性壁垒、产品差异化壁垒、必要资本需要量与融资成本壁垒等。

绝对成本优势壁垒是由于在位企业相比于潜在进入企业，其产品成本处于绝对优势，从而形成进入障碍。文化在位企业的绝对成本优势来源于：文化资源的不可复制性与唯一性，技术秘密或专利的保护，拥有先进的经营管理与特殊的专业人才以及良好的品牌、商誉等。

规模经济性壁垒是指由于企业生产的平均成本随产量的增加而下降。随着文化企业集团化经营、多元化发展，其规模经济将更加明显，从而对于潜在进入的文化企业形成障碍。

产品差异化壁垒是由于同类产品在消费者心目中存在不完全替代性而形成的障碍。文化产品差别化的分类说明了这种障碍产生的原因，这里不再赘述。

必要资本需要量壁垒是指新企业进入市场必须投入一定的资本，而由于产业或行业差异，其初始资本需要量相差很大，必要资本需求量越大，新企业进入市场的难度越大。事实上，由于文化产业各行业差异相当之大，必要资本需求量有很大差距。潜在进入企业成功进入某一市场，必须要考虑必要资本需要量的约束和限制。

融资成本壁垒是因资本筹措难度而导致的融资成本不同而给潜在进入企业进入市场带来的障碍。由于文化产业自身的特殊性，其投资风险往往高于一般企业，加之产品的经验特征和信任性特征强，信息不对称性明显，由此为相关企业融资带来一定难度，融资成本增高。

二是策略性进入壁垒。策略性进入壁垒是区别于客观存在的结构性壁垒的一种有意识、主观设置的市场进入障碍。这种壁垒主要是在位企业通过相互协调，实施控制产业利润率和销售网络、形成过度供给、针对新企业的歧视性价格、采取广告策略加大宣传等手段实现的。

三是制度性进入壁垒。制度性进入壁垒主要涉及两点。第一，政府对新企业行政管理和有关部门颁布的相关法规政策，不同程度地形成新企业进入产业障碍，如国家为实现产业经济发展目标，通过倾斜政策鼓励、扶植重点产业的成长，进行知识产权保护等；第二，通过各种行政手段和经济手段，抑制某些产业的发展，提高进入这些产业的代价，如实施高税收政策、高贷款利率政策、严格审批手续等。

---

① 陈明森. 论进入壁垒与进入壁垒政策选择. 经济研究, 1993(1).

2. 退出壁垒

（1）退出壁垒，就是指某企业在退出某个特定市场时所遇到的障碍。产业市场退出壁垒的高低也会影响企业进入市场的决策，如果退出行业的成本高昂，企业进入市场的动机就会削弱。如果退出壁垒很低，企业就可以迅速退出市场。

（2）退出壁垒的形成。构成进入壁垒的因素往往同构筑退出壁垒的因素紧密相关，因此在一般情况下，进入壁垒低的行业，退出壁垒也可能较低，这种行业的竞争性就可能比较强；相反，进入壁垒高的行业，退出壁垒也可能较高，这种行业的垄断性就可能比较强。

退出壁垒的形成主要来自以下两方面：

一是经济性退出壁垒。经济性退出壁垒主要包括：资产专用性、沉没成本等。

资产专用性是指资产只能在某一行业内使用，当退出这一行业时，资产难以变现或资产变现价格远低于购买价格，由此形成企业退出该市场的障碍。

沉没成本(Sunk Cost)是指已经形成资产而无法回收的投资费用。一般来讲，固定资产除土地外专用性很强，在企业退出时难以转用或转卖，其沉淀成本损失较大。沉淀成本越大，企业越想继续维持下去，力求回收投资，越难于退出。相反，沉淀成本越小，企业则越易于退出。文化产业具有创意和知识密集性特征，因此很多情况下，其文化资产专用性很强，沉没成本较大。

二是制度性退出壁垒。制度性退出壁垒主要指国家政策法律的限制。政府为了确保经济稳定发展，经常通过制定政策和法规来限制企业从产业中退出，如对具有公益性特征的文化行业部门，国家规定其不能轻易退出市场；而对于某些非公益性行业，如果在法律上实行的是特许经营制，政府也可能对企业退出加以阻止。

第二节　文化企业行为

文化企业行为是指文化企业在市场条件下开展的有目的的生产经营活动，是企业为了获取更多的利润和更大的市场占有率，适应市场要求而采取的战略性行为。[①] 这些行为包括价格行为与非价格行为。价格行为主要包括定价行为、定价方法、价格差别和价格协调等；非价格行为主要包括产品战略、营销战略、投资战略、研发战略以及并购与集团化战略等。本节将重点介绍价格战

---

① 胡惠林，施惟达. 文化产业概论. 昆明：云南大学出版社，2005.

略、产品战略及并购与集团化战略。

一、文化企业价格战略

文化企业价格战略是文化企业为了获得更多利润和更高市场占有率而在制定价格时所追求的目标和采取的策略。文化产品和服务的定价与其他产品和服务的定价一样，是一系列决策过程的结果。

（一）定价过程步骤①

1. 数据收集

为了能够进行科学而有效的定价决策，首先必须收集数据信息。这一过程包括：

（1）成本核算。确定与特定的定价决策相关的增量成本和可避免成本。

（2）确认消费者。确定哪些是潜在的消费者，他们购买产品和服务的原因。

（3）确认竞争对手。确定目前或潜在的能够影响该市场营利能力的竞争对手。

2. 战略分析

在独立完成上述数据收集的三个步骤后，需要进一步进行战略分析。这一过程包括：

（1）财务分析。确定对于潜在的价格、产品或促销行动，销售量需要变化的幅度以及增加利润；确定对于新产品或新市场，销售量至少应达到多少才能回收增量成本。财务分析通过对文化企业的价格、产品和目标市场的选择来更好地满足顾客需要或者创造竞争优势。

（2）市场细分。不同细分市场，顾客对价格敏感度不同，购买动机不同，为他们服务的增量成本也不同。做市场细分就是要确定不同细分市场的定价以及如何能够最有效地向不同细分市场的顾客传达产品的价值信息。文化企业选择目标市场要考虑为市场细分服务的增量成本以及本企业比竞争者更有效地或者成本更低地服务于该市场的能力。

（3）竞争分析。确定竞争者对企业将要采取的价格变动会做出的反应，他们最可能采取的行动以及竞争者的行动和反应将如何影响本企业的营利和长期生存能力。竞争者分析一定程度上是为了预测竞争者对本企业某个深入到顾客细分市场的价格变动的反应。

3. 制定战略

---

① Thomas T. Nagle & Reed K. Holden. 定价策略与技巧. 赵平，杜晖，潘欣，译. 北京：清华大学出版社，2000.

财务分析的最终结果是得到一个价格—价值战略（A Price-value Strategy）、一个指导文化企业未来业务的规划，从而确定最后的策略。

（二）定价方法

关于文化产品定价，同其他产品定价一样，存在多种方法，此处简要介绍成本加成定价法、目标利润定价法和认知价值定价法。

（1）成本加成定价法，即在文化产品的成本上加一个标准的加成，它是最基本的定价方法。这种定价方法因为较显示公平，同时简化了卖方的定价任务，有益于将价格竞争降到最低程度，因而被普遍接受。

（2）目标利润定价法，即文化企业试图确保能带来它所追求的利润的价格。该种定价方法的要点是使产品的售价能保证文化企业达到预期的目标利润率。文化企业根据总成本和估计的总销售量，确定期望达到的目标收益率，然后推算价格。

（3）认知价值定价法，即根据消费者所理解的某种商品的价值来确定文化产品价格的一种定价方法。

对于搜寻特征显著的文化产品而言，成本加成定价法应该成为一种首先考虑的重要方法；对于经验性特征和信任特征较强的文化产品和服务，特别是新文化产品和服务，目标利润定价法与认知价值定价法则可能成为定价时需要考虑的重要方法。当然，文化产品和服务毕竟有着诸多区别于一般产品的特征和属性，因此必须结合具体情况，选择合适的方法确定其价格。

（三）差别定价

差别定价又称价格歧视，指文化企业以两种或两种以上不反映成本比例差异的价格来营销一种产品或者提供一项服务。

实行差别定价需要具备如下条件：第一，市场必须能够细分，而且这些细分市场有不同的需求价格弹性；第二，不同消费群体的存在，由此可以将消费者划分为不同的市场；第三，市场被有效分割，消费者无法套利。

在能够有效实施差别定价的条件下，文化企业可以采取如下定价方法：

（1）顾客细分定价。在这种情况下，对同样的文化产品或服务，不同顾客支付不同的数额。

（2）产品式样定价。在这种情况下，文化产品的式样不同，制定的价格也不同。它们的价格距离与它们各自的成本是不成比例的。

（3）地点定价。在这种情况下，同一文化产品或服务在不同地点可制定不同的价格，即使所提供的每个地点的成本是相同的。

（4）时间定价。在这种情况下，不同季节、不同日期、甚至不同钟点，文化产品或服务都可以采取不同的价格。

（5）数量定价。在这种情况下，根据消费量细分市场，可以将文化产品或服务分成大户、散户，给予不同价格。

上述差别定价方法在文化产品或服务的定价上有着广泛的应用价值。综合运用上述定价方法，可以在满足消费者需求的前提下，最大化实现文化企业经营目标。此外，按照企业对消费者群体需求特征的识别程度，价格歧视可以分为一级、二级、三级价格歧视。它们在文化产品或服务的差别化定价中也被广泛应用。

二、文化产品战略

文化产品战略是文化企业对其所生产与经营的产品或服务进行的全局性谋划，是文化产品或服务差别化的竞争策略系统。其中，新文化产品或服务的研发是策略系统的核心。

对于主要提供增强精神愉悦和享受产品或服务的文化企业而言，要想长期拥有稳定的消费群体和市场占有率，就必须不断推陈出新，创造出具有市场竞争力的产品或服务，而竞争的市场反过来会有利于研发的开展。为此，就需要格外重视新产品或服务的研发。

具体到文化产品或服务的开发战略，主要有以下类型：

（一）领先型开发战略

采取这种战略的企业努力追求产品技术水平和最终用途的新颖性，保持技术上的持续优势和市场竞争中的领先地位。当然，它要求企业具备很强的研究与开发能力和雄厚的资源。文化企业应该充分利用先进科技，强化产业间的互相支持和融合，进一步深化文化产业的创意性和知识密集性的优势。

（二）追随型开发战略

采取这种战略，文化企业并不抢先研究新产品，而是当市场上出现较好的新产品时，进行仿制并加以改进，迅速占领市场。这种战略要求文化企业具有较强的跟踪竞争对手情况与动态的技术信息搜集的机构和人员，具有很强的消化、吸收与创新能力，但容易受到专利的威胁。

（三）替代型开发战略

采取这种战略，文化企业可以有偿运用其他单位的研究与开发成果，替代自己研究与开发的新产品。研究与开发力量不强、资源有限的文化企业宜于采用这种战略。

（四）混合型开发战略

文化企业可以以提高产品市场占有率和企业经济效益为准则，依据本企业实际情况，混合使用上述几种产品开发战略。

三、文化企业并购与集团化战略

（一）文化企业并购

1. 并购的概念

企业并购是资本集中的一种形式，包括兼并和收购两层含义。兼并指在市场机制作用下，企业通过产权交易获得其他企业的产权，并获得它们控制权的经济行为。收购指一家企业用现金或者有价证券购买另一家企业的股票或者资产，以获得对该企业的全部资产或者某项资产的所有权，或者是对该企业的控制权。企业并购是现代市场经济中实施资产重组和优化资源配置的有效手段，有助于实现文化企业规模的迅速扩张，推动产业结构的不断升级。

2. 并购的分类与动因

按照被并购双方的产业特征可以划分为横向并购、纵向并购和混合并购。

（1）横向并购，又称水平并购，是企业扩张的一种基本形式，指并购双方处于同一行业的并购活动，也即竞争者之间的并购。

企业之所以进行横向并购，其动因大致可以归结为：第一，因成本节约目标而希望通过横向并购获得规模经济效应和管理、经营以及财务协同效应。这里的协同效应指的是组织部门各部分因为能够实现在生产经营各环节的目标和实践的统一性、一致性，而获得的效率提高，风险分散、降低，以及收益增加等益处。第二，追求市场势力所致。通过横向并购，提高企业的市场占有率，消除竞争等。

（2）纵向并购，又称垂直并购，是指生产过程或经营环节紧密相关的企业之间的并购行为。从纵向并购方向来看，有前向并购和后向并购之分，前者指生产原材料的企业通过并购向经营下游业务扩展；后者指装配或制造企业通过并购向上游业务扩展。

企业进行纵向并购的动机在于，通过纵向并购，相关企业可以降低交易成本，消除外部性，减免政府的管理和税收，确保投入品的稳定供应等，从而完成企业的扩张。

（3）混合并购，是指生产和经营彼此没有关联的产品或服务的企业之间的并购行为。企业进行混合并购的目的主要是为了追求组合效应，降低经营风险。

就中国文化企业而言，自文化体制改革以来，几乎所有文化体制改革的重要文件均提及要推动国内文化企业跨区域、跨所有制兼并重组。

专栏 3－6

资本力量打破体制壁垒，文化企业不断并购重组

国际金融危机背景下，我国文化产业在融入资本市场的过程中展现出巨大的潜能与活力，呈现了逆势上扬的态势，产业整合、企业并购的热潮不断。资本市场在提高文化资源配置效率、优化文化产业结构、提升文化产业竞争力、推动文化产业跨越式发展方面发挥了重要作用，过去困扰文化产业发展的多重"体制壁垒"也在资本力量的推动下渐渐消融。

近年来，在资本力量的推动下，国内文化产业整合活跃，既有媒体之间的互相交叉持股，也有广告、保险等行业资本的进入，这些并购重组行为为文化产业发展注入了新鲜的活力，发挥了良好的市场效应。同时，当前文化产业资本重组出现两个新动向：

一是文化企业开始积极涉足金融业。辽宁出版传媒股份有限公司上市后，整体收购其控股股东辽宁出版集团持有的辽宁少年儿童出版社、春风文艺出版社和辽宁音像出版社100%股权，并向非文化领域扩张，出资近2亿元认购中天证券新增的注册资本，参股设立铁岭新星村镇银行。江苏凤凰出版传媒集团股份有限公司则分别参股南京证券和江苏银行，成为这两家金融机构的第二大股东。

二是国际资本通过并购，进入监管相对宽松的境内新兴文化产业。韩国移动通信企业SK电讯2008年宣布收购一家中国本土唱片公司北京太合麦田42.2%的股份，国际资本首次进入中国娱乐产业。同年，汤森路透收购和讯网40%的股权，成为和讯网第二大股东，而澳洲电讯先后收购皓辰传媒、泡泡网等。

近年来，境内上市文化企业被披露了不下20起并购重组事件。2008年以来，包括人民日报社、上海新华发行集团等在内的中央和地方传媒单位都先后参与、实施了资本整合行动。这些行动中不仅有媒体之间彼此互相交叉持股，还引入了广告、保险等行业资本，发挥了良好的市场效应。

资料来源：资本力量打破体制壁垒，文化企业不断并购重组. 经济参考报，2010 - 6 - 23.

（二）文化企业集团化

文化企业集团化是指由一定数量的文化企业彼此之间在经营方面形成稳定协作关系，在统一机构的协调下，依据一定原则组成的企业群体。它以一个或若干个文化企业为核心，通过控股、企业合同等方式，使核心企业控制一系列从属企业，从而形成众多企业的集合体，对现有存量资产进行重新配置，实现专业化生产、规模化经营以及新的规模优势。

企业集团的主要类型有龙头带动型，优势互补型，产供销一条龙、贸工农一体化型以及增量扩张型。企业集团化可以采取所有权关系结合的形式，即通过控股或持股方式的资本结合途径，也可以采取融通资金的形式，即资金结合的途径。

　　通过文化企业集团化，将进一步改变文化企业组织形式和市场结构，有利于推进文化企业改革，促进其按照市场规律不断提高经营效率和经济效益。

第三节　文化产业市场绩效

　　市场绩效是指在一定市场结构下，通过一定的市场行为使某一产业在产量、价格、成本、利润、产品质量、品种及技术进步等方面达到的现实状态和最终经济成果。描述和评价文化产业市场绩效主要有资源配置效率、规模结构效率和技术进步水平等指标。

一、文化产业的资源配置效率

　　资源配置效率是指配置资源的有效性，它同时从消费者的效用满足程度和生产者的生产效率高低的角度来考察资源的利用状态。[①] 因此，需要考虑在有限的生产资源或消费品的条件下，产出效率以及消费者效用的满足程度。

　　微观经济学理论告诉我们，竞争的市场机制能保证稀缺资源的最优配置，从而使消费者剩余、生产者剩余以及社会总剩余最大化。一般情况下，市场竞争越充分，资源配置的效率就越高；与此相反，市场垄断程度越高，资源配置效率越低。因此，社会主义市场经济体制下，要逐步完善和充分发挥市场机制的作用，通过市场化手段和途径配置文化及相关资源，才能提升消费、生产及社会总剩余，增强文化企业的营利能力。

　　坚持市场经济导向，首先要依据市场经济规律，对文化生产要素的流向起到积极的引导作用，从而使各类文化企业能获得发展所需的不同资源，尽可能降低文化企业生产成本，增强文化产品和服务的市场竞争力；其次，要加快新技术的采用和创新，不断提高劳动生产率，既要在数量上满足市场的需要，又要在品质上提升消费者的满意度；再次，通过市场化资源配置，实行优胜劣汰，使资源向社会效益与经济效益突出的文化企业倾斜，推动文化产业的结构调整和升级，形成普遍文化产业竞争优势。

二、文化产业的规模结构效率

　　产业组织的规模结构效率，又称产业组织的技术效率，反映产业经济规模和规模效益的实现程度。产业的规模结构效率既与产业内单个企业的规模经济水平密切相关，还反映出产业内企业之间的分工协作水平的程度和效率。而文

---

① 刘家顺，杨洁，孙玉娟. 产业经济学. 北京：中国社会科学出版社，2006：162.

化产业规模结构效率反映文化产业经济规模和规模效益的实现程度。

衡量文化产业的规模结构效率，可以从以下三个方面来进行：

第一，用达到或接近经济规模的文化企业产量占整个产业产量的比例来反映产业内经济规模的实现程度。

第二，用实现垂直一体化的文化企业的产量占流程各阶段产量的比例来反映经济规模的纵向市场程度。

第三，通过考察文化产业内是否存在企业生产能力的剩余来反映产业内规模能力的利用程度。

影响文化产业规模结构效率的因素可以归纳为两方面：一是文化产业内文化企业规模结构，它指的是文化产业内不同规模的文化企业的构成和数量比例关系，即文化产业要保持适当的大、中、小型企业的构成比例。二是文化产业内的文化市场结构，大量实证研究表明，产业市场的过度集中和分散都会降低产业的规模经济水平。①

三、文化产业的技术进步水平

文化产业发展与技术进步水平有着密切联系。一方面科技创新为现代文化产业开辟了广阔的发展空间，另一方面文化产业的进步也激发并体现了科技在该产业各个环节的应用。

从科技进步对文化产业的重要意义来看，它让人类文化活动与文化产业的类型、内容和表现形式不断丰富。每一项新的科技成果的运用，往往为文化产业开拓出一个全新的空间，甚至产生出一个新的产业门类。高科技与文化产业的联系越来越密切，使文化产业不断拓展、衍生出新的产业类型。如文化产业与数字技术、网络技术、通信技术的结合形成了以广播、电视为载体的数字广播、数字电视业的雏形。

如今的文化产品创意工作也越来越依赖信息技术与互联网络。信息技术使得文化产品的传媒载体、传播渠道、传播范围、消费对象发生重大变化。而数字技术作为信息技术的核心技术类型，它的高速发展使传统文化产业数字化，如数字技术将世界传媒业引入一个全新的数字时代。作为文化产品传播渠道的大众传媒，其创意、制作、传输与营销过程都经历着数字化的洗礼。

从中观角度看，促进文化产业发展和文化企业的成长壮大无疑是文化企业经营者的重要目标和行为。文化企业经营者进行技术革新的主要动机就是对利润的追求。追求高额利润，是文化经营主体增强技术创新行为的基本推动力。因此，文化产业的进步将体现并进一步影响文化产品和服务生产的技术水平和

---

① 王俊豪. 产业经济学. 北京：高等教育出版社，2008.

知识含量，影响文化市场供给与需求状况以及文化市场竞争垄断格局，从而反映出文化市场的绩效。

本章小结

现代产业组织理论的分析框架，包括市场结构、企业行为和市场绩效，也即SCP分析系统，是研究和分析文化产业组织的重要理论基础。就文化产业市场结构而言，微观经济学市场结构理论为探究其结构和特征提供了有力的分析工具，同时要结合市场集中、规模经济、产品差别化等因素来加深对文化市场结构的认识。文化企业行为，是其在市场经济条件下有目的的生产经营活动。通过相关经营活动，企业不断扩大市场占有率，实现利润最大化以及企业发展的战略目标，由此达到一定的市场绩效。市场绩效是以市场结构为基础，由企业行为形成的资源配置和利益分配状况。总体而言，文化产业组织存在着区别于一般产业组织的诸多方面，其发展因各国国情不同而有很大差异。如何在经济全球化的背景下推进文化产业组织的繁荣、发展，已经成为夯实文化产业基础的重大问题，其中不仅涉及市场经济环境下产业组织发展的一般规律，而且更应重视文化产业组织本土化和国际化发展的趋势和导向。

复习思考题

1. 如何理解文化市场的多元形态？
2. 请运用微观经济学的市场结构理论分析文化产业市场结构。
3. 文化产业规模经济有哪些来源？
4. 文化企业行为中的价格战略具体包括哪些方面？
5. 如何优化文化产业资源配置效率？

案例讨论题

"创作垄断群体"编织舞台"利润流水线"

近年来，天价制作已经开始泛滥于各地舞台。随着经济发展，许多公司甚至是地方部门喜欢以"晚会"的形式筹办庆祝活动。因为有市场需求，许多文化公司孕育而生，同时导演费、明星出场费也呈现"水涨船高"的趋势。中国的舞台创作，已逐渐形成了"创作垄断群体"，某些导演和他们的"御用团队"一起编织着"利润流水线"，把新戏的成本节节推高。

一、屡创天价的"利润流水线"

一台演唱会的准备时间一般长达半年，其涉及的资金流主要花费在策划和宣传两个环节。准备时间长是所有大型演出活动的共性，上百万甚至千万元的制作费用就消耗在这长达半年的时间里。

首先是唱片公司或者演出单位会提出演唱会的构想，在确定主题之后寻找意愿相合的演出公司，由演出公司负责具体的操作和实施工作。这是准备的第一阶段。第二阶段，一般分为两个步骤，唱片公司负责歌手和舞者的排练等工作。演出公司则负责所有的创意策划部分，即导演的具体工作，包括舞台的布置、演出环节的设置以及宣传方式等。

策划方案确定之后，开始寻找演出场地。演唱会一般寻找类似北京工人体育馆这样的大型演出场地，但是像这样能容纳万人的场地只适合一线歌手，比如刘德华、张学友、周杰伦等有票房号召力的明星。现在很多小明星喜欢找狭小的场地让歌迷挤在一起，可以给外界"人气很高"的印象。由于拥有各种大小明星的娱乐公司越来越多，许多选秀出身的小歌星也开始有办小型演唱会的需求，因此很多小型剧场，在南方省份甚至是一些夜总会等娱乐场所也成为他们办演唱会的地点。

演唱会的最后阶段就是提前一天搭台和调试灯光音响等。这些是演唱会必备的硬件措施，租借设备也是一笔不小的开支。根据设备的良莠情况，一般占总体费用的一到三成之间。

二、名导、名曲形成"创作垄断"

既然导演、明星们"漫天要价"，演出商能不能不邀请他们呢？实际情况是，很多主办方根本做不到。

以地方的文艺院团为例，地方院团每年为了"获奖"，都要花时间和金钱创作新戏，如果一部新戏既能获得市场的认可，又能获得可观的票房收入，且在业内获得好评得到国家级的奖项，无疑皆大欢喜。由于演出市场的不景气，"名导"、"名角儿"的出场往往能得到事半功倍的效果，于是许多院团在开编新戏时往往首先考虑能否请到大牌编导等主创人员。为此，文艺院团只要一排新戏，都怀揣高额报酬，削尖脑袋找"名家"。如今投资动辄数百万元，院团领导只能小心翼翼地把"宝"押在"大牌"身上，期盼好运当头、抱得大奖归。现在的情况往往是，不仅请来了"名导""名家"，同时也要把舞美、灯光等一批技术人才一起"包下"。

文艺院团是这样，在大城市的演出市场也是这样。据业内人士介绍，"名导""名家"因为长年从事相关行业，自己手中已有一批从事舞美设计、服装设计、灯光设计等固定创作班底。更有名导以自己或者家人名义开办工作室，不仅自己执导演出，更将灯光、音响、舞美以承包的形式转给亲属。这样不仅能赚到导演费，更能赚到灯光、音响、舞美各项环节的费用。这就是演出市场的垄断。

"创作群体"垄断了舞台，一个导演常常同一个时期手中攒着几台演出，于是他们成了"空中飞人"，打着"飞的"四处穿梭。一台晚会常常要彩排几次，导演一句话可以让舞美重新设计，"双倍利润"就是这样产生的。居高不下的创作成本背后的危机也是看得见的：艺术创作无法真正用心，台上"团体操"屡见不鲜，用"宏大场面"唬外行是最常见的一招。一台新戏，常常调用一二百人，把整个舞台挤得满满当当。这样一来，台上精彩的表演没有了，人物命运的精细刻画没有了，复杂人格的塑造也没有了，留下一堆看似热闹的舞台"烟火"，等烟雾散去，便什么也没有了。

三、"文化包工头"何时休

"冰冻三尺，非一日之寒"，"文化包工头"不仅造成节目质量的降低，更有可能发生金融腐败现象。电视台常常转播各种不同的"晚会"，观众常常觉得不同主题的"晚会"怎么都是一个味。以前，导演一台"晚会"需要几个月的精心雕琢，现在"名导"同时手握几个演出，早上导一个，晚上审一个，试想在这样的情况下，还能出精彩的节目吗？

市场经济中有这样的规则："物以稀为贵。""创作群体"之所以收取高价的更重要原因在于供给极少。如果人人都能成为名导，名导还能获得如此高的"出场价"吗？只有极有天赋、极刻苦、又极走运的极少数人，才能"垄断市场"，所以他们是一种垄断性极高的稀缺资源，它可以像钻石一样卖高价。

作为"创作群体"的"文化包工头"确实带来了演出市场的繁荣，但是"一家当庄"的垄断现象需要彻底解决，这样才能让文化市场健康繁荣发展。

四、不断创新式的"反垄断"

为了吸引眼球，商家喜欢筹措一台"演出"聚集人气，地方城市庆典也喜欢举办一台晚会扩大知名度。虽然"垄断"是时下演出市场中某"名导"的"特权"，但是实践证明，创意才是王道。和别的行业一样，长年累积的合作经验势必造成"老人"在该行业的权威性。

以新研发的沙画、影子舞为例。沙画通过普通的沙子和投影器材，配合音乐，根据客户不同的要求进行创作。虽然没有大牌明星撑场，但是独具创新的表演形式获得了高端客户的认可，仅仅节约的演员费用就是一笔不小的数目。而影子舞则是舞者在特制的帘幕背后表演，在黑与白的世界里，透过剪影的效果进行表演。节目的形式新颖，仅需要1到2名舞者表演，大大节约了成本。新的优秀艺术形式不断占领高端演出市场，不仅从一些人那里分得一杯羹，而且成了中国沙画、影子舞、荧光舞的开山鼻祖，引来别人的效仿。

资料来源：曾静婕．"创作垄断群体"编织舞台"利润流水线"．中国商报，2009 - 2 - 10.

问题：

如何看待并规范文化"创作垄断群体"？

参考文献

1. 龙文，王惠文．基于成分数据的市场集中度指标预测建模方法及应用．系统工程，2008（5）．

2. 顾江．文化产业经济学．南京：南京大学出版社，2007．

3. 夏国英．试论全球化背景中的区域文化产业组织经营．学术论坛，2006（1）．

4. 王乾厚．文化产业组织发展趋势及其研究意义．河南社会科学，2009(4)．

5. 罗建华，李铁宁，朱婀丹．文化产业组织现状及其发展和完善的目标分析：以湖南文化产业为例．生产力研究，2008(1)．

6. 夏国英．现代文化产业的组织经营及其新理念．东南大学学报(哲学社会科学版)，2006（1）．

7. 张国祚．文化软实力蓝皮书：中国文化软实力研究报告(2010)．北京：社会科学文献出版社，2011．

8. 苏东水．产业经济学，3版．北京：高等教育出版社，2010．

9. 骆品亮．产业组织学．上海：复旦大学出版社，2006．

第四章
文化产业投资

【主要内容】

本章主要介绍了文化产业投融资体系，包括文化产业投融资主体、方式、领域与特点，文化产业投融资的国际经验，国际文化贸易与文化产业投资，中国文化产业投融资现状与应对措施等内容。

【学习要求】

1. 掌握文化产业投融资的主体与方式。

2. 理解文化产业投融资的领域与特点。

3. 了解文化产业投融资的国际经验。

4. 理解国际文化贸易 FDI 的形式。

5. 了解中国文化产业投融资现状与应对措施。

【课时安排】

6 课时。

【案例导引】

走出国门"抄底"美国剧场——中国演艺界
跨出开拓国际演艺版图第一步

2009 年 12 月 23 日上海城市剧院将上演美国百老汇音乐剧《名扬四海》。百老汇音乐剧常驻上海演出并不新鲜，而中国舞台剧何时真正常驻美国呢？

去美国买一个剧场——这在以前听上去完全像是天方夜谭，但如今，却是成为事实：12 月 14 日，北京天创国际演艺公司办妥了所有手续，以 354 万美元的价格，在美国布兰森市正式买下了拥有 1 200 个座位的白宫剧场，作为《功夫传奇》的常驻剧场。与此同时，同样是在美国，上海的东上海国际文化影视集团也在田纳西州的大雾山旅游区买下了两家剧场。一夜之间，中国人在美国就拥有了三家剧场，并且，两家公司几乎不约而同地在同一时间进行了收购，并打算把其作为自己旗下舞台剧产品的常驻剧场。是中国人财大气粗了？还是美国人真的危机了？在这个中国演艺界历史上空前的剧场收购行动背后，其实是中国演艺艰辛开拓国际演艺版图的第一步。

资料来源：走出国门"抄底"美国剧场. 东方早报，2009 - 12 - 23.

从中国文化体制开始改革以来，政策重点已经从最初的体制改革转到目前的文化振兴和产业发展。2009 年推出的《文化产业振兴规划》标志着国家已经把文化产业作为实现优化经济结构、扩大内需以及进行文化输出的重点行业来发展。随后，在税收方面发布了《关于支持文化企业发展若干税收政策问题的通知》，投资方面发布了《文化部文化产业投资指导目录》，到 2010 年进一步颁发了《关于金融支持文化产业振兴和发展繁荣的指导意见》。据中资文化研究所出品的《中国文化产业投融资深度研究报告》显示，2009 年中国文化产业国内外市场规模大约为 8 000 亿元人民币，旅游消费、教育消费、新媒体消费、演出市场和电影市场消费成为 2009 年中国居民文化消费五大热点。如此广阔的文化消费市场和一系列政策措施的出台，不仅表明文化产业已经在国家经济发展中占据日益重要的地位，而且催生了文化投融资的热潮。

第一节 文化产业投融资体系

投资是各种经济主体为实现特定的目标和获得预期的效益而把其所拥有的财产或资产作为资本运用并形成相应资产的经济活动。它包括两个过程：一是财产转化为资本或资产转化为资本的过程，这是投资的决策过程或准备过程；二是资本形成具体转化形态或运用形态即形成各种资产的过程，这是投资的进行过程或实施过程。就一项具体的投资而言，只要完成上述两个过程，其投资过程就结束了。①

融资从狭义上讲即是一个企业的资金筹集的行为与过程；从广义上讲，融资也叫金融，就是货币资金的融通，当事人通过各种方式到金融市场上筹措或贷放资金的行为。

投资与融资是两个紧密联系的过程。企业要想发展壮大，必须高度重视投融资行为，从而为产业资产价值形态的资本循环和周转奠定基础并创造空间。

具体到文化产业投资，其含义是各经济主体为了获得预期的效益而将其拥有的财产或资产作为资本运用并形成相应文化资产的经济活动。而文化产业融资则是文化企业资金筹集的行为与过程。

一、文化产业投融资主体

投资主体是指从事投资活动，具有一定资金来源，享有投资收益的权、责、利的统一体。它既是决策主体、责任主体，也是利益主体。泛指的多样化的投资者，既包括政府、企业和个人，也包括银行、证券公司、保险公司、信托投资公司、投资基金以及各种公共基金、财团法人、社团法人、事业法人、非政府机构等。

当然，依据不同的分类标准，可以将投资者划分为不同类型，如依据体现的法律关系不同，可以将投资主体分为自然人投资主体和法人投资主体；依据是否拥有经营项目的经营权，可将其分为直接投资主体和间接投资主体；依据投资主体在整个国民经济的地位和层次，可以划分为中央、地方、企事业单位以及个人投资主体等。

融资主体是指进行融资活动、承担融资责任和风险的实体。

文化产业投资主体是从事文化经济领域投资活动，具有相对独立的决策权，拥有一定资金来源，并对投资所形成的资产有所有权或支配权，能相对自主或委托他人进行经营的投资者。文化产业融资主体则是在文化经济领域进行融资活动、承担融资责任和风险的实体。根据文化产业投融资实际状况，其相关主体主要包括政府、企业及有关金融机构。

（一）政府

市场经济体制下，政府在投融资体系中发挥着重要作用。文化大发展、大繁荣不仅需要政府制定科学的文化产业政策，营造文化产业发展的平台，而且需要政府成为文化产业投融资的积极推动力量，给予科学合理的支持和引导，具体包括：

---

① 刘昌黎. 关于投资概念的理论思考. 东北财经大学学报，2009（2）.

（1）制定出台相关政策，进一步加大政策扶持和执行力度，在资金投入、用地、税收、价格、信贷、融资、生产、进出口、社会捐助与社会保障等政策方面支持文化产业发展，引导文化产业的资本、技术、信息、人才等资源集聚和发展。

（2）在产业布局升级、招商引资、鼓励民间投资时，突出文化产业的地位，引导产业结构优化整合、引导投资方向和错位发展，避免同质化竞争与过度竞争，促进文化产业发展。

（3）规范文化产业基金和风险投资行为及运营机制，完善文化产业基金和风险投资资本在文化产业进入和退出的机制。

（4）直接参与文化产业投资，增强国有文化资产的盈利能力，参与各类以推动文化产业发展为宗旨的投资中介机构，由地方政府、投资公司和财政出资，设立文化企业贷款的担保公司，也可以吸引社会资本投资，以非营利方式为文化企业提供担保等。

"十二五"规划期间，中国各级政府高度重视，将文化产业列为战略新兴产业，加大了政策支持力度，把国家投入和社会资本投入结合起来，以国家投入作为引导性资金，带动社会资本进入，实行国有资本为主、政府战略投资的方式，充分发挥市场配置资源的基础性作用，提高文化产业的市场化水平和资源配置效率，推动文化产业结构调整。

然而，相对快速发展的文化产业而言，政府投入有限。目前地方政府对文化产业的投入主要采用专项资金的形式，这类资金规模不大，而且使用方向也有限制，无法满足日趋巨大且多元化的文化产业发展的需求。近年来，中国文化产业虽然保持了 15% 以上的年增长率，增速超过了 GDP 和服务业的水平，但文化产业的总量还很小。而欠发达地区，经济总量偏小，地方财政收入有限，政府对文化产业投入更显不足，文化产业发展水平低。

（二）企业

企业既是市场主体，又是投资决策的主体。现代企业制度下，文化投资多元化、社会化有利于促进文化产业效率和竞争力的提升。因此，推进不同所有制文化企业的繁荣发展，使其参与到市场竞争和投资决策中，将进一步促进文化体制和机制的完善，激发企业活力。

作为投资主体的中国文化企业，文化体制改革正推动着文化企业所有制结构朝多元化方向发展，国有文化企业投资主体单一的状况逐步改变，非公资本介入，民营文化企业有了长足的进步。

就国有文化企业而言，投入领域多，受众面较广，拥有稳定的资金，成为满足大众文化需求的中坚力量，同时可能产生一定程度的"不计成本"的低效率投资，影响了文化产业的发展。

相比而言，民间投资主体体现出体制灵活、市场把握敏锐及时、经营灵活、营利目的性强的特点，因此投资效率较高。国家统计局 2010 年公布了《2008 年中国文化产业发展情况的报告》。报告显示，2008 年私营单位（包括私营独资、私营合伙、私营有限责任和股份有限公司）已达到 29.9 万家，占全部内资单位数的 2/3；私营单位的从业人员数达 400 万人，超过全部内资单位从业人员的半数；在内资单位中，私营单位拥有 37.7% 的资产，创造了 42% 的增加值，实现近半数营业收入。与 2004 年相比，私营单位数量增加 13 万家，增长 78%；从业人员增加 140 万人，增长 54%；资产增加 4 569 亿元，增长 140%；主营业务收入增加 5 442 亿元，增长 144%。上述数据表明中国民营文化企业发展态势迅猛，已经成为中国文化产业发展的重要力量。

业内人士总结，与传统国有企业相比，民营文化企业在经营发展中的优势集中表现为：体制上的优势、人才上的优势、品牌上的优势、资本上的优势和价格机制上的优势。例如，在动漫行业，民营企业占到动漫企业总数的 90% 以上，而且是动画出口的主体企业，其出口总量和金额还在不断上升；在电影行业，尽管有中影集团、上影集团等一批强大的国有企业存在，但华谊兄弟等民营企业依然在快速发展，而且华谊兄弟已经成为国内第一家上市的影视公司。

然而，民营文化企业在中国文化经济发展以及文化体制改革过程中仍面临重重困难，体现在：第一，国有单位在文化产业中处于主体地位，但是其垄断地位却阻碍了行业的公平竞争和良性发展，民营企业缺乏宽松的发展环境和空间；第二，行业财税等优惠政策支持不足，企业税费负担较重；第三，缺乏行业自律与引导，市场环境需要改善。

专栏 4-1

上海首试文化类国有企业产权交易

2011 年 1 月，上海市国资委通过公布了《关于本市文化类企业国有产权交易有关事项的通知》，试水文化类企业国有产权交易，通过上海文化产权交易所进行交易。

根据《通知》，此后上海文化类国有企业产权可通过上海文化产权交易所试点交易，国资委出资监管企业投资形成的文化类企业国有产权，则可通过上海联合产权交易所进行交易。根据上海国资委出资企业主业目录，目前上海以文化产业为主业的国企主要包括上海文化广播影视集团、上海精文投资有限公司等八家企业，集中分布于广播影视、出版发行等文化产业。

　　与此同时，原属于《上海市文化产业投资指导目录》中限制、禁止类产业规定情形的国有产权，《通知》也明确将其纳入文化类国有企业产权交易范围，通过上海文化产权交易所进行交易，以推动上海文化产业的进一步发展。

　　在具体实施文化产权交易时，"估价"及如何避免国有资产流失仍是主要问题。据悉，上海产权交易所与深圳产权交易所携手研究"中国文化产权交易系统"，以推进对文化类国有企业产权进行有效的交易定价，实现国有资产保值增值的目标。

　　资料来源：臧倩. 上海首试文化类国有企业产权交易. 21 世纪经济报道，2011 - 1 - 26.

（三）有关金融机构

1. 银行

　　银行融资目前是文化产业融资的主要形式之一。在国家金融支持文化产业发展政策的大背景下，银行业和文化产业的合作日益密切，不仅合作面日益广泛，而且在授信额度上也有明显增长。"十二五"时期是文化产业发展的重要阶段，和银行合作解决资金问题将有助于文化产业加快发展步伐，向更高层次迈进。

　　中国最早得到银行贷款支持的文化项目是 1992 年的电视剧《北京人在纽约》。近年来，通过银行融资的文化项目逐渐增多。2007 年多项文化产业项目获得银行贷款支持，交通银行北京分行以版权质押方式为《宝莲灯前传》提供600 万元贷款；香港渣打银行为电影《赤壁》贷款 7 000 万美元。

　　据中国人民银行初步统计，2010 年在基础设施行业中长期贷款增速回落之时，文化产业中长期贷款增速创历史新高。2010 年全年，文化产业（文化、体育和娱乐业）本外币中长期贷款累计新增 276 亿元，年末余额同比增长61.6%，比上年末提高 39.1 个百分点，余额增速创历史新高。

　　以北京银行为例，该银行作为最早涉足文化创意产业的金融机构，通过先行先试，逐渐体现出先发优势，走出了一条"文化 + 金融"的和谐发展之路。2006 年，北京银行就开始对金融支持文化产业发展课题展开专项研究。2007年，北京银行与北京市文化创意产业促进中心签订战略合作协议，成为首批加入北京市文化创意产业与金融资本对接工作的银行。据相关统计数据显示，截至 2010 年 10 月北京银行通过审批的"创意贷"累积超过 1 000 笔，涉及金额160 余亿元，囊括了文化创意的九大行业，与中影、华谊、江苏凤凰集团等文化企业进行合作，北京银行已占据北京文化创意企业贷款的八成份额。

　　《关于金融支持文化产业振兴和发展繁荣的指导意见》主要从鼓励银行业金融机构开发适合文化产业特点的信贷产品、完善授信模式、加强和改进对文化企业的金融服务等方面提出了监管要求。一是推动多元化、多层次的信贷产品创新；二是鼓励银行业金融机构积极探索适合文化产业项目的多种贷款模式；三是完善利率定价机制，合理确定贷款期限和利率；四是建立科学的信用评级制度和业务考评体系，强化贷款责任的针对性，构建健康的信贷文化；五是进一步改进和完善对文化企业的金融服务，增强服务意识，主动向文化企业提供优质的金融服务。

随着中国文化产业的不断发展，银行监管部门将会进一步细化对银行业金融机构支持文化产业发展的监管要求，促进银行业金融机构为中国文化产业的发展发挥更加积极的作用。

2. 保险公司

保险公司是通过收取保险费建立保险基金，并对发生保险事故进行经济补偿的金融机构。改革开放以来，中国保险业获得了比较快速的发展，年均增长超过 20%，资产规模迅速增长，保险公司面临开辟多元化资金利用渠道压力，这为保险业助力文化产业提供了契机和契合点。第一个契合点就是在风险保障方面，如今在文化产业发展程度高的国家，保险已经渗透到文化产业多个领域，可以为文化产业提供多环节、全流通的风险管理服务；第二个契合点就是保险可以改善文化企业外部融资条件；第三个契合点就是保险资金向文化产业直接融资。①

保险业支持文化产业发展可以发挥以下几方面的作用：②

一是为文化产业发展提供风险保障。保险机构可开发适合文化企业特点和文化产业需要的保险产品，如在现有保险产品的基础上，探索开展知识产权侵权险，演艺、会展、动漫、游戏、各类出版物、印刷、复制、发行和广播影视产品完工险、损失险、团体意外伤害保险等新型险种，以及各类责任保险业务，通过创新发展，培育和完善文化产业保险市场，提高保险在文化产业中的覆盖面和渗透度，有效分散文化产业的项目运作风险。

二是为文化产业发展提供便捷服务。《关于金融支持文化产业振兴和发展繁荣的指导意见》中已经明确，"要进一步加强和完善保险服务"。对于宣传文化部门重点扶持的文化企业和文化产业项目，保险机构应建立承保和理赔的便捷通道，对于信誉好、风险低的，可适当降低费率。对于符合《文化产品和服务出口指导目录》条件，特别是列入《国家文化出口重点企业目录》和《国家文化出口重点项目目录》的文化出口企业和项目，保险机构应积极提供出口信用

---

① 阎波. 保险与文化创意产业发展有三个契合点. 北京商报，2010 – 11 – 1.

② 九部委《关于金融支持文化产业振兴和发展繁荣的指导意见》答记者问，中国人民银行网 http：//www. pbc. gov. cn/publish/bangongting/83/2010/20100504181440112583458/201005041814401125-83458_. html.

保险服务，鼓励和促进文化企业参与国际竞争。

三是支持文化企业拓宽融资渠道。保险公司应发挥机构投资者的作用和保险资金融资功能，在风险可控的前提下，投资文化企业的债券和股权，符合条件的保险机构还可以参与文化产业投资基金。作为一种金融工具，保险还可与信贷、债券、信托、基金等多种金融工具相结合，为文化企业提供一揽子金融服务。此外，保险公司还可以探索开展信用保险业务，弥补现行信用担保体制在支持融资方面的不足。

专栏 4－2

故宫再遭人祸，文化产业保险亟待关注

近日，经故宫博物院证实，国家一级品宋代哥窑青釉葵瓣口盘在进行无损分析测试时发生损坏，破损成 6 瓣，初步判定为科研人员操作失误所致。如此珍贵的文物却没有任何的保险保障，不得不引发人们对文化产业保险的再次关注。

那么，作为首批支持文化产业的试点保险公司之一的中国人民财产保险股份有限公司（以下简称"人保财险"）有何动作？

人保财险相关负责人表示，公司根据保监会与文化部联合发布的《关于保险业支持文化产业发展有关工作的通知》于 2011 年 4 月发文批准其北京、福建等九家分公司成为文化产业保险试点经营分公司，并下发了艺术品综合保险、文化活动公共安全综合保险等六款文化产业保险专用产品，标志着该公司的文化产业保险工作全面启动。

人保财险成立了文化产业保险工作小组，有针对性地开发适合文化企业风险特征的专用保险产品。在较短时间内集中力量、多次论证，开发完成了文化活动公共安全综合保险、艺术品综合保险、演艺活动财产保险、演艺活动公共责任保险、演艺人员意外和健康保险、动漫游戏企业关键人员意外和健康保险等文化保险产品并推向市场。

其中，文化活动公共安全综合保险和艺术品综合保险是国内首次推出的专用保险产品。这两种保险创新性地对文化活动全程、艺术品的馆藏和运输全方位提供综合性保障，并实行年度和单次灵活选择投保，有效适应相关文化产业单位的特定需求。在近年来中国艺术品市场高速腾飞而风险保障缺位的情况下，这一系列产品的推出具有格外重大的意义。然而，尽管国内文化产业保险已经逐渐趋于完善，但相关部门对保险方面的意识仍有待提高。

资料来源：欧阳晓红. 故宫再遭人祸，文化产业保险亟待关注. 经济观察网，http：//www.eeo.com.cn/2011/0803/207827.shtml，2011－8－3.

3. 投资公司

投资公司是汇集众多资金并依据投资目标进行合理组合的一种金融中介机构。随着经济发展，投资公司所涉领域逐步扩大，文化产业投资公司的组建和成立就是明证。2009 年 6 月，注册资金 22 亿元的陕西文化产业投资控股有限公司成立，号称全国同类文化投资公司规模之最。公司属国有控股性质，采用有限责任公司治理结构，在资本构成中，财政出资与企业出资并存。公司计划在未来五年内主要投向影视、演艺、出版传媒、广电网络产业、动漫等八大文化产业领域，并为中小企业搭建融资担保、版权抵押、授权制作等多种形式的投融资平台，支持民营文化企业发展。与此同时，宁夏也计划由有关部门与多家企业合资设立一家专门投资文化产业的投融资公司，注册资本将达到 3 亿元至 5 亿元。业内人士认为，相对于传统的政府引导基金，有政府或国资背景的文化产业投融资公司可能成为支持文化企业融资的更有效途径，也将更适应市场化运作的要求。①

由于技术风险、市场风险及财务与管理风险等多方面因素，文化产业投资失败率高达 80% 左右，然而好的文化产业项目同样可以带来巨大的收益，这些特点决定了文化产业投资更适于风险投资模式。

风险投资（Venture Capital），简称 VC，是以高新技术为基础、生产与经营技术密集型产品的投资，具有高风险、高潜在收益并存的特点。完善的风险投资运作可以实现文化产业高风险和高收益的统一。目前，不少风险投资公司已经把文化产业作为投资的重点。如韩国在政府的推动下，风险投资已经成为韩国电影产业的"孵化器"。摩根斯坦利在《全球投资报告》中对 11 种产业建立起世界级竞争力大企业所需年限作了统计分析，其中文化产业所需年限远远低于医药、银行、电力、能源和建筑等传统行业。

4. 投资基金

投资基金是众多投资者出资，专业基金管理机构和人员管理运作，为投资人获取收益的一种金融组织形式。基金的运作分两个层次：一是投资者通过购买基金受益凭证将资金交基金管理公司运用，此层次既是一种投资行为，也是一种委托行为；二是基金管理公司将资金进行投资运用，基金的投资收益归投资人，基金管理公司向投资人收取手续费和管理费。

文化产业的发展推动相关产业投资基金的成长。文化产业投资基金的设立就是借鉴成熟资本市场"产业投资基金"运作模式，由发起人定向募集，委托专业机构管理基金资产，主要采取股权投资方式解决文化产业融资问题的一种探索和尝试。由此可见，文化产业投资基金是一种定位于特定产业的专家管

---

①　各地纷组国资文化产业投资公司. 上海证券报，2009 – 7 – 7.

理型的金融资本，其促进文化企业成长的路径见图 4-1。

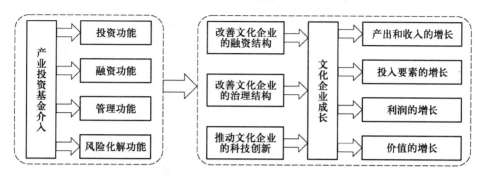

图 4-1　产业投资基金促进文化企业成长的路径

资料来源：欧培彬. 产业投资基金支持文化产业发展研究. 武汉理工大学博士论文，2009：89.

业内专家认为，文化产业投资基金大致可分为三类：①

第一类是政府出资并由政府委托专业机构来进行运作的政府引导基金和地方性引导基金，比如财政部出资 200 亿设立了中国最大的中国文化产业投资基金，湖南文化旅游产业基金则由湖南省文化厅财政厅出资 21 亿委托达晨创投进行管理。

第二类是地方性的优秀文化产业企业或单独或联合一些金融机构来共同成立的基金，如东方星空、华映苏州，首期募集 10 亿，总募集 50 亿。

第三类是专业投资机构独立成立文化投资基金，较有代表性的是建设银行在香港的建银国际成立的中国影视出版产业投资基金。

> **专栏 4-3**
>
> **首支国家级文化产业投资基金成立总规模 200 亿元**
>
> 中国首支由中央财政注资引导的国家级文化产业投资基金——中国文化产业投资基金 2011 年 7 月 6 日在北京成立。该基金目标总规模为 200 亿元，由财政部、中银国际控股有限公司、中国国际电视总公司和深圳国际文化产业博览交易会有限公司共同发起设立。
>
> 中国文化产业投资基金主要以股权投资方式，投资新闻出版发行、广播电影电视、文化艺术、网络文化、文化休闲及其细分文化和相关行业等领域，以引导、示范和带动社会资金投资文化产业，推动中国文化产业的振兴和发展。

① 刘德良. 文化产业：资本运营之道. http://www.chinavalue.net/Figure/show.aspx? id = 1943.

> 设立中国文化产业投资基金，是应对中国文化产业发展中面临的市场活力不足、企业融资困难、投资渠道不畅等问题的重要举措，也是中央财政创新支持方式、提高资金使用效益的新尝试。它的意义在于发挥财政资金的引导示范作用，完善文化产业投融资机制，推动文化资源整合和结构调整，促进文化产业发展。
>
> 资料来源：新华网，http：//news. xinhuanet. com/society/2011 - 07/06/c _ 121632490. htm.

　　除上述投融资主体外，个人及外国投资主体同样成为文化产业投资的重要主体。随着中国文化产业的蓬勃发展，多元化的投资格局日益形成。目前，政府投入、金融支持、社会融资、外资引进、内源资金成为中国文化产业的主要资金来源。

二、文化产业投融资方式

　　文化产业多元化的投资主体对应着多元化的投资方式。中国文化产业所涉及的投融资方式主要包括：政府拨款、银行贷款、二级市场融资和债券融资等。

　　（一）政府拨款

　　文化产业被视作战略性产业予以支持发展，政府财政、税收的扶持及优惠成为重要的投融资方式。

　　首先是政府直接资助。为了促进文化产业发展，财政支持文化产业发展的重点在于，一是要积极推进文化产业结构调整和资源整合，鼓励有实力的文化企业跨地区、跨行业经营和重组，培育骨干文化企业；二是要积极推进文化与科技的融合，运用高新技术改造传统产业，大力发展新兴文化业态，推动文化产业升级；三是要积极推进建立健全文化市场，遵循市场规律，建立统一开放、竞争有序的现代文化市场体系；四是要积极推进加快政府职能转变，为文化产业发展营造良好环境。2007 年，中央财政安排扶持动漫产业发展专项资金 2 亿元，重点用于加强动漫市场监管、公共技术服务平台建设、原创动漫作品扶持等。2008 年，中央财政设立文化产业发展专项资金，当年安排 10 亿元，除继续支持动漫产业发展外，还重点支持了文化体制改革重点企业、文化产品和服务出口等方面。据统计，目前全国已有 20 多个省份设立了文化产业发展专项资金，在推动地方文化产业发展方面发挥了积极作用。

　　其次，财政部门将通过贷款贴息、项目补贴、补充资本金等方式，支持国家级文化产业基地建设，支持文化产业重点项目及跨区域整合，支持国有控股文化企业股份制改造，支持文化领域新产品、新技术的研发，以及支持大宗文化产品和服务的出口。

再次，还需提及税收优惠手段，它同样是文化企业获得融资扶持的重要途径。税收的征收与否、起征点的高低、纳税环节的多少、税率的高低等，直接影响纳税主体的投融资偏好，进而影响行业、产业的发展。西方发达国家就非常重视税收对文化产业发展的影响，并且制定了一系列的财政税收政策对文化产业加以扶持。比如，法国规定所有的企业都要交 18.6% 的增值税，而文化企业仅交 7% 的增值税；在意大利，经济企业（除食品部门之外）增值税率均为 19%，而文化企业的增值税率仅为 9%。英国对书报刊实行零增值税，将其作为与食品和儿童用品并列的免征增值税的商品之一。中国也在进一步落实并细化相关税收优惠政策，加大税收扶持力度。

（二）银行贷款

银行贷款是文化企业融资的途径之一。为贯彻落实国家文化产业政策，各级各类银行加强合作对接，完善信贷机制，创新信贷产品，探索融资模式，改进金融服务，从而促进了文化要素整合和资源优化配置，实现了金融业与文化产业的互利共赢。

以上海市的中资银行为例，其着力从广度、深度入手，在支持企业数量、支持重组兼并收购、培育文化品牌、支持中小文化企业发展等方面取得了突破式增长。①

国家开发银行上海市分行为迪士尼项目成立了总分行联动工作组，从"投贷债租"协同创新机制等竞争优势入手，为其在资本金筹集、土地开发、项目资金管理、基金组建、投行服务等方面提供顾问服务。

工行上海市分行先后推出了担保公司项下贷款、产业集群联保小组贷款、担保池项下的保证担保贷款、文化名人无限连带责任担保贷款、商用房租赁改造贷款等，满足了众多小型文化企业的个性化需求。

中行上海市分行向某文化发展有限公司发放上海首笔播映权质押贷款，在无形资产融资方面开展了有益尝试。交行上海市分行为企业提供"版权抵押"融资模式，建立新颖的"版权融资"品牌。

浦发银行上海分行与 15 家市级文化产业园区合作，引入优质担保公司，探索推进"银行＋园区＋担保"的"银元宝"风险共担合作模式，满足园区内中小企业融资需求，该行还创造了"投贷联动＋股权质押"新模式、联动开发批量贷款模式和针对文化创意园区运营方的"未来租金质押"融资模式。

招商银行上海分行成为梅赛德斯－奔驰文化中心创始合作伙伴，并尝试以

---

①　马翠莲. 上海中资银行文化企业贷款余额近 200 亿元. 金融时报. 2011 - 7 - 13.

获得特许经营权为贷款目的，以特许经营权未来收入为还款来源，为该文化中心所有方东方明珠安舒茨文化体育发展（上海）有限公司办理了贷款业务，为文化产业融资开创了新的思路。

上海银行与知识产权局搭建了知识产权质押贷款的平台，与东方惠金文化产业担保公司合作搭建了专项融资担保平台，通过"风险投资＋担保"的方式，为全市文化产业提供融资支持。目前，仅东方惠金担保公司一家担保平台已为 30 户文化企业提供融资支持，贷款规模累计达 7 800 万元。

上海农村商业银行与普陀区政府合作设立了 2 000 万元的互助担保基金，已为三家文化信息企业贷款 900 万元。

（三）二级市场融资

文化企业发行上市不仅可以推动文化企业转变经营机制，建立现代企业制度，而且为文化企业搭建了融资平台，有利于文化企业做优做强。因此，对于符合条件的文化企业的首次发行上市（IPO）及再融资申请，证券监管部门一直持积极态度，支持其在主板、创业板发行上市及再融资。

2010 年，在出版、旅游演艺、视频、传统媒体、影视等多个方面均有上市企业涉足。其中，以影视、视频、广告的文化产业企业上市的数量最多，其次为旅游演艺等领域。从数量的区域分布角度看，2010 年上市文化产业企业，以北京和湖南的企业为主，它们占据了上市文化产业企业数量的近三分之一。① 近几年，有数十家文化传媒企业在国内外证券市场通过 IPO 实现企业上市融资，也有众多企业通过资源整合而获得战略投资，均取得了较好的发展，其中知名的案例包括博瑞传播和凤凰新媒体等。可见，目前中国文化企业上市融资规模、领域和分布都在不断扩张，已成为重要的融资途径。

（四）债券融资

债券融资是指项目主体按法定程序发行的、承诺按期向债券持有者支付利息和偿还本金的一种融资行为。债券融资与股票融资一样，同属于直接融资。国家支持文化企业通过债券市场融资，鼓励符合条件的文化企业，根据自己的实际情况，通过发行企业债、公司债、短期融资券和中期票据等方式融资。同时，积极发挥中债信用增进投资股份有限公司等专业机构的作用，为中小文化企业通过发行集合票据等方式融资提供便利。对符合国家政策规定的中小文化企业在银行间债券市场注册发行直接债务融资工具的，鼓励中介机构适当降低收费。

表 4 - 1 是中国文化产业传统融资方式局限性一览表，从中不难看出各种融资模式在产业发展不同阶段的适应性。

---

① 2011 年上市文化企业 VC/PE 投资研究报告. 文资网，www. ccizone. com.

表4-1　中国文化产业传统融资方式局限性一览表（基于产业生命周期理论）

产业生命周期	传统融资方式	局限性
导入阶段	政府拨款	财政负担重，机制不健全 法律不完善，经营效率低
成长阶段（早期）	二级市场融资	准入标准偏高，审核程序复杂
	风险投资	信息不对称，透明程度差，短期行为严重
成长阶段（中期）	银行信贷	企业价值评估难，审贷程序烦琐， 信用保障缺乏
	债券融资	信用评级体系缺乏，债券流通性差

资料来源：转引自：欧培彬.产业投资基金支持文化产业发展研究.武汉理工大学博士论文，2009：116.

表4-2是电影产业的融资模式，从中可见文化产业各行业部门投融资方式有着很大的创新空间。

表4-2　电影产业的融资模式

融资模式	评析
多方合拍	不仅可以降低片方的投资金额，而且有助于影片在合资方所在地发行，如《赤壁》、《梅兰芳》等
预售版权	影片上映之前，片商通过向海内外的发行公司和放映公司预售发行权、放映权，收取定金或"宝地发行金"以支持影片制作
拓展电影后衍生品市场	电影的著作权保护期为50年，因此，电影后衍生品开发可以很丰富，版权交易市场巨大
贴片广告和植入式广告收入	由于受众巨大，电影及相关场所是很好的广告载体
政府支持	来自政府的资金，如文化发展基金等

资料来源：厉无畏.文化创意产业的投融资与风险控制.毛泽东邓小平理论研究，2011(2).

三、文化产业投融资领域的特点

（一）文化产业投融资领域

依据文化产业交易标的的不同，可将文化产业投资领域分为十大领域、31

项内容，见表4-3。

表4-3 文化产业投融资领域

投资领域	内容
印刷发行和 版权服务	1. 书、报、刊印刷发行
	2. 音像及电子出版物制作、复制、发行
	3. 版权服务
广播、电视、 电影服务	4. 广播、电视服务
	5. 广播、电视传输
	6. 电影服务
动漫和网络 文化服务	7. 动漫文化服务
	8. 网络游戏服务
	9. 互联网信息服务
	10. 无线网络文化服务及其他
广告、会展和文 化经纪服务	11. 广告服务
	12. 会展文化服务
	13. 文化艺术商务代理服务
	14. 文化产品出租与拍卖服务
文化休闲娱乐服务	15. 旅游文化服务
	16. 娱乐文化服务
文化艺术服务	17. 文艺创作、文艺表演及演出场所
	18. 文化保护和文化设施服务
	19. 群众文化服务
	20. 文化研究与文化社团服务
	21. 设计服务及其他
教育培训、体育和 研究咨询服务	22. 教育培训服务
	23. 体育服务
	24. 研究咨询服务
文体产品制造	25. 文体用品生产
	26. 文体设备生产
	27. 工艺美术品等相关文体产品生产

续表

投资领域	内容
文体产品销售	28. 文体用品销售
	29. 文体设备销售
	30. 工艺美术品等相关文体产品销售
其他	31. 俱乐部、会所等其他文化产业

（二）文化产业投融资特点

与一般产业相比，文化产业投融资具有以下特点：

1. 文化产业投入较高，风险较大，回报也较大

文化产业行业进入、退出壁垒高，表现之一就是前期投入高。不仅如此，由于文化产品和服务具有精神性、文化性、娱乐性、心理性等特征，决定了其多方面的不确定性，特别是市场需求的不确定，由此使产业投资面临较大风险。以影视制作为例，前期需要大量的启动资金，产业链较长，影响投资回收的不确定因素较多，从产品制作到市场发行、票房及广告收入等，各个环节都存在一定的风险。然而，文化产业投资回报也较大，不仅体现在创意及知识密集性所带来长期超额利润，而且体现在文化产业投资的回报链条长，投资收益可以延伸，如动漫产业中一部作品的成功，不仅会带来直接的收益，还可以延伸产业链，将卡通形象作为品牌开发，经营衍生产品。美国迪士尼公司制作《狮子王》，投资4 500万美元，仅其衍生产品的收入已达20亿美元。

2. 文化产业投资基金成为推动文化产业发展的重要力量

目前国内支持文化产业发展的各项政策相继推出，文化产业投资基金成为新宠。从第一个募资超过50亿人民币、专注于文化行业投资的人民币基金——华人文化产业投资基金成立以来，国内已募集的文化产业基金超过400亿元人民币，一个覆盖全国的文化产业金融体系正在逐步建立。这些文化产业基金主要用于文化事业建设、改善文化基础设施及设立文化产业发展专项资金等相关方面，将极大地推进中国的文化产业投融资发展。

3. 文化企业上市成为业界关注焦点

2010年成为文化创意企业上市硕果丰厚的一年，与2009年相比，上市数量增长了近3倍，形成一股竞相上市的热潮。无论是游戏、动漫、出版、印刷、网络，还是旅游、创意园区、演艺、影视和新媒体等新兴文化产业，都频频受到风险投资和私募股权投资的热捧。仅从2010年下半年到2011年年初，就先后有皖新传媒、奥飞动漫、华谊兄弟、东方财富、蓝色光标等16家文化企业上市，十余家出版集团加紧筹备上市，越来越多的文化产业借道资本市场

进行扩张。

4. 人才等无形资本的投资构成文化产业投资的重要组成部分

文化产业的知识密集性决定了人力资本及其他无形资本投资在产业发展中的重要意义，创意、知识、品牌、管理等在文化产品价值实现中发挥着重要的作用。在当今社会文化产业的竞争不再是单纯的物质资本竞争，更是无形资本等综合实力的竞争，尤其是人才的竞争。因此，为了促进文化产业可持续、稳定健康发展，必须重视无形资本投资，不断优化产业投资结构。

四、文化产业投融资的国际经验[①]

（一）政府主导文化产业投资

政府主导和扶持成为文化产业发展的重要推动力量。以韩国为例，政府部门的主要投入包括：

一是表现在政策法规的制定上。政府制定了大量促进产业发展的文化法规和经济政策，如对进驻文化产业园区的单位提供长期低息贷款，减少甚至免除税务负担。在文化产业园区建设中，免除农田、山林、草场转让费和再造费以及交通设施补偿费等。

二是先后设立各种专项基金。如文艺振兴基金、文化产业振兴基金、信息化促进基金、广播发展基金、电影振兴基金、出版基金等若干促进相关文化产业发展的专项基金。数据显示，韩国文化产业振兴院早在 2002 年就通过国家预算拨款、投资组合、专项基金共融资文化产业事业费 5 000 亿韩元。

三是运作"文化产业专门投资组合"。这是按照"集中与选择"的原则，以动员社会资金为主，运用政府、民间共同投融资的运作方式，有目的、有重点地实施资金支持，在经费上确保文化产业的发展。

（二）利用社会集资进行文化投资

文化产业的发展需要巨额的文化投资，通过社会集资可以大大减少政府负担。

在英国，文化投资的渠道是多样的，有政府拨款、准政府组织资助、基金会资助等。除此之外，还运用了一种非常规的投资方法，这就是用发行彩票来筹集文化基金。他们在鼓励企业赞助文化艺术的同时，鼓励全体公民自愿支持文化事业。

1994 年 11 月 19 日英国发行了第一期国家彩票抽奖，到 2001 年上半年，国家彩票累计发行总额已高达 314 亿英镑，25% 用于资助文化艺术、体育和慈善事业，总额超过 108 亿英镑。在 1995 年到 1999 年间，超过 1 000 个艺术项

---

① 作者依据中国文化产业网的相关资料收集而成。

目从"彩票基金"中获得了 10 亿英镑以上的资助。仅彩票收入一项，一年就可以为文化艺术事业筹集到赞助费 6 亿多英镑，极大地弥补了政府文化投资的不足，兴建了一批文化设施，支持了优秀文化人才的培养。

（三）中央—地方—民间共同投入模式

日本政府高度重视文化产业并采取了政府推动、政府和民间一起投入的机制。政府一方面把文化产业作为新兴产业，使之能够享有"研究投资和科学技术投资"；另一方面，作为对国民的投资，使它又享有国家"文化投资"的经费。

在日本，几乎所有的一流大型企业都以各种不同形式支持、参与文化活动，他们将此视为改善企业形象的重要举措。例如，NEC 公司举办的中日围棋擂台赛，富士通公司举办的世界围棋超霸赛，丰田公司举办的"丰田杯"足球赛等都是闻名世界的文体赛事。日本多达 800 余家民间企业拥有自己的博物馆和美术馆，三得利公司在东京建造的音乐厅、创价协会在东京都八王子市郊建造的富士美术馆等都堪称世界一流。

（四）企业和专业协会发挥重要作用

法国政府对文化事业及相关产业给予支持或赞助的形式主要有三种：一是中央政府直接提供赞助、补助和奖金等（每一个从事文化活动的企业或民间协会，均可向文化部直接申请财政支持）。二是来自地方财政支持。法国的大区、省、市、镇政府都有支持文化事业发展的财政预算。三是政府通过减税等措施鼓励企业为文化发展提供各类帮助。

在法国，无论大企业还是中小企业，都能依法参与文化赞助活动，在一系列大型古文物的修复和重大国际性文化交流活动中，也都能见到法国企业的身影。作为补偿，企业可获得减免税收或者享有冠名权等各种形式的回报。

法国还有一些代表少数特殊群体利益的组织，如音乐协会、话剧协会、舞蹈协会等，还有一些准文化类或者说广义上的文化协会等。每当全国或地方上举办公共文化活动时，这些协会都会应邀参加，负责组织和服务方面的工作。另外，在号召志愿者参与文化发展的过程中，这些协会也发挥了重要的作用。

（五）多层次的文化产业投资体制

成熟的文化产业投资体制应该是各种投资形式繁荣并存。在美国 400 家最富有的公司中，有 72 家是文化企业。如迪士尼公司已跻身于世界大型企业500 强。美国的这些文化企业已成为世界文化市场中名副其实的龙头老大。而这些企业成功的关键在于美国多层次的文化产业投资体制。

一是联邦政府投资大。美国联邦政府主要通过国家艺术基金会、国家人文基金会和博物馆学会对文化艺术团体给予资助，州和市镇政府及联邦政府的具体部门也提供一定资助。这种投入面向所有符合政策导向的团体。

二是吸收非文化部门和外来投资。来自于各大公司、基金会和个人捐助的数额远远高于各级政府的资助。各种来源的公共基金只占艺术组织运行费用的15%，国家艺术捐助会的拨款占5%左右，单个而言，政府是最大的文化艺术赞助来源。但是，就特定的文化活动来说，私人捐赠者的捐献额是政府来源的2倍或3倍。从20世纪60年代以来，公司捐赠的艺术基金基本是稳定的，大约占36%，但是，它们捐献的绝对数字一直在大幅度上升。

三是形成了比较完善的融资体制。一些有实力的文化产业集团如美国广播公司、哥伦比亚公司等，背后都有金融大财团的支持。以传媒为例，美国的主流媒体大多由各大财团控股，美国国家广播公司（NBC）就是通用电气旗下的一家子公司。NBC作为美国第一家广播电视网，拥有和运营着13家电视台，在美国收视率一直位居前列，而通用电气公司又是由美国老牌财团摩根财团控股的。通过与财团的合作，美国文化产业获得了发展所需要的大量资金。

此外，美国政府对于外资进入美国文化产业经营限制不多，文化产业依靠其强大的实力吸引了为数众多的外资进入，加拿大、英国、日本等国家都有大笔资金通过文化产业的跨国公司进入美国。

第二节 国际文化贸易与文化产业投资

一、文化贸易与产业发展的关系

2009年7月，国务院常务会议原则通过《文化产业振兴规划》，其中要求"落实鼓励和支持文化产品与服务出口的政策，扩大对外文化贸易，并且要加大政府投入和税收、金融等政策支持，大力培养文化产业人才"。这一政策信号表明，中国文化贸易、文化产业的发展面临着重要的历史机遇，而这种历史机遇，也恰是贸易与经济、产业发展迈向更高水平，处于更新发展阶段的体现。

马克思曾指出："对外贸易的扩大，虽然在资本主义生产方式的幼年时期是这种生产方式的基础，但在资本主义生产方式发展中，由于这种方式的内在必然性，由于这种方式要求不断扩大市场，它就成为这种方式本身的产物。"①这一经典论断进一步证明，处于一定生产方式下的对外贸易，在生产关系变革、生产力进步的条件下，其地位与角色的变化就是这种生产方式本身变化的

---

① 马克思恩格斯全集. 第25卷. 北京：人民出版社，1975：264.

反映，它不仅反映出开放条件下，经济各部门发展的动态性和非平衡性，而且更为我们考察文化贸易与产业发展的关系提供了一条重要的理论线索。

对外贸易，作为开放经济中的流通部门，在一国经济发展中承担着诸多职能。从需求方面的互通有无到供给商品的寻找出路，从主要的市场流通功能到经济增长的重要推动力量，无论对于发达国家还是发展中国家，对外贸易在全球化的开放经济体系下都具有战略意义，已日益成为一国生产力水平提升的外部动因和内在要求，成为一国获取更多经济利益的重要途径。某种意义上，贸易与经济，特别是与产业发展规模及结构之间存在着一定的"镜像关系"。这种关系的实现机制在于，开放经济系统中，处在流通环节的对外贸易通过扩大市场、实现价值、增加使用价值，进行资本要素的积累，促进技术进步与创新，来不断推进本国产业升级，增强其竞争力；反过来，产业的繁荣发展势必提供条件并推动一国融入到经济全球化的浪潮中，通过对外贸易实现包括经济利益、国家利益在内的各种利益。由此，我们能够在一定条件下通过贸易的商品结构来考量贸易国的产业结构，甚至经济发展水平，从产业规模及结构来推断贸易的发展前景、水平。因此不难理解，在生产方式发展的过程中，恰是从"这种方式本身的产物"中，我们能够窥测出经济发展本身的状况，能够了解人的需要从生存向发展过渡的必然趋势。而文化贸易的兴起正是这种趋势的集中反映。

事实上，贸易于经济、产业发展的益处在《国富论》开篇中就得到了阐释。贸易有助于专业化，而专业化显然有益于部门、行业、产业的发展，有益于人们从贸易中增加收益。具体到文化贸易，国内有学者将文化产品的生产和对外贸易归结为四种优势，包括成本递减优势、环境保护优势、边际收益递增优势和文化交流拓展优势。这四种优势明显地顺应了经济发展方式转变的要求，体现了产业发展与文化贸易的内在联系和天然优势，成为国家软实力、竞争力提升的重要方面。

进而言之，当今世界，考察贸易利益的实现问题，必须将其置于以发达国家为主导的全球化分工体系中，深入研究贸易动因、结构以及贸易环境的改变，考察贸易国经济结构、竞争力的变化和着力点。而在经济全球化的浪潮中，对世界各国，特别是发展中国家来说，问题不是要不要贸易，而是用什么参与到贸易中，才能凭借有利的贸易条件最大化地实现自身的贸易利益。文化贸易以其自身的优势理应成为众多国家，尤其是发展中国家发展经济的选择。由此看来，推动中国文化产业的发展，扩大文化对外贸易是振兴经济的必由之路。

而文化贸易与产业发展的关系除了贸易与产业关系的共性以及上述四种优势外，其特殊性还在于，文化本身所具有的渗透性，影响的长久性、广泛性以及所体现的人文关怀，使得二者之间的关系不仅仅限于文化贸易与文化产业的视野，而是表现出有形的文化产品、无形的文化服务，各大产业门类，生产、生活及贸易融合发展的态势，由此形成了人类步入服务经济时代或者后工业社会的全球性的文化经济图景。

二、国际文化贸易对外直接投资模式

对服务贸易来说，有四种商业存在模式，即关贸总协定（GATS）定义的跨境交付（Cross-border Supply）、境外消费（Consumption Abroad）、商业存在（Commercial Presence）和自然人流动（Presence of Natural Persons）。所谓商业存在模式，即一成员国的服务提供者通过在任何其他成员国境内的商业存在提供服务，是服务业的对外直接投资（FDI）。

对外直接投资与国际贸易，虽属两种国际分工的基本形式，却有着极为密切的联系和渊源，相关理论也在一定程度上有相互融合的趋势。这种联系和渊源的实体载体当归于跨国公司。美国学者海默提出（S. H. Hymer）关于 FDI 的著名的垄断优势理论，认为跨国公司之所以选择对外直接投资，主要是利用其拥有的垄断优势，而这些优势主要来自：

第一，产品市场的不完全，包括产品差别、商标、特殊的市场技能或价格联盟等。

第二，要素市场的不完全，包括专利制度保护的技术诀窍、资金取得的便利、特殊的管理技能等。

第三，企业拥有的内外部规模经济。

由此不难看出，垄断优势理论相对于传统贸易理论中的比较成本理论，是在更为宽松的条件下和更大范围内的发挥和提升。

就文化贸易的 FDI 模式，上述垄断优势是国际文化产品和文化服务贸易进行对外直接投资所追寻的，因而对其商业存在模式的贸易动因具有很强的解释力。除此之外，日本学者小岛清认为，对外直接投资与国际贸易是互补关系，而不是替代关系。在比较优势的原则和基础上，他提出了边际产业扩张论，主张投资国的对外直接投资应从处于或即将处于比较劣势的边际产业依次进行。而这一理论实际上指明，同一产业在东道国可能正处于优势地位或潜在的优势地位，由此进行的对外直接投资，可以使投资国在新的要素组合及其他方面获得不断扩大的比较优势。虽然小岛清的理论有着特定的时代背景，不能很好地解释其他对外直接投资现象，然而他的理论对于发展中国家的产业发展有着诸多启示。它是对传统贸易理论比较优势思想的进一步发挥，对文化贸易的商业存在模式给出了一定程度的解释。

专栏 4 - 4

文化产业：外资介入变新招

外资在国内的影院建设再次升温。由美国娱乐地产投资商娱乐地产信托公司(EPR)斥巨资参与兴建的中国国内三家影院在 2011 年开张。早前，美国传媒巨头默多克也将三家中文电视频道的控股股权出售给华人文化产业投资基金。与以往不同的是，此轮外资投资中国文化产业的方式发生了变化。

路径一："主投"变"陪玩"

2010 年 8 月，默多克将三家中文电视频道的控股股权出售给华人文化产业投资基金，出售股份比例为 51% ~ 52%，三个电视频道及电影片库的资产估值为 3 亿美元，交易金额略高于 1.5 亿美元。根据双方协议，双方将成立一家合资公司，共同运营这三个电视频道及电影片库，以实现增收并盈利。

路径二：大投入改成项目投资

2004 年，百老汇倪德伦家族联合北京新纪元文化传播各投资 50%，准备在中国复制一条"东方百老汇"院线。然而，引进原汁原味、原班人马的百老汇剧目，其高昂的成本使他们的运营背上沉重的包袱。直到今日，音乐剧市场仍难以形成，演出的冷淡让倪德伦家族转换了投资策略。日本的角川映画，韩国的希捷、美佳、好丽友近两年也在悄然扩张。除去单体影院投资，合拍片也成为外资参与"分成"中国电影的必然途径。根据清科研究中心公布的数据，2009 年，中国在海外销售 45 部影片中合拍片占到 34 部，越来越多的国外电影公司和电影基金活跃其中。

路径三：倾向于成立合资公司

相较于成立合资公司这样的大举动，大部分外资现在还处于和国内出版企业进行更为简便的版权交易阶段。根据国家政策规定，境外的出版单位和国内的出版单位开展图书版权买卖，无需经过出版行政部门的审批，国内出版社在自己的出书范围内购买或者出售图书版权，只要到当地的版权登记部门履行登记手续即可，境外出版单位购买国内作者作品的出版权亦可。

路径四：外资摇身一变成内资

在暂时并无太大"放松"态势的中国政策面前，很多外资都在灵活行动，迂回进入，甚至不惜"变性"进入。相关资料显示，2010 年 6 月，保利博纳获第三轮融资。融资对象除了红杉中国等原有投资人，还有在业界有影响力的企业家。优势资本也参与了此轮融资，投资金额 150 万美元。

其中，红杉中国、海纳亚洲、经纬中国均属于外资创投。其通过复杂的股权结构设立开曼群岛公司，间接持有保利博纳的股权。尽管从股权结构上看，保利博纳已经通过复杂和精妙的设计，变身为一家开曼群岛公司，但是这种外资背景仍然为保利博纳增加了不确定性。关于这一点，保利博纳也在针对美国股民的招股说明书中表示，此举在中国会存在一定政策风险。

资料来源：郑洁，董昆，陈杰. 文化产业：外资介入变新招. 河南日报，2011－3－3.

第三节　中国文化产业投融资现状与应对措施

一、中国文化产业投融资现状

（一）文化产业成为新一轮投融资热点

随着经济结构优化、发展方式转变，以及国家政策对各种所有制形式资本投资文化产业的鼓励和支持，文化产业日益成为投融资热点领域。2009年文化产业内华谊兄弟、奥飞动漫等上市公司业绩显著增长，文化板块收益表现良好，很多投资者都看好文化产业投资收益的成长性。2010年伊始，全国各地达成的文化产业投融资项目众多。其中规模较大的有北京银行与北京文化局达成的100亿人民币专项授信项目，以及中国建设银行广东省分行、光大银行广州分行、民生银行广州分行与广东省国有经营性文化资产监督管理办公室达成的总计210亿元人民币的授信、结算、风险管理、金融咨询等合作项目。

不仅如此，伴随着中国经济的蓬勃发展和社会主义市场经济体制的深入，中国文化产业海外融资的沉寂状态正在被打破，巨大的文化消费需求孕育着广阔的商业机会，海外资本对于中国文化产业有着浓厚的兴趣，新闻集团等国际知名文化传媒企业通过各种方式抢滩中国市场就是最好的证明。

（二）具有中国特色的文化产业投融资体系正在形成

为贯彻国务院通过的《文化产业振兴规划》，2010年文化部联合其他部委出台了金融支持文化产业发展的指导意见。与此同时，文化部还积极与金融机构合作，深入探索推进与银行类金融机构之间的"部行合作"机制，引导各类银行加大对文化产业的有效信贷投入，进一步完善文化产业投融资体系。"部行合作"机制确立后，各家银行对文化产业的重视程度明显提升，对文化产业的授信支持明显加大。2010年，中央财政文化产业发展专项资金对"部行合作"机制下的 14 个重点项目给予了贷款贴息支持。目前，文化部重点扶持的 30 多个文化项目贷款金额已经达到 130 多亿元，部分银行已开展通过版权质押为文化产业提供融资服务工作，涉及演艺、展览、文化旅游、"非遗"开发、乐器生产经营、产业园区及主题公园建设、境外投资并购等领域。文化部"部行合作"机制得到相关部门、文化企业和金融界的广泛认可，具有中国特色的文化产业投融资体系正在形成。

（三）投融资渠道和方式亟须完善

中国文化产业投融资渠道虽在不断拓宽，但依然难以满足快速发展的产业投融资需求。

第一，政府投入有限。目前地方政府对文化产业的投入主要采用专项资金的形式，这类资金规模不大，使用方向有限，无法满足日趋巨大且多元化的文化产业发展的需求。

第二，金融支持力度不够，内源性资金积累不足。从直接融资情况看，文化企业通过发债等方式进行融资的还不多。此外，在市场经济国家，内源资金一般在 50% 左右，欧美发达国家企业内源资金更高达 70% 以上。而中国文化企业在创利及资金积累方面与这些国家相比明显处于劣势。

第三，社会化融资渠道不畅，金融介入程度较低。西方发达国家都十分重视调动社会资本对文化产业投资的积极性，如美国各大公司、基金会和个人对特定文化活动的捐助资金是政府来源的 2～3 倍，中国在此方面明显不足。在融资手段上，中国仍以资金方式投入为主，现代化的筹资方式较弱。

（四）投融资整体环境有待改善

首先，中国的文化产业法规体系不完善，民间资本和外来资本所关注的法律地位、权益保护、退出机制等核心问题都还没有得到很好的解决，服务文化产业发展的融资担保、项目评估、产权界定、权益转让等中介服务亟待完善，相关法律法规需要进一步明确和健全。其次，中国文化产业尚处于发展的初期阶段，文化体制改革尚未完全到位，中小文化企业居多，市场还处于培育期，尚未形成相对成熟的运营模式和持续盈利能力，市场风险较高。再次，社会诚信体系建设滞后和文化企业缺乏抵押影响金融支持文化产业的力度。

二、促进中国文化产业投融资的应对措施[①]

（一）推动相关文件的出台，不断优化中国文化产业投融资环境

依据文化产业发展形势，在国家层面上要不断推动相关政策文件的出台，

---

① 李小磊. 构建文化产业投融资体系. 新浪财经，http://finance.sina.com.cn/hy/20110109/09239223681.shtml，2011－1－9.

以指导协调产业发展。除《关于金融支持文化产业振兴和发展繁荣的指导意见》外，商务部、文化部等十个部门又印发了《关于进一步推进国家文化进出口重点企业和项目目录相关工作的指导意见》，从改进和完善金融服务拓宽融资渠道、完善出口信用、保险体系三方面为文化企业提供政策支持。2010年12月29日，文化部和保监会联合下发《关于保险业支持文化产业发展有关工作的通知》，率先将保险支持文化产业发展的金融政策推向深入。相关文件的出台，必将不断优化文化产业投融资环境。

（二）充分利用财政激励政策，促进中国文化产业发展壮大

基于《关于金融支持文化产业振兴和发展繁荣的指导意见》，财政部印发了文化产业发展专项资金管理暂行办法，通过设立总金额为20亿的专项扶持资金，中央财政采取贷款贴息、项目补助、补充国家资本金、绩效奖励、保险费补助等方式，对发展良好的文化产业给予支持。专项资金的设立，缓解了部分优秀文化企业发展资金不足的问题，极大激励了国内文化企业的发展热情，起到了较好的经济杠杆作用和示范效应。此后，应该充分利用财政激励政策，发挥经济杠杆作用，以不断促进中国文化产业发展壮大。

（三）加强与金融机构合作，不断创新和开发适合文化产业发展的金融产品与服务

在"部行合作"机制成功的示范下，各地文化部门和银行机构的积极性被充分调动起来，山东、山西、广东、海南等多个地方的文化厅局与当地银行机构开展了合作，大量文化产业项目成功获得银行贷款，文化企业贷款难的问题得到了初步的缓解。在保险方面，根据保险业支持文化产业有关工作的通知，文化部联合保监会认定了第一批11项文化产业保险试点险种和3家试点保险公司，2010年还联合北京市政府积极推进中国北京文化产权交易所的筹备工作。与金融机构加强合作，不断推出适合文化产业发展的金融产品与服务，必将进一步完善中国文化产业投融资体系。

（四）充分发挥政府职能，为文化产业与金融业提供公共服务

充分发挥政府职能，采取各种措施加强政府、企业及相关组织的沟通与交流。2010年年初文化部启动了文化产业投融资公共服务平台的建设工作。该平台是一个基于互联网技术为文化企业和金融机构提供投融资信息和服务网络的平台，于2010年5月14号在深圳文化产业博览会上正式上线。平台以中国文化产业网为对外窗口，目前开通了文化企业申请银行信贷的在线系统，建成新闻资讯、政策法规等几个资讯版块，并根据文化企业和金融机构的需求，不断丰富平台内容，从而将其建设成集文化产业投融资信息交流、政策对外发布、金融业务在线办理、金融品种发布、项目咨询投资、产品展示交易、行业知识普及等服务于一体的综合性的公共服务平台，在文化企业和金融机构之间

架设起一座沟通与合作的桥梁。

（五）开展文化产业投融资的业务培训，着力培养文化企业运用投融资工具的意识和能力

为了进一步加快人才培养，加大人才培养的力度，按照全国文化系统人才发展规划，2010年9月起文化部大力支持各地开展文化产业投融资业务培训，先后在山西、内蒙古等七个省市开展了培训。今后将继续支持地方开展培训工作，为文化企业开展投融资业务储备人才。

本章小结

在全球文化经济迅猛发展的背景下，文化产业日益成为市场投融资的热点领域。从投融资主体来看，政府、企业及有关金融机构积极发挥各自的作用，以前所未有的热情共同参与到推动文化产业成长的实践中来；从投融资方式来看，政府拨款、银行贷款、二级市场融资和债券融资等不断创新壮大，以适应文化产业投融资区别于其他产业部门的诸多特殊性。在开放经济条件下，对外文化贸易与文化产业投融资国际化有着密切联系，应该给予高度重视。目前，中国文化产业投融资正成为新一轮投融资热点，具有中国特色的文化产业投融资体系正在形成。然而，在投融资渠道及方式、投融资整体环境等方面仍需进一步完善。

复习思考题

1. 试述文化产业投融资的主体、方式、领域与特点。
2. 日本、美国、韩国、英国和法国的文化产业投资体制有哪些特点？
3. 文化贸易与产业发展存在怎样的联系？
4. 中国政府面对文化产业投资遭遇的瓶颈有哪些解决方案？

案例讨论题 1

美、日、韩三国的文化融资概况

一、美国：金融机构操作文化

美国是世界范围内娱乐产业最为领先的国家，从银行体系到创业投资机构甚至个人投资者都对投资内容产业表现出异常的热情。尤其是近年来动画电影的发展，使得一些硅谷高科技厂商向好莱坞进军，以此带动新的投资动力。

目前，美国电影产业已经形成了一套内容产业鉴价、融资、完工保证的发展模式。美国电影产业的投融资方式有：

（1）通过完工保证向银行贷款。完工保证是电影公司向银行融资贷款的关键，其设有专门的完工保险公司承保，以此保证电影制片公司在仅取得发行合约但未取得资金前可以获得银行贷款。完工保险公司在整个担保顺利完成后，可以获得电影监制单位负责总制作费 2%～6% 的佣金，但如果电影未能如期拍摄，完工保险公司需要承担预算增加额。

（2）融资担保制作的完善以获得风险投资等融资。通过民间公司自行遵循市场机制建立的融资保证机制来保证内容产业获得投资银行、创投甚至个人投资者等的投资。如美国 IFG 公司的 335 部影片就获得了 70 亿美元以上的完工保证。

基金投资电影对美国银行来说并不是一个严格划分的业务，因为在美国很多金融机构都是全业务经营的，它既可以经营商业银行的业务，也可以经营投资担保的业务，还可以做 PE，因此在考虑用基金方式投资电影时通常把它等同于金融机构投资电影。

金融机构投资电影有多种形式，有前期股权性投资、版权抵押贷款性投资以及其他一些模式和形式。综合来看，好莱坞有一半以上的投资来源于金融机构。

二、日本："特许权证券化"最典型

尽管日本电影近年来发展放缓，但是仍连续多年居世界电影票房营收第二位。日本电影产业自 1989 年日本新力公司收购美国哥伦比亚影视公司以来就开始了国际化进程。日本电影产业的融资政策受美国影响较大，属于在完善法律保证下市场化运作的模式。

日本电影产业的投融资方式：

（1）特许权证券化，通过这项制度，内容作品可独立上市成为财产，公开交易。

（2）成立"智能财产权投资协议会"，制定各种形式的募资拍片协议，如网络募资等。

（3）成立电影基金公司，负责办理各种大型的电影投资、融资案件，如日本电影基金公司、松竹基金等。

三、韩国：政府出面担当大角色

近年来，韩国影视娱乐产业发展较快，在亚洲甚至世界范围内掀起"韩潮"。尽管韩国并未出现真正意义上的大制作影片，但是中小制作的影片在业内取得了良好的口碑。其中，韩国政府对韩国国产影片的重视与支持是值得众多国家参照学习的。

韩国电影产业的投融资方式：

（1）国家政策税收扶持，设立基金会模式并投资电影。韩国政府文化观光部下属的韩国电影振兴委员会是韩国电影发展的重要推动力量。一方面，作为韩国半官方性质的最高电影主管机构，其设立的基金会模式对电影产业进行实质性的投资，资金主要来自于电影票税收及政府预算。此外，通过减免税收的形式吸引投资机构关注电影产业。另一方面，韩国政府建立融资辅导机制，分为抵押无息贷款、低利率电影创业基金。此外，电影创业基金也提供低利率的融资贷款。通过一系列措施，韩国电影产业已经形成畅通的融资管道，目前，韩国拥有信保基金、技术信用保证基金，并对风险实业提供融资信用保证，从而降低了金融机构或政府基金的投融资风险。

（2）釜山国际电影节。通过举办世界级的电影节，将韩国电影推向世界，为各国投资商建立与韩国电影产业参与者接触与交流的机会，打通融资通道。

资料来源：代小杰，各国文化融资必读手册. 北京商报，2011 - 2 - 21.

问题：
美、日、韩的文化产业投融资体制有何优势和可取之处？

案例讨论题 2

文化对接大规模资本，"文化经济"点金北京怀柔

打开怀柔区的投资地图，中影基地、中科院科教产业园等代表的影视文创、科研创新、原创艺术、文艺演出等文化产业，已是星罗棋布，成为引领怀柔的新的经济增长极。怀柔人把这形象地称作"文化经济"。

"经济与文化，如鸟之两翼，偏其一侧腾而难飞，兼顾之则如鹏翔翔长空！"区委书记王海平说："当文化与大规模资本对接的时候，文化已经迈进了工业化。大量文化资本的进入，使怀柔文化经济的生产走上了工业的流水线。"

一、文化点亮中国影都

人们提起如今的怀柔，就会想到闻名全国的中影基地。影视文化创意，已成为怀柔一张靓丽的名片。

时针拨回到 2008 年，国家中影数字制作基地落户怀柔。基地占地 50 公顷①，总投资 20 亿元，拥有 16 个现代化摄影棚群，具备从拍摄到后期制作的全部生产能力，《建国大业》、《梅兰芳》、《非诚勿扰》等大片，都是在这里完

---

① 1 公顷 = 10 000 平方米。

成的。

中影基地落户如同磁极，为怀柔影视文化产业增强了磁力。尤小刚全视听文化科技有限公司、华谊兄弟集团、胡玫制片公司等国内外影视公司也纷至沓来……截至 2010 年年底，全区已发展文化创意企业 3 446 家，怀柔，未来的"中国影都"呼之欲出。

全区原创艺术类企业累计达到 311 家，聚集了绘画、摄影、雕塑等 30 余个艺术门类的 200 多位艺术家，引进培育了桥梓艺术公社、中国漆器艺术馆、"中国红"陶瓷生产基地等项目，推动原创艺术产业加速发展，增幅仅次于影视产业，位居第二。

二、文化产业村遍山乡

一盏普通的大红灯笼加入了文化元素，就有了艺术附加值，成为工艺品，订单不断。还没进入腊月，九渡河镇红庙村的父老乡亲们却早已忙得不亦乐乎。

文化经济的发展，辐射并带动了农村产业的升级和转型。怀柔区已出现了杨宋庄影视、红庙灯笼、八道河风筝、高两河陶瓷、七道河满族民间手工艺品制作等 20 个艺术氛围浓厚的文化创意产业专业村，解决劳动力就业 5 000 人。祖祖辈辈面朝黄土背朝天的农民，一朝吃上了"文化饭"。

三、文化让工业向智慧产业升级

文化不仅仅局限于文艺娱乐，对此，怀柔人有更深的理解。科教研发产业作为世界前沿的文化创意形态，正以一种强盛之势颠覆着人们对传统工业产业的认识。怀柔人敏锐地认识到了这一点。

早在 2006 年，中国科学院研究生院雁栖湖校园在怀柔雁栖湖畔奠基。怀柔抓住了这一机遇，提出借大批国家顶尖人才的注入，打造怀柔的创意产业基地。力学所钱学森工程科学实验基地、化学所纳米绿色制版项目、超级云计算中心等 15 个中科院研究单位 24 个项目，很快进驻怀柔的青山绿水间，项目总投资 58 亿元。2009 年，中科院与北京市合建的中科院怀柔科教产业园正式揭牌，随着大批"国家队"科研院所的批量落户，高端科技企业的加速集聚，科研创新产业正成为怀柔转变经济发展方式的新引擎，迸发出强大的活力。

资料来源：北京日报，2010 - 12 - 26.

问题：

结合怀柔的案例，思考文化产业投融资应如何向其他产业领域延伸。

参考文献

1. 兰仁凤. 试论文化产业投资不足问题之克服. 科学大众(科学教育)，2008(7).

2. 宋建龙. 文化产业投资的特点与形式浅述. 河北企业，2008(4).

3. 侯燕. 文化产业投资的特点及融资问题研究. 特区经济，2010(9).

4. 廖淑梅. 中国文化产业投融资的三大特点. 中国文化投融资网，http：//whtrz. com/index. html.

5. 左传长. 促进文化产业发展的投融资方式. 宏观经济信息研究，2008(7).

6. 国外文化发展投融资的形式和机制. 中国文化产业网，http：//www. cnci. gov. cn/content/2007831/news_14145. shtml.

7. 黄林. 文化产业，下一轮投资热点. 网易财经，http：//money. 163. com/10/1230/09/6P52PESR00253G87. html.

8. 汪洋. 中国文化产业发展与投融资支持：陕西文化产业现状调查引发的思考. 中国党政干部论坛，2010(1).

第五章
文化产业经营

【主要内容】

本章主要介绍文化产业经营的商业模式、特点及中国文化产业经营状况等基础知识，特别阐述了文化产业经营在人才培养方面的重要性和迫切性，以及文化产业跨国经营中的国际文化贸易和发达国家文化产业经营的成功经验与模式。

【学习要求】

1. 掌握文化产业经营的模式、特点。

2. 了解中国文化产业经营状况。

3. 理解中国对外文化贸易现状。

4. 了解发达国家文化产业经营模式。

【课时安排】

6课时。

【案例导引】

米高梅影业宣布破产

好莱坞著名电影公司米高梅由于无力偿还巨额债务和推出新作，于 2010 年 11 月 3 日早晨宣布破产。

亿万富翁、著名企业投资家卡尔·伊坎曾购买了米高梅 20% 的债务，并且致力于推动该公司与自己控股的狮门影业公司合并。1997 年成立于加拿大温哥华的狮门影业现总部位于美国加州圣莫尼卡。近日，米高梅的债权人与伊坎达成协议，伊坎放弃了合并计划，同意由其实施预组破产方案。

米高梅于 2010 年 10 月 29 日宣布，在持有该公司近 40 亿美元债务的债权人中，至少约三分之二的债权人和逾半数的个人债权人投票批准该预组破产计划，赞成票数已满足法庭批准破产重组计划所需的最低票数，重组存在的票数障碍已基本扫清。

米高梅是好莱坞一家有着 86 年辉煌历史的老牌电影公司，第二次世界大战前，米高梅一直是好莱坞最大、最有影响的电影公司。公司曾经推出过包括《乱世佳人》、《终结者》、《本能》在内的一大批经典影片，先后 200 多次在奥斯卡金像奖颁奖仪式上折桂。目前，米高梅仍拥有好莱坞最大的片库，其中的 4 100 部电影是它最值钱的资产。近年来，由于一直没有推出成功的影片，加上积欠了 40 亿美元的债务，米高梅的经营十分惨淡。

资料来源：北京晚报，2010 - 11 - 4.

第一节　文化产业经营概述

一、文化产业经营的商业模式

经营是指经营者为了实现特定的目标，运用经营权使某些物质发生运动从而获得某种结果的活动。经营必须具有经营者、经营对象、经营权、经营的载体四要素。经营模式则是企业根据其经营宗旨，为实现企业所确认的价值定位所采取的某一类方法的总称。文化产业经营是文化企业创造经济价值的经营活动，如书籍、报纸、艺术品等产品的输入、输出以及演出、影视等服务的有偿提供和接收。

文化产业经营的盈利方法，即具体的商业模式不一而足。文化企业依据自身状况，如资源、管理、技术或者资金等方面的优势以及产业环境等因素确定具体的经营战略，其中不乏运用资本运营的手段，既可以采取扩张型资本运营模式，即在现有资本结构下，通过内部积累、追加投资、吸纳外部资源，即以兼并和收购等方式，使企业实现资本规模的扩大，也可以采取收缩型资本运营模式，即企业把自己拥有的一部分资产、子公司、内部某一部门或分支机构转移到公司之外，从而缩小公司的规模，具体包括资产剥离、公司分立、分拆上市、股份回购等。

国内学者提出多个文化产业商业模式。归纳起来，较为典型的商业模式包括以下内容①：

模式一：以企业为主体，把企业作为整体价值的商业模式。此种商业模式强调企业的每一项活动不仅仅是活动本身，而且与企业的整体价值紧密联系。因此企业的每一个项目、每一项投资等行为，都应该着眼于企业的整体价值。

模式二：产业链经营的商业模式。产业链是产业经济学中的一个概念，是各个产业部门之间基于一定的技术经济关联，并依据特定的逻辑关系和时空布局关系客观形成的链条式关联关系形态。② 产业链中大量存在着上、下游关系和相互价值的交换，上游环节向下游环节输送产品或服务，下游环节向上游环节反馈信息。例如，迪士尼的主题公园就是整个产业链的经营，包括旅游、影视、娱乐、餐饮及衍生产品，为企业带来了巨额利润。

模式三：产业链形态的产业集聚。产业集聚是同一产业在某个特定地理区域内高度集中，产业资本要素在空间范围内不断汇聚的过程。以北京市为例，到"十一五"末期，北京市拥有市级集聚区 30 个，区域级集聚区 20 多个，再加上很多自发形成的集聚区，总共有 100 个左右的文化创意产业集聚区。集聚经济极大地推动相关文化企业获得规模经济，促进文化产业发展。

模式四：资本运作与企业并购成长的商业模式。现代文化经济的发展，应该充分利用市场经济机制，灵活运营资本，从而扩大文化产业成长空间。目前，国内外文化企业除了重视自身积累外，更多的企业进入资本市场进行融资和投资，促使各种资源和要素得到更好的配置。

模式五：组合的商业模式。随着产业融合趋势的加剧，文化产业与其他产业相互借力，共同发展。如文化产业与信息产业、旅游业、房地产业等结合，不仅改造了相关产业，而且提升了文化产业利润空间。

上述五个模式显然不能涵盖文化产业经营全部模式，但却与经济、产业发展总体特点和趋势相一致。当然，从所有者角度来看，文化产业经营模式主要涉及国有、民营以及外资等文化公司；从经营内容的角度来看，涉及对文化产业资源、文化产业人力资源、文化产业资本以及文化产业实体组织经营的商业

---

① 　以下模式改编自陈少峰于 2008 年 1 月 6 日在中国文化产业新年国际论坛上的演讲内容：《从文化产业内在特性看商机与商业模式》，http://finance.sina.com.cn/hy/20080105/19504370515.shtml。

② 　芮明杰，刘明宇，任江波. 论产业链整合. 上海：复旦大学出版社，2006.

模式。不同所有者、不同经营内容，其商业模式自然不能、也不应该相同，需要依据具体的环境选择适宜的发展模式。

专栏 5 - 1

优酷联姻华纳：历时 3 年，涵盖 450 部电影合作

2011 年 6 月 30 日，据视频网站优酷透露，该公司将与好莱坞巨头华纳影业达成一个历时 3 年、涵盖 450 部电影的战略合作。优酷表示，此次合作将成为中国视频网站与国外公司最大规模的合作。

据悉，这次优酷与华纳签约的影片中，不少是首次在中国大陆视频网站进行收费点播的影片，除了《乱世佳人》、《卡萨布兰卡》、《欲望号街车》等银幕经典作品外，还有《哈利·波特》系列、《指环王》系列、《超人》系列、《黑客帝国》系列、《蜘蛛侠》系列等人气颇高的好莱坞大片。优酷的宣传负责人透露，接下来，华纳兄弟还将向中国网民提供更多的新片资源。

另外，2011 年 6 月初，优酷推出了主打新片收费服务的"优酷院线"，与华纳合作引进的影片将作为"优酷院线"的重要内容资源。网友只要支付 5 元钱，就可在线观看高清版的《哈利·波特与死亡圣器》(上)。据优酷网首席财务官刘德乐表示，他预计在未来五年中，付费服务的收入将占到优酷网营业收入总额的 10%。

资料来源：牛萌. 优酷联姻华纳：历时 3 年，涵盖 450 部电影合作. 新京报，2011 - 6 - 30.

二、文化产业经营特点

(一) 企业集团化

随着全球竞争日益激烈，世界范围内文化产业集团化、行业垄断的趋势日益明显。集团化成为文化企业实施"赶超型"战略的核心举措，逐步使企业从单一企业向集团化发展，从某一行业向跨行业、跨区域性的集团发展。

为了推进中国文化体制改革和文化产业发展，近年来，中国进行了文化产业集团化改革，各地纷纷成立出版、报业、影视等文化产业集团，力图通过资源整合、结构优化来增强文化产业集团的竞争力，改变行业间盲目竞争与无序竞争的局面，形成专业化、规模化、集约化的文化产业良性发展格局。比如，华谊兄弟经营电影、电视、文化主题公园、网络游戏，还有像上海文广集团、盛大、华侨城、华强集团等一些大的跨领域集团已具雏形。这种集团的雏形很像欧美模式。欧美的巨型文化企业都是跨媒体、跨领域的，如迪士尼、默多克集团。这样可以形成产业联动效益，业务的扩张性更强。

当然，对于文化产业而言，集团化并不等于简单的合并。如果只是追求经

济总量的扩张，缺乏有效的内部资源整合，那就只能是"拼舢板"，而谈不上"造航母"。集团化必须考虑到资源共享和优势互补，以增强对外扩张的动力，真正发挥规模经济的作用。

（二）资本股份化

文化产业与资本结合，能突破制约发展的资金瓶颈，使文化企业快速地扩大规模，赢得发展时机，做强做大。文化产业资本股份化就是一条能够推动文化企业做大做强的重要途径。

截至 2010 年 3 月 29 日，文化传播类公司占 A 股总市值的比重为 0.7%，而 2008 年为 0.5%。看起来只是 0.2 个百分点的微小变化，实质上却是数千亿元的财富增加。

2008 年，沪深两市 16 家文化传播类公司总市值为 841.85 亿元，一年多之后，该板块增加了几家公司，总市值增长到 2 143.08 亿元，相当于 2008 年的 2.54 倍，高于市场总市值 194% 的同期增长速度。

随着 2009 年创业板开启，华谊兄弟、东方财富等公司更是光彩夺目。东方财富网于 2010 年登陆创业板，截至 2010 年 3 月 29 日，公司市值达 102.98 亿元，华谊兄弟市值达 104.12 亿元。①

专栏 5 - 2

艺术品股票

艺术品股票是将艺术品金融化，投资者可以像炒股票那样投资艺术品。操作模式就是与股市类似的"艺术品份额交易模式"——将份额标的物等额拆分，拆分后按份额享有的所有权公开上市交易，可以称之为艺术品份额类证券化交易——把艺术品产权拆分为一定份额，在文化产权交易所平台上进行的公开上市交易。

目前艺术品份额交易有两种模式，一种是以天津、深圳为代表的类证券化交易模式，另一种是以上海为代表的产权交易模式。2011 年 1 月 26 日，天津文化艺术品交易所将天津山水画家白庚延的两幅作品《黄河咆哮》和《燕塞秋》分别拆分为 600 万份和 500 万份，以每份 1 元的价格挂牌交易。上海则在 2010 年 12 月 12 日，推出"艺术品产权 1 号——黄钢作品"，针对份额化的产权进行挂牌交易，这一交易没有进行拆分，只针对俱乐部会员开放。

资料来源：百度百科，艺术品股票.

---

① 上交所将采取措施支持文化产业上市，http：// stock.jrj.com.cn/2010/03/3011397205951 - 1.shtml.

（三）产业集群化

产业集群化是文化产业走向成熟的标志。产业集群内的文化企业竞相追求文化创意的独特性和差异化，促进了创意氛围的形成。不仅如此，产业集群为企业提供正式和非正式的网络联系，有助于建立企业伙伴关系，有利于增强企业间彼此协作与竞争，有利于优化资源配置，形成优势品牌，从而增强整个集群及集群内的各个企业的竞争力。从几年来的实践看，文化产业集群在集聚生产要素、优化资源配置、降低交易成本、提高经济效益、加快制度创新、延伸产业链条等方面的作用越来越显著。未来文化产业的竞争必然是区域与区域间的竞争、集群与集群间的竞争。走集群化发展的道路对实现区域文化产业的一体化、规模化、集约化有着十分积极的意义。

以广东省为例，广东文化产业发展已具备明显的集群化特征，尤其是以广州、深圳为中心的珠三角地区文化创意产业集群已初具规模，集聚效应和影响力不断扩大；以新闻出版、广播电视为主的产业在集团化发展、产业化改革、市场化经营方面居于全国前列；以动漫游戏、数字网络信息、文化会展业为重点的新兴文化产业门类呈现集群化的趋势。[1]

（四）经营国际化

经营国际化是经济全球化背景下文化企业寻求发展空间和机遇的重要战略指向，其推动着国际文化贸易的快速发展。资料显示，美国凭借优势，特别是在多媒体、互联网、卫星电视等方面的强大势力，以贸易自由化为借口，积极打入他国文化市场，既渗透文化，又获取实利。美国的近邻加拿大首当其冲，其95%的电影、93%的电视剧、75%的英语电视节目和80%的书刊市场主要为美国文化产品所控制。文化产业经营国际化已经成为文化经济全球化浪潮的体现。

2011年是中国加入世界贸易组织十周年，也是"十二五"规划开局之年，中国文化产业走出去，从跨入国际舞台、呈现亮点，到形成规模、有所影响，如今应该进入打造品牌、讲求效益、进行长远规划的新阶段。以演艺文化业为例，中国对以市场化、商业化、产业化的方式进行对外文化交流合作进行了积极的探索，演艺产品在国际市场的份额和影响不断扩大。据中国文化部对20多个省、市、区的出口演艺项目进行的统计，2009年度共有170个演艺产品项目出境商演，出口总收入8 000多万元人民币，观众约1 660万人次，出口演艺产品包括歌舞剧、芭蕾、音乐、戏曲、民间表演等十余类。

---

① 柯锡奎等. 发展文化产业集群大有可为. 南方日报，2010 - 6 - 27.

三、中国文化产业发展概述①

（一）中国文化产业的总体情况

依据 2008 年第二次全国经济普查资料，中国文化产业经营总体情况如下：

1. 单位数和从业人员数

截至 2008 年年底，中国文化及相关产业共有法人单位 46.08 万个，非法人单位 2.43 万个，个体经营户 49.69 万户。

文化产业从业人员总数为 1 182 万人，占全国从业人员的 1.53%，占城镇从业人员的 3.91%。

在法人单位中，执行企业会计制度的单位（仅指执行工业、商业和服务业会计制度，以下称为经营性单位）有 38.04 万个，从业人员 859 万人；执行事业、社团及其他单位会计制度的单位（以下称为公益性单位）有 6.16 万个，从业人员 132 万人；其他单位 1.87 万个，从业人员 17 万人。

2. 实现的增加值

2008 年，中国文化产业实现增加值 7 630 亿元，占同期 GDP 的 2.43%。其中，法人单位实现增加值 7 166 亿元，占文化产业增加值的 93.9%；非法人单位实现增加值 191 亿元，占文化产业增加值的 2.5%；个体经营户实现增加值 273 亿元，占文化产业增加值的 3.6%。

3. 拥有的资产

截至 2008 年年底，法人单位拥有资产总计 27 487 亿元。其中，经营性单位拥有资产总计 26 898 亿元，占全部法人单位的 97.9%；公益性单位拥有资产 228 亿元，占 0.8%。

4. 营业收入

2008 年，中国文化产业法人单位的全年营业收入为 27 244 亿元，其中主营业务收入为 26 802 亿元，占全年营业收入的 98.4%。

（二）中国文化产业的发展特点

1. 产业规模扩大

如图 5-1 所示，与 2004 年相比，2008 年法人单位数增加 14.3 万个，增长 52%；资产总计增加 9 170 亿元，增长 50%；从业人员增加 186 万人，增长 18.6%。从实现的增加值角度看，文化产业的增长速度明显高于同期 GDP 的增长速度。与 2004 年相比，2008 年文化产业实现的增加值增长 121.8%；增加值占同期 GDP 的比重由 2.15% 提高到 2.43%，提高了近 0.3 个百分点。

---

① 2008 年中国文化产业发展情况的报告（摘要），国家统计局网站，http：// www. stats. gov. cn/ tjfx/fxbg/t20100514 _ 402642459. htm.

2004—2008 年文化产业增加值的年平均增长速度（现价）为 22%，其中法人单位的增长速度为 23.3%，高于同期 GDP 的年平均增长速度（现价,18.4%）近 5个百分点。

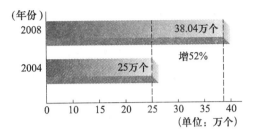

图 5 - 1　经营性单位数量对比图

2. 经济效益大幅提高

如图 5 - 2 所示，2008 年中国法人单位主营业务收入为 2.680 2 万亿元，比 2004 年增加 1.057 7 万亿元，增长 65%。文化服务企业法人单位的营业利润为 981 亿元，比 2004 年增长 5 倍多；规模以上文化产品生产企业的利润总额为 592 亿元，比 2004 年增长 110%；限额以上批发零售企业的利润总额为113 亿元，比 2004 年增长 40%。

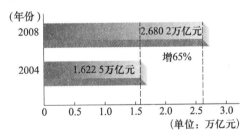

图 5 - 2　法人单位主营业务收入对比图

3. 文化体制改革取得成效

随着文化体制改革的不断深入，经营性单位数量明显增加，新兴文化服务业得以快速发展，大量骨干文化服务企业涌现。

截至 2008 年年底，共有经营性单位 38 万个，占全部法人单位的 82.6%。与 2004 年相比，经营性单位数量增加 13 万个，增长 52%，所占比重提高近 4个百分点；经营性单位从业人员数增长 14%，资产增长 55%，主营收入增长65%，增加值增长 132%。

2008 年，在文化服务企业中，资产和营业收入超过 1 亿元的分别有 1 582家和 977 家，分别比 2004 年增加 587 家和 512 家。近年来涌现出的骨干文化服务企业多为广告、传媒、电视网络公司、出版和报业集团、影视制作等行业的大型企业和集团化经营单位。

4. 非公有资本比重上升

以公有制为主体、多种所有制共同发展的投资主体多元化的产业格局进一步得以巩固。在经营性单位中，2008 年实收资本 83 238 亿元，其中公有资本与非公有资本之比为 47.5∶52.5，与 2004 年的 51∶49 相比，非公有资本所占比重有所上升。国家鼓励和引导非公资本进入文化产业的政策效果明显，在充分发挥国有资本在文化领域的主导作用的同时，积极调动了全社会力量参与文化建设。

5. 私营单位发展较快

2008 年私营单位（包括私营独资、私营合伙、私营有限责任和股份有限公司）已达到 29.9 万家，占全部内资单位数的 2/3；从业人员数达 400 万人，超过全部内资单位从业人员的半数；在内资单位中，私营单位拥有 37.7% 的资产，创造了 42% 的增加值，实现近半数营业收入。与 2004 年相比，私营单位数量增加 13 万家，增长 78%；从业人员增加 140 万人，增长 54%；资产增加 4 569 亿元，增长 140%；主营业务收入增加 5 442 亿元，增长 144%。

（三）中国文化产业存在的主要问题

一是单位人员规模偏小。2008 年年底，平均每个法人单位有从业人员 22 人，平均每个非法人单位有从业人员 11 人，与 2004 年相比均有所减少。

二是经营性单位的亏损面过大。经营性单位的平均亏损面达到 1/5，其中限额以下文化产品批发零售企业的亏损面为 28.6%。

三是自有资金偏紧。与 2004 年相比，经营性单位的资产负债率虽然有所降低，但仍然偏高，反映出经营性单位的自有资金仍然偏紧。经营性单位的资产负债率，规模以上工业企业平均为 54%（比 2004 年降低 4 个百分点），限额以上批发零售企业平均为 60%（比 2004 年降低 8 个百分点）。

第二节　文化产业人力资源与文化经纪人

一、文化产业人力资源

文化产业的发展需要以高素质人才的培养、储备和使用为依托。自 2003 年全国人才工作会议召开以来，文化部在全国文化系统提出实施"人才兴文"战略，以形成尊重劳动、尊重知识、尊重人才、尊重创造的良好氛围，建立健全有利于人才脱颖而出的有效机制。党的十七大从中国新时期科学发展、和谐发展、和平发展的根本要求出发，致力于保障人民文化权益，满足人民精神文化需求，把文化建设摆上空前重要的位置，对文化人才队伍建设提出了新任务、新要求、新挑战。《全国文化系统人才发展规划（2010—2020 年）》（简称《规划》）作为文化系统第一部人才发展规划，就是新时期文化产业人才培养的重要的总体规划。

该《规划》对"文化产业高层次经营管理人才培养工程"和"非物质文化遗产保护管理和专业人才培养工程"这两个领域的人才加大培养和培训力度。文化产业高层次经营管理人才培养工程，着眼于提高文化产业现代化经营管理水平和国际竞争力，培养一批了解艺术生产和现代企业制度的复合型经营管理人才，到 2020 年，重点扶持培养 200 名具有战略思维和全球视野、熟悉国内外文化市场、开拓创新能力强的优秀文化产业经理人。非物质文化遗产保护管理和专业人才培养工程，着眼于科学有效地开展非物质文化遗产的抢救和保护，加强非物质文化遗产保护政策培训，以交流和传承经验。

当前，中国文化经济正进入快速发展时期，急需大量的专业人才。统计资料显示，在纽约，文化创意产业人才占所有从业人数的 12%；伦敦为 14%；东京为 15%。而目前北京、上海等地创意产业从业人员占总就业人口的比例还不到千分之一。以动漫制作为例，中国动漫从业者约为 1 万人，仅为韩国的 1/3，职业漫画从业人员仅有 100 多人，这对于中国 13 亿人口来说，显得极不相称。而堪称全球动画业最成功典范的美国迪士尼公司，员工就有 12 万人。中国影视、游戏动漫人才总需求量应分别达到 15 万人和 10 万人左右，而现在拥有的动漫人才还不及这一缺口的 1/10。

中国文化产业人才不仅在数量上缺乏，而且存在经营管理者知识结构不合理，专业化程度不高，缺乏创新精神，没有经营管理大型文化集团的丰富经验，不懂管理、营销、策划和资本运作者众多等问题。随着文化产业经营国际化步伐的加快，中国急需熟悉国际惯例和规则、擅长媒介市场运作、具有战略思维的外向型文化经营管理人才。

专栏 5 - 3

文化产业成"十二五"支柱　IT 人才需求将"井喷"

国家的强弱，民族的兴衰，归根结底还是人才的竞争。从"农业时代"的人口数量的竞争，到"工业时代"熟练工人数量的竞争，再到"信息时代"的信息技术人才的竞争，可以说，一个国家的强盛正是其人才积累、聚变的过程。

21 世纪是公认的"信息时代"。当 20 世纪 90 年代亚洲经济、特别是劳动密集型产业遭受金融大鳄冲击时，美国则完成了 IT 技术的产业革命，诞生了诸如微软、亚马逊、谷歌、雅虎、Facebook 等一大批 IT 产业巨擘。

而它们所贡献出的强大力量，也是美国能够保持超级大国地位的重要支持。2010 年，在《中共中央关于制定国民经济和社会发展第十二个五年规划的建议》中，我国首次提出将文化产业作为支柱产业，这预示着在"信息时代"，IT 人才的需求量将迎来一个飞速增长的时代。IT 技术也将成为文化产业离不开的助推器。数字艺术与信息技术两大方向，将新时期的文化产业推向一个新高度，同时给国民经济带来了巨额财富，也提高了人民的日常生活水平。

作为新时期国民经济转型的突破点，担负着创新文化项目实施的文化人才，无不与 IT 技术有着不解之缘。动漫游戏需要数百万美工人员；互联网需要数百万网络组建、软件开发、软件测试、图片处理、视频制作、美术编辑、网站优化、网络推广人员；各类网站需要数百万站长、网络维护人员……

经验证明，高素质的人力资源一直是任何国家发展的根本支撑，国家在"十二五"期间适时将文化产业作为支柱产业之一，从而为 IT 人才提供了广阔的舞台，IT 人才需求也必将呈现一种"井喷"状态。

资料来源：张向斌. 文化产业成"十二五"支柱　IT 人才需求将"井喷". 2011 - 2 - 15. http：//sx. people. com. cn/GB/192648/13924073. html.

二、文化经纪人

文化经纪人是文化产业化、商品化、市场化的必然。文化经纪人与文化市场的形成和文化产业的发展密不可分。文化市场的形成和文化产业的发展为文化经纪人提供了赖以生存的土壤和发展壮大的空间，同时经纪人能够减少文化市场的信息不对称，降低双方交易成本，有利于文化市场的繁荣和文化产业的发展。

（一）文化经纪人定义

文化经纪人是指在文化产品或服务经纪活动中，以收取佣金为目的，从事居间、行纪、代理等中介业务的人员或机构。文化经纪人在文化产品或服务、文化市场之间，即在文化市场供求双方之间搭起一座桥梁，使文化产品或服务能够成为商品，真正实现其文化价值。

（二）文化经纪人分类

1. 按经纪活动方式划分

（1）文化居间经纪人，是指以自己的名义为他人提供交易机会，或促成他人之间的交易，即传统概念上的中间人。其主要活动方式是牵线搭桥、提供信息。

（2）文化行纪经纪人，是指受委托人委托，以自己的名义与第三方进行交易，并承担相应的法律责任。

（3）文化代理经纪人，是指受委托人委托，以委托人的名义与第三方进行交易，并由委托人承担相应的法律责任，这类经纪人主要起代理的作用。

2. 按组织形式划分

（1）个体文化经纪人，是指具有民事权利能力和完全民事行为能力，依法登记从事文化经纪业务的自然人。个体文化经纪人是以自己的名义独立从事文化经纪活动，并以个人的全部财产承担无限责任。

（2）合伙文化经纪人，是指具有经纪资格证书的两个以上合伙组织，以经纪人事务所的方式或其他合伙形式从事文化经纪业务，由各合伙人订立合伙协议，共同出资、合伙经营、共享收益、共担风险，并对合伙企业债务承担无限连带责任的营利性组织。

（3）文化经纪公司，是指依据《中华人民共和国公司法》成立的从事文化经纪业务，承担有限责任的企业法人，在经登记机关核准的经营范围从事文化经纪活动。

（4）其他文化经纪组织形式。由于目前文化市场管理尚不十分规范，国内许多广告公司、咨询公司、文化传播公司，还有一些外国个体经纪人或小型公司也见缝插针，介入中国的文化市场从事文化经纪活动。

（三）文化经纪人特点

1. 专业性

文化经纪人是从事某种文化产品的商业化的专业机构或个人。经纪公司从专业角度对演员、画家等文化工作者进行整体包装、宣传，并代理处理与媒体打交道，与需求者讨价还价、达成协议等工作。由于经纪人可投资专门设备，参加相关的专业技能培训，具有相关工作经验，这种专业优势使得经纪人的专业工作往往比文化工作者自己做得好。这样文化工作者就可以排除干扰，专心创作。同时还可以及时从经纪公司获得市场信息反馈，用以调整自己的创作，从而使文化作品更受市场欢迎。

2. 规模性

经纪人同时代理多个文化工作者的业务，达到一定经济规模，重复进行同样工作，把投资于专门设备、专业技能培训的费用和专家聘用费用分摊到每一个委托者上，降低了经济成本，提高了经济效益。

3. 公正性

经纪人处于文化市场供需双方，负责为双方牵线搭桥，沟通双方信息。虽然有时代理其中一方如文艺工作者与另一方如演出机构谈判、签约，但他不完全代表委托人利益。经纪人明确意识到双方利益，双方特点，双方需求，更意识到法律法规在实体和程序上的规定，他知道自己的信誉，毁品牌易再建则难，因此相对文化专业工作者自己进行谈判签约具有公正性。

专栏 5 - 4

西方出版经纪公司现状

美国国际作家之友协会在《北美经纪人》第五版中，曾对该书收列的出版经纪公司进行问卷调查，然而书中并未交代样本数、回收率及调查时间。虽然这一份研究报告严格说来并不够严谨，存在着代表性不足等问题，但由于国外有关出版经纪活动的研究并不多，因此数据仍具参考价值，有助于我们了解北美地区的出版经纪活动。

这份调查结果显示，在接受调查的北美出版经纪公司中，有90%经纪公司的客户数在100位以下，而有超过一半（57%）的公司现有客户不超过50位。这一结果显示：现代出版经纪公司并不追求大量客户，而倾向于针对少量多产的作家，提供更个性化的服务。

在收费方面，有58%的经纪公司抽取15%或超过15%的佣金；有57%的出版经纪公司收取额外费用，项目包括办公室费用、文稿修改费及公关活动费用等；而有49%的经纪公司收取编辑费用，所谓编辑费用的定义因公司而异，从给予评论、指导，到提供逐行修改、重写的服务都有可能。

由于大部分受访者不愿公开公司的收费政策，因此他们大都拒绝回答收取额外费用的问题，只有38%的出版经纪公司承认向作家收取审稿费，但其他经纪公司有可能是以其他的名目收取。

在客户收入方面，有92%的经纪公司表示，其客户在写作上的年收入平均低于5万美元，只有2%的出版经纪公司客户写作年收入超过10万美元。

82%的出版经纪公司表示，其客户中有超过一半是有出书经验的作家，而58%的经纪公司表示，其3/4的客户是已有出书经验的作者。

87%的受访经纪人已有超过5年的资历，其中58%的资历超过10年以上。数据显示，近几年来少有出版经纪公司新开业，新进的出版经纪人生存不易，因此关门大吉的经纪公司数量也相当惊人。

综合以上结果，我们可以了解到北美的出版经纪活动现状：半数以上的出版经纪公司客户总数少于50位，并大多向作家抽取15%以上的佣金；这些出版经纪公司的客户，在写作上的收入年平均大多低于5万美元，且大部分客户是已有出书经验的作家；绝大部分的出版经纪人从事出版经纪工作超过5年。

资料来源：中国文化经纪人网，http：// www. cultural - brokers. com/News _ View. asp？ NewsID = 1393.

第三节 文化产业跨国经营：文化贸易

文化企业经营活动超越一国主权范围，就形成了文化产业的跨国经营。常见的跨国经营形式包括直接进出口、对外直接投资等。就文化产业而言，随着全球文化经济的蓬勃发展，文化贸易成为继货物贸易、服务贸易之后极为引人关注的贸易部门。

据麦肯锡咨询公司的数据分析显示，文化贸易发展的主要推动力和国家经济发展水平的相关度超过90%。而全球范围内的经验也表明，文化贸易的发展将带来包括经济增长、产业结构及贸易结构优化、升级等诸多经济效益和社会效益。因此，大力推进文化贸易应该成为促进中国经济贸易发展的一个重要方面。

一、构建中国文化贸易产业基础的影响因素

以文化贸易与产业发展关系视之，推进中国文化贸易发展，应当重视其产业基础的构建与发展。在国内相关产业实力不断进步的条件下，中国文化贸易才可能具备可持续的自我发展能力和不断提升的竞争力。因而考察构建中国文化贸易产业基础的影响因素，对于深化文化贸易与产业发展关系的认识，探讨构建文化贸易产业基础的实施路径尤为必要。

（一）文化消费与需求的不断扩大和增强是文化贸易产业基础形成的源动力

社会经济的进步不仅体现在消费结构的变迁提升上，而且也为人们创造了更多的闲暇时间和消费选择空间。当大众消费时代的来临伴随着生存向发展需要的过渡，并且激发起人们前所未有的消费欲望时，在消费能力和闲暇时间的支撑和保障下，文化消费与需求自然成为其中一道亮丽的风景线。

以服务经济全球化的眼光看，文化经济的繁荣与发展是必然的。以经济的手段促进文化的传播、发展，并进而由此取得更多、更广泛的包括经济利益、政治利益、国家利益在内的各种利益，是当下发展阶段和生产方式的历史选择。因而这种体现人类发展、人类文明和人类创新的消费与需求则成为经济产业发生、发展的原动力。

在中国公布的《文化产品和服务出口指导目录》中，新闻出版类、广播影视类、文化艺术类以及综合类四大类所涉及的各个行业，目前均有成为转变经济发展方式、建设创新型国家、实现可持续发展所鼓励和支持的产业部门的范例，而它们也恰是创造和提供群众日益增长的物质文化需求的各种产品和服务

的部门。因此正是由于文化消费与需求的不断扩大和增强，为相关文化产业和文化贸易的发展打下了坚实的市场基础。

（二）科技创新与体制改革是文化贸易产业基础实力和竞争力提升的关键

科技创新对于生产力、经济实力和竞争力而言无疑至关重要。构建文化贸易产业基础，必须更加重视创新的力度、广度以及在实践中的应用。创新带来生产效率的提升、社会财富的增进以及休闲时间的增加，带来文化产品、服务的生产、传播与现代科技最大限度的完美结合，从而更好、更多地满足大众的文化需求。毕竟对于行业、产品特征复杂的文化产业部门，在某种程度上引领着生产以及消费革新的潮流，面临着应对多样化贸易模式的境况。大量的文化产品和文化服务的生产、消费、出口需要也离不开高新技术的支持、辅助，热播的 3D 科幻电影《阿凡达》以及包括跨境交付在内的各种贸易模式作用的发挥就是最好的证明。

除了科技创新、管理变革之外，体制改革也同样是文化贸易产业基础实力和竞争力提升的关键。2006 年曾被诸多学者视为中国文化体制改革的"破冰之年"，体制改革的重点在文化市场主体、文化市场体系、宏观管理、政府职能转变等关键环节上有了新突破，从而解放和发展中国的文化生产力。事实证明，在文化体制变革和文化进步的过程中，中国的新型工业化道路正向可持续、集约式方向发展。近几年中国虽然在文化贸易上依然存在较大逆差，然而文化生产与消费却正成为新的经济亮点和增长点。

（三）产业组织以及中介机构的壮大是文化贸易产业基础构建的中心

文化企业当属文化产业及贸易发展的主力军。而处于一定市场结构中的文化企业，深谙自身行业特点，依赖其产业组织的性质，处理好企业、行业、市场之间的关系，从而保持市场中及产业内的竞争张力，充分利用规模经济改善经营、降低成本是其成长壮大的必由之路。以美国为例，美国经济学家认为，美国最大的出口部门既不是农业，也不是航空业，而是娱乐业，其原因不仅在于巨大的市场规模优势，而且在于娱乐公司大量集中在好莱坞，带来了明显的外部经济，由此造就了世界瞩目的"好莱坞经济学"。诸如此类的还有印度的"宝莱坞"等。[①]

除此而外，我们还必须重视文化中介机构的发展，它们不仅完善了文化产业链，更重要的是已成为文化"走出去"和跨国文化经济繁荣的桥梁和推动器。当前中国文化贸易逆差，其原因除了本身的实力和竞争力处于劣势外，很重要的一个方面就是缺乏大量规模和实力较强的文化中介服务机构，因而不能有效地沟通国内外市场，无法密切、及时跟踪国际文化经济发展步伐。可见，

---

① 保罗·克鲁格曼. 国际经济学，4 版. 北京：中国人民大学出版社，1998：141.

要想构建中国文化贸易产业基础，相关产业组织以及中介机构的壮大是中心问题。

（四）文化资源的挖掘以及产业融合是文化贸易产业基础发展与提升的重点

发展一国文化经济，促进文化产业以及文化贸易的进步，必须重视文化资源的挖掘和利用。从资源禀赋和特定要素对产业及贸易发展的意义来看，一国或地区的文化资源禀赋和特色，无论是文化自然资源还是社会资源，都是其形成比较优势乃至垄断优势的基础，并且这些优势将随着文化资源的累积性、传承性、广泛的渗透性而逐步扩大，对社会经济的发展起到凝聚、推动和提升的作用。而产业的融合已成为势不可当的趋势，即文化经济不仅仅局限于文化产业和文化贸易上，而是在服务经济全球化的浪潮中，一方面伴随着社会分工的深化出现越来越多的新生部门，另一方面则以前所未有的发展势头向其他产业部门渗透。因此，充分挖掘和利用各种文化资源，顺应文化经济发展趋势，促进产业融合，发挥文化要素在经济发展中的独特功能，成为发展和提升中国文化贸易产业基础的重点。

（五）政府的资金政策支持和国际化合作是文化贸易产业基础增强的重要推动力

政府的资金政策支持对于一国文化经济的发展，特别是处于成长阶段的文化企业和各种机构组织而言是必要的。例如，文化产业和贸易强势的美国，其充分发挥市场竞争机制，采取"市场调节型"管理模式来发展文化经济，却依然离不开政府的政策支持和提供的良好的市场环境。而日本和韩国则采取典型的"政府主导型"管理模式，提出"文化立国"，将文化产业视作战略性支柱产业，在资金、政策、法律、法规等各个方面给予倾斜和全力支持，目前已收到良好成效。[①]

而在经济全球化的大背景下，发展文化贸易，增强其产业基础，还必须推进各国、地区之间的文化交流和合作。重视文化多样性与差异性以及文化例外与文化安全性是各国应该考虑的问题，然而破除文化贸易中存在的各种贸易保护主义的壁垒对于促进各国文化经济的发展同样是重要的。政府对内的资金政策支持以及对外的交流合作是增强其文化贸易产业基础的重要推动力。

二、中国对外文化贸易发展现状

作为发展中大国，中国对外文化贸易正迎来后危机时代的战略性产业发展和繁荣，并由此推进贸易经济跨越式发展的历史性机遇。然而我们必须正视中

---

① 方彦富. 国内外文化产业管理若干模式探究. 亚太经济，2009(6).

国对外文化贸易与世界发达国家的差距，这些差距也并非简单的表现在贸易逆差上。以下我们将集中在对外文化贸易结构和部门、对外文化贸易地理方向以及国内对外文化贸易进出口区域发展状况三方面来探讨。

（一）对外文化贸易结构和部门

图 5-3、图 5-4 显示的是 2005 年世界创意产品和服务出口状况。从两图中可以明显看出，发达国家在创意产品出口方面占有较大优势，在创意服务出口上的优势更加突出。相比于发达国家，发展中国家虽然近年来其创意产品在世界市场上的份额不断提高，但仍处于劣势地位。需要特别指出的是，中国创意产品生产和贸易显著增长，成为 2005 年世界主要的创意产品出口国之一。这一方面说明中国创意经济、文化经济有着良好的发展势头，另一方面，在一定程度上与中国对外文化贸易存在较严重逆差的认识有所偏差，问题出在哪里呢？

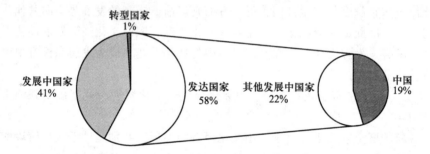

图 5-3   2005 年世界创意产品出口状况

具体到中国，表 5-1 的数据反映出，中国在出版、视听等文化产品贸易方面存在严重的贸易逆差，其文化贸易竞争优势显然劣于发达国家。

我们以中美对比为例，从表 5-2 中很容易发现，美国对华贸易逆差在于货物贸易而非服务贸易，由此不难推知，所谓中国成为世界主要的创意产品出口国也主要指文化产品贸易，而非文化服务贸易。事实上，在对外文化贸易中具有至关重要地位的文化服务贸易，是服务经济、文化经济背景下体现一国文化贸易竞争力的核心内容，中国对外文化贸易总体形势向好，但是在核心竞争力上却尚有很大差距。如何推进核心文化服务贸

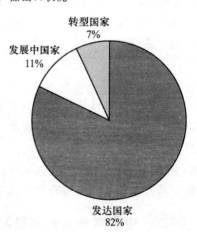

图 5-4   2005 年世界创意
服务出口状况

易发展，扭转文化贸易逆差，提升中国文化贸易整体竞争力成为当前推进文化

贸易发展的一项艰巨任务。

表 5 - 1　2005 年中国文化产品进出口状况　　（单位:万美元）

	出口	进口	贸易差额
出版	3 287. 19	16 418. 35	- 13 131. 16
视听	211. 00	1 933. 00	- 1 722. 00

资料来源: 中华人民共和国新闻出版总署。

表 5 - 2　2008 年中美国际贸易发展状况　　（单位:亿美元）

		出口	进口
货物贸易	美国	12 874	21 695
	中国	14 283	11 325
服务贸易	美国	5 214	3 679
	中国	1 464	1 580

资料来源: 世界贸易组织。

（二）对外文化贸易地理方向

在对中国对外文化贸易结构和部门进行分析的基础上，我们从对外文化贸易地理方向来研究中国的现状。依据联合国教科文组织《1994—2003 年文化商品和文化服务的国际流动》报告，高收入国家和地区是中国文化产品和服务贸易的主要伙伴国，其中尤以发达经济体排在前位。统计数据显示，2003 年，美国已经占到中国文化贸易出口额的三分之一，达到 37. 4%，并且随着文化经济的发展和美国贸易优势的进一步发挥，这一比例仍在增长。而欧洲七国则占到中国对外文化贸易出口额的 26. 8%。就文化贸易进口而言，贸易伙伴国虽较为分散，但是发达经济体依然构成主体。美国以 22. 2% 的份额、德国以 14. 7% 的份额占据中国对外文化贸易进口的前两位，其他发达国家和地区占到 39. 6%。由此可见，中国的货物贸易主要伙伴国同样是其文化贸易的主要伙伴国，反映出文化贸易对既有贸易渠道和市场的依赖。这一方面验证了目前中国对外文化产品贸易在文化贸易中占据一定的主导和优势地位，因而进一步推进中国对外文化贸易的发展要积极利用和拓宽已有的渠道和市场；另一方面，在以发达经济体构成的文化经济利益世界中，中国将面临更加严峻的竞争，不仅仅是空间的争夺，而且在形成文化贸易核心竞争优势的文化服务贸易部门，中国必须依据贸易标的特征，在对外文化贸易的空间分布和地域结构上有更大的开拓创新，从而重构未来中国对外文化贸易的利益空间。

（三）对外文化贸易进出口区域发展状况

相对中国对外文化贸易地理方向状况，国内文化贸易进出口区域大体上也呈现空间集中、发展不平衡的态势，三大都市经济圈、东南沿海成为中国对外文化贸易的重点地区。以上海为例，2009 年其对外文化贸易额达到 132.77 亿美元，进口额 43.63 亿美元，出口额 89.13 亿美元，实现贸易顺差 45.5 亿美元。即使在金融危机的影响下，上海对外文化贸易依然取得了不俗的成绩，核心文化贸易的降幅低于货物贸易，贸易顺差维持不变。此外，发达国家和地区继续成为上海文化进出口主要贸易伙伴。就出口来看，美国以 26.13 亿美元成为上海第一大出口目的地，日本、中国香港、英国、澳大利亚和中国台湾分别位列第二位至第六位；就进口来看，日本以 9.86 亿美元成为上海第一大进口来源地，位列第二位至第六位的国家和地区依次为美国、中国台湾、德国、韩国和法国。①

从以上数据可以看出，国内发达经济区域成为目前中国对外文化贸易的主力军，它们依靠自身的经济实力，在产业结构调整、对外贸易结构升级上占据先机，而中西部地区则相对落后，在对外文化贸易领域有被边缘化的倾向，区域性不平衡状况明显。事实上，就文化资源而言，中西部地区有着相当的潜力可以挖掘。为了推进中国对外文化贸易的全面繁荣和可持续、协调发展，必须对落后地区予以更多的关注和政策扶持。

三、促进中国对外文化贸易产业基础的具体路径

基于对中国文化贸易产业基础构建影响因素的分析，对具体实施路径的建议如下：

第一，顺应文化经济与消费经济发展趋势，引导社会文化需求，从国际视野构建中国文化贸易的产业基础。

文化经济与消费经济的融合发展已成为当下全球经济发展的趋势，由此一方面消费需求、结构、水平以及方式日益呈现出"文化内涵"和文化特色，另一方面在文化消费的推动下，文化产品和服务的生产和流通也在特定生产方式下以产业、贸易的形式在全球范围内迅速扩大。而作为一个经济快速增长、结构正处于变动转型之中的发展中大国，既要顺应发展趋势、繁荣大众文化经济，又要很好地引导文化需求，将大众、企业、国家对社会文化的消费需求统一到国家发展的战略轨道，促进各种文化产品和服务、文化产业部门以及文化贸易模式的发展，特别是从文化复兴的高度和国际化的视野，加强国际交流、合作，积极搭建稳定的合作交流平台和运作机制，以构建产业、贸易协调互动

---

① 孙晓菲，曹磊，刘轶琳. 2009 年上海文化贸易进出口实现顺差. 东方网，http://sh.eastday.com.

的开放文化经济系统。

第二，注重规模经济以及技术创新，不断推动文化产业向更深层次、更广范围内融合，为文化贸易的发展奠定"文化大产业"基础。

规模经济是产业及贸易发展的重要动因。就外部规模经济而言，依据产业布局及优势，重视并推进各种文化产业集聚和集群，有利于提高文化产业生产效率、降低成本，也有利于文化企业积累经验，革新生产技术，进行技术创新，从而形成动态外部经济。而就内部规模经济而言，贸易解决了规模经济和竞争性的矛盾，有利于创建大型、有较强竞争力的文化企业集团，在夯实文化产业发展基础的同时，又促进了文化贸易的发展。

在规模经济和技术创新带来效率和效益双重提高的同时，要注重推进传统文化产业的升级，促进不同文化产业之间以及文化产业向三次产业各大部门的更深层次、更广范围的渗透和融合，将文化经济的"规模效应"全面扩展至经济发展的各个方面，奠定"文化大产业"的强国基础。

第三，大力培育文化中介组织，鼓励文化企业跨国投资，进一步推进"走出去"战略，建设文化贸易产业基础的涉外桥梁。

要学习、借鉴国外先进经验，采取不同形式开展国际文化中介组织的创建、合作和经营，大力培育具有本土特色和竞争力的文化中介组织，使其对内成为沟通政府、企事业单位、消费群体和市场的纽带，对外成为联系、整合国外资源的纽带与桥梁。要将产业结构调整和产业振兴规划、"外贸走出去"和"文化走出去"战略结合起来，在提高货物贸易及服务贸易科技含量的同时，着力提升其文化含量，打造具有国际影响的文化品牌。要深入研究新形势下文化贸易的动因，扩大包括跨境交付、境外消费、商业存在和自然人流动这四种不同贸易模式下的文化产品和文化服务的贸易规模，改善其贸易结构，并鼓励条件成熟、具备实力的文化企业进行跨国投资，推进文化贸易的 FDI 模式。

第四，充分挖掘和利用各种文化资源，培养一流的文化经济人才，不断鼓励文化创造和文化创新，提升中国文化贸易产业基础的实力和竞争力。

文化资源的挖掘和利用要有开放思维、国际视野，古今中外，自然的、社会的，物质的、精神的，现实的、神话的，在一定条件下，都可以成为文化开发的对象。如作为世界文化经济强国的美国对于中国历史故事——花木兰的挖掘就值得借鉴，而像韩国对东方文化的诠释和传播同样值得我们学习。这些关键在于要有一大批从事文化经济的人才，涉及创意策划、设计，文化经纪代理，文化企事业管理等各个方面。要在建设创新型国家的过程中，通过各种活动鼓励全社会参与文化创造和创新，由此不断提升中国文化贸易产业基础的实力和竞争力。

第五，抓好体制创新，给予政策引导和支持，将文化事业与文化产业结合起来，在构建文化贸易产业基础良好制度环境的同时，努力实现文化贸易社会效益与经济效益的最大化。

文化产业最初是以被批判的姿态提出的，因为对于与工业经济相对的文化，已经沦为大众买卖的商品。① 然而不可否认的是产业化的文化已经成为大众生活、消费难以分割的一部分，其重要的问题在于如何在一定生产方式下，进一步解放文化生产力，使大众享有更多的文化利益。由此，一方面需要从体制改革、创新上下工夫，理顺政府、企业的关系，激发文化产业化的内在活力和动力；另一方面，又要保障群众的基本文化精神需求，处理好文化事业和文化产业的关系，给予正确的政策引导和支持，为文化产业和贸易的发展创造包括政策、法制在内的良好的制度环境，努力实现文化贸易社会效益和经济效益的最大化。

第四节　国外文化产业经营经验②

一、美国——文化扎根市场

美国是最大的文化输出国。首先，美国文化产业得以迅猛发展很大程度上得益于投资主体多样化。联邦政府主要通过国家艺术基金会、国家人文基金会和博物馆学会对文化艺术业给予资助，地方州和市镇政府以及联邦政府某些部门在文化方面也提供资助。在资本支持方面，美国文化产业依赖于金融市场的全球紧密流动。其次，注重加大科技投入也让美国文化产业始终处于领先地位，《阿凡达》能成为电影文化的引领者也与此有关。再次，大量的高质量的顶尖人才不仅为美国文化产业打下坚实的基础，还使其保持了领跑优势。最后，美国政府在文化产业的输出上也是不遗余力，一直以来，美国都在积极推动包括文化商品在内的所谓贸易和投资领域自由化，为其文化商品输出提供保障。在美国的商品出口中，视听业紧随航空业和食品业之后，每年为美国提供1 700多万个就业岗位。美国文化产业的突出特点有以下两点：

（一）依靠商业运作，限制过度竞争

美国文化产业坚持在市场竞争机制下，依靠商业运作，让最好的文化产品流行于市场，为媒体等社会潮流的引领者认知和接受，继而影响大多数民众。

---

① 赵继敏，刘卫东. 文化创意产业的地理学研究进展. 地理科学进展，2009(7)。
② 本部分内容改编自"第五届中国北京国际文化创意产业博览会"官方网站，http：//www. iccie. cn/cms/showCatalogAction. do? method = print&catalogid = ff80808113ba20b0011411ad12aa18f2.

不过，美国对这种市场竞争模式也加以限制和约束。例如，要求文化观念的自由表述不能侵害种族、宗教等社会结构，以免引发社会动乱。

美国文化体制以市场为主导，好处在于可为民众提供更多样的选择，同时减轻政府的财政负担。但美国政府也要在这方面有所作为。比如，出资办公共广播电视，避免民众被迫收看纯商业节目。不过，在美国的公共广播媒体中，私营成分也占有相当比重，美国公共广播电视业的资金就主要来自当地的私人捐赠或企业赞助，因而公共广播电视公司也必须在资金和创意方面参与竞争，这就迫使公共广播电视台必须迎合社会需求。

1965 年成立的"国家艺术基金会"和 1967 年成立的"公共广播公司"，是美国两个主要的国家级文化机构。这两家机构都由美国国会直接拨款，负责支持艺术和非商业广播电视的发展。它们对文化行为和观念都没有"管理权"，其影响力仅在于调配手中有限的资金给那些值得支持的项目。

（二）媒体监督企业，法律监管媒体

对美国媒体有"行政管理权"的国家机构，是"联邦通讯委员会"（FCC）。这是唯一有权给广播电视台颁发执照的机构。美国媒体在监督社会各利益集团的竞争过程中起了关键作用。美国媒体一直在有效地监督、制衡一些大企业不顾社会责任而过度追求利润的行为，诸如财务违规，做假账，造假产品，经营管理不善以及腐败行为，等等。此外，美国媒体在引导文化观念、树立社会公德和加强民族凝聚力等方面也起了很大作用。但美国媒体也存在滥用权力等问题，如有的媒体不负责任地制造轰动新闻或假新闻，为追求自身的商业利益夸大事实等。而美国社会对媒体的监管主要是靠各类法律、法规，如诽谤法等。民众可依法起诉媒体，政府则通过立法来监控媒体。

美国文化产业的经营总额高达数千亿美元，其中，好莱坞的巨制电影、三大电视网的娱乐节目、时代华纳的流行音乐更是占据营业额的大头。在纽约，唯一能与华尔街的经济效益抗衡的就是文化产业。

二、英国——经典服务大众

英国的剧院演出市场之活跃在世界上是有名的。从精美高雅的古典音乐，到充满实验创新的前卫戏剧，在英国可谓应有尽有。

剧团是剧院演出市场的灵魂。在众多优秀剧团中，英国皇家莎士比亚剧团就是一家成功的古典剧团，年营业额达到 3 200 万英镑。它不仅是莎士比亚经典戏剧艺术的代表和传播者，而且它面向大众，通过普及性演出，搞活演出市场。

（一）依靠国家财政支持

英国皇家莎士比亚剧团是英格兰艺术委员会给予财政支持的六大国家艺术

团体之一。英国在英格兰、苏格兰、威尔士和北爱尔兰分别设有独立的艺术委员会，其资金来源主要是国家彩票基金收入。政府每年用于支持国家大型艺术团体，扶持小型巡回剧团和试验性表演团体的资金有数十亿英镑。在 2001—2002 年，皇家莎士比亚剧团从英格兰艺术委员会得到的财政资助为 1 200 万英镑，翌年这笔资助增加到了 1 280 万英镑。此外，艺术委员会还通过每年定期组织国内外演出，对剧团做市场推介，并且积极鼓励商业公司与剧团合作，英国商业公司每年对艺术的投入超过了 1 亿英镑。

（二）追求经典艺术特色

如果说政府的财政支持是良好的外部环境，那么植根于莎士比亚文化的沃土，不断开发进取，奉献给社会高质量的优秀剧目，则是其成功的最大内在力量。该剧团主要表演莎士比亚、文艺复兴时期其他戏剧家和当代剧作家的经典作品。即使面对流行艺术的挑战，剧团也没有随波逐流，而是坚持追求经典艺术的特色。自 1960 年建团以来，五代艺术总监都是著名导演艺术家，剧团中还涌现了一大批优秀的莎剧演员。

在过去 10 年中，剧团推出了 171 部新作品，在英国 120 多个城镇和国外 50 个城镇演出了 1.9 万场，售出门票 1 100 万张。尤其是最近几年，每年都要演出 3 000 场。

（三）植根莎翁文化沃土

英国皇家莎士比亚剧团虽是世界最著名的戏剧演出团体之一，但从来不把自己局限在大城市豪华剧院的象牙塔内。它在英国有三大演出基地，分别为伦敦、纽卡斯尔和斯特拉特福，大本营则一直坚守在莎士比亚的出生地斯特拉特福。这是英格兰中部的一座小城镇，当地的第一座永久性剧院是在 1879 年靠镇上一名啤酒商募捐而建成的。

该剧团前身是一个名不见经传的地方剧团。在斯特拉特福这片莎士比亚文化浸润的沃土上，剧团孜孜不息地汲取着营养成长壮大。1925 年，剧团获英国皇家宪章批准，迄今，女王仍是它的赞助人，查尔斯王子是其名誉主席。从 20 世纪 40 年代开始，剧团赢得评论家的频频喝彩，50 年代应邀到苏联、欧洲其他国家和美国演出。1960 年，由知名导演彼得·霍尔正式组建成国家级现代皇家莎士比亚剧团，60 多名著名艺术家加盟。现任艺术总监迈克尔·伯伊德也是一位优秀艺术家，他曾因《亨利六世》、《理查三世》等剧目荣获英国戏剧最高奖劳伦斯·奥利弗奖的最佳导演奖。

目前，剧团有 500 多名演职员，在斯特拉特福拥有 3 家剧院，其中最大的皇家莎士比亚剧院有 1 412 个座位。剧团的每一部新作品都要先在斯特拉特福上演。

（四）帮助观众解读表演

观众是剧团的生命，也是对剧团的最大挑战。尽管莎士比亚戏剧是英国文学的骄傲，但他的生活年代毕竟已距今400多年。因此，剧团把保持现代观众与莎士比亚时代的接触、帮助观众理解莎士比亚作品及其时代特点作为主要任务，并将此视作剧团的责任和通往成功的必经之路。

从剧作家、导演、演员，到出品人、管理者和技术人员，剧团致力于发挥每个人的特长，共同参与到丰富多彩的观众活动之中。譬如最受欢迎的"舞台示范"，就是由导演、演员和舞台设计师等直接向观众示范走台、发声等表演技巧；"教师课程"则是专门向教师们介绍如何利用莎士比亚的课文进行表演；为9~13岁少年设计的"家庭日"在日场演出前举办，小观众在大人陪伴下可以登上舞台，演员凭借布景和音乐的烘托，身临其境地向他们讲解剧中的语言和故事；有志于体验表演艺术的观众，可参加剧团一段时期的作品创作，随后做一次创作演出。在"剧场行动"活动中，艺术家们拿出他们创作的各种道具，向观众展示如何依靠假发、化妆、服装、小道具和特技的帮助，使莎士比亚戏剧中的不同世界中的人和事神奇般地复活。再比如"小小道具箱"，先是由剧团化妆师给你画上烧伤、刺伤的疤痕等，然后，你和你的家人可任选一套服装，装扮成莎士比亚戏剧中的人物，拍一张漂亮的剧照。

（五）阳春白雪，和者不寡

剧团每年都举行多场基层巡回演出。为满足特殊观众的需要，艺术家们带着古典戏剧，深入社区、学校、休闲中心等场所表演。在演出结束后，他们还把自制的道具和服装向公众出租。剧团每年8月为业余戏剧爱好者组织的夏季学校，已经开办了59年。

正是这些群众普及活动，拉近了观众同演员的距离，也把莎士比亚戏剧带入了人们的日常生活。在过去的5年里，该剧团已成功吸引来15万人第一次走进剧院。而且，25岁以下的年轻观众占1/4。英国皇家莎士比亚剧团多年来的努力和实践证明：阳春白雪也可以和者不寡。

三、法国——高雅但不高价

法国的形象同其文化密不可分，文化产业在法国的发展状况，可以概括为：①国家推动，全民参与，企业助力，协会热情，角色互补；②有完整的法律制度体系，保障文化事业世代相传和文化传统与创新的有机结合；③与经济发展水平相适应，既服从多数人的利益，也不忘少数人的特殊性；④管理形式多样化，并确保在组织和程序上落实到位；⑤注重兼容并蓄，广泛汲取世界各民族文化的精华，丰富本土文化。

（一）把文化发展作为基本国策之一

法国政府在积极推动文化产业发展方面有两大特点：一是有悠久的传统，

二是保持历史的连续性。法国始终把发展文化产业作为基本国策的一项重要内容，并为此建立了一套完整的法律保障体系。

（二）企业和专业协会发挥重要作用

在发展文化产业方面，近年来企业的作用越来越显著，已成为推动法国文化事业与时俱进的重要力量。在一系列大型古文物的修复和重大国际性文化交流活动中，都能见到法国企业的身影。在法国，无论大企业还是中小企业，都能依法参与文化赞助活动，而作为补偿，企业可获得减免税收或者享有冠名权等各种不同的回报。

在积极参与文化产业发展的各类角色中，除了政府和代表投资者利益的企业外，还有一些代表少数特殊群体利益的组织，即各类专业协会。这些协会的法律地位各不相同，但多数是以非营利为目的的，一般是因情趣相投而聚合在一起的文化活动爱好者，如音乐协会、话剧协会、舞蹈协会，等等，还有一些准文化类或者说广义上的文化协会等。这些组织的活动经费大部分来自于会员缴纳的会费或募捐和赞助，少部分来自地方政府补贴。由于协会以非营利为目的，其资金来源和用途都要受到财务及税务的严格审计，特别是享受政府补贴的协会更是如此。每当全国或地方举办公共文化活动时，这些协会都会应邀参加，负责组织和服务方面的工作，协会在号召志愿者参与的过程中发挥了不可忽视的作用。

（三）以合理票价鼓励观众走进剧院

法国人全身心都渗透着对文化的热情。在抚育孩子的过程中，法国家长大多把培养音乐、舞蹈等方面的文化素质作为一项必不可少的学习内容，这种热情近年来有增无减。作为一个经济发达国家，法国在文化事业和文化教育方面的前进步伐，始终能保持与经济发展的同步和协调，进而保证了全民对文化事业的热情以及促进文化产业的可持续发展。

在法国参加一项文化活动，特别是高雅文化活动，并不是一种奢侈。一般来说，剧院对票价的定位都比较合理，相对于法国人的工资收入而言，一张歌剧票或舞剧票的价格并不贵。票价之所以便宜并非是因国家补贴，恐怕还是价值规律在起作用：文化产品丰富，价格自然就低。法国当年的文化部长马尔罗曾经说过，要在法国"实现文化民主"。法国文化市场的价格其实就反映了这样一种文化民主精神。

对于文化市场上激烈的国际竞争，法国一直持积极应对的姿态。法国一贯主张文化多元性，提倡在自由竞争的同时，吸取其他民族文化的长处，并保护弱势文化。综观法国近现代文化艺术的发展，可发现其中融进了许多其他民族文化特别是非洲文化的元素。至今，法国在收藏和展现世界各民族优秀文化作品方面都走在世界的前列。作为首都的巴黎，更以拥有一支庞大的各国艺术家队伍为荣。面对近年来英语文化的逼人态势，法国在力求维护法语地位的同时，也向英语文化的优势项目如好莱坞电影、因特网等打开了大门。

四、韩国——影视产业冲出国门

20世纪60年代到90年代初，韩国本土文化在日美以及中国香港、台湾文化的强势冲击下几乎被淹没。当时，美国"大片"等外国产品在韩国影视市场上几乎占60%的份额。1997年亚洲金融危机爆发，为克服金融危机的重创，韩国国民掀起自发的"献金运动"，他们把家里珍藏的金条、金首饰等捐献给国家，为韩国战胜金融危机做出了贡献。当时执政的金大中政府，在金融危机中看到了"献金运动"背后展现出的巨大精神力量，决心振兴韩国文化，将文化产业确定为21世纪国家发展的战略性支柱产业。

在"文化立国"战略中，影视业被视为"重中之重"。为此，韩国政府采取了一系列行之有效的措施，如大力支持影视业按市场经济规律办事；设立文艺振兴基金等专项基金；财政支持在国家预算中也提高到了1%以上，等等。用韩国KBS电视台编导联合会对外合作局长任南柱的话说，就是"政府为影视业的振兴创造了一个宽松的环境"。

（一）导入市场竞争机制

随着政策的放开，韩国影视业积极导入市场竞争机制，把作品的市场性、收视率、艺术性和伦理道德作为衡量标准，极大地调动了广大影视从业人员的创造性和竞争意识。

韩国电视连续剧《大长今》的导演李丙勋在接受专访时，道出了韩国影视作品立足国内、冲出国门的"奥秘"。他认为，韩剧成功主要靠"四大要素"：

（1）按市场经济规律办事，提升竞争力。韩国人非常爱看电影与电视剧，其品评尺度，重在趣味性和有益性，两者缺一不可。作品的优劣，不是某个人说了算，归根结底要看收视率，观众的评价是最终的评价。

（2）韩国影视作品大都以家庭故事为主线。这在东方文化中具有普遍性，体现了中华文化圈的显著特点，易为亚洲观众接受。随着时代的发展，在家庭观念愈趋淡薄和大家庭日渐解体的趋势下，推出家庭的故事，有助于重塑东方文化的理念和亚洲的崛起。

（3）作品中贯穿儒教思想所倡导的人性和文化精髓。通过对主人公的塑造与刻画，韩剧对这种文化传统和同源性，有血有肉地进行了诠释和演绎，也就是说通过艺术的再现打动了观众。

（4）剧情内容体现了东方文明和东方人的喜怒哀乐，能让观众产生对生活和爱情的憧憬。韩国儒教专家徐孚升说："儒教已成为韩国人的无价之宝。"韩国文化产业发展的轨道，始终贯穿着一条主线，即儒教文化。

（二）形成产业互动共赢链

韩国影视产品走出国门的突出特点之一是，影视产业与其他产业形成了共栖、融合和衍生的互动关系，其连带和波及效益是无法用销售额来估价的。

由韩国最知名影视剧制作公司 MBC 制作的《冬季恋歌》、《大长今》、《蓝色生死恋》等电视连续剧，就是在发挥"影星效应"的同时，充分吸收和演绎"时装、美容、美食"等文化元素，从而推动了文化及相关行业在海外的发展，形成了韩国"时装热"、"美容热"以及"美食热"。以 2004 年为例，仅这一年，就有 71 万人次的海外游客是直接或间接受到韩国影视剧的影响赴韩国旅游的，这些"影迷"给韩国带来了 7.8 亿美元的收入。美国《纽约时报》曾称裴勇俊是"创汇 23 亿美元的男人"。韩国韩亚航空公司一架被命名为"大长今"号的波音 767 客机服务于国际航线，机身上画满明星李英爱等人的巨幅照片。该客机往返于中国、日本、东南亚等国家和地区，继续传播这股"韩流"。

五、日本——企业主打，政府支持

从"军事立国"到"经济立国"，最终落实在"文化立国"，这既是日本国家发展战略的调整，也是为应对经济发展问题而进行的经济增长方式的调整。日本文化产业主要包括：电影业、电视业、动画业、音乐业、游戏业、出版业等。

官民结合、互相协作，是日本内容产业发展的一个重要特征。企业是日本文化产业发展壮大的主要投资及融资来源，而且所占比例越来越大。在日本，大型文化活动的举办多依赖于企业、公司的投资和资金赞助。几乎所有的日本一流大型企业都以各种不同形式支持、参与文化活动，它们将此视为改善企业形象的重要举措。凡是捐款赞助振兴文化艺术事业的企业或个人，国家将减少其应交纳的所得税或是将捐款算入企业开支，在经国家指定的文化遗产建筑物或占地内建造建筑物者，将对其免税。

本章小结

文化产业经营是文化企业创造经济价值的经营活动，其商业模式不一而足，不同的文化企业需要依据具体的环境状况采取适宜的发展模式。在全球文化产业发展如火如荼的背景下，文化产业经营表现出企业集团化、资本股份化、产业集群化、经营国际化等特点。中国的文化产业源于文化事业的转型，在运营体制上还需要更多的改革，在运营经验上还需要不断积累。依据全国经济普查资料，中国文化产业发展势头总体良好。丰富的文化资源使得中国文化产业运营有着坚实的基础，加上诸多发达国家成熟的文化产业模式可以借鉴，一旦形成了自己的运营体系，中国文化产业将取得迅速发展，从而进一步推动中国经济持续健康地发展。

复习思考题

1. 文化产业经营的商业模式有哪些？
2. 文化产业经营的特点是什么？
3. 什么是文化产业经纪人？
4. 试述中国对外文化贸易现状。
5. 论述美、英、法、日、韩文化产业的经营优势。
6. 中国应如何借鉴国外的文化产业经营经验？

案例讨论题 1

从"云南现象"到"云南模式"

云南是全国最早提出发展民族文化产业的省份，从 20 世纪 90 年代中期以来，云南文化产业发展已经经历了两个阶段：第一阶段是"云南印象"阶段。1996 年省委省政府提出建设民族文化大省，1999 年昆明世界园艺博览会成功举办，2005 年杨丽萍编导主演的《云南映象》国际巡演大获成功，这些形成了全世界目光聚焦的云南文化印象。第二阶段是"云南现象"阶段。云南的演艺、美术、出版和影视等文化行业全面繁荣发展，精品力作不断，产业增长迅猛，形成了引起社会各界关注、专家学者热议的文化产业的"云南现象"。我个人认为，目前，云南文化建设和发展正由第二阶段向第三阶段过渡，即向"云南模式"过渡。所谓"云南模式"就是"变文化资源比较优势为文化产业竞争优势，变文化资源为文化资本，用文化产业推动区域经济发展和产业结构升级"的发展经验，成为中国经济欠发达地区转变观念，实现跨越升级有益参考。

文化产业的"云南现象"表明，文化产业是经济欠发达地区落实国家生态文明建设、发展循环低碳经济的最好选择。"云南现象"值得总结升华为"云南模式"，这是 21 世纪新经济的发展模式。这种发展模式的重要角色是文化产业。云南文化产业的进一步发展壮大，在云南区域产业结构调整升级过程中强劲地推动着云南区域经济的发展。这种发展模式将为经济欠发达地区带来充分的发展自信，在不破坏生态、不改变环境的前提下，推动经济欠发达地区全面整合区域文化资源，培育区域文化产业核心竞争力，构造独特的区域经济发展模式，使云南、乃至西部地区各省市、甚至中国其他经济欠发达地区走上一条区域经济跨越发展的幸福大道。

推动文化产业的三大优势要素为人才、资金和资源。其中人才优势和资金优势都可以随着经济全球化和区域化的流动而获得，是一种比较优势。只有资源优势，尤其是文化资源优势，是一个国家或地区的绝对优势，是一种无形的、不能离开特定情境和文化地域的禀赋资源，这是文化产业发展的创意之源。

因此，当一个地区经济欠发达面临人才匮乏、资金短缺的发展瓶颈时，首先应该将发展的功夫下在文化资源的开掘上，加强创意设计，讲好故事，塑造国际文化消费的区域形象，保护好区域的公共知识产权，形成具有影响的文化品牌，然后将文化产品的制作、传播和消费向发达地区和发达国家转移。这是文化生产力所展现的一种不同于传统物质生产力推动的新经济模式，这也是"云南模式"的价值所在。

资料来源：向勇. 从"云南现象"到"云南模式". 光明日报，2010 - 2 - 5.

问题：
一个地区文化资源丰富但是经济欠发达如何推进文化产业发展？

案例讨论题 2

艺术品产权交易迎来新运作模式

2011 年 1 月 12 日，国内首家实行"艺术品份额交易"的产权交易所——天津文化艺术品交易所（以下简称"交易所"），首推两幅国画作品正式面向社会申购，由此搭建了艺术品市场与金融市场对接的桥梁，也意味着高端的艺术品交易走入寻常百姓家。此外，交易所与招商银行的联姻也开创了艺术品产权交易的新模式。

一、津派画作充当急先锋

1 月 9 日，交易所首批艺术品份额发行工作正式启动。"天津十大画家之一"白庚延的两部经典画作——《黄河西来决昆仑咆哮万里触龙门》和《燕塞秋》亮相中国金融博物馆举办的交易所首批上市艺术品路演媒体见面会。

白庚延的作品在拍卖场上确实有着良好的表现力。在此前拍卖市场上，白庚延的一幅尺寸为 115 厘米 × 113 厘米的画作——《巍巍太行》拍出 200 多万元。另据交易所出具的鉴定报告显示，文化部文化市场发展中心艺术品评估委员对《燕塞秋》的评估价格达到 650 万 ~ 900 万元，预计未来市场价值也将达 1 100 万 ~ 2 200 万元；而对《黄河西来决昆仑咆哮万里触龙门》的估价达到 800

万~1 100万元，预计未来市场价值可达2 000万~3 500万元。

与此同时，两幅画作的份额化推向市场工作也在有条不紊地进行。据交易所相关负责人透露，以《燕塞秋》为例，交易所将画作份额拆分为500万份，艺术品持有人持有50万份，其余公开发行，每份价值1元，最小申购数额为1 000份。此外，根据交易所提出的日程安排，两幅作品份额的申购工作1月12日正式开始；1月17日摇号抽签；1月26日将最终上市交易。

二、大师作品被民众瓜分

据悉，《黄河西来决昆仑咆哮万里触龙门》和《燕塞秋》的艺术品份额申购已经全部完成，中签率都超过40%，可谓是"开门红"，这与艺术品份额交易的"亲民"不无关系。

份额交易模式是指将份额标的物等额拆分，拆分后按份额享有的所有权公开上市交易的方式。这种方式使束之高阁的艺术品有了更多接近普通人的机会，也使普通人开始涉足艺术品交易。对于普通艺术品投资者来说，如何保证艺术品投资的公平、公正和规范化操作及艺术品的保真成为备受关注的两大问题。艺术品投资有自己的特殊性，投资者谨慎是理所当然，为此交易所也做出了一系列的规范。在交易所内部设置有专门的市场评估委员会，专门负责对艺术品投资市场进行长期观察分析，从而确定某段时间内交易所艺术品投资的优先级别。比如，经过委员会分析，认为某段时间内中国古代书画有较强的投资潜力，那么交易所会优先对中国古代书画类艺术品进行审查放行，让其进入交易市场。

艺术品保真是个难题，交易所将尽力做到鉴定流程的公平、公正。艺术品上市之前需经过文物部门的售前审批，并采用"双盲"的鉴定方式对艺术品进行鉴定评估；之后，将由两家权威艺术品鉴定机构进行鉴定；最后，作品通过由金融、艺术品、法律三方面专家组成的"上市审查委员会"的审定，确定能否上市。

三、文交所格局初步构成

联合招商银行一起运作交易所，天津文化艺术品交易所为艺术品交易市场开辟了一种新颖的运作模式。交易所和招商银行合作后，将采取全新资金汇划及管理模式，通过与银行合作，采用支付中介资金汇划及管理模式，保障投资人的资金安全。而在银行开户流程方面，大致分为申请银行卡、申请份额账户、激活支付中介业务、申请专用数字证书以及激活份额账户等五个步骤。投资者无须亲自到交易所现场办理，持有招商银行一卡通金卡或金卡以上级别银行卡以及网上银行专业版的投资人，就可以登录天津文化艺术品交易所网站申请一个待激活账号，登录招商银行网上银行激活支付中介业务功能，申请支付中介专用数字证书。若符合条件的投资者，将能收到招商银行寄送的支付中介专用数字证书。再次登录交易所网站，激活份额账户，输入该账户账号和密码后，就可以完成开户。

据悉，目前在全国范围内的文化产权交易所已经有数十家，11 月 8 日广东省南方文化产权交易所落成，一年前深圳文化产权交易所挂牌，而在 2011 年年底，中国文化产权交易所也将挂牌。随着天津文化艺术品交易所 2010 年 11 月落成，文化产权交易所同业竞争格局基本形成。

各地文化产权交易所之间的竞争能进一步促进这一产业的良性发展。文化产权交易所数量猛增，很重要的一个原因就是各地都看到了文化产业对于地方经济发展巨大的推动力，加上政策的鼓励引导，交易所就有了遍地开花之势。交易所在市场中竞争会优胜劣汰，导致产业间的合并、调整，最终产生一批具备真正市场竞争力的交易所，此次天津文化艺术品交易所也是一个试点，对于市场有着很强的引导和借鉴意义。

资料来源：陈杰. 艺术品产权交易迎来新运作模式. 文化创意产业周刊，2011 - 1 - 17.

问题：

结合案例，谈谈你所了解的特色文化经营方式。

参考文献

1. 张玉玲. 文化体制改革呼唤产业经营人才. 光明日报，2010 - 03 - 04.
2. 陈小申. 如何看待文化产业集团化. 出版参考，2009(20).
3. 欧阳友权. 文化产业概论. 长沙：湖南人民出版社，2007.
4. 文化产业振兴规划. http：// news. xinhuanet. com/politics/2009 - 09/26/content _ 12114302. htm.
5. 任淑霞. 文化创意产业的集群化发展及其政府作用. 商业时代，2009(10).
6. 吉林省中国特色社会主义理论研究中心. 发展文化产业集群培育新型支柱产业. 吉林日报，2010 - 05 - 29.
7. 胡晓明，肖春晔. 文化经纪理论与实务. 广州：中山大学出版社，2009.
8. 袁玥. 文化产业跨国经营初探. 市场周刊·理论研究，2006(2).

第六章
文化产业竞争力

no.6

【主要内容】

本章阐释了产业竞争力、文化竞争力及文化产业竞争力等概念，重点分析了文化产业竞争力的影响因素，文化产业竞争力的评价模型、方法及评价指标体系的设计，此外还介绍了中国文化产业竞争力。

【学习要求】

1. 掌握产业竞争力、文化竞争力及文化产业竞争力概念。

2. 掌握文化产业竞争力的影响因素。

3. 理解文化产业竞争力的评价模型和方法。

4. 理解文化产业竞争力评价指标体系的设计。

5. 了解中国文化产业竞争力现状。

【课时安排】

4 课时。

【案例导引】

电影分级与中国电影的国际竞争力

2010 年 4 月引进的《孤堡惊情》是中国引进的首部 R 级影片，在中国"一石激起千层浪"。关于电影分级制度如何构建，以促进产业发展，再次引发了纷纷猜测。按限制级的本意，此类影片存在不适宜未成年人观看的内容，父母应陪同观看以便对其进行引导。但由于中国没有分级制，放映方没有限制未成年人进入影院的权力。

西方电影分级制的功能，除保护儿童免受不良信息侵害之外，还可促进产业发展。类型电影的百花齐放，其实与分级制密切相关。为满足观众不同方面的想象力，好莱坞发展出了门类齐全的类型影片。每种类型电影，都担负着不同功能。分级制赋予了电影产业比较宽广的表达空间，从而激发了类型电影的推陈出新。

在目前的审查语境下，中国电影市场上很难孕育出某些类型的影片，比如恐怖片、黑色影片等。而美国电影在手段上靠的是资本和类型的结合，在制度上依靠的却是分级制。资本和类型的结合使得大片源源不断地被制造出来，而分级制则放松了对创作者的限制，激发了创作的灵感。

随着《文化产业振兴规划》的出台，中国也开始强调电影产业"走出去"。针对资金的问题，国家目前已经出台相关政策，从宏观上引导资金流向电影产业；但在制度保障的环节上，还相对滞后。由于缺少分级制，很难发展出门类齐全的类型电影，进而具备参与国际竞争的实力。从这个意义来讲，中国电影产业的发展，对分级制有一种内在的要求和呼唤。

资料来源：曹怡平. 分级与中国电影国际竞争力. 北京日报，2010 - 8 - 16.

第一节　文化产业竞争力概述

一、产业竞争力与文化竞争力

（一）产业竞争力

产业竞争力，亦称产业国际竞争力，是指某国或某一地区的某个特定产业相对于他国或地区同一产业在生产效率、满足市场需求、持续获利等方面所体现的竞争能力。[①] 竞争力实质上是一个比较的概念。产业竞争力不是单个企业的竞争力，它比较的范围是国家或地区，因而也是一个区域的概念。它反映了

[①]　陶良虎，张道金. 产业竞争力理论体系的构建. 光明日报，2006 - 2 - 7.

一个国家或区域在国际贸易、国际生产体系乃至全球经济体系中的地位与作用。

专栏 6 - 1

后经济危机时代，中国产业竞争力直面"三变"

后经济危机时代，中国产业竞争力将迎来三大新变化：其一，在资源环境约束日趋严峻的形势下，中国产业必须加快向"资源节约"和"环境友好"方向看齐。其二，进一步优化完善的基础设施建设将为中国产业竞争力提供新支撑。其三，中国制造业将日趋精致化并将形成新的专业化分工优势。金融危机使从未经历过如此严重雁难的中国企业普遍接受了一次考验和"精洗"，促使中国制造业将向精致化方向转型和发展，逐步形成中国产业竞争力新的专业化分工优势。

竞争力来源于竞争当前，中国产业国际竞争力提升面临的挑战是多方面的，不仅有外需萎缩出口受阻、贸易保护主义升温摩擦激烈、发达国家高层次"产业回归"等"外患"，而且存在产能过剩、重复建设突出，以及产业传统比较优势减弱的"内忧"。

中国产业竞争力的更大提升取决于两个关键因素：第一，形成各类企业公平竞争和有效竞争的格局；第二，形成新的成本优势机制，即从主要依赖"血拼"方式维持低价格优势，转变为更有效发挥综合优势，特别是通过技术创新和商业模式创新，来获取较高水平的投入—产出关系和产品性能—价格比基础上的市场竞争优势。

资料来源：裴玥. 后经济危机时代，中国产业竞争力直面"三变". 国际商报，2009 - 11 - 6.

（二）文化竞争力

所谓文化竞争力，是指各种文化因素在推进经济社会和人的全面发展中所产生的凝聚力、导向力、鼓舞力和推动力。文化竞争力体现在文化创新能力、文化产业的科技含量以及高素质的文化人才等方面。

《中国现代化报告2009——文化现代化研究》指出，文化竞争是21世纪国际竞争的一个战略制高点。文化竞争力的大小，直接影响国家的国际环境和国际竞争力，影响文化现代化的成败。提高文化竞争力是所有国家都面临的重大挑战。文化竞争力的影响因素很多，国家的文化资源、文化制度、文化观念、文化人才、文化素质、文化市场、文化产业和文化贸易等都是影响因子。在众多因素中，文化人才、文化素质、文化创造力、文化产业和文化贸易竞争力等具有不可替代的作用。提高文化人才竞争力、文化产业竞争力和文化贸易竞争力，是提升文化竞争力的三个重点。①

专栏 6 - 2

中国文化竞争力进入世界中等强国行列

文化现代化的定量评价是对现代化过程的文化变迁的一种科学评价，是对一个国家文化现代化可以跨国比较的若干方面的主要成就的一种评价。《中国现代化报告2009——文化现代化研究》是对世界131个国家在1990—2005年间三个综合文化指数的定量评价。

一是文化生活现代化指数。文化生活现代化指数的评价原理是：文化生活现代化是一个国家提供和满足现代文化生活需求的能力以及文化消费水平达到或保持世界先进水平；文化生活现代化指数等于文化供给能力和文化消费水平的评价指标的相对水平的加权平均值。文化生活现代化指数衡量一个国家在文化生活三个基本方面的平均成就——文化生产、文化传播和文化消费。当然，这种评价是相对的。2005年，文化生活现代化指数位居世界前10名的国家是：瑞士、瑞典、丹麦、挪威、奥地利、新加坡、英国、爱尔兰、芬兰、比利时；中国排第57位；排世界后10位的国家是：布隆迪、巴布亚新几内亚、刚果民主共和国、莫桑比克、塞拉利昂、尼日尔、埃塞俄比亚、乍得、缅甸、卢旺达。在1990—2005年间，中国文化生活现代化指数从4提高到12；世界排名从第77位上升到第57位，上升了20位；亚洲排名从第16位上升到第11位，上升了5位。根据文化现代化指数的国家分组标准，2005年中国文化生活现代化达到初等发达国家水平，文化生产指数较差，文化传播指数表现较好。

二是文化竞争力指数。文化竞争力指数的评价原理是：文化竞争力是一个国家在世界文化市场所占有的市场份额和国际地位以及维持和提高市场份额和国际地位的能力；文化竞争力指数等于文化市场竞争力、文化效率竞争力和文化资源竞争力的相对水平的加权平均值，等于参与评价的文化指标的单个指数的加权平均值。文化竞争力指数衡量一个国家在国际文化竞争三个基本方面的表现——文化市场竞争、文化效率竞争和文化资源竞争。文化竞争力评价也是一种相对水平的评价。2005年，文化竞争力指数位居世界前10名的国家是：丹麦、比利时、瑞典、瑞士、爱尔兰、奥地利、新加坡、德国、英国、挪威；中国排第24位；排世界后10位的

① 中国发展门户网，http://cn.chinagate.cn/reports/whxdh/2009 - 01/24/content_ 17182458.htm.

国家是：厄立特里亚、莫桑比克、布隆迪、缅甸、马拉维、安哥拉、刚果共和国、尼日尔、中非、乍得（有 11 个国家的数据不全）。在 1990—2005 年间，中国文化竞争力指数从 23 到 22，略有下降；世界排名从第 22 位下降到第 24 位，下降了 2 位；亚洲排名从第 3 位上升到第 2 位，上升了 1 位。根据文化竞争力指数的国家分组标准，1990 年以来中国文化竞争力都属于世界中等强国行列。

三是文化影响力指数。文化影响力指数衡量一个国家对世界文化市场和文化生活三个方面的大小——文化市场、文化资源和文化环境影响。这种评价是相对的。2005 年，文化影响力指数位居世界前 10 名的国家是：美国、德国、英国、法国、意大利、西班牙、中国、加拿大、日本、比利时；中国排第 7 位。根据文化影响力指数的国家分组标准，1995 年和 2000 年中国文化影响力指数为中等强国水平，1990 年和 2005 年中国文化影响力指数为世界强国水平。

资料来源：钟华. 中国文化竞争力进入世界中等强国行列. 中国经济导报，2009 - 2 - 23.

二、文化产业竞争力

（一）文化产业竞争力的内涵

文化产业竞争力概念与产业竞争力及文化竞争力有着密切联系。文化产业竞争力，亦称文化产业国际竞争力，是指一国或一地区通过生产和销售文化产品，提供各种文化服务，提高生产效率、占有市场和持续获利的能力。

文化产业竞争力表现形式多种多样。文化产业竞争力是文化竞争力的重要内容，也是国家竞争力的有机组成部分，从不同角度分析具有不同的表现形式。从投入—产出来看，文化产业竞争力表现为以最小的投入获得最大的收益；从市场占有度来看，文化产业竞争力表现为在国内和国际市场上占据越来越大的份额；从文化产业的内部结构来看，文化产业竞争力表现为文化产业各种生产要素的合理、有效组合；从文化产业所具有的精神性来看，文化产业竞争力表现为向公众提供越来越丰富的文化产品，满足公众的精神需求，激发国民的想象力和创造力。[1]

（二）文化产业竞争力的影响因素

1. 文化资源

文化资源是人们从事文化生活和生产所必需的前提。文化资源的丰富程度和质量高低直接影响着文化产业竞争力的强弱，对当地文化经济的发展产生作

---

[1] 祁述裕. 中国文化产业国际竞争力报告. 北京：社会科学文献出版社，2004：117.

用。更重要的是，文化资源的独特性、不可复制性将造就一国或地区拥有特殊文化市场的垄断地位，从而获得竞争优势和超额利润。而文化资源中最具活力因素的人力资源，更是形成文化产业竞争力的首要因素。因此，文化人才资源的强弱决定了文化产业竞争力的长久增长。当然，并非所有的文化资源都会构成文化产业竞争力。

2. 科技水平

科技革命浪潮为文化产业的繁荣发展提供了条件和可能。现代科技广泛运用于各类文化艺术活动之中，不仅为文化产业的产生、发展、升级提供技术支持，而且导致文化产品和文化消费方式的全球性，传统文化形态得以更新，不断涌现的新兴文化业态则顺应产业融合趋势，科技与文化产业的彼此结合日益深入。以美国为例，从好莱坞电影到流行音乐，从媒介巨头到迪斯尼乐园，美国文化产业正是在科技的助力下，才会在国际上具备如此强大的影响力、渗透力和竞争力。

3. 经济实力

经济发展水平对文化产业竞争优势的形成和提升具有重要影响。一国的经济发展水平越高，产业结构越优化，文化市场就越繁荣，文化产业的产值及就业比重就越高。不仅如此，经济水平高的国家或地区大多市场机制完善，要素流动性强，产业融合程度好，为文化产业竞争力的提升奠定了基础。开放经济条件下，经济实力强弱同样影响着文化贸易竞争力的高低。目前，世界文化经济强国不仅经济实力超群，而且文化产品和服务进出口规模和竞争力也名列前茅。

4. 文化品牌

文化产业的竞争，核心是文化品牌的竞争。文化品牌是文化的经济价值与精神价值的双重凝聚，是经过市场检验、为消费者所信赖和接受的文化产品和服务。它体现了有形资产与无形资产的统一，是衡量一个国家文化产业发展水平的重要标准。文化品牌的基础是做精内容，内容为王，以此铸造品牌的核心价值。成功的文化品牌意味着市场及消费者对文化商品的认可，文化品牌越多、越深入人心，文化产业竞争力就越强。

5. 文化产业基础设施

文化产业基础设施是文化生产、传承、展示、积累、服务与创新的硬件基础，是发展文化事业和文化产业的重要保障和平台，也是塑造国家或地区形象、提升品位、增强文化软实力的重要手段，其数量的多寡、质量的高低直接反映一个国家或地区的文化产业市场竞争力。以深圳为例，从 20 世纪 80 年代起，兴建了"八大文化设施"：图书馆、博物馆、体育馆、大剧院、科技馆、电视台、深圳大学和新闻大厦。20 世纪 90 年代又兴建了"新八大文化设施"：

关山月美术馆、深圳画院、深圳书城、深圳特区报业大厦、深圳商报大厦、有线电视台、华夏艺术中心和何香凝美术馆。这些现代化、高起点的文化设施为深圳的文化产业发展打下了坚实的基础。

第二节 文化产业竞争力的评价

一、文化产业竞争力评价原则

（一）贯穿"两转变"、"两结合"的指导思想

所谓"两转变"，指的是适应国家经济发展形势，最大、最好地发挥市场的作用，最优、最快地走上内涵式发展道路，从而实现从计划经济向社会主义市场经济、从粗放型经济向集约型经济这两个根本性转变。所谓"两结合"，指的是要将文化产业与文化事业结合起来，将营利性和公益性结合起来，找到二者最佳平衡点，从而不断夯实文化经济发展的基础，增强其影响力和发展潜力。

（二）体现经济结构的优化升级

文化产业的作用和意义非常重要的一点体现在推动经济结构的优化升级。因而对结构的分析评价应该在文化竞争力中占有重要地位，包括反映文化产品、文化服务所占比重的结构性指标，反映文化产业市场开拓和结构优化的指标等，从而能够全面反映文化商品和服务结构。

（三）反映国家或地区文化的历史性、个体性和特殊性

文化产业不同于其他产业，文化产品和文化服务在品质、内容上较一般产品和服务具有更大的差异。特别是对特定国家或地区，其文化的历史积淀，文化的个体性、特殊性等对产业结构、竞争力将产生极大影响。因此，指标的选取需要充分考虑文化资源历史、现状，反映文化产业的个性和特殊性。

（四）遵循综合性、层次性、可比性、实用性等具体编制原则

从指标的选取到指标体系的建立，要在不同层次上把握文化产业竞争力，从而形成系统、多级、完整的竞争力评价体系。该评价体系既应包括定量指标（硬指标），也应包括定性指标（软指标）；指标之间要在纵向及横向上具有可比性，即同一对象这个时期与另一个时期可作对比，不同对象之间比较可以找出共同点；此外，所选择的指标应简单易行，数据可得，如此才能保证评价的可行性、有效性。

二、文化产业竞争力评价模型

在各种文化产业竞争力评价模型中，钻石模型与层次模型较有代表性。

（一）钻石模型

哈佛商学院的迈克尔·波特提出决定国家或区域竞争力的"钻石模型"。该体系由生产要素，需求条件，相关与辅助产业，企业策略、结构和竞争力四个基本方面构成。这四个方面构成一个菱形，如图 6-1 所示。"钻石模型"同时还是一个互相促进增强的系统，任何一个方面的作用发挥程度取决于其他方面的状况。

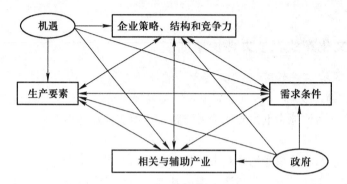

资料来源：迈克尔·波特. 国家竞争优势. 北京：华夏出版社，2002.

图 6-1 波特的钻石模型

中国学者祁述裕对波特理论加以修改，提出了评价文化产业竞争力的理论模型，建立了由三大模块（核心竞争力、基础竞争力和环境竞争力）、五大要素（以企业战略为核心，还包括生产要素、消费需求、政府调控和产业集群）、17 个竞争面、67 个竞争力评价指标构成而全面反映一个国家文化产业竞争力的综合评价指标体系。

毕小青、王代丽同样在波特模型的基础上，结合文化产业的具体特征和研究目的，提出文化需求、生产要素、相关产业发展情况、企业战略与竞争状况、生产竞争力、创新能力六个因素，建立起文化产业竞争力的分析模型，即：

$$文化产业竞争力 = f(文化需求, 生产要素, 相关产业发展情况,$$
$$企业战略与竞争状况, 生产竞争力, 创新能力)$$

（二）层次模型

国内学者花建认为，竞争力分为微观竞争力、中观竞争力和宏观竞争力三大层次，文化产业作为从中观层次理解的产业竞争力，不仅表现为市场竞争中现实的生产力，还表现为可预见的未来的发展潜力，并在此基础上提出了以文化产业四大核心能力为一级指标、以七大竞争力板块为二级指标、涵盖 30 个具体指标的文化产业竞争力综合指标体系，如图 6-2 所示。

在四大能力中：市场拓展能力是指文化产业不断拓展市场空间的能力，不

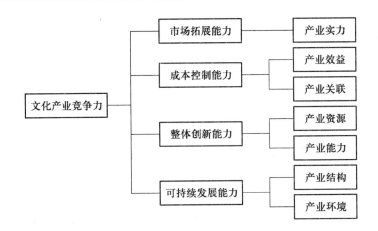

資料来源：花建．文化产业竞争力．广州：广东人民出版社，2005．

图 6－2　文化产业竞争力指标体系块

但包括在已有的市场中占据更多的份额，而且包括率先去开拓新的市场，打开新的文化消费空间；成本控制能力是指文化产业内部通过组织的合理化，促进有效竞争及有效配置资源，从而不断降低成本，充分获得和利用规模经济效益的能力；整体创新能力是指文化产业在产品内容、产品形式、科技手段和组织结构等方面的整体创新能力；可持续发展能力是指文化产业与社会、人文、生态环境和资源等相协调，从而获得可持续发展的能力。

在七大板块中：产业实力是市场拓展能力的基础，市场竞争首先是实力的较量；产业效益是成本控制能力的直接体现，可以选择投入产出比等指标来反映；产业关联是成本控制能力的间接体现，是在经济活动中，各产业之间存在的广泛的、复杂的和密切的技术经济联系，它也是文化产业竞争力的重要标志；产业资源是整体创新能力的基础，包括发展文化产业所需要的人力、装备、资本、技术、信息等方面的条件；产业能力是文化产业的成长性因素，包括科技创新能力、产品研发能力、资源汇聚能力等；产业结构是可持续发展能力的前提，是产业发展到一定程度的结果，产业结构的主动性调整和升级更是提升产业竞争力的重要前提；产业环境则是产业可持续发展能力的重要基础，因为产业发展必然在一定的体制和机制的背景下进行，文化体制和机制是文化产业得以运行的法律性、制度性整体框架，是培育和发展文化生产力的规则性平台。

三、文化产业竞争力指标体系设计

依据不同的评价模型，可以设计出不同的文化产业竞争力指标体系。以下将围绕钻石模型和层次模型介绍相关的指标体系。

（一）在钻石模型基础上的评价指标体系

我国学者毕小青、王代丽依据改造后的模型建立了评价文化产业竞争力的指标体系（见表6-1），分为6个要素体系、15个影响因素、38个具体指标。

表6-1 文化产业竞争力评价指标体系

要素体系	影响因素	具体指标	备注
需求基础	收入	人均地区生产总值/元	地区生产总值/总人口数
		城乡人均纯收入（元）	城镇人均可支配收入×城镇人口比重＋农村人均纯收入×农村人口比重
	消费	居民消费水平（元）	
		城乡人均文化消费（元）	城镇人均文化教育娱乐支出×城镇人口比重＋农村人均文化教育娱乐支出×农村人口比重
		文化消费者的成熟度	调查
生产要素	人力资源	文化产业从业人数	
		每百人中大学毕业生比例	（大学生人数/从业人数）×100%
		高级职称科研人员数	
	文化资源	世界文化和自然遗产项数	
		对文化资源和自然遗产的开发利用程度	调查
		文物藏品数量	
	文化基础设施	文化活动的基础设施综合指数	调查
		文化单位平均固定资产	
	资本资源	固定资产总投资	
		实际利用外资（美元）	
		文化文物单位经费自给率	

续表

要素体系	影响因素	具体指标	备注
相关产业发展情况	教育的发展水平	在校大学生占地区人口比重	在校大学生/总人口
		公共教育经费支出占地区生产总值的比重	公共教育经费支出/地区生产总值的比重
	通信产业发展水平	每千人拥有移动电话	
		通信产品年销售收入	
	信息产业发展水平	每千人拥有个人计算机数量	
		互联网的普及率	
		信息产品年销售收入	
	旅游产业发展水平	旅游到达人数	
		旅游收入	
企业战略与竞争状况	企业战略	企业运作与策略整合指数	调查
		文化产业的集中度	调查
	竞争状况	出口货物占地区生产总值的比重	
		文化产品的品牌知名度	调查
生产竞争力	产业规模	文化产业总产出	
		文化产业增加值	
		文化产业增加值占第三产业生产总值的比重	文化产业增加值/第三产业生产总值
	生产效率	固定资产产出率	文化产业增加值/固定资产折旧
		劳动报酬产出率	文化产业增加值/劳动者报酬
创新能力	科研能力	人均完成科研项目	完成科研项目/从业人员数
		高级职称科研人员比重	高级科研人员数/从业人员数
		研发经费占地区生产总值的比重	研发经费/地区生产总值
		申请专利个数	

资料来源：毕小青，王代丽. 文化产业竞争力的决定要素与分析方法研究. 沈阳大学学报，2009（5）.

　　该体系根据在研究过程中所选择的评价指标数据来源的不同，还把文化产业竞争力评价指标分为客观指标和主观指标两类。客观指标的数据可以查阅国家及地方各类统计年鉴中的统计数据等获得；主观指标的原始数据可以通过问卷调查的结果获得。

（二）在层次模型基础上的评价指标体系

花建等人对层次模型基础上的评价指标体系见表6－2。

表6－2　文化产业竞争力评估指标模型

	一级指标	二级指标	三级指标
文化产业竞争力	1. 市场拓展能力	1.1　产业实力	1.1.1　本地文化产业年均贡献值增长率(%)
			1.1.2　本地文化产业年贡献值占 GDP 总量的比重(%)
			1.1.3　本地文化产业年利税总额(万元)
			1.1.4　本地文化产品年出口总额(万元)
			1.1.5　本地文化服务年出口总额(万元)
	2. 成本控制能力	2.1　产业效益	2.1.1　本地文化产业全员劳动生产率(万元)
			2.1.2　本地文化产业万元资产利税率(万元)
			2.1.3　本地主要文化产品的国际市场占有率(%)
			2.1.4　本地文化产业从业人员占当地就业岗位总数的比率(%)
			2.1.5　本地当年文化产业原创上映和上演的电影、电视剧和大型演出项目(部)
		2.2　产业关联	2.2.1　本地文化产业对本地相关产业增长的拉动率(%)
			2.2.2　本地人均教育文化娱乐服务支出额(万元)
			2.2.3　年海外游客人次占本地常住人口总数的比率(%)
			2.2.4　外国留学生数量占本地在校大学生和研究生总数的比重(%)

续表

	一级指标	二级指标	三级指标
文化产业竞争力	3. 整体创新能力	3.1 产业资源	3.1.1 本地人类发展指数（HDI）
			3.1.2 本地拥有世界自然遗产和文化遗产数量（个）
			3.1.3 本地万人口中艺术家、科学家和工程师数量（人）
			3.1.4 本地文化产业研发投入（R&D）占文化产业 GDP 总量的比重（%）
		3.2 产业能力	3.2.1 本地文化产业年获得专利数量（个）
			3.2.2 本地年举办国际展览数量（个）
			3.2.3 本地文化产业年获得省市以上科技成果奖项的数量（个）
			3.2.4 本地文化产业年获得省市以上文化艺术奖项的数量（个）
	4. 可持续发展能力	4.1 产业结构	4.1.1 本地文化产业上市公司总市值占文化产业 GDP 的比重（%）
			4.1.2 本地文化产业的外贸依存度（%）
			4.1.3 高新技术类文化企业占本地文化产业企业总数的比重（%）
			4.1.4 文化产业跨国公司地区总部及业务中心在本地的数量（个）
		4.2 产业环境	4.2.1 本地颁布和实施的有关文化产业法律法规数量（个）
			4.2.2 本地当年人均创业投资额（万元）
			4.2.3 本地人均每天使用互联网时间（人/天/分钟）
			4.2.4 本地人均公共文化服务设施使用面积（平方米）

资料来源：花建，巫志南，郭洁敏，王国荣，吴文娟. 文化产业竞争力. 广州：广东人民出版社，2005：25 - 27.

　　根据上述文化产业竞争力指标的体系模块，我们可以运用一定的方法对一个国家或地区的文化产业进行综合评估，最后得出文化产业竞争力的评估指数。

四、文化产业竞争力评价方法

　　文化产业竞争力评价方法主要包括定性和定量两大类方法。定量分析方法中一类是对产业竞争力进行直接评价，即以显示性的客观指标为对象，用相关国家特定产业产品的国际市场占有率和盈利率等产业国际竞争力最终的实现指标来评价产业竞争力；另一类是对产业竞争力进行间接评价，即以产业竞争力的决定因素为评价对象，通过对这些因素的综合评价来间接评价一个产业的竞争力强弱，主要包括聚类分析法、层次分析法以及正态标准化法。以下将简要介绍间接评价方法。

　　（一）聚类分析法

　　聚类分析，又称群分析，是指将研究对象分为相对同质的群组（Clusters）的统计分析技术。该方法是根据同类事物应具有相近特性，而不同事物在这些特性上差异较大的假定，将所研究的事物进行分类的研究方法。

　　（二）层次分析法

　　层次分析法（The Analytic Hierarchy Process），简称 AHP，在 20 世纪70 年代中期由美国运筹学家托马斯·塞蒂（T. L. Saaty）正式提出。它是一种定性和定量相结合的、系统化、层次化的分析方法，是将一个复杂的多目标决策问题作为一个系统，将目标分解为多个目标或准则，进而分解为多指标（或准则、约束）的若干层次，通过定性指标模糊量化方法算出层次单排序（权数）和总排序，以作为目标（多指标）、多方案优化决策的系统方法。

　　（三）正态标准化法

　　对各地区竞争力指标数据进行统计正态标准化，换算成 0 到 100 之间的标准化数值。这种测度结果，可以直观地体现各地区在竞争力指标上的客观水平。数值 80 及以上是非常优秀的竞争力，数值 20 以下是非常差的竞争力，数值 50 反映了一般的竞争力水平。具体方法是：在每一个竞争力指标内，将各地区的指标值视为一个正态分布的样本。计算出样本的均值 μ 和标准差 σ。在假定样本服从正态分布 $N(\mu, \sigma^2)$ 的基础上，计算出样本中每一个单元 x 的下侧累计概率值 $P(X \leqslant x)$，再将其乘以 100 得到最后的正态标准化数值。由于概率值在 0 和 1 之间分布，因此最后的标准化数值的范围为 0 到 100。由于指标设计时遵循了对称性的原则，因此在每个指标标准化数值的基础上，将要素内的指标进行等权平均即得到上一级的要素竞争力水平，再逐级汇总得到最终的整体竞争力水平。

第三节 中国文化产业竞争力

一、中国文化产业竞争优势及劣势

（一）中国文化产业竞争优势

1. 资源优势

在全球文化经济大潮中，文化资源在一国或地区的发展中的地位和作用日益重要。中国以其悠久的历史和灿烂的文化傲立于世界文化之林。长期积淀的历史文化资源已经成为中国文化产业竞争力提升的坚实基础。而这些文化资源有待于不断挖掘和发扬光大。

2. 市场优势

中国人口数量众多，生活方式、价值观念、语言使用独特，文化复杂多样，加之国外华人、华侨对中华文化的特殊需求，使得我国的文化产业发展具有其他国家无法企及的人口优势、市场规模优势和本土优势。当前中华文化在世界的影响力日益提升，由此形成了巨大的中国文化需求市场，这成为中国文化产业竞争优势的重要方面。

3. 政策优势

中国作为社会主义市场经济国家，在推动文化产业发展过程中，不仅发挥市场的作用，而且重视政府的推动。2009 年中国第一部文化产业专项规划——《文化产业振兴规划》由国务院常务会议审议通过。此后相关的金融支持等相关政策相继颁布，极大地促进了文化产业的发展。目前，文化产业被视作战略性新兴产业予以推动，文化体制改革正在稳步推进，为中国文化产业竞争力的提升提供了良好的政策环境。

（二）中国文化产业竞争劣势

1. 科技运用及创新能力不足

文化产业是知识、技术密集型产业，依赖于创新、创意。相对于文化经济强国，中国文化产业在创意方面尚显不足，科技运用程度低。百老汇音乐剧生产中的科技含量之高，是许多传统表演艺术无法比拟的。而中国电影业和演出业在制作、加工、欣赏方面还停留在传统技术的基础上，与发达国家存在着很大的水平的差距，而且这一差距也广泛体现在文化产业的各个部门中。

2. 强势品牌不多

　　文化品牌是文化与经济的有机融合，是资源禀赋和市场机制的高度统一。谁拥有文化品牌，谁就拥有倡领文化消费潮流的主动权，谁就占据文化市场竞争的制高点。品牌战略是文化产业发展的重要利器，而中国目前在世界上能够叫得响的品牌寥若晨星，虽然也有个别文化机构曾经辉煌，但大都是昙花一现，缺乏发展的长久后劲。

　　3. 中介营销力量偏弱

　　发达国家能够按照市场经济的规律进行文化产品的生产、推广和营销，形成一套与市场经济体制相适应的成熟的市场运作模式。其中，文化产业中介组织是文化产业发展和竞争力提升的重要力量，而发达国家有着众多知名、实力强的中介机构，如文化经纪组织，为文化产业的发展搭建了平台和桥梁。此外，在文化产品和服务的促销方面，发达国家也非常重视，并投入巨资。以美国大片为例，它们投入巨大，制作精美，影响广泛，但片商仍花费大量时间，投入巨资进行市场宣传。好莱坞在世界范围内的成功，归根到底，是市场营销的成功。相比之下，中国的文化企业在以顾客为中心、以市场为目标方面做得还很不尽如人意，其竞争力低下也就成为一种必然。

二、中国文化产业竞争力评价

　　对中国文化产业竞争力的评价首先可以从定性方面得到判断。

　　从产业实力来看，整体偏弱。具体表现在：第一，文化产业整体规模小，总量低；第二，文化产业呈差异分布，整体实力分散；第三，文化产业在组织上分散，集约化程度不高。

　　从竞争能力看，整体较弱。具体表现在：第一，文化企业规模小；第二，文化产业投入产出能力较差；第三，文化资源挖掘转化能力低。

　　从国际竞争态势看，处于劣势。具体表现在：第一，文化贸易逆差严重；第二，在国内市场存在外资竞争压力。

　　据波士顿咨询公司的一项研究结果表明，在美、英、德、日等全球 15 个主要国家中，中国文化产业国际竞争力名列末位，文化产业国际竞争力指数仅为 0.21，落后于新加坡（0.98）、韩国（0.88）、美国（0.87）、英国（0.70）、德国（0.54）、日本（0.54）等国，也落后于俄罗斯、印度等转型国家和发展中国家。[①]

　　表 6-3 显示的是 2009 年中国国民经济行业国际竞争力。

---

　　① 黄玮. 增强中国文化产业国际竞争力研究. 剧影月报，2011(2).

表 6-3　2009 年中国国民经济行业国际竞争力

国民经济行业	市场占有率(%)	显示性指数	贸易竞争指数	出口增长率优势指数	出口比重指数(%)	竞争力评价指数
农、林、牧、渔业	3.95	0.37	-0.53	20.19	0.93	99.26
采矿业	1.21	0.11	-0.91	-8.17	0.72	99.09
制造业	12.42	1.15	0.20	5.09	96.49	101.56
电力、燃气及水的生产和供应业	3.65	0.34	0.55	25.46	0.09	99.63
交通运输、仓储和邮政业	—	—	—	-82.16	—	—
水利、环境和公共设施管理业	0.02	0.00	1.00	-53.69	0.00	99.72
文化、体育和娱乐业	0.01	0.00	-0.96	-71.25	0.00	98.95
广播、电影、电视和音像业	0.05	0.00	-0.96	59.47	0.00	99.30
文化艺术业	—	—	—	-71.08	—	—

数据来源：全球贸易信息系统(GTA)数据，该数据库包含了 63 个国家和地区的数据，约占全球贸易额的 93%。转引自：黄国华，张碧蓉：中国制造年度实力榜：2009—2010 年行业国际竞争力指数. 中国海关，2010(11)．

　　从表 6-3 可见，中国文化产业与其他产业部门相比，其竞争力依然有很大差距。但是种种迹象表明，中国文化产业竞争力正在提升，未来中国文化产业前景光明。

专栏 6-3

文博会展示中国文化产业核心竞争力

　　有中国文化产业"第一展"之称的"中国(深圳)国际文化产业博览交易会"已连续举办六届，2011 年的第七届于 5 月 13 日—16 日举办。虽然"博览与交易"是文博会不变的主题，但今年将更加突出文化产业新业态、核心层和产品的出口，展示具有核心竞争力的文化产品。

　　文化产业综合馆再次博得政府组团"满堂红"。31 个省以及香港、澳门、台湾地区全部参展，核心层内容参展比例达 98%，文化产业投融资项目达 3 226 个。各省市区政府组团已摆脱"形象展"，带来的都是当地代表性强、产业化程度高、生产链完整的产品项目。

　　创意生活馆不仅首次开设旅游工艺品展区，同时配套开展"旅游工艺品设计大赛"，通过大赛来推精品；影视动漫游戏馆将重点展示三网融合技术、新媒体、国家级动漫产业基地等，"第二届中国十大卡通形象评选"将在此举行；新增设的非物质文化遗产馆，208 项非物质遗产项目产品将参展，包括福建寿山石雕、青海唐卡、广东香云纱等；设计精品馆里，北京洛可可、汉王科技等国内一线设计品牌企业将携精品参展，该馆的"个人创意设计成果展区"面向全世界征集创意设计作品；新闻出版馆将突出"差异、高端、科技、低碳、实效"五大特色；美术馆的"艺术家眼中的当代中国——中国油画艺术展"和"俄罗斯列宾美术学院油画展"，在一定程度上代表了当代中外艺术作品的水准；工艺美术馆的展品多为国家级、省级工艺美术大师作品。

台湾展团首次把台湾"文化＋科技"元素带入文博会，台北世贸中心将带来80多家台湾企业的创意文化产品、陶瓷制品、手工艺品等。

花香引蝶舞。89个国家和地区的1万多名海外专业买家已受邀参会，众多国际知名文化名人、外国政府官员亦前来参会。参展的国际知名公司包括德国巴斯基设计公司、比利时菲际画廊等，使第七届文博会在国际化程度上成为历届之最。

资料来源：郑小红. 文博会展示中国文化产业核心竞争力. 中国新闻网，2011 – 5 – 11，http：//www.chinanews.com/cul/2011/05 – 11/3032482.shtml.

本章小结

文化产业竞争力是文化竞争力的重要内容，也是国家竞争力的有机组成部分。影响文化产业竞争力的因素涉及文化资源、科技水平、经济实力、文化品牌、文化产业基础设施等。对文化产业竞争力的认识，不仅要从定性着眼，而且要同时关注定量判断。在各种文化产业竞争力评价模型中，钻石模型和层次模型较有代表性。而针对文化产业竞争力评价方法，聚类、层次及正态标准化三种方法是间接定量评价的主要方法。中国虽拥有丰富的文化资源但尚未形成优秀的文化品牌，相比发达国家成熟的文化产业在竞争力方面还有很大差距。然而种种迹象表明，中国文化产业竞争力正在提升，未来中国文化产业前景光明。

复习思考题

1. 什么是产业竞争力、文化竞争力和文化产业竞争力？
2. 试述文化产业竞争力评价模型。
3. 评价文化产业竞争力的方法有哪些？
4. 运用文化产业竞争力评价模型和方法对中国或某一地区文化产业竞争力做出评价。
5. 试述中国应如何提高文化产业竞争力。

中国文化产业：走出去，赢回来

2009 年 10 月，中国首次作为主宾国参与世界知名的法兰克福书展，搭建起国际图书贸易的新平台。

2009 年 5 月的深圳文博会上，海外文化产业成交额首次突破 100 亿元，中国对外文化贸易站上一个新台阶。

2009 年 7 月 1 日，天创国际演艺公司在自己收购的美国布兰森白宫剧院开始驻场演出，开创文化产品出口新模式……

这些可圈可点的数据和事实表明，中国正在开启文化产业国际化的新时代——从最初的文化交流，到现在的文化贸易，释放出活力的中国文化产业，正迈开步伐"走出去"，登上国际文化"舞台"，打开更广阔的市场空间。

一、彰显海外影响，赢回对中国文化的喝彩

在大红灯笼映衬下，美国布兰森白宫剧院洋溢着浓厚的中国气息，每晚在这里上演的舞剧《功夫传奇》集武术、舞蹈、杂技、魔术于一体，把美国观众带到了神奇的东方，领略着中国文化的魅力。上演两个月后，《功夫传奇》被网民评为美国第三大演艺中心布兰森最受欢迎的新剧目，成为美国中部人民了解中国的新窗口。

从 1992 年就开始在英国巡演的"中国国家马戏团"，直到今天依然长盛不衰，赢得无数英国观众的喝彩。所到之处，大篷入口处插着数面鲜艳的五星红旗，各种运输车辆上书写着醒目的"中国国家马戏团"的字样，门帘上有汉字书写的巨大条幅，大篷内四周挂着中国的灯笼，小卖部出售的是中国的扇子、纸龙、伞等工艺品以及杂技"转碟"、"空竹"等道具，中国的文化潜移默化地感染着保守的英国人。

为此，不管是在政府相关报告，还是在《文化产业振兴规划》中，文化产品"走出去"都上升为国家战略，中央也明确表示要"落实鼓励和支持文化产品与服务出口的政策，扩大对外文化贸易"。

二、探索营销模式，赢回闯国际市场的经验

曾有一个中国杂技团在英国演出时，一台晚会有五个得过金奖的节目，演出质量无可挑剔，可没想到，上座率不高。英国组织者着急了，赶紧进行市场调研。结果发现，英国观众也认为中国杂技质量很高，但好到了让他们"看不懂的程度"。于是针对英国观众欣赏口味，演出商在每个杂技节目之前加上一段英语解说，比如在《耍花坛》节目之前，就说瓷器是中国人发明的，主要用来盛酒，为了知道坛中酒的重量就用耍杂技来掂量……如此"讲故事"、"说历史"，虽有些牵强，但却能让英国观众饶有兴趣地欣赏，演出的票房也越来越好。

说到市场营销，加拿大太阳马戏团着实给中国人上了生动的一课。1984年只有"十几个人、七八条枪"的太阳马戏团欣喜地发现了中国杂技，并拜武汉杂技团为师，不到十年就"青出于蓝胜于蓝"，利用中国的杂技资源，成为了世界上最赚钱的演艺公司之一……

在与国外演艺集团竞争和较量中，中国人还认识到，商业性演出实际上是一种投资，而且是风险投资，遵循"谁投资、谁获益"的游戏规则。但长期以来，中国演艺产品在进入国际演艺市场时，只投剧目不投资，差旅费、剧场租金、剧目广告宣传都由外国演出商来投资。这样一来，如果赚钱，外国演出商赚大头，中国演出团体只能赚取一点劳务费，有的一场只能赚取几千元的收入，处于文化产业全球分工链的低端。

三、整合资源优势，赢回对中国文化的认可

英国演出商菲利浦·甘迪每年同时接待来自中国和泰国的两个演出团。尽管泰国的演出从档次和艺术水准上无法和中国团相比，但甘迪先生坦言，对他来说最挣钱的是泰国的演出团。原因在于，他们有一种好的商业模式——商业赞助。泰国演出团的"幕后英雄"是一家泰国的酿酒商，这家酿酒商每年给英国演出商赞助10万美元，用于广告费，于是在演出场所内布满了这家酿酒商的广告，同时还在演出现场向观众推销自己的产品。这样一举多得，泰国表演团保证了演出成本，能持续十多年在英国巡回演出；泰国这家酿酒商则借机扩大了自己产品的知名度；而泰国餐也搭上了这台演出的"顺风车"，让英国人品尝和接受泰国餐。

加拿大太阳马戏团的一场演出中也至少有七八家商业赞助。如此看来，对外商业性演出仅靠演艺公司"单兵作战"是不够的，要想可持续发展，需要多方的参与和赞助。

正因为这多方面的原因，中国文化产业与发达国家相比依然存在很大的差距：

国家广电总局表示，全行业将大力实施中国影视全球推广战略，探索建立"市场运作、企业营销、政府扶持"的海外营销新机制，使一大批具有中国视角、亚洲元素、世界影响的电影精品更多地走向国际市场。

新闻出版总署提出，在三到五年内，要着力培育出六七家资产超过百亿、销售超过百亿的国内一流、国际知名的大型出版传媒企业，鼓励有条件的出版传媒企业采取独资、合资、合作等形式，到境外兴办实业。

文化部提供真金白银帮助文化企业"走出去"：2005年设立了"国产音像出口专项资金"等各级专项资金；2009年3月，与中国进出口银行签订合作协议，5年内将向文化企业提供不低于200亿元人民币或等值外汇信贷资

金……

资料来源：张玉玲，李慧. 中国文化产业：走出去，赢回来. 光明日报，2010 – 8 – 18.

问题：

在开放经济条件下，中国如何提升文化产业竞争力？

参考文献

1. 张金昌. 国际竞争力评价的理论和方法. 北京：经济科学出版社，2002.

2. 花建，巫志南，郭洁敏，王国荣，吴文娟. 文化产业竞争力. 广东人民出版社，2005.

3. 祁述裕. 中国文化产业国际竞争力报告. 北京：社会科学文献出版社，2004.

4. 花建. 文化产业竞争力的内涵、结构和战略重点. 北京大学学报(哲学社会科学版)，2005(2).

5. 傅利平，宋俊生，邓晶，何兰萍. 近年来文化产业竞争力及其评价研究综述. 学术论坛，2010(6).

6. 赵彦云，余毅，马文涛. 中国文化产业竞争力评价和分析. 中国人民大学学报，2006(4).

7. 王俊豪. 产业经济学. 北京：高等教育出版社，2008.

8. 王志球，汪治，余来文. 深圳文化产业竞争力影响因素与提升途径. 商业时代，2008(8).

9. 毕小青，王代丽. 文化产业竞争力的决定要素与分析方法研究. 沈阳大学学报，2009(5).

10. 姬汝茂. 中国文化产业国际竞争力分析. 特区经济，2008(7).

11. 汪波. 文化产业发展要培育品牌. 光明日报，2011 – 1 – 11.

12. 黄玮. 增强中国文化产业国际竞争力研究. 剧影月报，2011(2).

第二篇
行 业 篇

no.7

第七章
新闻出版产业

【主要内容】

本章第一节主要介绍了新闻出版产业概况，内容包括从不同业态角度的概述、主要出版强国新闻出版产业概况、我国新闻出版业发展状况及"十二五"时期面临发展环境和主要目标。第二节重点介绍了数字出版产业，主要内容涉及数字出版的概念，数字出版的商业模式、盈利模式，主要出版强国数字出版产业概况以及我国数字出版产业发展状况和趋势。

【学习要求】

1. 掌握传统出版、网络出版、数字出版的概念。

2. 了解主要出版强国新闻出版产业的发展经验。

3. 了解我国新闻出版业发展状况及"十二五"时期面临的发展环境和主要目标。

4. 掌握数字出版的商业模式与盈利模式。

5. 了解我国数字出版产业发展状况及趋势。

【课时安排】

4 课时。

【案例导引】

iPad 带来数字阅读时代：报刊的去纸化转型①

"数字阅读终会取代传统报刊，纸质报刊和胶卷、唱片一样会成为奢侈品"，社交杂志应用 Flipboard 的创始人麦克·麦丘(Mike McCue)认真地说。他的眼中流露出一丝感伤，但更多的则是对数字化阅读时代的憧憬。

Flipboard 旨在创建一个数字阅读平台，整合《时代周刊》、《卫报》、《经济学人》等上百份报纸杂志以及更多的网络媒体内容。而麦克·麦丘在硅谷的办公室，放满了各种报纸杂志。他对传统纸质报刊的质感留恋不舍，却又在亲手打造新的数字阅读时代。

对出版行业来说，这是最坏的时代，也是最好的时代。报刊发行量持续下滑，广告收入显著萎缩，互联网的免费资讯无处不在，大批报纸企业先后倒闭，出版行业走到了转型的边缘。但与此同时，数字阅读也给传统出版业带来了新的机遇，谁能抓住变革先机，谁就能熬过眼下的出版寒冬，等到未来的春天。

第一节　新闻出版产业概况

一、新闻出版产业概述

新闻出版是人类社会重要的文化经济活动。据《辞海》解释，新闻是指"报社、通讯社、广播电台、电视台等新闻机构对当前政治事件或社会事件所作的报道"。要求迅速及时、真实、言简意明，以事实说话。形式有消息、通讯、特写、记者通信、调查报告、图片新闻、电视新闻等。而出版则是伴随纸以及印刷术的发明而出现的。它是通过可大量进行内容复制的媒体实现信息传播的一种社会活动。随着科学技术的进步，出版正经历历史的变迁和不断变革，呈现出勃勃的发展生机。

新闻业与出版业有着天然的联系。新闻出版产业在各国文化产业分类中占据重要地位。根据 2010 年国家新闻出版总署出台的《关于进一步推动新闻出版

---

① 郑峻. iPad 带来数字阅读时代：报刊的去纸化转型. http://tech. sina. com. cn/i/2012 - 03 - 28/13096885610. shtml.

产业发展的指导意见》，新闻出版产业主要包括：图书、报刊等纸介质传统出版产业，数字出版等非纸介质战略性新兴出版产业，动漫、游戏出版产业，印刷复制产业，新闻出版流通、物流产业等五方面内容。

新闻出版产业作为科技含量高、资源消耗低、环境污染少、涉及领域广、产业链条长、投入少、产出大、发展潜力好的朝阳产业，已经成为当前一国国民经济的重要组成部分，成为经济发展新的增长点和经济结构调整的着力点，在社会经济发展中的地位和作用越来越重要。以下将围绕其重点业态予以介绍。

（一）图书出版产业与报刊出版产业

1. 图书出版产业

图书出版产业是指以图书为媒介，传播文化、知识等信息，能向读者提供服务并获得利润的经营单位的集合，它包括除政府相关管理部门以外的图书出版单位以及为图书出版提供相应产品或服务的组织、机构，主要是图书内容生产单位和图书印制、发行单位基于资金等纽带的联合，包括出版社、图书印刷厂和图书批发零售商。

我国图书出版要经过几个步骤，包括选题—选题报批—组稿—编辑—审稿—申报书号—确定印数和定价—排版和印刷—发行和销售。为了推进对图书出版业的规范化管理，国家新闻出版总署颁布《图书出版管理规定》，并于2008年5月1日起施行。规定指出，本规定所称图书，是指书籍、地图、年画、图片、画册，含有文字、图画内容的年历、月历、日历，以及由新闻出版总署认定的其他内容载体形式。

规定中明确了我国图书出版执行许可制度，实行编辑责任制度重大选题备案制度、年度出版计划备案制度，特别是将涉及企业（法人）准入、资格准入、市场准入、人员准入四大准入的资格准入制度正式写入规定中。

当前，随着国民物质生活水平的不断提高，精神层面的追求也随之提高，我国图书出版发行业有着广阔的发展空间。较之改革开放初期，图书出版产业有了巨大的发展，不仅产业实力明显增强，新技术应用更为广泛，而且出版管理体制改革向纵深发展，出版人才队伍也在不断壮大。但是我国图书出版产业仍面临诸多困难，如高库存制约着图书出版业的发展，豪华图书舍本逐末，选题平庸重复出版，盗版图书屡禁不止，图书发行市场竞争混乱，图书出版结构不合理等。这些困难和问题仍有待全社会共同努力才能得以一一破解。

2. 报刊出版产业

报刊是以刊登新闻为主的定期、连续向大众发行的印刷品。在西方，报刊产业产品大致经历了三个发展阶段。第一阶段是手抄新闻出现和盛行时期。手抄新闻最早于14—15世纪在意大利的威尼斯兴起。因为当时威尼斯身处西方的商贸中心，世界各地的政客、商人需要了解威尼斯的情况，这就促成威尼斯逐步产生出以专门供应新闻谋生的人。第二阶段是新闻书阶段。新闻书的发行周期比手抄新闻长，但它沿用了古代印刷书记的办法，可以大量发行。第三阶段是周刊（周报）、日报的兴起。周刊、日报的产生，使得个体劳动者不能胜任此项工作。采访、编辑、排版、印刷、发行，报纸出版的整个过程，需要有一批人分工协作，这就需要资本来添置设备、雇用人员。[①]

报刊业成为大众传媒的子行业是19世纪30年代的事情，其标志性事件是廉价报纸的出现。廉价报纸也称为大众报纸，除了价格低廉外，还具有读者不限定于特定的阶层或群体、内容贴近普通大众生活、发行量大、广告收入成为报刊经营的主要财源等特点。在报刊业向大众传媒转变过程中，其完成了由"观点纸向新闻纸"、由政党经费运营向市场化运营和企业化经营两个转变。只有到了这个时期，报纸才真正成为以"报道新闻、传播知识、提供娱乐"为宗旨的信息文化产业，成为真正意义上的大众传播媒介。

在计划经济阶段，我国报社、杂志社属于事业单位，报刊业实为"报刊事业"。而在市场经济环境中，报社和杂志社实行自负盈亏的独立经营体制，报业集团不仅是报道新闻的宣传机构，而且是经营广告、开发信息产品、开办实业、进行多种投资的综合经济实体，并逐步走上了产业化的道路，由此形成了真正的报刊产业。"十一五"期间，我国报刊业取得了长足进步，不仅满足了人民群众日益增长的报刊阅读需求，而且为促进经济、政治、文化等各方面的建设提供了强大的精神动力、智力支持、舆论氛围和文化条件。"十二五"时期，我国报刊业面临难得的发展机遇。党的十七届六中全会将推动社会主义文化大发展、大繁荣提高到前所未有的战略高度，为报刊业改革发展指明了方向；我国国民经济和社会事业快速发展，文化消费快速增长，为报刊业发展提供了巨大的发展空间；深化报刊出版体制机制改革，解放和发展报刊出版生产力，为报刊业大发展提供强大动力；报刊业基于数字化的媒体融合为实现产业战略转型升级创造了广阔前景；文化资本市场的建立完善，新闻出版"走出去"工程的实施，报刊市场环境的不断改善，为报刊业发展提供了重要条件。未来的中国报刊业将迎来全新的发展战略期。

（二）传统出版产业与新兴出版产业

1. 传统出版产业

传统出版与新兴出版的划分是相对的、动态的。随着科技的进步和人类社会的发展，传统与新兴不断发生着更替。从竹刻书简、雕版印刷、活字印刷再到以动力机械手段为支撑的新兴印刷技术，特别是光电技术、信息技术、数字

---

① 宫承波. 现代报刊概论. 北京：中国广播电视出版社，2010.

技术的兴起，不断赋予"传统"与"新兴"新的内涵。

在当前社会发展阶段，传统出版是指以传统印刷技术为基础的纸张出版，其突出特点是需要将内容物化在以纸为代表的物质载体上，在物质形态上具有可保持性。传统出版的产品形态包括图书、报纸、期刊等，其出版内容涉及信息、知识、理论，内容结构呈现篇、章、部组成的线形结构，介质为纸张，且与内容不可分离。

印刷必须具备原稿、印版、承印物、油墨、印刷机械五大要素。原稿指的是复制技术中被复制的图片、画稿、照片、底片、印刷产品等的总称。原稿要求清晰，节调鲜明，适合印刷。印版则是用于传递油墨至承印物上的印刷图文载体，分为图文部分和非图文部分。承印物是接受油墨或者吸附色料并呈现图文的物质。油墨是在印刷过程中被转移到承印物上的成像物质。而印刷机械则是用于生产印刷品的机器设备的总称。传统的出版流程，从原稿到印刷成品，一般都要经过形成原稿、制版、印刷、印后加工等步骤。

2. 新兴出版产业

从支撑出版的技术、产业经营机制、盈利模式等方面来看，相对于纸质图书的出版，音像电子出版在技术支撑上有新型出版的性质，但因其盈利模式与传统的图书出版基本没有区别，所以还不是完全意义上的新兴出版。而网络出版，则成为一种新兴的出版形态。

网络出版是指以数字化为技术手段通过互联网、移动电话、交互式电话在内的所有电子信息渠道进行图、文、声等的一种传播流程，它包括获取原始素材、制作数字内容和传播数字内容三个阶段，并通过有偿提供数字内容的复制品来获取收益。网络出版应具备六大要素，①电子版权，即合法获得授权，完善的数字版权管理方案；②电子出版物，即电子图书、电子报刊及其他数字化出版物的格式、权限、传播方式制定统一标准；③电子图书生成器，即数字化出版物的制作、加密；④设置下载、复制、出售、转借的权限；⑤电子图书网站，即数字化出版物的传播、交易媒介；⑥电子阅读器，即阅读数字化出版物的电子设备。[①]

网络出版的主要机构包括传统出版社增设的网络出版业务，专门从事网络出版的网站，商业门户网站开辟的网络出版类栏目，图书馆在互联网上从事在线出版活动，网上书店等。从出版者角度看，网络出版呈现出出版主题多元性、出版内容丰富性以及成本低、无库存、风险较小的特点；从出版媒介的角度看，表现出出版速度及时、出版媒体多样的特点；从受众角度看，具有网络消费便捷性、个性化、反馈及时、交互性强的特点。

---

① 陈仲原. 浅析网络出版的发展模式. http://www.cnhubei.com/200310/ca349297.htm.

按照不同的标准，网络出版有着不同的分类。从技术层面看，可划分为手机出版与有线网络出版；从出版内容层面看，可划分为网络学术出版、网络文学出版、网络教育出版、网络报纸出版、网络期刊出版、网络图书出版、网络地图出版、网络游戏出版、网络音像出版等；从出版主题层面看，可划分为个人直接出版、出版机构直接出版和网络公司等代理机构代理出版；从阅读方式和出版技术层面看，可划分为在线或下载阅读、按需印刷、电子书等。

当然目前网络出版中尚存诸多问题，如出版物版权易受侵犯、产品内容良莠不齐、出版物附加值较低、出版物阅读方式受限等问题。然而网络出版顺应出版发展趋势，不仅带来了出版新理念，而且在营销方式上也带来了巨大革新，因此，具有广阔的发展空间。

二、主要出版强国新闻出版产业概况

（一）美国

作为世界文化经济强国的美国，出版产业在文化产业中占有重要地位。当今美国的出版产业，从业者依循市场规律有序运作，在文化理想、文化精神与市场利益、市场规则之间寻找平衡点，同时还借助高科技、多媒体、互联网进行出版形式的多种尝试，由此带来了美国出版产业的勃勃生机和活力。

1. 政府"无为而治"

从管理体制上看，美国不但没有全国统一的政府出版管理机构，也没有地方管理机构，图书出版完全处于"放任自流"状态。在美国登记成立出版社与成立其他私人公司一样，手续十分简单，一般在所在州、郡或市登记后，交数十美元即可。因此美国出版社数量庞大。据 2008 年的统计，全美约有 6.3 万家出版机构，其中除了每年出书 100 种以上的大型出版社 150 家左右、每年出书 50 至 100 种的中型出版社 1 000 家以外，都是小型出版社或者个人出版社。这种宽松的环境，造就了美国出版业的大繁荣。

然而美国出版业繁荣而不混乱，政府能够做到"无为而治"，其重要原因在于美国出版业良好的法治环境以及对知识产权的严格保护。在美国，出版物如果涉及国家安全或带有诽谤性内容，抑或有版权争议，则按法律途径解决。任何出版物如欲申明版权，须向设在国会图书馆内的美国版权办公室（United States Copyright Office）申请，同时，根据 1870 年通过的版权法律，任何出版物出版后，都必须向美国版权办公室提供两个备份。在知识产权得到法律严格保护与政府不干预出版的良好环境下，美国的出版业发展迅速。根据美国出版商协会（Association of American Publishers，AAP）的统计，2008 年的图书销售额为 243 亿美元，2009 年虽然比前一年下跌 1.8%，但也达到 239 亿美元，平均每人年度购买图书 80 美元。①

2. 企业聚焦核心竞争力

除了政府提供的良好的外部发展环境外，美国出版企业也励精图治，着力提升在国际出版市场上的竞争力。第一，美国出版企业通过制定符合市场发展的长期战略规划，进行科学的战略决策和自身定位，确保企业正确的发展方向。第二，美国出版企业重视其组织架构建设，基本思路是：根据市场、消费者确定自己的专业领域，根据专业领域发展需求既从集团层面宏观控制和支持，又体现下属部门或子公司的专业性、执行力。这样的组织构架能使集团上下始终围绕战略，有计划、有组织地开拓市场、捕捉商机，从而形成强大的合力，保持集团竞争优势。第三，美国出版企业重视专业分工，不断增强自身市场执行力。从美国出版社、杂志社的组织架构上，可以看到各种各样的业务部门在开展专业工作的同时，部门自身的专业分工也非常明晰，各个岗位都是整个生产流水线上的一个环节，各部门、各岗位始终按照规章和计划高效地完成各自的任务，又相互制衡与协作，以极强的执行力保证其良性运转。第四，美国出版企业重视市场信息，竭力提升数据有效性。信息、数据的精准使得出版社能清楚自身市场状态，更有针对性地开发市场。美国出版业处于一个信息公开、透明的商业市场下，因而其对信息的搜集、分析和利用非常重视。第五，美国出版企业重视财务预算，确保企业良性运转。每个企业在进行战略决策、计划落实及流程管理时，均会以专业、周密、严格的预算为参照，来保证企业的良性运转。有了严格的预算，企业在进行流程管理、部门考核时，能有据可依，严格管理各种经营活动，控制各项开支。②

（二）英国

英国虽然版图狭小，却是出版大国和出版强国，是出版业市场化程度最高的国家之一。全英国注册的出版社有两万余家，活跃的出版社（公司）约 2 400 家，每年出版新书超过 12 万种，若加上再版的书籍，英国每年印刷的书籍种类超过 100 万种，年销售图书超过 50 亿英镑。伦敦是英国出版业的中心，绝大多数出版社集中在伦敦，另外在牛津、剑桥、爱丁堡和格拉斯哥也有一些重要的出版社。英国年出书 100 种以上的大型出版社（公司）有 40 多家，年出书 50～100 种的中型出版公司有 340 多家。随着世界经济、科技的进一步发展，以及全球化的加剧，英文图书需求量还在增加，为英国出版业向世界扩张提供了市场需求和驱动力。

---

① 美国出版业的"无为而治". http://style.sina.com.cn/cul/books/2010 - 08 - 27/095466544. shtml.

② 王泳波. 美国出版业的核心竞争力在哪里?. 中国图书商报，2007 - 11 - 27.

1. 政府与协会组织

英国政府没有统一管理出版业的专门机构，对出版社的成立实行登记注册制。政府在伦敦设有出版登记所，负责全国出版社的登记工作。英国政府对出版社的数量没有限制，对出版社出什么样的书以及经营情况不予干涉，对出版业的管理采取的是以法律手段为主、经济手段为辅、行政手段为补充的管理体制。英国出版业的法律体系比较完整，形成了以普通法为主、专业法为辅，两者相辅相成的法律环境。英国没有《出版法》，但涉及出版的有关部门法律约20个，基本上涵盖了出版的各个环节，除了版权法、数据保护法等专业法之外，涉及出版内容的其他法律还有《儿童保护法》、《邮局法》、《官方机密法》、《商品销售法》、《消费者保护法》、《贸易活动限制法》、《转卖价格法》、《公平交易法和竞争法》等。

英国政府还通过税收和资助的经济手段来调控图书出版的发展速度和发展方向。英国历届政府从未对图书、期刊、报纸征收过任何增值税，从而使图书与其他出版物始终处于零税状态。目前，英国政府对一般商品征收20%增值税，对图书、期刊、报纸均免征进口税。

英国政府为向世界推广英国文化，大力支持出版业占领世界图书市场，设立文化委员会，制定有关政策，与出版商协会(The Publishers Association,1896年成立于伦敦)、苏格兰出版商协会(Scottish Publisher Association,1974年成立于爱丁堡)等众多协会组织协同开展工作，开拓英国图书、期刊的海外市场。

2. 出版业特色

经过数百年的发展，英国出版业已形成一整套市场运作模式，并随着经济全球化，呈现出国际化、集团化、专业化、网络化的新发展趋势。其出版业主要特色表现在以下几方面:[①]

(1) 以版权为产业核心。英国出版界高度重视版权工作，特别强调对版权的所有权。借助语言、经济、科技、文化等方面的优势地位，英国出版业近几年来快速实现国际化，并以版权贸易影响着世界出版。早在1709年，英国通过《安娜法》，以法律的形式对版权进行保护。经过300多年的发展和完善，版权贸易已成为英国出版业的支柱，英国是美国之后的第二大版权输出国。

(2) 重视国际市场。为占领更广泛的市场，实现利益最大化，英国大多数出版集团和大型出版社都定位在国际化出版，极力向海外扩张。在机构配置上，设立英语图书出版部(English Language Teaching)，如培生集团、剑桥大学出版社、牛津大学出版社和麦克米伦出版公司等。他们从选题策划开始就着眼

---

① 驻英使馆经商处. 英国出版业调研. http://www.mofcom.gov.cn/aarticle/i/ck/201202/20120207965543.html.

于国际市场，不局限于英国国内的狭小市场范围。图书的设计，通常采取"一书多版"的方式，即在出版英语版的同时，大力出版诸如德语、法语、西班牙语、意大利语、汉语等不同语种的版本，以降低成本，获取更大利润，增强国际竞争力。此外，还通过收购或兼并国外出版公司等方式打入别国的图书市场。

（3）并购活跃。英国出版公司通过并购的方式组建起大型出版集团的现象较为普遍，并购的频率也越来越快，这对英国出版业乃至国际出版都产生了相当大的影响。英国的出版集团化不是用行政手段强行捏合，而是市场经济发展到一定程度的必然结果，是出版公司之间为了在激烈的市场竞争中获得更强的竞争力，在市场、资源、财力、知识产权等方面实现优势互补，使自己处于主动地位而进行的自由、自觉但不自愿的市场经济行为。集团化本身不是目的，而是通过集团化的管理与运作方式的转变，实现双赢目的。

（4）强调专业化。出版集团扩大规模容易，但准确把握适度规模十分困难，且克服自身的负面影响更难。因此，英国成功的大型出版集团并不是什么书都出版，而是坚持走专业化的道路，在最有竞争力的领域出版核心出版物，使自己出版社的商标成为"最可靠信息的标志"。市场需求是多样的、发展的，任何出版集团都不可能也没有能力垄断全部的出版市场。

（5）市场化运作。英国图书的出版过程不是由一家出版社独立完成的，而是由出版社与出版社之外的编辑力量共同完成。编辑工作以盈利为目标。在英国，出版与其他行业一样，通过市场这只无形的手实现利润最大化，赢得最大的利益。20世纪80年代，英国开始实施为市场而出版的理念，把市场放在第一位，在满足市场需求的过程中实现盈利。

（6）图书零售无定价系统。英国图书销售主要有直销、寄销、批发、会员购买等方式，但是，英国的图书零售不是按照图书的定价销售。几年前，英国取消了图书定价系统，图书的零售价格由零售商自己确定。出版社根据图书的成本、目标利润、市场需求、图书的类别等在图书上标明"建议价格"，按照这个价格以一定的折扣批发给零售店。各零售店根据自己所处地域、读者情况、图书情况等自行确定图书零售价格。

（三）德国

德国新闻出版事业十分发达，是世界出版大国，也是期刊王国，发行6 000多种期刊。德国的期刊印刷精美、市场细分、专业化程度高。德国图书出版量在世界上仅次于美国占第二位。法兰克福和莱比锡是德国图书出版业中心。每年一届的法兰克福国际图书博览会是世界上最大规模、最具影响的图书界盛会。据统计，全德注册出版社（包含杂志社在内）多达16 000家，成规模的出版社2 000家左右，每年新书品种8万以上，居世界第3位，每年市场销售图书品种 100 万种，整个图书市场从业人数约为 8 万人。每个城市都有国家投资的文学出版公司，主持城市阅读活动和作家的培训。目前有三家出版公司主宰着德国出版业：拥有英国 Transworld 出版公司和兰登书屋的贝塔斯曼集团，拥有英国麦克米伦出版公司和其他 6 家德国出版公司的霍尔茨布林克集团，以及施普林格出版集团。

先进的出版业是德国经济发达的重要标志，主要呈现为高度的法制化、专业化、规范化、网络化。以法制化为例，德国法律中涉及出版行业的地方非常多，主要有保护和限定出版自由的《基本法》，保护作者权益的《著作权法》、《新闻法》、《税法》，规范政府出版物的《出版法》，保障图书市场秩序的法律《图书价格约束法》，决定出版社基本运营规则的《出版社法》、《学校法》等。此外，德国出版业的两大运作机制值得注意：①

1. 成熟的中间商模式

德国出版业的中间商比较成熟，在图书市场上产生了关键作用。一般来讲，出版社制作完成图书后，交由中间商代理销售，中间商再分销给全国各地的零售店。中间商在《全德可供书目》百万种图书中选择图书，从出版社购入、仓储，根据订单配发给零售店。他们使用计算机及现代化设备管理，进行自动化的图书分拣和配货，可以对每一份订单实行及时、快捷、准确的服务。不管是大数目的订单，还是一两本的小订单，机器均能完成配货，效率极高。中间商减少了图书销售中的环节，降低了销售工本，提高了图书销售效率，出版者、中间商通过社会分工和集约化运作达成了规模效益。另外，德国的法律和政策也有利于图书经销公司发挥自己的作用和优势。图书经销公司作为中介机构，可以从出版社获得最高的折扣最高为 50%，而任何零售书店都不允许从出版社得到比图书经销公司更高的折扣。

2. 出版社的业务员制度

正因为有了较为成熟的中间商，出版社不用与全国不同地区的经销商打过多的交道，只需遴选一两家中间商即可。相对地，出版社可以腾出精力将市场行销的重点放在媒体推广及零售店的宣传上。一般来讲，每家出版社都拥有自己的业务员，这种图书业务员制度在德国已有很长的历史，由业务员向销售商，主要是零售商介绍推荐图书。业务员可以说是出版社与书商之间的桥梁，也是出版社进行图书市场调查研究的重要途径。

（四）日本

日本现代出版业的兴旺，是伴随着 20 世纪 60 年代日本经济腾飞开始的。从 1960 年到 1975 年，日本出版业每年都保持着两位数增长，此后涨幅虽然减

① 李丕光. 德国出版业的两大机制. 出版广角，2003(7).

缓，但直到 1996 年始终保持着匀速发展势头。然而，从 1997 年开始，日本出版业转入衰退期，产业不景气的情况一直持续到今天。

根据日本出版科学研究所的统计数据，2010 年日本图书和杂志的销售总额为 1.87 万亿日元，同比降幅达 3.1%，与 1996 年最大销售纪录的 2.66 万亿日元减少 29.5%。该年度日本新书品种为 74 714 种，但销量突破 100 万册的仅有 5 种。同年，日本有 110 种新创刊的杂志，这是 40 年来的最低值，停刊的杂志却有 216 种之多。该研究所分析认为，日本新书品种的增加已到达极限。

日本出版业的调控方式主要有三种：第一，法律调控，即以各种一般性法律对出版物的内容做出限制，体现在保护青少年、对性表现的限制和对隐私权及个人名誉的保护三个方面；第二，政府的公权力机关的介入，即文部省、法院和警察机关等政府机关、司法机关和执法机关依法对出版物实施监督；第三，行业的自律，即出版业通过自身的行业组织制定出行业必须遵守的伦理纲领，并以此对出版活动进行自我约束。

日本出版业的流通模式表现为，出版商不负责图书的发行销售，而是全部委托给几家图书批发商，自己则通过控股的方式，保证对批发商的有效控制。

日本图书市场的分账方式和中国差不多：制作方 70%，销售方 30%。具体来说，是作者 7% ~ 10%，出版社（包括印刷厂）60% ~ 63%，批发商 7% ~ 8%，书店 22% ~ 23%。这套分账准则几十年来几乎未变，从原则上保证了所有环节都有足够的利润。

为了维护这套分账准则有效运行，日本出版业还制定了各项保障制度。其中最值得注意的是以下两个很有特色的措施：

第一个措施叫"再贩制"，实质含义是禁止实体书店打折。日本全国共有 1.5 万多家实体书店，密度非常大，这一数字甚至超出绝大部分图书的首印数，而且还不包括二手书店和漫画网吧。占据图书销售主要渠道的书店，必须严格遵守出版社制定的图书定价销售，即便是 20 年前出版的旧书，只要上架就不能打折。因为有了这一措施作保障，无论印刷和运输成本如何变化，无论国家经济起起伏伏，日本图书价格却可以保持 30 年始终如一。这对商家、作者和读者而言都是一个负责任的制度。但在电子出版物高速发展的今天，这一模式受到了严重挑战。

第二个措施叫"寄贩制"，是批发商的书款预付制度。日本的图书市场虽然庞大，但大型批发商却只有日本图书贩卖株式会社（简称"日贩"）、东京图书贩卖株式会社（简称"东贩"）等少数几家。而这些批发商 50% ~ 60% 的股份都是掌握在讲谈社、小学馆、角川书店等主要出版商手中的。在这个基础上，批发商除了负责图书流通工作，事实上还承担着另一个角色，它相当于整个出版业的银行。①

三、我国新闻出版业发展状况

新闻出版业是个传统而又成熟的产业。改革开放以来，特别是党的十六大以来，我国新闻加快转企改制，较早地走上了产业发展轨道，已经成为文化产业的主力军。"十一五"时期，我国新闻出版产业服务能力显著增强、产业规模快速提升、改革开放全面推进、行政管理水平不断提高，取得了可喜的进步（见表 7 - 1）。

表 7 - 1　"十一五"规划期间主要指标实现情况

指标	单位	2005 年	规划目标		实现情况	
			2010 年	年均增长（%）	2010 年	年均增长（%）
增加值	亿元	1 900	2 660	7.0	3 500	13.0
图书出版品种数	万种	22.2	25.5	2.8	32.8	8.1
图书出版总印数	亿册（张）	64.7	70	1.6	71.7	2.1
图书出版总印张数	亿印张	493.3	600	4.0	606.1	4.2
报纸出版总印数	亿份	412.6	500	3.9	500.2	3.9
报纸出版总印张数	亿印张	1 613.1	2 030	4.7	2 153.8	6.0
期刊出版总印数	亿册	27.6	30	1.7	35.4	5.1
期刊出版总印张数	亿印张	125.3	140	2.2	200.1	9.8
出版物出口数量	万册、份、盒、张	807.6	1 011.3	4.6	1 047.5	5.3
版权输出品种	种	1 517	3 000	14.6	5 691	30.3
发行网点数量	万个	16.0	18	2.4	16.8	1.0
百万人均年拥有图书种数	种	170.1	192	2.4	244.6	7.5
人均年拥有图书数量	册/人	4.9	5.3	1.4	5.35	1.6
人均年拥有期刊数量	册/人	2.1	2.4	2.6	2.6	4.6
每千人拥有报纸份数	份/千人	86.5	90	0.8	102.2	3.4
报纸普及率	份/户	0.27	0.3	2.1	0.37	6.8

资料来源：新闻出版业"十二五"时期发展规划. 中华人民共和国新闻出版总署. http：//www. gapp. gov. cn/cms/html/21/508/201104/715451. html.

---

① 蓝建中、王一凡. 站在十字路口的日本出版业. http：//www. chuban. cc/gj/rh/tj/201203/t20120321＿103731. html.

据《2010年新闻出版产业分析报告》显示，我国2010年新闻出版业表现出如下特点：①

第一，新闻出版产业继续保持平稳增长态势。

2010年，全国新闻出版、印刷和发行复制业总产出达到1.27万亿元，较2009年增加2 028.8亿元，增长19.0%；实现增加值3 503.4亿元，较2009年增加403.3亿元，增长13.0%。资产利润率较2009年增加0.9个百分点，收入利润率增加0.1个百分点。

数字出版总产出和增加值较2009年增长31.6%和23.7%，超过全行业增长速度，在各产业类别中位居前茅。印刷复制的增长速度虽低于数字出版，但同样高于全行业增速。出版物发行总产出的增长较为缓慢。

第二，新闻出版产品不断丰富。

2010年，全国出版图书32.8万种、71.4亿册（张），较2009年增长1.4%，《共和国的脚步》、《公众防灾避险应急手册》、《首都市民安全用药知识手册》、《防震避震常识》等32种书籍当年印数超过100万册。出版期刊9 884种，总印数32.2亿册，增长2.0%；《读者》、《半月谈》、《求是》、《青年文摘》等15种期刊的平均期印数达到100万册以上。出版报纸1 939种，总印数452.1亿份，增长3.0%；有23种报纸的平均期印数超过100万份，《参考消息》、《人民日报》、《广州日报》、《环球时报》等党报和由党报主办的报纸占到半数以上。2010年，全国百万人均拥有图书品种、人均年拥有图书、期刊量以及每千人日均拥有报纸份数、报纸普及率、千人拥有出版物发行网点数量等指标，较2009年均有增长。

不过，上述发行量较大的产品当中，有近半数是面向中小学生的教育类和教辅类的书报刊，面向大众零售市场的产品比重仍待进一步提高。

在图书出版、期刊出版、报纸出版、音像制品出版、电子出版物出版和数字出版中，数字出版、报纸出版和图书出版的总产出、增加值和营业收入位居前三位，数字出版占六类出版总产出、增加值和营业收入合计的比重分别为41.5%、32.1%和42.1%。

第三，市场主体比重进一步增大。

2010年，新闻出版体制改革继续推进，转企改制进一步深化，从事新闻出版活动的事业法人单位数量较2009年下降15.4%，企业法人单位数量增长15.1%，占新闻出版法人单位比重由95.7%提高到96.6%。

企业法人单位总产出占全行业比重由2009年的83.8%提高到87.5%，增

① 2010年新闻出版产业分析报告. http://www.gapp.gov.cn/cms/html/21/367/201107/720556.html.

加值由 77.0% 提高到 80.4%，营业收入由 84.0% 提高到 87.7%，资产总额占全行业比重由 85.4% 提高到 89.2%；所有者权益（净资产）由 86.8% 提高到 90.7%，利润总额由 68.2% 提高到 71.2%，纳税总额由 80.8% 提高到 84.4%。

第四，印刷复制业仍是新闻出版业中的支柱产业。

2010 年，图书、期刊、报纸、音像制品、电子出版物和数字出版合计占新闻出版业总产出的 20.0%、增加值的 25.8%、营业收入的 20.2%，利润总额的 26.9%，在增加值中所占比重高于在总产出和营业收入中所占比重；其他产业类别合计占全行业总产出的 80.0%、增加值的 74.2%、营业收入的 79.8%、利润总额的 73.1%，在增加值中所占比重低于在总产出和营业收入中所占比重。这反映出六大出版产业类别较印刷复制、出版物发行等其他新闻出版产业类别具有较强的新增价值创造能力。印刷复制业总产出占新闻出版业总产出的 64.4%、增加值的 60.5%、营业收入的 64.0%，远远超过新闻出版其他产业类别，在全行业中居于主要地位。

第五，东部经济发达地区新闻出版业发展继续保持领先地位，中西部部分经济欠发达地区新闻出版业异军突起。

2010 年，广东、北京、浙江、江苏、上海和山东六省市的总体经济规模居于全国前六名，其总产出、增加值、资产总额、所有者权益（净资产）、营业收入和利润总额分别占到全国的 61.1%、59.7%、59.7%、56.5%、61.3% 和 57.4%，但与 2009 年相比份额有所下降。

安徽、江西等中西部省份的新闻出版业经济规模综合排名高于 GDP 名次，安徽跻身前十；湖南（36.8%）、陕西（23.6%）等省总产出增长速度超过全国平均水平，名列前茅。湖南出版投资控股集团、安徽出版集团（有限）责任公司、江西省出版集团公司、中原出版传媒投资控股集团有限公司、河北出版传媒集团有限责任公司进入全国出版集团经济规模综合评价前十名。

第六，民营经济的比重稳步提升。

2010 年，民营企业在全国 13.1 万家新闻出版企业中所占比重由 2009 年的 72.0% 提高到 76.1%。在印刷复制企业中，民营企业总产出、增加值、营业收入和利润总额中所占比重分别由 2009 年的 76.9%、75.5%、76.9% 和 74.8% 上升到 86.4%、84.4%、86.1% 和 84.4%，超过五分之四。在出版物发行企业中，民营企业总产出、增加值、营业收入和利润总额中所占比重分别由 2009 年的 60.6%、62.9%、60.5% 和 64.4% 上升到 61.1%、63.6%、61.8% 和 66.0%。

第七，集团化建设成效进一步显现。

2010 年，经批准的中央和各省（自治区、直辖市）以及副省级城市各类新闻出版集团共有 120 家，其中出版集团 31 家、报刊集团 47 家、发行集团 29 家、印刷集团 13 家，拥有资产总额 3 234.2 亿元、实现主营业务收入 1 785.8 亿元。出版集团、报刊集团和发行集团拥有的资产总额和实现的营业收入在书报刊出版和出版物发行领域所占比重分别为 73.5% 和 53.8%，"行业龙头"的地位与作用初步显现。但就单个集团来看，规模较大的不多，总体上集团规模还相对较小。合并报表资产总额超过百亿的集团只有江苏凤凰出版集团、湖南出版投资控股集团、浙江联合出版集团和解放日报报业集团四家。

第八，新闻出版企业上市取得新进展。

2010 年，皖新传媒、中南传媒、中文天地、天舟文化、当当网多家新闻出版企业相继通过 IPO 或 "借壳" 方式在国内外上市。中南出版网上申购冻结资金高达 3 852 亿元，超过了在其之前上市的中国农业银行（2 974 亿元）和光大银行（2 095 亿元）。截至 12 月 31 日，新闻出版业共有 44 家上市公司，其中在上海证券交易所挂牌交易的 12 家、深圳证券交易所 11 家、中国香港联合证券交易所 8 家、美国纽约证券交易所 1 家、美国纳斯达克 12 家，以当日收盘价计算，44 家新闻出版业上市公司总市值达到 5 010.9 亿元人民币。

第九，出版物出口和版权贸易状况有所改善。

2010 年，全国出版物进出口经营单位图书、报纸、期刊、音像制品和电子出版物的出口继续保持增长，尤其是图书出口数量扭转自 2006 年来的下滑态势，增长 13.2%。全国版权贸易逆差比例进一步缩小，版权贸易输出品种与引进品种比例由 2009 年的 1：3.3 提高至 1：2.9。不过全国出版物进出口经营单位各类出版物贸易逆差仍较大，累计出口金额仅相当于累计进口金额的 10.1%，尚需进一步改善。

四、"十二五" 时期我国新闻出版业的发展环境和主要目标

（一）发展环境

1. 从国际看，世界经济政治格局的变化，使得我国新闻出版业面临前所未有的历史性机遇与挑战

（1）国家间文化软实力的博弈使新闻出版业的地位作用日益凸显。文化软实力已成为国家间竞争战略中的重要因素。新闻出版业作为国家文化软实力的重要方面，在巩固舆论阵地、传播中华文明、增强综合国力等方面的重要作用更加突出。

（2）世界经济格局的新变化使全球新闻出版业格局面临重构。"十二五"时期，文化产业在西方发达国家经济社会发展中的地位、作用和所占比重仍将继续提高，全球范围的并购重组势头仍将继续加强，市场竞争必将进一步加剧，我国新闻出版业做大做强、参与国际市场竞争的环境更加复杂。

（3）全球化产业竞争的新特征要求新闻出版业抢占科技创新和新兴产业的制高点。当前，全球新闻出版业正经历新一轮技术革命。随着数字技术、信息技术和网络技术的全面普及，以数字出版为代表的新业态已成为新闻出版业发展的新的战略制高点，各国在新闻出版技术创新、标准制定、新业态培育领域的竞争将更加激烈。

2. 从国内看，新闻出版产业已成为国家经济发展新的增长点和加快转变经济发展方式的重要着力点，发展将面临新的更高要求

（1）社会主义现代化建设赋予新闻出版业新的历史使命。新闻出版业是中国特色社会主义事业总体布局的重要组成部分，在全面建设小康社会的关键时期，新闻出版业肩负着建设社会主义核心价值体系，增强社会主义意识形态的吸引力和凝聚力，推进马克思主义中国化、时代化、大众化，巩固舆论阵地，传承中华文明，普及科学知识的重要使命。

（2）加快转变经济发展方式，推动文化产业成为国民经济支柱性产业的大局，要求新闻出版产业加快发展。新闻出版产业是文化产业的基础产业和核心产业。加快转变经济发展方式，一方面要求新闻出版产业为国家经济发展方式转变做出贡献；另一方面要求新闻出版产业不断扩大产业规模，加快产业结构调整和升级，提高新闻出版产业在国民经济中的比重。

（3）人民群众日益增长的精神文化需求对新闻出版业发展提出了更高要求。随着经济社会不断发展和人民生活水平不断提高，人民群众的精神文化需求呈现出多样化、多层次、多方面的新特点，人民群众对知识的渴求比任何时候都更加迫切，人民群众参与文化创造的愿望比任何时候都更加强烈，这就要求新闻出版业顺应人民群众新期待，加速发展新闻出版事业和产业。

3. 从行业自身看，"十二五"时期是新闻出版业深化改革、加快发展和产业格局调整与升级的关键时期

（1）新闻出版体制改革进入攻坚期。新闻出版体制改革进一步面临创新体制、转换机制、面向市场、增强活力的任务，将触及深层次的矛盾和问题，需要在重点领域和关键环节有突破性进展。

（2）新闻出版产业格局进入战略调整期。随着市场体系日趋完善，企业并购日渐活跃，高新技术日新月异，必将导致人才、资本和资源等市场要素更大范围的流动和重组，必将带来新闻出版产业格局的深入调整。

（3）新闻出版业转型升级进入加速期。随着新闻出版企业自主创新能力和高科技应用水平不断提高，产品形态不断创新，产业融合不断深化，数字出版、数字印刷、数字发行等新业态将进一步加快发展，必将推动新闻出版业转型及技术升级步伐进一步加快。

（二）主要目标

到"十二五"期末，新闻出版业发展方式转变基本到位，新兴业态蓬勃发展，数字出版等战略性新兴产业领域的发展达到世界先进水平。新闻出版产品和服务更加丰富，公共服务能力和水平进一步提高，基本扭转新闻出版产品和服务的出口逆差状况，大幅度提升中华文化的国际传播力和影响力。基本形成以公有制为主体、多种所有制共同发展的产业格局，以民族文化为主导、吸收外来有益文化共同繁荣的开放格局。基本建立起统一开放、竞争有序、健康繁荣的现代出版物市场体系，以人为本、面向基层、惠及大众的新闻出版公共服务体系，技术先进、传输快捷、覆盖广泛的现代传播体系。

1. 经济总量

"十二五"时期，新闻出版产业增长速度达到19.2%，到"十二五"期末实现全行业总产出29 400亿元，实现增加值8 440亿元。

2. 产品规模

到"十二五"期末，年图书出版总印数达到79.2亿册（张）；报纸出版总印数达到552.3亿份；期刊出版总印数达到42.2亿册。出版物实物出口数量超过1 150万册（份、盒、张），版权输出品种数达到7 000种。

3. 社会贡献

到"十二五"期末，实现人均年拥有图书5.8册、期刊3.1册，每千人拥有日报达到100份，国民综合阅读率达到80%，人均书报刊用纸量达到240印张，千人拥有出版物发行网点数0.13个，版权登记数量70万件。

4. 节能降耗

"十二五"时期，科技投入在行业增加值中所占比重逐年增加，单位能源消耗逐年降低，绿色印刷企业在全部印刷企业数量中所占比重超过30%。

"十二五"时期新闻出版业发展主要指标详见表7-2。

表7-2　"十二五"时期新闻出版业发展主要指标

指　　标	单位	2010年	2015年	年均增长（%）
经济指标				
增加值	万亿元	0.35	0.84	19.2
总产出	万亿元	1.22	2.94	19.2
品种数量指标				
图书出版品种数	万种	32.8	41.9	5.0
图书出版总印数	亿册	71.7	79.2	2.0
报纸出版总印数	亿份	500.2	552.3	2.0
期刊出版总印数	亿册	35.4	42.2	3.6

续表

指　　标	单位	2010 年	2015 年	年均增长（%）
品种数量指标				
出版物出口数量	万册（份、盒、张）	1 047.5	1 156.5	2.0
版权输出与合作出版品种	种	5 691	7 000	4.2
社会服务指标				
人均年拥有图书数量	册/人	5.3	5.8	1.5
人均年拥有期刊数量	册/人	2.6	3.1	3.1
每千人拥有日报份数	份/千人	91.7	100.6	1.9
人均书报刊用纸量	印张/人	220.7	240.1	1.7
千人拥有出版物发行网点数量	个	0.125	0.132	1.0
国民综合阅读率	%	77.1	80.0	0.7
版权登记数量	件	506 700	700 766	6.7

资料来源：新闻出版业"十二五"时期发展规划. 中华人民共和国新闻出版总署. http://www.gapp.gov.cn/cms/html/21/508/201104/715451.html.

第二节　数字出版产业

一、数字出版业概述

随着计算机技术日新月异以及互联网的普及，传统出版开始逐渐向数字出版领域转变。数字出版发展非常迅猛，规模迅速扩大，形态逐渐完备，产品日益丰富，技术不断创新，成为出版业新的增长点，代表着未来出版业的发展方向。

（一）数字出版的概念

数字出版的萌芽，可以追溯到 1951 年美国麻省理工学院的 P. R. Bagley 对利用计算机检索代码做文摘进行的可行性研究，这一研究和尝试导致了所谓"电子出版物雏形"的诞生，这是数字出版最初的形态，但对数字出版的内涵和外延却没有一个比较明确的说法。由电子出版到网络出版，再到数字出版，这是整个出版发展的历史，也是出版技术的更新史，而每一次变化都更加接近数字出版的实质。电子出版强调的是最终以电子形式出现，需要借助计算机消费的出版物，而网络出版强调的是借助互联网所从事的出版活动。只有数字出版是第一次用最本质的技术属性来概括出版的全过程，但它也是从宏观技术角度来谈的，忽略了出版的内容这一重要方面，只是强调计算机技术使得信息的载体发生变化以及新的计算机技术对出版活动的影响。真正意义上的数字出版，是打破传统出版的形态以及信息的组织方式，不仅在表现形式上可以更加灵活，而且在信息的重组上也可以更加自由，并且注重信息的深度挖掘。①

数字出版是人类文化的数字化传承，它是建立在计算机技术、通信技术、网络技术、流媒体技术、存储技术、显示技术等高新技术基础上，融合并超越了传统出版内容而发展起来的新兴出版方式。在出版的整个过程中，它将所有的信息都以统一的二进制代码的数字化形式存储于光盘、磁盘等介质中，信息的处理与接收则借助计算机或终端设备进行。目前数字出版产品形态主要包括电子图书、数字报纸、数字期刊、网络原创文学、网络教育出版物、网络地图、数字音乐、网络动漫、网络游戏、数据库出版物、手机出版物（彩信、彩铃、手机报纸、手机期刊、手机小说、手机游戏）等。数字出版产品的传播途径主要包括有线互联网、无线通信网和卫星网络等。

与传统出版相比，数字出版内容涉及数据、信息、知识、理论等，极大地丰富了出版的内容与形式；内容结构呈现由知识元、数据组成的立体式、网络结构，可以利用计算机技术对信息进行检索、关联、重组，能够把某一领域内的信息搜集齐全以满足读者的需求，最重要的是可以发掘内容中信息与信息之间的更深层次的关系，把本来看似孤立的信息整合在一起，方便读者使用；介质以网络为主，且与内容可分离。它强调内容的数字化、生产模式和运作流程的数字化、传播载体的数字化，以及阅读消费、学习形态的数字化，并以出色的快速查询、海量的存储、低廉的成本、方便的编辑以及更加环保等特点而备受青睐。它打破传统出版思维定势，对出版业传播理念进行洗牌重组，成为出版业改革的领跑者。对此，甚至有人宣称，传统出版已经遭到无可匹敌的对手，未来的出版产业将不再是纸和墨的时代。

（二）数字出版商业模式

商业模式是为了实现客户价值最大化，把能使企业运行的内外各要素整合起来，形成高效率的、具有独特核心竞争力的运行系统，并通过提供产品和服务，达成持续盈利目标的组织设计的整体解决方案。商业模式包括的要素很

---

① 王洪建，周澍民. 数字出版的概念. http://news. 163. com/08/1217/14/4TCES94P000131UN. html.

多，其基本要素包括客户价值、盈利模式、关键资源、关键流程四个方面。

数字出版商业模式对于数字出版企业发展至关重要。总体来看，可以将目前数字出版商业模式归纳为以下七种。①

1. 营销带动型

以汉王科技为代表，其取得成功的核心优势在于关键流程中强大的营销攻势。汉王科技较早介入电子书生产，并借助在中央电视台黄金时段投巨资做广告、聘请著名电影演员为形象代言人、砸碎苹果冰雕开启破冰之旅等强势营销手段迅速占领了国内电子书市场，成为国内电子书销量最大的厂商。2009 年中国电子书销量为 40 余万台，汉王科技的电子书销量占比达 90%。

2. 渠道带动型

以亚马逊为代表，其关键流程是拥有一个完整的网络销售渠道，包括高效的配送体系、支付体系与具有网络消费习惯的受众群，这是决定亚马逊商业模式成功的决定性因素，也是亚马逊的核心优势所在。亚马逊不是最早生产电子书的企业，其生产的电子书在技术上也并非不可超越，早在 2000 年辽宁出版集团就与美国的秦通公司合作推出了掌上电脑，比亚马逊推出 Kindle 要早 7 年。然而亚马逊却是第一个使电子书被广大读者接受的企业，其推出的 Kindle 开辟了数字出版 B2C 销售模式的先河，在数字出版史上具有划时代的意义。

3. 多要素融合带动型

以苹果公司为代表，在关键流程上苹果公司较早采用定价制，允许出版商对电子书、报、刊自主定价，自己只收 30% 的提成。定价制的实行使得苹果公司很容易地获得了出版商的支持，在与亚马逊的竞争中占据优势。苹果公司的核心优势不只在其技术、平台和营销，而在于其善于融合，善于将创新的技术与丰富的内容融合在一起，将优质的产品与出众的营销融合在一起，将新鲜的阅读体验与休闲的娱乐功能融合在一起。iPad、iPhone 以集合了阅读、游戏多种功能的优势为客户创造出了新的体验，受到客户欢迎，迅速占领了全球市场，这为其快速整合内容资源奠定了基础，内容资源的整合又助推了 iPad、iPhone 的畅销。

4. 技术带动型

以谷歌公司为代表，谷歌的关键资源体现在其建构了一个具有上千万册图书的数字图书馆，拥有了大量内容资源，客户可以非常便捷地搜索到他想要的图书。谷歌的关键流程之一是非常注重与出版商的合作。谷歌在与出版商的合作中，只提取 10% 的分成，90% 的收入归出版商，这使其在与苹果公司争夺

---

①   庞沁文. 数字出版的七大商业模式. 中国新闻出版报，2011 – 10 – 19.

内容资源方面具备了一定的优势。谷歌的核心优势在于其关键技术资源方面拥有全球一流的搜索技术，凭借技术优势谷歌集聚了大量内容资源，可以非常便捷地为客户服务，确保商业模式正常运营。

5. 终端带动型

以中国移动浙江阅读基地为代表，在关键技术资源方面，基地投入了大量资金进行平台和产品技术的研发，目前已打造了一个能支持最多 600 万人同时在线阅读、容量达 100 万册图书的综合性阅读平台，以及一条涵盖手机 WAP、手机客户端、电子书、平板电脑、互联网门户在内的完整产品线。在关键流程上，其针对不同的阅读群体，设计了不同的主题书包进行包月销售，比如针对农民工推出低资费书包，针对青少年推出教育、励志类书包，针对体育爱好者推出世界杯主题书包等。浙江移动阅读基地的核心优势主要体现在其背靠中国移动庞大的无线运营网络以及手机终端随身携带的特点和手机阅读完备的支付体系，这是决定浙江移动阅读基地能够快速崛起的根本因素，是其他数字出版企业无法获得的先天优势。

6. 内容资源带动型

以爱思唯尔集团为代表，其核心价值在于能为客户提供科研信息服务，使客户能够方便地检索到所需的科研成果，关键资源在于拥有《柳叶刀》等 2 000 多种世界一流的科技医药期刊，关键流程是先低价营销，后提高价格获利，核心优势在于其提供的资源是世界一流、不可替代的。

7. 资本运作带动型

以盛大文学为代表，关键资源是拥有起点中文网等文学网站及一些传统图书资源，并且欲建造云图书馆以便集聚更多的内容资源。关键流程上采用了低价策略，当其他电子书厂商生产的电子书价格在数千元时，盛大文学的电子书率先降到 999 元，目前已降至 499 元。核心优势并不体现在其电子书生产技术上，而是体现在其资本运作能力上，盛大文学凭借大股东的强大资本实力，连续并购了榕树下等数家文学网站，整合了 90% 以上的网络文学资源，这为其发展壮大奠定了基础。盛大文学产生于资本运作，成长于资本运作，可以说是在资本运作方面比较成功的典范，我们说没有资本运作就没有盛大文学，从一定角度来看是可以成立的。

（三）数字出版盈利模式

有效的盈利模式是传统出版业向数字出版发展的重要促进因素。归纳目前数字出版的盈利模式，主要包括下述几种：[1]

---

① 新媒体的 18 种盈利方式. 德瑞咨询网，http：//www. teler. com. cn/index. php？m = content&c = index&a = show&catid = 21&id = 278&parentid.

1. 信息资讯内容收费

目前依据信息资讯内容进行收费主要包括：将信息资讯内容打包向数字技术服务提供商、销售商或其他网站销售；个人用户付费方能浏览或下载收费的信息资讯内容；个人或机构用户付费进行在线数据库条目的检索、查询、打印。内容收费必须具备信息质量高，独特性高，付款机制方便完善，消费者付费观念健全，上网费率要低、速度要快，内容不易被仿冒及复制等因素。

2. 网络专供信息收费

网络专供信息是指根据有关政府和企事业单位的特殊需要，数字出版商或网络媒体为其定制（B2B）的一种专业性很强，有一定的实用性和实效性的电子读本，订购者通过网络媒体所给的网络通行证（密码）定期收阅。人民网、新华网目前都有了这项业务。办好这种专供信息的要点是，市场定位要准确，编辑内容要有独特性，即消息内容不是在网上和一般媒体、资料上能找到的，同时一个有水平的发行主管也是非常重要的。

3. 手机短信资讯收费

在手机短信这一新兴领域和市场中，除了移动电信运营商外，最大的受益者就是各类内容提供商。现在用户已认可手机短信付费，这是一个容易被接受的收费模式，手机短信息收入已成为网络媒体收入的一个重要来源。

4. 与政府和企事业联合开办栏目和专题收费

网络出版传媒提供发布和技术平台，与政府和企事业联合开办其业务范围内的网上专题，这一做法的空间很大。上述想法是基于数字出版和网络媒体的品牌和影响力而产生的。政府和企事业借助一个更大、更好的网络平台，发布自己的信息，扩大自己的影响，进行公益服务，推销自己的产品，比自己的网站效果要好得多，人力和费用也节省许多。数字出版传媒网站也可以从中获取服务费用。

5. 靠提供超值服务收费

例如，对于购买了网络通行证、有一定权限的用户，对教育资讯类产品提供名师在线解答等超值或增值服务。如出售职称考试、执业资质考试等出版物的网站，也可以采用。如果是明星的自传或他们所写的作品，还可以提供签名、提供演出门票等。超值服务，不但能盈利，还会带来更多的人气。数字出版与传媒经营者还可与商家联系，为本网站的注册网友提供打折卡或其他增值服务。

6. 实用消费功能收费

互联网拥有强大的多种实用信息服务功能，以往为了吸引用户，大多将诸如电子邮件、主页空间等免费提供给用户。但目前付费享有服务或付费享有VIP服务已成为网站经营的出发点。对于具有巨大公信力、影响力的网站，社会经济文化等各个领域的企业、机构都会想到利用其传播平台，因此，服务收费或以各种合作取得"双赢"的前景十分广阔。

7. 广告

把纸介图书或报纸杂志上适合于大众阅读的精华内容，部分放到网站上，通过积累人气，吸引相关广告公司或其他广告代理商投放广告。数字出版物或网络媒体把印装配送的成本降到了零，而且把大门向新的受众敞开，向那些过去没有机会阅读相关内容的读者敞开了大门。这些新的受众不但将会成为纸制出版物的新用户，而且其庞大的数量将成为网站广告收入的新来源。此外，播客或视频分享内容，也可以插入缓冲广告。

8. 电子商务平台

网络媒体搭建电子商务平台作为收入手段之一，是常见的模式。电子商务可以通过许多方式进行盈利，如实行会员制，收取加盟费、租金、入门费或平台使用费。数字出版或网络媒体网站自身也可经营外版的图书、音像等产品向用户（B2C）出售，从而获取利润。在新闻媒体网站中，大洋网（广州日报网站）的图书销售和 ynet.com（北京青年报网站）的"团购"平台具有代表性。

二、主要出版强国数字出版产业概况

（一）美国

美国数字出版产业在世界范围内无疑处于领先地位。面对市场变化，美国传统出版业凭借富有前瞻性的眼光，把数字出版作为关系到自己生存与发展的战略任务来看待。他们十分重视数字化基础设施的建设，将数字技术应用到出版工作的每一个环节，提高出版的管理水平和资源整合能力。美国大多数出版企业应用信息技术将传统产品数字化，将传播渠道网络化，开展新业务延伸出版产业链，明确分工与合作，已成功开发了各具特色的数字出版盈利模式。目前，美国 80% 以上的出版企业都开展了电子书业务。

目前美国数字出版呈现出市场整合的趋势，其竞争边界逐渐模糊，一些经济实力雄厚的出版商大都通过收购 IT 企业的方式来加快数字化进程，而技术商也积极参与到数字出版内容的整合、加工及创造中来。他们将内容资源整合、聚类，根据市场需求创造出有效的商业模式，为读者提供多样性、个性化的服务。

以网络化为特征的美国数字出版业务的进展呈现出分层的变化。首先是网络营销。利用网络和数据库推动传统出版的发展，实现纸质图书市场的扩容，达到业绩提升、服务改进、顾客满意度提升的目的。在这里网络是作为传统出版营销升级的工具。大众出版领域的出版公司数字化业务目前主要集中在这一方面。其次是网络运营。主要在网络平台上经营内容资源，创造出新的成本——营收模型。在这里网络是作为内容产业的生产经营平台。目前在网络运营上做得比较成功的是专业期刊、图书和大型品牌工具书的出版公司。再次是"网络营销＋网络运营"。网络既作为传统出版营销升级的工具，也作为内容产业的生产经营平台。美国大多数教育出版集团目前进行的数字化业务属于此类。培生教育出版集团、麦格劳·希尔教育出版集团和圣智教育出版集团就是其中最典型的代表。

美国数字出版实践表明，作为传统出版和高新技术相互结合的新兴出版业态，数字出版这条富于资源和市场魅力的纽带，把内容、技术、营销等紧紧地联系在了一起，正在改变着传统出版的各个环节，其强劲的发展势头和巨大的产业潜力不容忽视。

（二）英国

英国出版业市场规模居全球第五位，出口居全球之首，也是英国最大的创意行业。出版行业的数字化转型，不仅关系到英国出版业的国际地位，而且直接关系到出版商的生死存亡。据英国出版协会 2011 年 5 月发布的最新"出版业数据年报"指出，2010 年，英国出版市场规模为 31 亿英镑，其中数字出版占 6%，年销售额为 1.8 亿英镑，同比增长了 38%。占据数字出版市场龙头地位的依然是学术及专业类数字出版物，过去三年该类出版物销售额实现了翻番，2010 年，销售额占数字出版市场总销售额的 72%。增速最快的是包括电子书籍、网络下载、音频书籍等模式的消费类数字出版物，其销售额由 2009 年的 400 万英镑升至 2010 年的 1 600 万英镑，增速为 318%。消费类数字出版物在数字出版市场的占比也由 2009 年的 2% 升至 2010 年的 11%。

英国数字出版业的市场环境涉及政治、经济、法律、社会和技术等领域，但目前业界最关心的是版权问题。英国数字出版业深受非法下载之苦，英国出版协会数据显示，有 700 多万英国人非法下载，这使得数字出版物销售额损失三分之一。另外，数字出版物的版权构成较传统出版物复杂，一份数字出版物可能涉及多个版权所有者，如拥有文字版权的作者、拥有排版版权的出版商、拥有软件版权的计算机企业、拥有视频及音频版权的其他各方等。数字出版物的版权保护涉及多方利益博弈，英国正在全面修订版权法，以更好地保护数字出版业。

英国网络出版商协会 2011 年 9 月发布的"内容与趋势年度普查"指出，数字出版行业目前出现三大趋势。首先，网络出版商开始关注用户信息的采集分析，各出版商承认尚未充分利用现有的数据资产来更好地了解用户信息，以后更多出版商将推出用户必须进行网上注册登记后才能免费浏览部分信息的做法，以便更主动地管理网络用户社区。然而政府和法律的监管约束，尤其是《欧盟隐私法》对出版商进一步收集用户信息构成挑战。其次，网络出版业的收入依然主要来自广告，各出版商正探索引入新的盈利模式，包括付费订阅、按网络流量计费、免费加付费模式、网上小额付费模式、传统出版物与网络出版物打包订阅模式等。过去，网络出版商认为收入主要来自自营的网站主页，而现在他们意识到与移动阅读设备生产厂商和服务商分享利润是大势所趋。再次，网络出版行业正在朝着统一的行业规范和标准迈进，越来越多的网络出版商倾向于让内容具备在不同应用平台的兼容性，并主动与移动阅读设备生产厂商、软件程序开发商加强合作，争取主动。①

专栏 7 - 1

培生数字化转型秘诀

把握历史脉搏，蠢立时代潮流，是培生集团一路成长发展的秘诀。1844 年培生创建时是一家建筑企业，19 世纪末发展成全球最大的建筑商之一。1921 年培生进军英国传媒业，收购系列地方报纸，成为出版业翘楚。在知识经济时代，培生的标语是"不断学习"。目前，培生集团业务主要分三块：培生教育出版集团、企鹅出版集团和金融时报集团。2010 年，培生集团的销售额为 57 亿英镑，上述三大业务板块的占比分别是 74%、19%、7%。

培生集团高度重视数字化转型。培生集团新闻官布兰登·奥瑞迪告诉记者，10 多年前，培生教育出版集团的学术及专业类出版物就率先开始采纳数字平台，目前仍是该领域的领军者。过去 5 年，培生集团数字业务增长很快，在集团销售额中的占比不断提高：2006—2010 年，培生集团数字业务销售额分别是 7.2 亿英镑、8.17 亿英镑、9.86 亿英镑、13.06 亿英镑、16.18 亿英镑，在集团销售额中的占比分别是 20%、21%、22%、25%、29%。培生集团的优势体现在战略、规模、投资和创新四个方面，尤其是在战略层面。培生集团预测，未来增长主要来自数字业务及国际业务，因此，非常重视对数字化的投资，过去 5 年，该集团对数字化内容采集的长期投资高达 40 亿英镑，同时加大对数字出版新技术的投资，为下一轮竞争奠定坚实基础。

在互联网流行免费信息的时代，培生集团坚持有价值的信息值得付费的经营理念。该集团总裁玛约瑞·斯卡迪诺称，虽然电子书有 20 多年历史了，但出版商把 2010 年作为电子阅读元年，培生集团期待已久的电子读者时代终于到来，其三大标志是多功能阅读器、电子书格式和数字出版销售渠道的繁荣。这表明，消费者对高质量数字阅读的市场需求是真实存

---

① 英国出版业数字化加速转型 版权保护为根本. 经济日报, 2011 - 11 - 12.

在的，培生集团 2010 年在数字业务方面取得的业绩就是佐证。企鹅出版集团电子书销售额倍增，2009 年翻四番，2010 年翻三番，目前其全球销售额的 5% 来自电子书。金融时报 2010 年每月网站用户达到 1 060 万，注册用户 320 万，同比增长 79%，其中，网上付费订户 20.7 万人，同比增长 50%，用户通过移动阅读设备下载金融时报应用程序超过 90 万次。金融时报在开创数字出版盈利模式方面走在行业前列，2006 年金融时报广告收入占总收入的 67%，2010 年降为 45%，另外 55% 来自内容创收。2006 年金融时报数字业务收入占总收入的 14%，2010 年升至 40%。2010 年，培生教育出版集团的电子业务也呈爆炸式增长，一方面，迫于全球经济形势不景气而减少纸质出版物数量；另一方面，推出更多个性化网上教学产品，并为社交网络用户及手机用户开发更多应用程序。

资料来源：培生数字化转型秘诀. 经济日报，2011 - 11 - 12.

（三）日本

日本数字出版业总量虽然很小，但是发展速度快。从 2003 年（20 亿日元销售额）到 2008 年的五年间，日本数字出版市场总量增长了 20 余倍，年均增长率接近 200%。从出版领域角度看，日本数字出版主要集中在漫画、小说、写真集和时尚杂志这四个领域，其中漫画出版成为数字出版市场的主导性分支产业，超过 80% 的数字出版物内容都是漫画。从表现形式上看，日本的数字出版主要有两种形态。一种是把已出版的纸质出版物数字化。另一种是按照数字出版模式直接进行创作的纯数字化出版物。目前，前一类数字出版物较多，大量的数字出版作品依然依赖于传统出版创作力量，特别是在漫画领域，90% 的数字漫画采取将传统出版物升级成为数字出版物的做法。采取这种做法的主要原因在于传统出版物依然占据市场主流，传统出版物的销售回馈信息可以有效反映市场需求和读者反响，可以有效避免数字出版物的市场风险。

具体来看，日本数字出版市场表现出趋于理性、趋于平缓，标准化、规范化不断加强，多元化、国际化发展趋势明显的特点。首先，作为内容创作者的出版社对于数字出版市场的认识逐步趋于理性，减少了盲从和追风心理。同时，面对手机终端销售市场已基本接近饱和状态的状况，手机消费市场的趋向理性也促进了手机无线出版市场逐步走向理性化。其次，日本数字出版业发展之初就较为注重打造标准化与规范化的行业体系链条，现在已经形成了若干个行业技术标准，并在这些标准的基础上初步形成了一套较为完整的出版链条。再次，日本每年通过手机网络和有线互联网收集的图书选题稿件数量已经远远超过了目前每年的图书出版数量。现在通过手机或普通有线网络的文学互动社区及网站选择作品，已经成为日本出版业选题开发的新渠道，产品开发渠道呈现多元化。

三、我国数字出版产业发展状况

依据"第八次全国国民阅读调查"数据显示，2010年我国18～70周岁对阅读作用的认知程度较高，国民综合阅读率达77.1%，传统纸质媒介阅读率稳健增长，数字阅读接触率强劲增长。2010年我国18～70周岁国民数字化阅读方式的接触率为32.8%，比2009年的24.6%增加了8.2个百分点，增幅为33.3%。可见我国数字出版产业有着良好的发展基础和环境。

事实上，刚刚过去的"十一五"期间，我国数字出版继续高歌猛进，产业收入逐年大幅度递增，产品与用户规模不断壮大，产业链日趋完善，融合度日渐加深。2010年则被业界认为是中国的"数字出版元年"或"中国电子书元年"。从2000年的15.9亿元发展到2009年的795亿元以上，10年间，我国内地的数字网络出版产值规模累计增加了45倍以上，这是传统媒体不可企及的发展速度。中国社会科学院发布的《2008年文化蓝皮书》预测显示，2020年，我国数字出版销售额将占到整个出版产业的50%；2030年，90%的图书都将出版网络版本。

根据《2010—2011年中国数字出版产业报告》，目前我国数字出版产业的现状主要表现为：

（一）数字出版产业发展势头强劲

2006年我国数字出版产业总体收入为213亿，2010年达到1 051.79亿，2010年总收入约为2006年总收入的5倍，年增加速度为49.73%。其中，手机出版349.8亿，网络游戏为323.7亿，互联网广告为321.2亿，电子书为24.8亿，博客为10亿，互联网期刊为7.49亿，数字报纸（网络版）为6亿，网络动漫为6亿，在线音乐为2.8亿。手机出版、网络游戏和互联网广告在数字出版年度总收入中所占比例分别为33.26%、30.78%和30.54%。手机出版一直占据着数字出版主力军的位置。未来数字出版的主要方向应该是以手机等为阅读终端的移动出版。

（二）数字出版产业模式不断创新

从战略布局上看，集群式发展初现端倪。在我国，随着数字出版产业的迅猛发展，根据业界的需求，各部委和地方政府批复成立了多种类型的与数字出版相关的产业基地，数字出版集群式发展已初步成型。

从技术创新上看，数字出版新业态、新终端层出不穷。微博在2010年迅猛发展，让人始料不及。微博即微型博客（MicroBlog）的简称，是一个基于用户关系的信息分享、传播以及获取的平台，用户可通过WEB、WAP以及各种客户端组建个人社区，以140字左右的文字更新信息，并实现即时分享。面对如此旺盛的消费市场，大部分新媒体公司都开展了微博业务以适应市场的需要。出版领域很多人也开始关注它潜在的营销价值，通过微博直接了解消费者对产品的直接感受，以获取市场动态。

从运营模式上看，媒体融合发展态势明朗。随着生活节奏的加快，人们对信息的获取方式提出了新要求，单一的媒体不能满足人们在传播速度、广度、深度方面的需求。为适应这些变化，各种媒体间业务的交叉、渗透、互动，直至融合，并逐渐发展到媒体平台及市场的交汇、相融。而更高层次的融合，将会在电信、IT界与传媒业等相关行业的各类机构大汇流的基础上出现。此外，信息的传播途径也趋向于向一个统一的移动终端靠拢。手机作为数字阅读终端在近几年快速兴起。凭借便携性和移动化的特点，以手机为载体下载、复制和浏览文学作品的新型阅读方式，正好满足了人们随时随地获得知识、愉悦身心的需求。随着3G技术的成熟，传统出版业、报业和广播电视业将加速向手机终端汇聚，手机媒体必将步入快速发展的新阶段，手机必将成为集成性的移动媒体终端。

从消费方式上看，娱乐化、碎片化阅读成为趋势。通过数据对比我们发现，从2007到2010年，网络游戏连续四年销售收入位于数字出版产业收入前三名，这说明数字出版的娱乐化倾向非常强，网络游戏以及SNS等已经成为人们比较喜欢的娱乐消遣方式。但同时我们注意到，在专业知识、学术研究领域，传统阅读仍占主导地位。此外，随着生活工作节奏的加快，时间被"碎片化"，伴随而来的是阅读的碎片化。碎片化阅读是指通过手机短信、电子阅读器、网络等终端进行的不完整、断断续续的阅读模式。在候机、等车、等人、电梯里、上下班途中、会议的间隙用手机浏览手机报、登录微博查看朋友的留言等，无疑是利用零碎时间获得有效信息的最佳选择。快节奏的工作和生活，使方便携带、可随时随地使用的手机迅速成为见缝插针式的碎片化阅读的新载体。碎片化阅读的快速发展，使手机作为移动终端也发展迅速起来。

当然，我国数字出版依然面临诸多问题，主要包括：

第一，从内容本身看，优质内容缺乏，同质化问题严重。以手机报为例，无论在内容、编辑、发行以及传播方式上，都呈现出同质化的现象，这使得手机报缺少特色、竞争力和不可替代性。

第二，从内容保护看，数字出版的版权保护机制尚未真正确立。现阶段，数字出版的版权保护机制（包括技术手段、授权模式和保护体系等）尚不完善。现有法律适用于数字出版明显滞后，有待进一步修改和补充，且版权授权不规范，著作权人的合法权利和出版社的出版权益都难以得到基本保障和有效维护。

第三，从内容和技术的主体看，人才仍是制约数字出版发展的关键因素。

传统出版单位信息技术方面的人才非常缺乏，特别是既懂出版又懂技术研发的人才。新媒体出版及制作单位中，数字出版流程及审读规范还不完善，缺乏适应数字出版要求的编辑人才。同时，出版单位的人才管理不规范，制度不健全，对人才的管理仍停留在传统的人事管理模式阶段，阻碍了优秀人才的引进，并造成人才流失。

第四，从内容的流通看，数字出版标准建设滞后。数字出版标准化对于行业发展的重要性不言而喻，但当前我国的标准制定仍然严重滞后。业界对数字出版标准化的认识还不够深入，尚存在一定的盲目性，对于关键标准制定的意见还未达成一致。标准的滞后已成为制约我国数字出版发展进程的重要因素之一。

四、我国数字出版产业发展趋势

（一）内容创造者、提供商将掌握定价权

数字出版自身内容与技术结合的特质决定了数字出版离不开技术的支持。纵观我国数字出版产业的发展历程，数字出版技术一直引领着数字出版产业的发展，技术提供商在产业链中一直占据主动位置。相比技术提供商来说，内容创造者、提供商一直处于弱势地位，缺少相应的话语权与主导权。因此，内容创造者和提供商在数字出版领域获利能力很低。这严重影响了他们参与数字出版的热情和创作、生产的积极性。我国数字出版产业的迅猛发展对内容创作和生产也提出来了越来越高的要求，内容对于产业的意义将会日益突出。相信在"十二五"期间，在产业发展需要和自身的积极努力之下，内容创造者、提供商掌握数字出版产品定价权将有望逐步实现。

（二）手机出版将成为数字出版的主要板块

手机出版是目前发展最快的数字出版新业态。手机阅读受时间和地点的限制较小，手机上网相对计算机上网更加休闲化和碎片化，且能够为一些上网条件差的地区和人群提供便利，手机阅读付费方式便捷，读者与创作者的互动性强。随着3G、无线搜索等技术的不断完善和发展，三网融合、三屏功能合一的进一步深入，手机终端软件的日益完备与丰富，手机出版原创内容不断增多，手机出版行业规范及相关法规逐步完善，盈利模式不断趋于清晰，可以预见手机出版将会持续发展，走向繁荣，并成为未来数字出版的主要盈利模式。

（三）电子书产业日趋成熟，投资热点不断涌现

为推进电子书产业健康快速发展，2010年10月，新闻出版总署出台的《关于发展电子书产业的意见》中明确指出，将扶持具有自主知识产权的电子纸、终端阅读器等新产品、新载体的研发和应用。伴随电子书各项标准逐步制定和电子书相关法规建设的进一步修订，数字版权保护手段的日趋完善及保护

力度的加强，市场监管机制的日益强化，电子书市场环境将进一步得到净化。而随着各种数字阅读活动的开展，面向大众、面向教育、面向农村的电子书产品的普及，以及读者新型阅读习惯的养成，将进一步带动市场需求，电子书产业市场空间和销售渠道将不断得到拓宽，电子书产业将更加健康、有序、蓬勃发展。

（四）数字出版加工企业成为内容集约化、消费个性化的重要服务平台

数字出版时代，一方面，读者多样化的阅读需求对数字内容产品提出了更多更高的要求，数字出版需要对内容资源进行实质性再造，做进一步加工处理；另一方面，信息资源规模纷繁庞大，内容加工管理是一项非常复杂而艰巨的工作，除了出版企业自身建立内容管理系统，以及搭建内容管理平台外，专业化的数字出版加工企业也应运而生，它们必将成为内容集约化、消费个性化的重要服务平台。

（五）数字出版将飘在"云端"

云计算正席卷 IT 界，对于互联网时代的数字出版来说，进入云出版时代是大势所趋。"云"是一种聚集方式，云计算是指基于互联网的 IT 基础设施的交付和使用模式，用户通过云计算平台，以按需、易扩展的方式获得所需资源。云计算的核心思想，是可以将大量计算资源用网络连接的方式进行统一管理和调度，构成一个计算资源池，向用户提供按需服务。对于出版产业来说，建立统一的、在线数字出版综合服务云出版平台，使分散的、碎片化的出版资源整合成整块的"云"，对出版商和渠道商来说都是一件好事。云计算在出版领域的应用，对于出版产业达成合作联盟，统一行业标准，完善产业链分工，优化高效利用和使用资源，提供更好、更便捷的服务，起到直接的推动作用。

本章小结

新闻出版业作为文化产业的重要行业部门，正在迎来史无前例的变革和发展。即便是世界出版大国和强国，都不能不密切关注当下新闻出版业发展的趋势，都必须顺应、甚至引领未来新闻出版业发展的潮流，否则只能被历史淘汰。当下科技与新闻出版业的融合，数字出版的迅猛发展已经成为世界新闻出版业关注的焦点。虽然近年来我国新闻出版产业取得了长足的进步，但是与世界新闻出版强国相比，仍然有相当大的差距。如何把握发展机遇，推进我国新闻出版业国际化步伐，依然任重道远。

复习思考题

1. 什么是传统出版、网络出版？网络出版应具备哪些要素？
2. 美国、英国、德国及日本出版业具备哪些特色？
3. "十二五"时期我国新闻出版业面临发展环境如何？
4. 什么是数字出版？试述数字出版的商业模式及盈利模式。
5. 试述我国数字出版产业发展趋势。

案例讨论题

发达国家科技出版数字化经验如何借鉴

在数字出版领域，科技出版的数字化进程十分稳健，数字出版在科技出版的销售额中所占份额越来越大。为科技服务的科技出版企业如何在这样一个机遇与挑战并存的时代，走出一条数字出版的转型创新之路，是摆在我国出版业界、学界人士面前的一道难题。

在西方发达国家中，励德·爱思唯尔、威科、威立、斯普林格等世界一流科技、专业出版企业，比较早就开始了数字出版转型。如励德·爱思唯尔早在1979 年就尝试开发电子期刊传输项目 Adonis，试图通过新技术快速传递科技信息。这种早期的 IT 试验，与现在互联网信息传输有着密切关联。虽然这个尝试由于过于超前，当时未能成功，但足以说明励德·爱思唯尔在经营思维上的敏锐性和前瞻性。1991 至 1995 年，爱思唯尔又启动了 TULIP 项目，在大学本地网中试验电子期刊传播方法。开始时仅有 42 种期刊传递到美国 9 所大学，后来增加到 80 多种。这个项目最终获得了成功，在 1997 年演化成了功能强大、包括海量数据库的 Science Direct 信息在线平台。

由于科技、专业出版企业主要服务对象是科技、专业人士，这些科技、专业人士需要的是更新及时、学科齐全、专业化的研究成果和资讯，因此，数字技术一经引入，很快成为科技、专业出版企业成长最快的业务板块，而基于数字技术的新型业务也不断推出，促使西方科技、专业出版企业由出版商向内容提供商、内容服务商角色的转变。

如荷兰威科集团，2002 年电子载体产品上半年增长速度为 33%，而传统纸介质产品处于停滞状态(增长 1%)，其中在线业务和信息化解决方案业务增长 9%；在威科 2007 年的财务报表中，电子业务收入几乎占集团总收入的一半。威科集团能取得这样的业绩，与其在数字出版领域成功的战略转型是分不开的。早在 20 世纪初，威科集团就确定了"优先发展成长概率和利润增长率高的定制解决方案类产品"的战略，促使威科集团由出版商向内容提供商、内容服务商角色的转变。

励德·爱思唯尔也是如此。在过去的几年中，传统纸质出版年均复合增长率是 1.9%，电子出版则达到了 17.4%，现在励德·爱思唯尔的内容 66% 以上是通过数字出版方式传输的。其数字在线出版收入占当年总收入的比例也逐年上升，2007 年的数字出版收入已增至总收入的四成。2009 年，Science Direct 在线订阅率增长近 20%，Scopus 文摘和索引数据库的订阅量持续增加，医学参考书、临床诊断支持、护理和健康专业教育的在线销售持续增加。

由于上述科技出版巨头在各自领域里举足轻重的地位，它们获得了产品定价权和进一步发展的主动权，包括数字出版业务的拓展。励德·爱思唯尔在全世界各地近年来频频提价，受到各国高校、研究机构的强烈批评，但励德·爱思唯尔置若罔闻，原因就在于它所提供的成果和资讯的不可替代性。

面对数字出版潮流，我国科技出版企业在数字出版浪潮中面临哪些机遇与困难呢？机遇之一是我国社会经济的迅猛发展，为科技发展提供了强大动力和巨大需求。我国科技经费投入以每年 20% 左右的比例增长，年投入额达到 4 600 多亿元。机遇之二是出版产业转企改制带来历史性的新机遇。当然，面临的困难也不小。首先是内容资源集聚度低，影响力不足。国外科技出版巨头励德·爱思唯尔集聚了 2 400 多种刊物，斯普林格集聚了 2 200 多种刊物，而我国科技期刊目前有 4 794 种分布在近 3 000 个出版单位中，平均每个出版单位出版 1.6 种期刊，造成内容资源集聚度低，影响力不足。其次是科技出版业市场化程度低，市场拓展不足。再次是科技出版的数字化经验不足。

资料来源：莫林虎. 发达国家科技出版数字化经验如何借鉴. 经济日报，2011 - 11 - 12.

问题：

我国数字出版如何借鉴发达国家科技出版数字化经验？

参考文献

1. 柳斌杰. 谱写新闻出版业改革发展新篇. 深圳特区报，2011 - 5 - 14.
2. 袁亚春. 论传统出版与新兴出版的竞争与整合. http：//www. bkpcn. com/Web/Article-Show. aspx？ artid =085892&cateid = A21.
3. 罗紫初. 出版学理论研究述评. 出版科学，2002(S1).
4. 胡维青，周升起. 我国图书出版产业现状及发展趋势研究. 科技信息，2010(7).
5. 宫承波. 现代报刊概论. 北京：中国广播电视出版社，2010.
6. 美国出版业的"无为而治". http：//style. sina. com. cn/cul/books/2010 - 08 - 27/095466544. shtml.
7. 王泳波. 美国出版业的核心竞争力在哪里？. 中国图书商报，2007 - 11 - 27.

8. 李丕光. 德国出版业的两大机制. 出版广角，2003(7).

9. 日本出版业与传媒业. http：//www. dajianet. com/world/2009/0929/90752. shtml.

10. 蓝建中，王一凡. 站在十字路口的日本出版业. http：//www. chuban. cc/gj/rh/tj/201203/t20120321＿103731. html.

11. 谢新洲. 数字出版技术. 北京：北京大学出版社，2002.

12. 冯露. 从大出版时代的到来透视我国现代出版业. 长江大学学报(社会科学版)，2011(4).

13. 庞沁文. 数字出版的七大商业模式. 中国新闻出版报，2011 - 10 - 19.

14. 王熙俊. 数字出版离我们有多近?. 价值中国网，http：//www. chinavalue. net/Biz/Article/2011 - 9 - 23/197280. html.

15. 陈昕. 从美国数字出版现状看出版新趋势. 文汇报，2008 - 1 - 20.

16. 英国出版业数字化加速转型 版权保护为根本. 经济日报，2011 - 11 - 12.

17. 陈磊. 日本的数字及动漫出版状况调查. 出版发行研究，2009(9).

18. 郝振省. 2010—2011 年中国数字出版年度报告(摘要). 出版参考，2011(21).

19. 郭水泉，孙凯，胡小玲. 杭州市动漫出版业发展现状及对策. 杭州研究，2007(1).

第八章
广播影视产业

【主要内容】

本章介绍广播影视文化产业，首先从整体上对广播影视业进行概述，主要分析该产业的特点；其次总结国际上广播影视产业的现状与经验；最后对中国广播影视产业的发展状况、战略任务以及发展趋向等作了介绍。

【学习要求】

1. 掌握广播影视产业的特点，了解广播影视文化产业的运营模式及相关产业政策。

2. 了解中国广播、电影、电视文化产业与其他国家或地区间的异同，能够从国际实例中总结经验。

3. 了解中国当今广播影视业发展状况。

【课时安排】

4 课时。

【案例导引】

张艺谋等提案：加强对电影版权保护

继 2010 年"两会"联名提交关于加快推进中小城市电影院建设的提案后，北京电影学院院长张会军和导演张艺谋、冯小刚、尹力、冯小宁、陈国星 6 位全国政协委员在 2011 年两会再次联名提交提案："电影盗版盗播现象猖獗，极大打击了电影产业发展和电影人的信心，必须尽快采取更严厉的举措，加强对电影版权的保护。"

联名提案指出，虽然中国知识产权保护总体成效显著，但与电影产业有关的影片盗版、盗播现象泛滥依旧，且愈发严重，极大打击了电影产业发展和电影人的信心。

张艺谋委员说，目前票房业绩比较好的国产电影，上映 2~3 天就遭盗版、盗播，很多电影上映不到两周就被迫下线。特别是 2010 年年末遭遇的"电影盗版狂潮"令电影界震惊。"加强对电影版权的保护，是关系到当前中国文化市场繁荣发展和电影产业健康发展的关键。"

"中国电影盗版的问题若久拖不决，必将影响中国电影未来的'黄金十年'，建设电影强国也将成为一句空话。"张会军委员建议，"解决这一问题，首先应继续加大影院建设力度，将影院建设和改造的任务列入城市文化设施规划中，增大银幕数量，满足二三线城市群众的观影需求，也就压缩了盗版行为的空间。"

"打击是一方面，还要加快技术研究和改造。"尹力委员说，"希望电影主管部门向国家申请专项经费，进行中国电影数字技术化研究和数字标准化放映的升级与改造，以防盗版者钻技术环节的空子。"

资料来源：周宁，史竞男，白瀛. 张艺谋等 6 名委员联名提案：电影版权保护亟待加强. 新华网，http：//news. xinhuanet. com/politics/2011 - 03/04/c_121150018. htm.

第一节　广播影视产业概述

广播影视产业属于文化产业的主体部分，是发展最为迅速、与人们日常生活最为密切相关的一个朝阳产业。它既是党和人民的喉舌，是政治宣传工具，具有强烈的意识形态性，又是人们日常生活的伴侣，是休闲娱乐的工具。它既是艺术，又是产品，具有一般产品的生产、流通、交换、消费的特征。

一、广播产业概述

（一）广播

广播是通过无线电波或导线传送声音、图像的新闻传播工具。通过无线电波传送节目的称无线广播，通过导线传送节目的称有线广播。广播诞生于 20世纪 20 年代。美国匹兹堡 KDKA 电台是世界上第一座领有执照的电台，于1920 年 11 月 2 日正式开播。中国的第一座广播电台建于 1923 年，是外国人办的。中国人民广播事业创建于 1940 年 12 月，即中央人民广播电台的前身——延安新华广播电台。广播的优势是对象广泛，传播迅速，功能多样，感染力强；短处是一瞬即逝，顺序收听，不能选择，语言不通则收听困难。

广播具有传播速度快、传播设备携带便捷、互动性和随意性强等特点。随着现代科技的发展，新兴媒体的不断涌现，数字广播、网络广播逐渐兴起，其发展速度远远超出了人们的预期，广播电台正在突破传统的模式，呈现出内容信息化、服务现代化、渠道多元化的发展趋势，推进广播产业化向纵深发展。

数字广播是指将数字化了的音频信号、视频信号以及各种数据信号，在数字状态下进行各种编码、调制、传递等处理。在处理过程中，传递媒介自身的特征，包括噪声、非线性失真等，都不能改变数字信号的品质。数字广播技术能对数字传送、发射、接收过程中各种干扰引起的误码进行自我纠错处理，保证从节目制作到发射、接收全过程都达到高质量，从而提高广播系统的整体技术性能。

网络广播实质上是广播电台利用建立在互联网站点上的广播服务器和特定软件运行传输，再经过计算机上安装的广播接收软件连接的过程。它既是网络传播多媒体形态的重要体现，又是广播网络化发展的重要体现。

（二）广播产业

广播产业是按照工业标准生产、再生产、储存以及分配广播产品和服务的一系列活动，即指从事广播产品与服务的生产经营活动以及为这种生产和经营提供相关服务的行业。

广播产业具有政治和经济双重属性。广播的双重属性决定了广播媒介一是要为政治服务，讲求社会效益；二是本身具有产业功能，讲求经济效益。

1. 广播产业的政治属性

广播作为宣传工具、舆论喉舌，具有明显的政治属性，突出体现在新闻宣传报道中，它有着舆论导向的作用。它的这种意识形态属性在世界任何制度下都是共有的。

2. 广播产业的经济属性

广播产业的经济属性具体表现在：生产方式上，广播产业是以规模化、专业化、社会化为特征的生产；生产组织形式上，它是为交换而生产的组织形式。其产品是一种物质性和非物质性相融合的精神产品、信息产品，具有商品性，绝大多数产品要进入市场进行交换，参与市场竞争。同时，广播也拥有巨大的、可待开发的产业功能，也就是它的经济属性。

在西方传媒业发达国家，广播产业是一个环节互联的组合方阵，各个广播公司高度分工又密切合作，进行价值链衔接。在传媒经济增长的过程中，广播内容产品的创意、技术、营销等各个环节紧紧联系在一起，形成一个"上游开发、中游扩展、下游延伸"的产业价值链条，对相关的企业和产业产生带动效应。

随着信息技术的飞跃发展，广播形态由传统的单向模式走向数字化和多媒体化的新交互式传播，由本地化传播走向全球化和社区化传播，由大众化、综合性的"广播"走向小众化、专业化的"窄播"。根据国外广播产业发展的经验，随着广播产业化进程的不断加快，在广播产业链中必然会出现独立的服务公司或有新的企业加入，使原本属于广播电台的某项业务的全部或部分，由广播电台外部的专门的公司来完成，譬如专业调查咨询公司、内容制作公司、广告代理公司等，并在某个环节上建立起新的竞争优势。这种竞争优势表现为在该环节上具有成熟、精湛的技术和较低的成本。

（三）中国广播产业发展

1. 广播业的分类发展

基于广播业的属性，中国广播业以及电视产业，应该改变事业产业不分的状况，在坚持广播电视政治属性的前提下，将其进一步区分为若干类别，实施不同的改革和管理，使广播电视不同性质、不同功能部分按照不同的政策发展，即科学区分、分类管理、区别发展。

对广播电视的不同部分进行区分，必须确定统一、明确、科学的划分标准和政策，主要有三项：

第一，政治标准。服务和活动是否直接关系主流意识形态的统治地位、舆论导向、国家安全、公共安全、社会稳定和国家根本利益。

第二，经济标准。服务和活动是否以营利为目标，是否按照市场方式进行运作。

第三，公共标准。服务和活动是否为满足人们普遍的公共需求，面向社会提供公益服务。

参照上述标准，可将广播电视服务划分为三类：

第一，公益性广播电视服务。这类广播电视服务包括中央、省、市各级广播电视新闻宣传和对外宣传、少儿、农业、少数民族节目等满足人民群众基本文化需求的公共服务。这种广播电视的活动所需资源不是通过市场配置，不以营利为主要目标。其经费来源主要为政府拨款，或由政府允许的适量广告经营，实行收支两条线，所得收入纳入国家财政性收入，用于公益性广播电视事业发展。

第二，经营性广播电视服务。这类广播电视服务包括除新闻类、访谈类节目以外的节目制作、发行、付费广播电视业务、广播电视广告经营、有线网络传输及增值业务等。这类广播电视服务资源主要通过市场配置，通过产业运作、有偿服务，发挥市场机制的作用，调动各方面的力量，拓宽经营创收渠道，加快发展。

第三，介于两者之间的广播电视服务。这类广播电视服务包括音乐、科技、体育、娱乐、影视等节目。这类广播电视服务业务活动内含一定的意识形态内容，具有一定的公益属性，其播出只能是事业性质，但节目制作等部分资源可由市场配置。①

2. 中国广播业的现状

《2011 中国传媒产业发展报告》指出，2010 年，中国广播产业表现非凡，出现大幅上扬的发展态势。国家广播电影电视总局数据显示，截至 2010 年 7 月中国现有广播电台 234 家，广播频率 2 704 套，付费广播频率 39 套，中国广播人口综合覆盖率为 96.31%。广告市场在经历了全球金融危机洗礼后，2010 年终于恢复了元气。电视广告由于国家广播电影电视总局颁布的《广播电视广告播出管理办法》的影响，发展势头受到遏制，广播广告因而成为受益者之一。2010 年，中国广播电台整体广告收入为 96.3 亿元，比上年同期增长 34%。

从各广播电台发展态势看，中央媒体正受到地方媒体越来越多的冲击和挑战。CTR 媒介智讯数据显示，2010 年，江苏交通广播网广告收入 2.74 亿元，从 2009 年的榜上无名跃居 2010 年的榜首。广东电台交通之声从 2009 年的第八位跃至第四位，增幅高达 148%。而中央人民广播电台的中国之声和音乐之声则从 2009 年的第二位和第五位滑落至 2010 年的第三位和第六位。

集团化发展是 2010 年广播产业的另一发展趋势。3 月，九部委联合下发了《关于金融支持文化产业振兴和发展繁荣的指导意见》，提出加强对文化产业的金融财税支持政策。受政策利好影响，5 月 7 日，鲁商传媒集团挂牌成立；5 月 12 日，大庆新闻传媒集团成立；6 月 22 日，云南云广传媒集团挂牌成立；9 月 18 日，扬州广播电视传媒集团正式成立……中国广播产业明显呈现集团化、规模化发展趋势。

而在上述趋势下，广播产业化发展具体呈现出如下特点：

一是打造面向市场的产业化发展平台。产业化发展必须面向市场，而在事业体制之外，搭架专门的产业化发展平台有利于吸纳市场优质资源，并实现产业布局、资源配置的优化和产业规模、发展水平的提升。

二是优先发展新媒体产业。面对新媒体的快速崛起和三网融合带来的挑

---

① 朱虹. 中国广播影视业的改革与发展. http://news.sohu.com/20061107/n246244754.shtml.

战，传统广播开始开拓更多样的传播渠道，以互联网、手机、数字电视等为代表的新媒体产业成为各电台产业化布局的重点方向。

三是以内容为核心的产业链逐步形成。在制播分离的推动下，电台依托自身的内容制作业务，逐渐发展起包括内容生产、内容交易、内容产品开发等在内的内容产业链，凸显了传统媒体的内容优势。

四是线下产业布局日益成熟。除了在传媒产业、信息产业等大板块下的产业布局，广播媒体线下的小产业开发也日益成熟。各地电台充分发挥自身的品牌影响力和媒体优势，发展出了俱乐部、旅行社、社会培训等多元化的线下产业内容。这些线下产业的布局面向成熟的消费市场，既能利用广播媒体特色，又具有风险小、回报快等特点，是广播多元化产业发展中的一支重要力量。

随着广播媒体产业化布局的不断展开和完善，未来几年，中国广播业将在发展规模和影响力上获得较大的提升，产业化的成功经验也将为广播实现跨越式发展创造更多的契机。

二、电影产业概述

（一）电影产业概念

电影产业是指以电影制作为核心，通过电影的生产、发行和放映以及电影音像产品、电影衍生品、电影院和放映场所的建设等相关产业经济形态的统称。将电影这种艺术形式作为商品进行大规模的产业化经营源自美国好莱坞，并且已经以这种模式运行了一个多世纪。

（二）电影产业特点

电影产业的普遍特点是电影的利润动机与商品本质，它涵盖了电影的制作、发行、放映、零售以及行业扩张、推广等众多环节。

1. 电影产业的高风险性

电影产业所生产和销售的并不是某个物理性质的东西，而是某种人文色彩浓厚的无形产品。物理形态的电影拷贝并无多少利润可言，真正有价值的是其承载的精神性内容，即内容指向远大于外观形式。因此，消费者的消费偏好和审美评价成为吸引观众消费注意力并决定电影产品实现价值的重要因素。

而吸引观众注意力并促成观众产生初次消费，只是第一步，能否吸引观众的持续注意力并促成再度消费，才是问题的关键。作为某种"半公众性"产品，电影既要能满足人的个性及创造性需求，又要兼顾人们的平均接受能力。而观众的"审美风向标"几乎是无法预测和控制的，电影制作者所能掌握的只能是陈旧的、局部的信息。多数情况下，电影营销中出现意外的成功或失败是十分正常的事，而电影产业的高风险性也就在于此。事实上，不仅个别影片会遭遇失败，而且几乎所有的电影制作都是一种冒险。例如在电影超级大国美国，每年只有 1/10 的影片可以凭其国内放映收回投资，而另有 4/10 则根本无法收回成本。

2. 电影产业的高利润性

尽管一部电影的制作耗资巨大，但是一旦"母带"制作完毕，其复制或再生产就成为十分简单且低廉的事情。一方面，技术的日新月异使电影拷贝或其他电影音像制品与其"母带"的质量和效果几乎没有差别。另一方面，这种"无差异复制"最终使一部电影的接受度和接收面具备了无限扩展的可能性。技术无差异和观赏无损耗使得观众效用及电影产品生产者利润均得益最大化。正是电影产业生产与再生产之间的差额比决定了电影产业的高利润性。

当然，这种基于技术因素的高利润性背后也隐藏着一定的风险性。盗版就是与之相关的一个关键问题。随着观众观影方式的多样化以及电影复制技术的数字化进程，这种风险正在增大。根据美国电影联盟组织（MPAA）及其国际分支机构（MPA）的估算，美国电影产业因盗版问题平均每年要损失三十亿美元（其中不包括网上盗版的经济损失）。尽管国际反盗版组织早在 1976 年就已经成立，但全球性的盗版问题依然十分严重。为此，MPA 在 2000 年推出了打击盗版行为的全球大行动。

（三）中国电影产业发展

中国国内电影市场的火红已经是家喻户晓、全球目睹的，而 2009 年及 2010 年国务院先后出台的《文化产业振兴规划》和《关于促进电影产业繁荣发展的指导意见》更是把电影产业作为文化产业振兴的重要部分，提升到了国家级战略产业的高度，并第一次在国家层面上对电影产业的时间发展提出了总体目标。

总体目标要求，到 2015 年年底，通过改革创新、加大投入、加快发展，建立健全市场公平竞争、企业自主经营的电影产业运营体系，市场运作、企业经营、政府购买、群众受惠的电影公共服务体系，依法行政、科学调控、保障有力、管理有效的电影行政管理体系和覆盖城乡的电影数字化发行放映网络，全面提高电影的创作生产能力、经营管理能力、科技创新能力、公共服务能力和国际传播能力，多出精品、多出人才、多出效益，不断满足城乡群众日益增长的精神文化需求。

为此，需要通过大力繁荣创作生产，积极培育新型企业，继续扩大院线经营规模，大力支持城镇数字影院建设，鼓励加大投融资政策支持，积极推动科技创新，全面加强公共服务，努力增强国际影响力，不断完善监管体系，大力加强队伍建设等措施保证总目标的顺利实现。

回顾"十一五"中国电影产业发展，全国城市影院建设实现80%以上的增长，并在2010年迎来了"井喷"。而中国电影节协会产业研究中心的《"十二五"期间中国电影产业黄金五年发展战略研究报告》指出，在全球金融危机背景下，"口红效应"使全球电影票房收入在2009年创纪录达到了299亿美元，相比2008年增长7.6%。同年，中国电影票房9.06亿美元，占全球票房的比例由10年前的0.7%上升到3.1%，位居第8位。而2010年前三季度票房已超2009年全年，全年票房首次突破百亿元人民币大关，观众人次超过3亿。由此，在全球市场的排位，有望继续上升到第五位。报告认为，中国电影经济在经历了近10年的连续增长后，已经具备了与世界强国对话的实力，并将继续保持高速发展态势。预计在"十二五"期间，2014年中国影院银幕数量达到12 000张，年度上映影片300部，成为全球第二大电影市场。届时，全国观众人次有望突破11亿。

专栏 8 – 1

电影产业新趋势：中外合拍模式日渐成型

在北京首届国际电影季的牵线下，2011年首届北京国际电影季电影洽商活动促成10个项目，签约总额达27.94亿元人民币，创中国电影节展历届交易额最高。其中，中外合拍片占六成。其中，中欧合拍片《鼠之道》创下最高签约额6.11亿元人民币、中欧合拍片《飞虎》签约额5.2亿元人民币、中美合拍片《香格里拉》签约额4.69亿元人民币，而北京怀柔水下摄影基地签约额2亿元人民币。

日前由美国redwire影业和中国大汗天下影视公司联合投资的中美合拍片《星舰奥罗拉》，举行了签约启动仪式，影片主演包括《生化危机》女主角米拉·乔沃维奇、《撞车》男主角瑞安·菲利普等明星。

据《星舰奥罗拉》中方制片人介绍，作为首部科幻题材的中美合拍片，《星舰奥罗拉》也会起用多位中国演员，目前影片正在进行前期特效、剧组选景等工作，2011年秋天开机，除了美国路易斯安那州，也会到九寨沟、甘肃等中国西南部特色地域取景拍摄。北京国际电影季给全世界的电影创作者提供了巨大的机会，可算是中国电影走向世界的标志性一步。

据悉，历时四天的北京电影洽商活动集中了来自世界各地的334家中外电影机构，860多位国内外著名的制片人、发行商、投资者等业界代表参与。主办方希望能将北京国际电影季逐步打造成为亚洲最大的影视交易平台。

资料来源：中国经营网，http://www.cb.com.cn/1634427/20110427/203667. html.

三、电视产业概述

(一) 电视产业概念

电视产业属于第三产业，是传媒业中的优势产业。根据产业的定义，可从产业的角度定义电视产业，即以生产(制作)、经营、发射、播出电视节目(信息)或提供电视文化服务为主的企业组织及其在市场上的相互关系的集合称为电视产业。

狭义的电视产业指生产(制作)、播出、传输电视节目(信息)以及开展与电视节目(信息)有关的营销活动的组织结构及其相互关系的集合。它是进行电视节目(包括广告)的生产、经营和消费等活动的市场组织，是以特殊形式向社会大众提供精神文化产品和信息服务的组织，以及在同一市场上相互关系的集合。这些组织就是有线电视台、无线电视台、卫星电视台及电视节目制作公司、营销公司等机构组织。

广义的电视产业除了围绕电视节目(包括信息)这一核心业务进行生产、经营、播出和传输活动的组织和机构外，还包括进行电视监控及设备制造等部门和企业。[1]

(二) 电视产业发展趋势

电视产业由模拟向数字时代转换的标志是核心技术体系由封闭转向开放，而这种转换也是美、日、欧在电视技术角力之后的结果。

在模拟电视时代，欧美、日韩企业在掌握核心技术的同时，在市场上也拥有强势的品牌，这就导致它们在技术输出时对其他国家采取高额专利或者技术限制的方式，使之形成一个封闭的全球技术体系。

科技的发展终将电视产业推向数字时代。从广义上，数字电视是指一个从节目摄制、制作、编辑、存储、发射、传输，到信号接收、处理、显示等全过程完全数字化的电视系统。从狭义上，数字电视是指目前市面上销售的可以接收数字电视节目(DTV)的电视机，也称数字电视一体机。数字电视将带来一场深刻的革命，这不仅仅是技术革命，而且将带来广播电视运营体制管理方式以及用户收听收看方式的根本性变革，甚至对整个信息产业的发展产生深远影响。

欧美企业将精力集中在价值链的上游，成就了欧美企业在数字电视芯片技术等核心数字电视技术方面的领先地位。由于不具备整机制造的优势，欧美企业在数字电视方面的核心技术是一个向全球开放的体系。在电视的数字时代来临之际，中国企业与日韩企业实际上处于相同的起点。

---

① 李芊，王昶. 电视娱乐产业概念与属性辨析. 东南传播，2009(3).

电视产业由模拟向数字时代转型，不仅改变了全球电视产业的格局，而且在模拟时代一度被指斥为技术没落的电视产业在数字时代又开始重新回归技术之巅。电视产业重回技术之巅的标志，除了 CRT 之外，更多技术类型的电视开始层出不穷，如风行全球的平板化趋势、基于三网融合的概念等，数字时代的电视产业开始变成了各类高新技术创新的发源地，电视产业开始演绎另一种新的全球竞争格局。

专栏 8 – 2

电视产业三次革命迈进智能"云"时代

从黑白到彩色，完成电视产业第一次革命；从 CRT 到平板，完成第二次革命；现在，从非智能到智能、云计算，从看电视到玩电视，电视产业的第三次革命正在进行……

1. 智能引发电视行业新革命

继 2010 年谷歌（Google）智能电视问世后，海信、TCL、创维、康佳、海尔等厂商也都纷纷推出了基于安卓（Android）操作系统的智能电视。

从最初的概念探讨、模式摸索到现在的量化生产、广泛宣传，智能电视已掀起了中国彩电行业的新一轮竞争热潮。在这股热潮中，无论是国产电视，还是外资品牌电视，都将"智能"作为自己的主战场，不断推陈出新，颠覆传统电视概念。电视终端正在以家庭智能娱乐终端的形式呈现在我们面前，并通过网络提供的各种内容服务及功能应用，打破传统电视企业单纯靠终端形式盈利的模式。

2. 云电视将智能无限发挥

进入 8 月，智能电视再次升级，TCL、康佳、创维等企业纷纷推出"云计算"智能电视，让"网络就是计算机"的口号成为了现实。

智能云电视代表了智能电视最先进的方向，不仅具备了目前智能电视的所有功能，还独有一系列领先功能：软件可更新，实时升级，实现内容的无限扩充和升级；双向互动，用户可自由对电视智能操控，即任何界面直接用鼠标和键盘进行操控；安全防卫终端安全卫士，有效防护个人信息及网络安全，对电视系统进行优化，同时可以实现家庭"三防"功能；N 屏互动，可实现任何时间，任何地点，通过云端实现终端设备（TV、PC、PAD、PNONE）进行视频、音频、资讯等多种内容的共享；物联生活，除可以连接普通智能电视可连接的公共社会云以外，还可以连接"家庭云"、"社交云"、"娱乐云"、"教育云"等所有云端，通过连接"家庭云"，可进行家电的物联，自由控制家庭中的洗衣机、冰箱等各种设备。

3. 云电视将改变我们的生活

早晨，电视会自动用悦耳的旋律提示我们起床；只要一个手势，电视就会开始读我们最喜欢听的新闻；临出门，只要问一句"天气怎么样？"，电视就会提示需要带雨伞，还是多加件衣服；偶尔出差在外，随手拍几张照片或视频，也可以马上回传到家中的电视上，和家人一起同步分享旅途的精彩。

可以想象，当云电视走进千家万户，我们的生活将会发生翻天覆地的变化，原先美国科幻大片中的智能生活将成为现实。

【相关链接】

"云计算"名词解释：

云计算指IT基础设施的交付和使用模式，指通过网络以按需、易扩展的方式获得所需资源；广义云计算指服务的交付和使用模式。这种服务可以是IT和软件、互联网相关，也可是其他服务。云计算的核心思想，是将大量用网络连接的计算机资源统一管理和调度，构成一个资源池向用户按需服务。提供资源的网络被称为"云"。"云"中的资源在使用者看来是可以无限扩展的，并且可以随时获取，按需使用，随时扩展，按使用付费。云计算的产业三级分层：云软件、云平台、云设备。

资料来源：世界因智能而精彩，电视产业三次革命迈进智能云时代. 深圳晚报，2011-9-2.

（三）中国电视产业发展

经过长期快速发展，中国电视业已经成为国内目前最具影响力的大众传媒。统计数据显示，截至2009年年底，全国共有电视发射台17 686座，微波传送线路长度达8.5万千米。截至2010年年底，全国共有电视台247座。除了电视台，其他电视基础设施建设也取得了进一步的发展。

从电视用户规模看，2010年，中国电视综合人口覆盖率达97.62%，比上年增长0.4%。虽然由于基数庞大，增长并不明显，但这一增长率与2009年相比仍有所上升。有线电视用户数量更加庞大。从用户总量看，全国有线电视用户已超过1.87亿户，有线数字电视将继续保持快速发展的势头。

从电视节目的制作情况看，2004年是我国电视节目制作取得突破性飞跃的一年，增长78.6%，之后我国电视节目制作的增速逐渐放缓，甚至在2007年出现了负增长。2009年，我国电视节目制作增长率仅为0.3%，与2008年相比下降幅度较大。但总体看，节目制作时间仍有所增加，总时间长达265.36万小时。其中，新闻资讯类、专题服务类、综艺益智类电视节目制作总时长分别为67.59万、61.14万、40.27万小时，依然位居各类电视节目的前三位。据国家广电总局统计数据显示，我国2010年全年生产电视剧436部

14 685 集，制作完成的国产电视动画片 221 456 分钟，比 2009 年增长 28.9%，均居世界前列。

从电视节目的播出情况看，从 2005 年开始，我国电视节目平均每周播出时长逐年增加，于 2008 年达到 28.76 万小时，逼近 30 万小时。2009 年，这一指标达到 30.34 万小时，正式突破 30 万小时。

电视广告收入是我国电视产业的重要组成部分。2010 年年初，广电总局 61 号令的颁布使电视媒体广告资源锐减，广告播出时间也有所减少。然而，在宏观经济增长和广播电视产业整体发展良好的带动下，我国电视广告收入仍保持增长态势。2011 年中央电视台黄金资源广告招标额超过 126 亿元，比上年增加 17 亿元，增长 15.2%，2010 年增幅为 18.7%，创 17 年来的新高。[①]

然而，与国际相比，无论从电视节目的数量、质量、国际影响力、版权交易及输出等方面，还是电视业对国家社会经济的贡献以及自身适应世界高新技术发展的能力看，中国电视产业的发展依然存在很大差距，在体制、机制、发展环境等方面存在一些问题，需要进一步深化改革，以促进其更快、更好地发展。

第二节 广播影视产业国际现状与经验

一、国际广播影视文化产业现状

自 20 世纪 90 年代起，先进信息通信技术和经济全球化的浪潮使广播影视业发生了全方位的深刻变革。广播影视行业正朝着数字化、网络化和多功能的方向发展。数字和网络技术的应用不仅大大提高了节目制作的质量，而且拓展了信息传输、接入的方式。国外广播影视产业通过信息基础设施为民用和商业用户提供多种高质量的信息服务。如发达国家的政府为使其国家的信息资源得到充分合理的应用，投入大量的人力、物力开发信息资源，比如将图书馆、博物馆的书籍、图片、音视频馆藏品通过采集、录入、加工处理，再通过广播、电视或互联网为公众提供服务。

就世界广播电视业现状而言，数字化广播电视稳步发展，宽带电视、移动电视等逐渐成为新的产业增长点，产业重组进入深层次阶段。在内容发展上呈现四个趋势：第一，输出多形态化与节目开发多重化。立体媒体播出网正逐步完善，广播网、电视网、互联网同步播出，模拟频道和数字频道可以前后播出，还可以为付费频道和点播节目的庞大内容贮备资源，既能够极大地拓宽受

---

① 中国电视产业发展概况. http://news.china.com.cn/2011-06/30/content_22892173.htm.

众范围，也可以最大限度地利用节目资源。第二，本土化与国际化。除了根据不同市场的不同特色和需求将频道进行多种组合、向不同国家和地区打包发送外，就是专门针对不同地区办本土化的电视频道。第三，信息化与娱乐化。当下消费群体愈加希望从广播影视中获得信息，寻求娱乐放松。第四，参与性与互动性。点播付费电视、计次付费电视、数字广播电视、网络广播电视等新传播方式和传播技术，进一步开掘和增强了受众参与的渠道与形式，特别是益智类娱乐节目、谈话类娱乐节目和游戏类娱乐节目。新的传播方式和技术还使广播电视节目的参与性得到了进一步延伸。①

就世界电影业发展状况来说，美国在世界电影产业中占有最大的市场份额，美国电影产业在深刻影响美国文化产业和娱乐产业同时，也对世界电影与文化产业产生了巨大的影响。作为全球电影产业链最完整、电影投资获利最多的国家，美国电影产业的制作、发行、放映和后电影衍生市场的开发均相当成熟。2010年前，美国电影版权产业的综合收益已超过700亿美元，现在更达到了1 000亿美元左右的规模，占美国GDP的比重接近1%，其电影作品的出口创收，甚至超过航空、汽车等行业。而美国电影国内影院票房占40%，国外票房占60%，美国电影越来越成为一种"世界电影"。

欧洲的电影在某种程度上仍然被视为一种艺术形式，产业化和市场化程度远落后美国，但其电影的艺术成就在世界上具有重要影响，在国际电影联合会确定的五大国际电影节中，有四个是欧洲电影节。目前欧洲电影业正在向商业化方向转变。

亚太地区是增长最快的电影市场之一，日本继续保持在国际电影市场的领先地位，韩国电影最近10年开始崛起，中国香港地区电影近来逐步复苏，中国大陆地区市场快速发展，印度等逐步形成了具有民族和地域特点的电影及其市场。所有这些因素都极大地繁荣了亚太地区的电影市场，并使本地区成为全球增长最快的电影市场。②

专栏8-3

互联网出版和广播电视业名列美国十大朝阳行业之中

为了呼应前段时间推出的《美国十大没落行业》的报告，研究机构IBIS World发布了《美国十大增长最快的行业》报告。不出所料，上榜的主要是

① 世界广播电视产业发展新态势. http://news.xinhuanet.com/newmedia/2005-06/24/content_3131100_2.htm.

② 世界电影市场分析综述. http://www.chinafilm.com/.

高科技和环保等行业，在前十名中占据了八席。对于十大没落的某些行业来说，也有一些好消息。尽管固定电话运营商荣登十大没落行业的榜首，但网络电话（VOIP）却是十大朝阳行业之首，这表明通信技术形态正在发生转变。与此类似的，尽管报纸出版业在垂死挣扎，但互联网出版业却欣欣向荣。

    这十大朝阳行业包括：网络电话、风力发电、电子商务和在线拍卖、环评合规咨询、生物技术、电子游戏、太阳能发电、保险业第三方管理机构及保险理赔业、狱政管理、互联网出版和广播电视业。

资料来源：华尔街日报，2011－5－17.

总体来看，目前世界广播影视业不仅产业集中度越来越高，并购整合浪潮规模空前，造就了一批超级传媒集团，而且国际竞争日益激烈，发达国家大型传媒集团凭借其强大的经济实力和品牌影响力，加快了在全球范围的扩张步伐，千方百计抢占新的市场。当然，从长远看，任何国家、任何地区的广播影视都不可能关起门来发展，也不可能长期依赖政府特别保护，必须参与国际竞争，在竞争中求生存，在竞争中求发展。因此，产业竞争力的不断提升成为一国广播影视业国际化进程极为重要的环节和推动因素。不仅如此，伴随数字和网络技术等高科技的快速发展和更新换代，世界广播影视业的产业升级、结构优化成为常谈常新的话题，而产业间的融合发展则更应引起各国高度的重视。

二、国际广播影视产业发展经验

（一）美国

美国广播影视无论从体制，还是从业内结构、经营运作和理念等而言，都是最商业化的，从目前整体来讲，在世界范围内商业化最为成功。发行和播映是美国媒体业经济运转的最为重要的两个环节。经过百年的努力，美国电视业已形成了自己独特的经营理念和运营模式，特别是美国传媒的辛迪加经济系统，主导着美国电视业的资本运营和盈利。节目辛迪加是美国电视节目发行的一个特殊的渠道。其具体过程就是辛迪加组织将电视节目购买过来，然后向市场销售其播映权，这样可以通过开发电视节目的多轮播放的市场来获得利润。节目辛迪加的基本模式形成于20世纪30年代，首先在广播领域使用，40年代末期被引入到电视领域。当代的辛迪加商业模式成形于20世纪70年代。由于辛迪加部分地打破了电视网的垄断，它就进一步推动了美国电视网的制播分离。

而就电影产业而言，"好莱坞模式"是极具代表性的成功的电影业发展模式，它涵盖了电影的投资、生产、发行、放映及其后产品开发的各个相关环节和领域，是一种高度集成的电影产业运作模式。好莱坞模式追求市场份额最大化，进行高组织化的市场营销，具备丰富的市场运作经验，通过法律法规和政策杠杆来规范和鼓励，具有高度商品化、产业系统化、资本国际化和风险投资等特点。其中，美国电影产业下游的"后电影市场"环节最值得关注，即电视、网络等播映渠道的版权收入和与电影相关的广告、音像、软件、旅游、娱乐、玩具、服装、主题公园等电影衍生产品的收益。这些衍生品收益往往可以占到电影总收入的80%左右。

（二）英国

英国广播影视业在世界上同样拥有长期、独特、成功的经营经验。以广播电视业为例，依据英国《通信法》，英国广播电信局必须就现有的公共广播电视机构是否有效执行其公共服务职能的情况进行检查和评估，并需要提出相应的报告和建议，由此不断推动相关产业的发展，使其在世界上保持领先地位。

英国国内电视的主要频道数量不如美国，但是资源配置水平较高，除了BBC1和BBC2两个主要电视台之外，其余三个电视频道每天都有电影播放，而且在统筹安排上会岔开各自播出电影大片的时间，从而避免资源浪费。不仅如此，英国电视专业人士重视节目选题策划，每一个节目的录制经费从选择、申报到批准都要经过很严格的过程，特别是纪录性节目，而且电视节目资料的准备和运用既快捷又准确，由此吸引世界各个国家都引用或转播英国BBC新闻节目及报道。

英国的电影产业在20世纪90年代曾面临巨大危机，但是经过十多年的扶持发展，目前英国电影市场规模居全球第三，电影出口贸易每年出超。这得益于稳定的电影受众市场、优秀的电影人才、多样化的电影类型选择以及良好的电影制作技术和基础设施，加之英国政府从战略、融资、出口、减税等方面对电影产业的大力扶持，使得电影产业已经成为英国的主导产业，对英国经济贡献日益巨大。

（三）法国

法国非常注重保护本国文化，且把"艺术"看得比"工业"更为重要，由此促使法国政府对本国广播影视的扶持和保护。以电影业发展为例，法国对电影产业的扶持政策中最重要的一个环节就是实行电影资助制度，给电影艺术创作以财政保证。从1948年开始，法国财政法中便明确规定，法国电影工业享受电影扶植资金的支持，即采用票房预付款制度，国家电影中心可以从每张电影票中抽取11%的税金，形成两个主要资助基金——自动资金和选择资金，前者自动返回制作者，跟票房直接挂钩；后者主要是票房预付款制度，即国家电影中心预先支付给制片人影片预算的一部分资金。此外，法国电影投资机制的最大优点在于透明：法国在全国建立投资合同存放系统，实行计算机售票，投资人借助这些手段，可以对电影票房和电影的电视播放分成等硬指标进行严格监控，这无疑大大保护了投资人的利益。

（四）韩国

韩国影视业近年来取得巨大的进步。除了从政策上实行电影配额制保护本国电影以及取消电影审查制度促进电影百花齐放外，韩国影视作品的重要特点是包装精美、制作精良，成功地采取了全球化与本土化相结合的创作策略，同时在商业上拓展自身的融资渠道和营销策略，通过投资方、观众、制片方、发行方及院线的反复运作沟通，走出一条典型的商业路线，产出了一批票房价值高的电影。在亚洲金融危机之后，韩国中小企业和风险资金的投资踊跃，使得其电影产业在民间吸纳资金的能力极大增强。与此同时，融资渠道和方式也更加多样化，首先在互联网融资上得以尝试，不仅大大活跃了制片机制，而且增强了国民的电影参与意识。

专栏 8－4

世界广播电视业的运作模式

世界广播电视业的运作模式主要有两类。

第一类是以美国为代表的、以私有制为主体的完全商业化运作模式。在这种模式中，广播电视的运作完全以营利为目的，收视率是所有节目的衡量标准，并通过广泛争取广告客户和快速的节目更新达到其营利目的。此类电视台完全独立于政府。

在美国，除了少数教育电视台外，大部分广播电视公司，包括美国四大电视网——哥伦比亚广播公司（CBS）、全国广播公司（NBC）、美国广播公司（ABC）和美国有线电视新闻网（CNN），都是商业性的，以赚钱为目的。它们的生存主要靠广告来维持。

第二类是以欧洲、日本为代表的公私并举的双轨制运作模式。公营台和私营台的实力基本相当，双方为争取受众而展开竞争。其中，公营台以视听费为主要收入来源，私营台则以广告为主要收入来源。英国广播公司（BBC）就是国有社会公营型广播电视的典型，它主要依赖政府的拨款和收视许可费支撑运作。BBC的英国用户每年要缴纳109英镑的电视收视许可费才能收看该台的节目。

在世界范围内，广播电视业的竞争几乎都是少数大公司之间的竞争，美国目前是六家大的广播公司角逐广电市场：ABC、NBC、CBS、时代华纳公司、福克斯电视网和派拉蒙电视网。在英国，是公营的BBC和私营的ITV电视台平分天下；在意大利，是公营的意大利广播电视公司和贝卢斯科尼控制的私营的梅迪亚赛特公司两雄争霸；在法国，是公营的2、3台和私营的 1、6 台捉对竞争；在日本，则是公营的日本广播协会（NHK）和四大私营电视网——东京广播公司（TBS）、日本电视网（NTV）、富士电视公司（FTV）、朝日广播公司（ANB）角逐日本电视市场。

资料来源：吕禾.环球时报，2004-3-3.

第三节 中国广播影视产业发展总况

一、中国广播影视产业发展状况

随着中国广播影视业的深化改革、锐意创新，最近几年其发展速度进一步加快，整体面貌发生了崭新的变化——产品日益丰富，市场日趋活跃，取得了良好的社会效益和经济效益，整体实力、竞争力和影响力显著增强。从广播影视节目的生产制作量、整体技术水平和规模以及实际覆盖人口来看，中国已经成为广播影视大国。

综观"十一五"期间中国广播影视产业发展，应该说是广播影视改革力度最大、发展速度最快、成效最明显的五年。总体来看，状况如下：[①]

（一）电台电视台改革深入推进，广播电视舆论引导力、社会影响力显著提升

一是坚持新闻立台、特色立台，按照"及时准确、公开透明"的新闻传播规律，建立新闻报道快速反应机制，创造性地开展北京奥运、汶川地震、玉树地震、舟曲泥石流灾害等重大突发事件直播报道，仅中央电视台关于汶川地震的报道就被全球 100 多个国家和地区的 300 多家电视机构引用。

二是推动网络新媒体发展。各级电台电视台开办了 10 家网络广播电视台和 63 个互联网视听网站，中国网络电视台、国际在线、中国广播网等网站已成为国内重要的网络视听节目提供者。

三是广播电视国际传播能力建设明显加强。中国国际广播电台使用 61 种语言对外播出；中央电视台初步建立覆盖全球的新闻采编播发网络，国际频道海外用户超过 1.6 亿。

（二）广播影视产业体制机制改革不断深化，产业发展呈强劲态势

一是着力培育广播影视新型市场主体。全国有 35 家电影制片厂、70 家电

---

① 广电总局：过去的 5 年是广播影视发展速度最快的 5 年. 国际在线，http：//gb.cri.cn/27824/2011/02/28/4865s3166105.htm.

视剧制作机构、204 家省市电影公司、293 家电影院等国有经营性事业单位完成转企改制，9 家广播影视企业重组上市，亚洲最大的国家中影数字制作基地等一批影视、动漫产业基地已建成。

二是影视产品创作生产能力和质量明显提高。2010 年电影故事片产量达到 526 部，比 2005 年翻了一番，进入世界前三位；2010 年影视动画产量达 22 万分钟，比 2005 年增长 4 倍以上；电视剧产量达 1.4 万集，始终稳居世界第一。

三是产业效益明显提升。"十一五"期间，广播电视收入以年均 20% 的速度增长，2010 年达到 2 238 亿元。2010 年的国内电影票房从 2005 年的 20 亿元增加到 102 亿元，先后涌现出《建国大业》、《唐山大地震》、《潜伏》、《闯关东》、《喜羊羊与灰太狼》等一大批深受广大群众欢迎、叫好又叫座的优秀影视剧。影视产品和服务出口不断扩大，仅 2010 年影视剧、动画片等出口就超过 43 亿元。

（三）广播影视公共服务体系建设明显加强，人民群众基本文化权益得到更好保障

"十一五"是公共服务投入最大、覆盖最广、群众得到实惠最多的时期，基本解决了农村群众听广播难、看电视难、看电影难的问题。仅中央财政就分别为村村通、西新和农村电影放映三大惠民工程安排专项资金 96 亿、110 亿和 27 亿元。全国广播电视人口综合覆盖率已达 96.78%、97.62%，比"十五"时期末分别提高了 2.43% 和 1.89%。村村通工程使全国所有已通电的行政村和 20 户以上自然村能收听收看到广播电视。近两年，随着直播卫星的应用，村村通正在向户户通转变，边远地区群众通过直播卫星可以接收到 40 多套广播电视节目。西新工程从根本上改变了西藏、新疆、内蒙古等边远民族地区广播电视落后面貌，广播电视覆盖和节目译制发生了翻天覆地的变化，有效满足了农民群众收听、收看广播电视的需求。农村电影年放映量达 800 万场，覆盖 60 多万个行政村，基本实现一村一月一场电影的公益服务目标。

（四）广播影视数字化全面推进，传统媒体与新媒体融合发展明显加快

全国电台电视台节目采集、制作、播出已基本实现数字化。全国有线数字电视用户达 8 799 万户，其中双向覆盖用户近 5 000 万户。有线数字电视不仅提供传统广播电视服务，还提供视频点播、电子政务、生活资讯、电视商务等多种新型服务，成为家庭多媒体信息终端。地面数字电视已覆盖全国 308 个地市以上城市，能为用户提供多套高清和标清电视节目。高清电视快速发展，全国已开播 16 个高清电视频道。电影制作、发行数字化进程加快，数字放映已成发展主流。中国自主研发的移动多媒体广播电视（CMMB）已在 331 个城市覆盖并提供多套节目服务，用户近 1 000 万户。手机电视、网络电视、IP 电视正

在成为人民群众收看电视的新途径。

《中国广播电影电视发展报告（2011）》蓝皮书指出，2010 年是中国广播影视迈入变革与转型的重要时期，取得了重要成就，包括：广播影视重点工程实现"十一五"规划目标，农村广播影视公共服务体系建设成绩斐然；广播影视产业实现较快增长，产业链整合加速，国有、民营市场主体竞争优势进一步形成；视听新媒体发展加速，媒介融合催生传播新格局；三网融合促进网络整合、网络产业模式创新和集成播控平台建设；体制机制改革创新日益深化，效果明显，为"十二五"时期中国广播影视业发展奠定了坚实的基础。

二、中国广播影视产业发展战略任务

当前，中国广播影视产业正处于加快转变、加速转型的战略机遇期。为了更好适应市场经济深化发展、高新技术迅速成长的形势以及 WTO 的要求，最大限度地满足人民群众不断增长的精神文化生活的需求，不断增强综合国力，中国广播影视业必须继续深化改革，切实遵循广播影视产业特性和规律，推进广播影视公共服务体系和市场运作体系的建立和完善，实现中国广播影视产业新的跨越式发展。

（一）大力发展内容产业

内容是广播影视产业的核心。目前中国已是广播影视内容生产大国，从产量上说已经迈入世界前列，将来要在稳定数量增长的同时，把提高质量放在更加突出的位置，加快推进由广播影视内容生产大国向广播影视内容生产强国的历史性转变。

（二）大力发展网络产业

网络是提供广播影视服务的重要支撑。为了进一步夯实广播影视产业基础，中国要加快有线电视网络由模拟变数字、单向变双向、小网变大网、看电视向用电视的转变，努力把广播电视网建设成为以视频服务为主、提供多种信息服务、可管可控、安全可靠的综合信息网络，全面提升网络的综合效益。在加强有线网建设的同时，要统筹考虑卫星直播和地面无线发射网络的建设，使之形成网络覆盖的整体优势。

（三）大力发展新媒体内容和服务产业

随着数字、网络技术的广泛应用，广播影视新媒体新业态发展势头迅猛、潜力巨大。未来中国要重点加快发展网络广播影视、移动多媒体广播电视的内容与服务，尽快取得新的突破，使之成为广播影视发展的重要一级和广播影视产业新的增长点。

三、中国广播影视产业发展趋向与主要推进措施

（一）中国广播影视产业发展趋向

依据《中国广播电影电视发展报告（2011）》蓝皮书，"十二五"期间广播影视的总体发展趋向如下：

1. 更加注重新闻立台，强化媒体责任意识，切实抵制低俗之风

加强节目的重点监管和重点整治，加强统一监管平台建设，建立抵制低俗之风的长效机制，探索建立节目栏目退出机制，加紧研究制定科学的节目评价标准和体系。

2. 着力推动广播影视公共服务"两升级一转型"

两升级是指传输网络技术升级和内容服务升级。一转型是指广播影视公共服务由"覆盖服务型"向"内容服务型"转型。在农村逐步普及广播电视数字化，健全广播影视公共服务体系，建设稳定投入保障机制。加快县城影院和农村固定放映点建设，夯实电影产业发展基础。

3. 加快实现影视节目发展由数量增长向品质提升的战略转变

在节目创作生产中坚决抵制低俗之风，深化内容产业分工、优化品种结构、延伸节目产业链条，加强创作生产引导。

4. 进一步创新广播电视产业体制机制，大力发展新媒体新业态

促进转企后国有影视企业成为真正的市场主体；支持和规范广电系统领先企业"三跨"发展，多方面促进产业链整合；借鉴国际直播卫星发展经验，创新中国直播卫星政策；大力发展新媒体新业态。

5. 解决三网融合试点中遇到的突出问题，促进广电网络整合和发展

在三网融合试点地区加快电台电视台数字化，加快有线网络大容量、双向交互升级改造和网络整合，把内容创新与业务开发放到更加突出的位置，加快组建中国广播电视网络公司。

6. 优化管理机构设置和监管机制，切实提高新形势下广电管理能力和管理效能

在新形势下探索完善科学指导、协调和监管广电产业发展的机制与措施，着力建立健全综合评估指标体系及制播引导机制，建立健全包括电影票房在内的电影产业相关数据权威发布平台，探索建立影视剧制作机构和品牌评估机制以及国产影片评估机制。

（二）推进中国广播影视产业发展主要措施

1. 加强引导

广播影视产品是特殊的精神产品，具有鲜明的意识形态属性。坚持文艺为人民服务、为社会主义服务的"二为"方向和百花齐放、百家争鸣的"双百"

方针，引导广播影视创作者自觉践行社会主义核心价值体系，坚决抵制低俗之风，大力实施精品战略，着力提高创作质量，努力多出思想性、知识性、艺术性、观赏性相统一的精品佳作，实现社会效益与经济效益的双丰收。

2. 深化改革

一要着力推进市场主体建设。进一步巩固广播影视国有经营性事业单位转企改制成果，推动转企改制企业按照现代企业制度要求健全法人治理结构，加快公司制、股份制改造。积极稳妥推进以电视剧为重点的制播分离改革，培育发展面向市场的影视节目制作公司。积极推进有线电视网络整合，全国有线电视网络要实现一省一网，加快国家级有线电视网络公司组建步伐，争取早日挂牌。同时，统筹研究直播卫星和地面无线发射网络的综合发展与运用问题。把体制机制改革与资源整合、结构调整相结合，大力推进广播影视产业集约化、规模化、专业化发展，着力打造一批具有较强实力和竞争力的国有骨干广播影视企业，积极支持民营影视企业发展，积极支持有条件的影视企业上市融资。

二要着力加强市场体系建设。加快院线制改革发展，大力实施数字影院建设改造工程，重点加强城镇数字影院特别是市县级数字影院的建设改造。进一步加强影视剧播映市场建设，积极发展影视剧新媒体传播、家庭放映等，进一步扩大纪录片的播映。大力加强国际市场营销网络和渠道建设，努力推动我国广播影视产品和服务更多、更好地进入国际市场，进一步繁荣发展影视节目流通交易。

3. 深入创新

一要加快技术创新。全面推进广播电视从节目制作、播出到传输覆盖网络的数字化，争取到 2015 年基本实现全国地市级以上电台电视台节目制作和播出数字化、网络化，全国县级以上城市有线电视网络全面实现数字化，其中80% 实现双向化。全面推进数字技术在电影制作、存储、发行、放映领域的应用。

二要加快业务创新。要按照推进三网融合的要求，加快有线数字电视网的业务开发，积极发展视频点播、在线支付、可视交互、休闲游戏、网络教育、综合信息查询等多种服务，并按规定开展电信业务。坚持一手抓内容建设，一手抓网络建设，大力发展网络广播电视和移动多媒体广播电视业务。积极发展高清电视业务，加强 3D 等特种电影的制作放映，加强影视后产品和衍生产品开发。

三要加快管理创新。坚持严把市场准入关和播映关，着力改进和加强宏观调控，提高产业管理的科学化水平，重点是要进一步完善影视剧投拍备案公示制，积极实施国产影视剧播映规定和优秀影视剧推荐播映制度等。要加强法制建设，积极配合国家立法机构加快推进《电影产业促进法》和《广播电视传输保障法》的立法，争取早日出台。

4. 完善政策

一要加强科学规划，重点是要结合"十二五"国家经济社会发展规划和文化改革发展规划，抓紧制定出台电影、电视剧、影视动画、有线电视网络以及广播影视新媒体的发展规划。

二要认真落实国家有关深化文化体制改革、促进文化产业发展和文化产品服务出口的优惠政策，同时要针对广播影视产业改革发展的实际，有针对性地出台一些扶持政策和措施。

三要紧密结合广播影视产业发展的新业务，如电视购物、植入式广告、户外公共视听业务等，抓紧研究制定相关政策措施，促进健康有序发展。①

本章小结

广播影视产业属于文化产业的主体部分，虽然近年来中国广播影视业取得了长足的进步，已经被视为广播影视大国，然而与发达国家相比，距离广播影视强国还有相当的距离。当前在文化经济全球化、科技革命日新月异以及国家文化大发展、大繁荣的背景下，中国广播影视业迎来了新一轮的发展机遇，未来改革及政策实施空间很大。如何深化改革，把握机遇，不断推进符合中国国情，具有中国特色的广播影视产业制度体系建设，促进中国广播影视更好地走出去，更多地参与国际竞争，已经成为摆在各个相关利益部门和单位面前的重大挑战。

复习思考题

1. 何谓广播产业？它具有怎样的属性？
2. 中国广播产业化发展具体呈现哪些主要特点？
3. 何谓电影产业？其有哪些特点？
4. 狭义的电视产业的内涵是什么？其发展趋势怎样？
5. 搜集相关案例，谈谈"好莱坞模式"的成功经验。
6. 试述中国广播影视产业发展战略任务与主要措施。

---

① 蔡赴朝. 推进广播影视产业跨越式发展. 深圳特区报，2011 – 5 – 14.

案例讨论题

"长城平台"探索中国特色电视国际传播之路

中国电视"长城平台"是由中央电视台、地方电视台和相关境外电视频道集成的电视节目海外播出平台，2004年10月1日率先在美国开播，以后逐步拓展到亚洲、欧洲和拉美地区。经过五年的努力，"长城平台"由小到大，由单一到多样，逐步发展成为向全世界传播中国声音、展示中华文化的重要渠道和窗口，成为海外华侨华人跨越时空的精神家园，以及国外观众感知中国、了解中国最新发展情况的重要渠道。

一、"长城平台"是国家广播影视节目走出去战略的重要组成部分

（一）"长城平台"启动的国际国内背景

中国电视"长城平台"是随着国内卫星电视的发展，为进一步提升中国新闻和中华文化的国际影响力逐步发展起来的，是国家广播影视走出去战略的重要组成部分。

早在2004年，国内各省级电视台纷纷上星，与中央电视台一起构成了全国范围卫星电视共同发展的格局。发展中，各上星频道不断改版，采取品牌化、市场化的经营策略，涌现出一批深受观众喜爱的电视节目和电视频道，为中国电视"走出去"储备了丰富的内容资源。

国际上，美国等地的海外华人电视市场已有几家港台背景的电视媒体捷足先登。大陆背景的电视频道如中文国际频道（CCTV-4）、湖南卫视、黄河电视台等加入较晚，在竞争中相对处于劣势。据统计，美国约有300万华人华侨，来自中国内地的人数远远多于港台地区，构成了庞大的消费群体。如何整合中国优秀的电视频道资源，创造一个有吸引力、有竞争力的中文电视播出平台，满足广大海外观众的收视需求，成为当时一项亟待解决的课题。

在这种背景下，国家广电总局审时度势，经过认真细致的论证和准备，大胆推出了"长城平台"计划。

（二）"长城平台"的定位和目标受众

"长城平台"是由国家广播电影电视总局主导、由中国国际电视总公司所属的中视国际传媒有限公司负责运营、以海外华人为主要目标受众的电视播出平台，旨在通过与国外有实力的直播卫星电视公司或网络电视运营商合作，使中国的电视节目大范围进入北美洲、欧洲、亚洲等重要国家和地区，满足海外华人华侨收看中文节目的需求，推动英语国际频道（CCTV-9）、西班牙语国际频道（CCTV-E）、法语国际频道（CCTV-F）等国际频道有效进入当地主流社会，成为中国广播影视节目"走出去"、扩大对外宣传的重要途径。

（三）"长城平台"的频道构成

本着"中央为主、地方为辅、荟萃精华、突出特色"的原则，"长城平台"汇聚了来自中央电视台、地方电视台及香港地区的优质频道，从节目内容、编排形式和播出时间等方面尽量满足当地观众的收视需求。以最具影响的长城（美国）平台为例，该平台汇集了中央电视台中文国际频道、英文国际频道、西班牙语国际频道、戏曲频道、娱乐频道、中国电影频道及北京电视台、上海东方电视台、广东南方电视台（粤语）、江苏电视台国际频道、福建海峡电视台、湖南卫视、浙江电视台国际频道、厦门卫视（闽南语）、安徽电视台国际频道、重庆电视台国际频道、深圳卫视、中国黄河电视台、凤凰卫视美洲台、凤凰卫视资讯台、亚洲电视本港台（粤语）、华夏电视台（由旅美华人经营）等22个各具特色的电视频道，可以满足观众对文化娱乐和新闻信息节目的不同需求，充分顾及了华人华侨不同的家乡背景。特别是该平台还结合了香港媒体的力量，受到广大华人华侨的普遍欢迎。长城（欧洲）平台、长城（亚洲）平台、长城（拉美）平台等其他平台，频道数量有所减少，也都根据区域观众的不同特点，体现了"荟萃精华、突出特色"的原则。

（四）"长城平台"的战略布局

1. 覆盖地区

根据覆盖区域的不同，目前长城系列平台分为中国电视长城（美国）平台、长城（加拿大）平台、长城（欧洲）平台、长城（东南亚）平台、长城（拉美）平台和长城（亚洲）平台。美国平台于2004年10月1日开播，外方合作伙伴是美国第二大直播卫星电视运营商艾科斯塔公司（Echo Star），通过其直播平台覆盖美国全境，成为世界上最大的中文电视平台。加拿大平台于2007年4月17日开通，合作伙伴是加拿大最大的有线电视运营商罗杰斯公司（Rogers），覆盖加拿大东部地区。欧洲平台于2006年8月28日开通，合作伙伴为法国电信、FREE电信、NEUF电信等实力雄厚的电信公司。该平台首先在法国开播，以后逐步向英国、德国、荷兰、意大利、西班牙等国扩展。在法国乃至欧洲华人社会具有较大影响的法国陈氏传媒集团是节目推广方面的重要合作伙伴。拉美平台于2008年1月1日开播，合作伙伴是美国精宇卫星科技公司（ADTH），覆盖从墨西哥至阿根廷的广大拉美地区。东南亚平台于2009年9月20日开通，合作伙伴是马来西亚的至爱中文电视（DETV）公司。DETV是马来西亚首家以中文节目为主的IP电视运营商，著名华商郭鹤年旗下的立通电信（Red Tone Telecommunications Sdn Bhd，系马来西亚第三大电信运营商）和绿野集团、中南企业等知名公司是其主要股东。亚洲平台于2005年2月1日开通，通过亚太5号卫星的Ku波段播出，主要覆盖我国香港、澳门、台湾地区和韩国、越南、泰国等亚洲国家。根据规划，"长城平台"还拟扩展到澳大利亚、中东和非洲地区。

2. 技术类别

从技术层面看,"长城平台"包括直播卫星系统、有线数字电视系统和IP电视系统三种。美国平台、亚洲平台和拉美平台属直播卫星系统,加拿大平台属有线数字电视系统,欧洲平台和东南亚平台属IP电视系统。2008年1月1日,美国平台通过与麒麟电视(Kylin TV)合作,在美国和加拿大同时开通了IP电视播出系统,并增加了中央电视台法语频道和天津电视台国际频道两套节目。

考虑到技术容量、受众差异及各国政策的不同,美国平台播出22套节目,拉美平台播出15套节目,欧洲平台播出14套节目,亚洲平台播出11套节目。由于加拿大政府只允许除英语和法语之外的非专业频道在当地落地,根据实际情况,只有9套节目在加拿大平台播出。

二、"长城平台"实行以市场为取向的运行机制

在海外搭建电视节目播出平台,需要在节目集成、传输、运营和客户服务等各个环节进行相应的设备和资金投入。在有关部门的大力支持下,"长城平台"从一开始就确立了"政府扶持、商业运作"的方针,以便顺利启动,并建立长期稳定的运行机制。在启动阶段,政府给予一定的财政支持,之后由中视国际传媒有限公司按照商业模式进行运营。提供节目的各电视台负责解决国际版权问题,中央电视台负责节目的集成和传输,外方合作伙伴负责节目播出、推广和客户管理。中外双方及参与平台的各电视台根据商业原则签订合作协议,承担相应责任,分享相应权利。经过一段时间的磨合和探索,这种运行机制逐步走上良性发展的轨道。

根据传播目的和接收条件的不同,"长城平台"又分收费和免费两种。目前,亚洲平台是开路播出的,其他平台则采用分层管理的方式。CCTV‑4、CCTV‑9和CCTV‑E、CCTV‑F等国际频道为免费收看,其他频道需要支付一定的费用才能收看。

根据中视国际传媒有限公司提供的资料,截至2009年年底,"长城平台"付费用户已经超过10万户,其中美国平台约7万户,欧洲平台约2万户,加拿大平台为1.5万户,拉美平台为2000户。亚洲平台为免费收看,卫星用户为13万户,网络用户为118万户。此外,CCTV‑9和CCTV‑E进入美国艾科斯塔平台的英语和西班牙语基本层,用户数为1400万户。CCTV‑F和CCTV‑9在法国IP电视网用户数分别为550万户和408万户。经过几年的建设和推广,"长城平台"不仅日益受到海外华人华侨的欢迎,而且成为中央电视台外文频道进入主流社会家庭的重要渠道,收到良好的外宣效果。根据中视国际传媒公司与美国艾科斯塔公司2007年所做市场调查显示,观众对美国平台的"满意度"达77%,个别频道达到95%以上。

三、"长城平台"的成功经验

总体来说,"长城平台"的成功经验有以下两点:

（一）把握机遇,大胆创新

在海外推广中国的广播影视节目,需要在准确把握国外的政策法规和市场情况的基础上,抓住机会,大胆行动,否则就可能错失良机。"长城平台"就是抓住机遇、积极行动的结果。在此之前海外华人电视服务的情况是:一边是海外华人渴望看到中文电视节目,而由当地华人创办的小型电视台或零星节目时段根本无法满足需求;一边是中国电视频道海外落地都是各自为战,频道之间存在恶性竞争问题,有取得成功的,也有铩羽而归的。整合国内优质频道资源,搭建中国电视中文国际频道集成平台,服务全球华人,成为当务之急。2004年"长城平台"应运而生。组建中国电视"长城平台"到海外播出,无论在中国还是在海外都是一个创举,不仅需要解决资金技术上的难题,而且需要克服体制机制和心理上的障碍。面对复杂的情况,主管此项工作的国家广电总局及相关单位,统一认识,密切配合,经过近一年的筹备,终于完成了搭建美国平台的任务,并使之逐步发展壮大。多年的实践证明,中国电视"长城平台"的成功,与中国国际地位的提升紧密相连,也与主管部门和工作团队的责任意识和创新精神密不可分。

（二）因地制宜,优势互补,制定灵活多样的营销策略

"长城平台"取得成功的另一个重要因素是对自身情况有一个清醒的认识,据此制定切合实际的营销策略。中国拥有节目和品牌资源,但缺乏大规模推广的经验,对市场情况也不够了解,需要与国外有实力、有经验的运营商合作,利用他们熟悉本地市场、了解受众消费习惯的优势做好平台运营和节目推广工作。在管理方面,"长城平台"努力强化服务意识,及时解决观众提出的问题,提高观众的忠诚度。为改进节目和服务质量,"长城平台"定期进行大规模问卷调查,邀请专家对节目进行系统评估,安排外方业务负责人与各频道代表座谈,力求使平台运营贴近市场、贴近观众。为应对经济危机带来的市场冲击,根据外方建议开设小频道包,以较低的价格满足用户的差异化需求,争取不同的消费群体。开展有奖征文、开播周年庆典、观众见面会、"频道免费收看"等促销活动。这些措施对"长城平台"在国外市场上立住脚跟并逐步发展壮大发挥了积极作用。

资料来源:广电蓝皮书:个案经验.国家广播电影电视总局广播影视发展研究中心. http://www. sarftrc. cn/templates/T _ content/index. aspx? nodeid = 74&page = ContentPage&contentid = 455.

问题:

如何创新有中国特色的电视国际传播模式和发展道路?

参考文献

1. 丁钊，耿美婷. 广播产业价值链探析. 今传媒，2007(11).

2. 张朝霞. 全球电影产业博弈模式与中国电影的身份策略∥中国电影协会. 影视产业与中国文化发展战略. 北京：中国电影出版社，2004.

3. 国家广播电影电视总局广播影视发展研究中心. 2010年中国广播电影电视发展报告. 北京：新华出版社，2010.

4. 金春. 试论广播产业化发展对策. 新闻世界，2010(9).

5. 黄金良，黄海霞. 盘点"十一五"时期的广播影视产业. 声屏世界，2011(2).

6. 蔡尚伟，陈美杏. 国际金融危机背景下的中国广播电视业发展. 中国广播电视学刊，2009(3).

7. 陈训迪. 2010年中国广播产业呈现集团化、规模化发展特点. 中国网，http：//www. china. com. cn/news/txt/2011 - 04/25/content _ 22436650. htm.

8. 2011中国广播业调研报告之广播产业多方延伸. 中广播影视网，http：//www. crftv. com/showNews. asp？NewsID = 7124&borderID = 3.

9. 周涛. 未来电视业：核心技术体系由封闭转向开放. 经济观察报，新浪网转载，网址http：//tech. sina. com. cn/it/2005 - 04 - 02/1214569554. shtml.

10. 周毅. 广播影视信息化的发展方向. 广播电视信息网，http：//rti. cn/info. asp？id = 20020618a00060002.

11. 龚珍旭，鲍玉珩. 英美电视业运营浅析. 电影评介，2011(12).

12. 白桦. 国外电影产业对中国的启示. 创意世界，2010(5).

13. 娄孝钦. 20世纪90年代以来英国电影产业的发展. 浙江艺术职业学院学报，2011(3).

14. 蔡赴朝. 推进广播影视产业跨越式发展. 深圳特区报，2011 - 5 - 14.

15. 朱虹. 中国广播影视业的改革与发展. 搜狐新闻，http：//news. sohu. com/20061107/n246244754. shtml.

16. 国家广电总局发展研究中心. 中国广播电影电视发展报告(2011). 北京：社会科学文献出版社，2011.

第九章
网络动漫产业

【主要内容】

    本章前三节主要内容为网络产业，首先介绍网络产业的概念及特点，然后分析国际上的成功案例，最后说明中国网络文化产业的总体情况，包括中国网络产业的特点，面对的困难及发展趋势和对策。第四节为动漫文化产业，其中第一部分为行业概述，主要介绍该行业的基本知识以及整体情况；第二部分主要以美日韩三国为例介绍动漫产业发展的国际状况；第三部分为中国动漫产业发展现状。

【学习要求】

    1. 了解网络、动漫文化产业的相关概念和特点。

    2. 了解国外网络、动漫文化产业的发展状况，能够从国际实例中总结经验。

    3. 了解中国网络、动漫产业发展概况。

【课时安排】

    4 课时。

【案例导引】

谷歌：7 年数字图书馆计划付之一炬
互联网巨头陷入版权纠纷

2004 年：谷歌公司开始寻求与英国和美国等地的多所著名图书馆进行合作，启动"数字图书馆"计划将大学图书馆收藏的上千万册印刷图书直接转换成数字文件并收录进谷歌的打印系统数据库，方便人们在网上查询这些图书资料。

2008 年：谷歌同众多作者、出版商，以及代表作者和出版商的美国作家协会及美国出版商协会达成和解协议，同意在美国开放数百万种绝版书籍的访问权，并为作者和出版商提供发布和控制其著作访问权的新方法。

2009 年 12 月：围绕美国谷歌的图书文本检索服务"Google Book Search"，法国巴黎民事法院下达了认定谷歌侵犯版权的判决，裁定谷歌支付 30 万欧元的赔偿金，并禁止其进行图书电子化。

2010 年 1 月：美国谷歌公司的数字图书馆大量扫描收录中国作家的图书，因涉嫌侵犯版权而引发了中国作家的抗议。6 月：中国作家首次起诉谷歌侵犯著作权案开庭。

2011 年 3 月 24 日：谷歌公司建立数字图书馆计划遭纽约法庭驳回，谷歌将不能继续为这一计划进行图书扫描。

谷歌和美国作者及发行商达成的这一协议将给谷歌带来巨大的优势，可以让其在未经作者允许下大量拷贝版权作品。如果这一协议得到实施，谷歌可以在未经许可的情况下批量复制有版权的作品，同时不受版权法的束缚。

但谷歌表示不会放弃，并将推进法律改革，让扫描具有版权但著作人不明确的孤本成为可能。

资料来源：互联网巨头齐陷版权纠纷. 文化创意产业周刊，2011 - 3 - 28.

第一节　网络文化产业概述

一、网络文化产业

关于网络文化产业的概念，众说纷纭，各有侧重，这里选取几种典型定义：

（一）信息说

所谓网络文化产业是指以网络技术为依托，以产业化的方式提供文化产品和服务的新经济。其具体内容分为：信息技术产业，包括所有的数字化终端设备；信息技术服务产业，包括远程医疗、教育以及电子商务等；通信业，包括电子邮件、网络电话、网络会议等；信息内容业，包括传媒、出版、影视、娱乐、游戏、旅游、教育、音乐、戏剧、艺术博物馆等具体产品及内容。①

（二）内容说

网络文化产业是在信息产业与文化产业、网络产业与内容产业的跨越和融合发展中崛起的一个新产业，国际上又称之为"数字内容产业"或"数字娱乐产业"。网络文化产业可分为两部分，一是传统文化产业的网络化和数字化，比如数字图书馆、数字电影等；二是以信息网络为载体，形式和内容都有别于传统文化的新型文化产品，比如网络游戏、网络动漫。网络文化产业的核心是"内容产业"，主要包括网络游戏、网络视频、网络出版、网络新闻、网络广告、网络教育、网络旅游等诸多网络与文化结合的行业。②

（三）服务说

"服务说"将网络文化产业定义为利用计算机网络为社会提供各种服务，并从中获得一定服务费用的服务性行业。其特征是将图像、文字、影像、语音等内容，运用数字化高新技术手段和信息技术进行整合，提供的互联网服务主要有游戏、动画、影音、数字出版和数字化教育培训等。③

（四）融合说

"网络文化产业"既包括原有文化产品和服务在各种网络上的传播和延伸扩展，如数字电视以及在线点播音像制品；又包括基于互联网而产生的新的独特的文化形态，如网络游戏、网络动漫。但是，"网络、文化、产业"三要素缺一不可。网络不仅仅包括我们通常所说的计算机国际互联网，还应当包括电信网、移动互联网、有线电视网以及卫星通信、微波通信、光纤通信等各种以 IP 协议为基础的能够实现互动的智能化网络的互联。广义上说，网络文化产业是以上述网络技术为依托，以产业化的方式提供文化产品和服务的行业。但是，当今中国产业化程度较高的依然主要是网络游戏产业。④

---

① 田贵平. 刍议网络文化产业经济发展中的问题与对策. 现代财经，2008(6).

② 朱长春. 基于 SWOT 分析的我国网络文化产业战略研究. 北京邮电大学学报(社会科学版)，2008(1).

③ 赵普光，李凌汉. 我国网络文化产业发展的现状、问题与对策. 青岛科技大学学报(社会科学版)，2008(3).

④ 宋奇慧. 网络文化产业：新的文化经济增长点. 北京邮电大学学报(社会科学版)，2005(3).

从以上种种定义中寻找共同点，可以做出简要概括如下：网络文化产业，就是以网络为平台、以文化为内容的文化产业。从狭义上讲，网络文化产业是指基于互联网这一平台，从事文化产品生产和提供文化服务的经营性行业；从广义上讲，网络文化产业是以互联网为主要依托，同时包括手机、电信等多种通信网络在内的文化产业。广义上的网络文化产业，囊括了手机短信、彩信、彩铃等领域，范围更广，影响更深。然而，目前人们通常提到的"网络文化产业"，主要指的还是狭义上的概念。

网络文化产业主要提供互联网信息服务，具体包括提供互联网新闻服务、互联网出版服务、互联网电子公告服务及其他互联网信息服务等。网络文化产业以提供网络文化服务为主，基于网络平台进行文化内容的生产、制造和传播；网络文化产业以网络技术为依托，通过产业化的方式提供网络文化产品和服务，并从中产生经济利益。

二、网络文化产业的特点

作为一种崭新的经济形式，网络文化产业具有与传统文化产业不同的特点。它以网络技术为依托，具有极大的开放性，表现出全球化特征，促进了经济活动之间的联系。它属于知识密集型产业，具有高风险、高回报的特征。它的社会渗透性强，影响着人们的生活方式，对消费者的心理、认知以及行为模式具有引导和重塑的作用。同时，网络文化产业大大提高了文化产品的交易效率，进一步促进了市场经济的形成和完善，这是考察其特点时必须重视的方面。

（一）开放性与全球化

在全球文化联系日益紧密的今天，信息高速公路把全球联结为一个整体，从而形成了崭新的网络文化。网络的开放性不仅在于任何一个终端都与全球相连，更重要的是：首先，在网络上所有人都是平等的。网络文化注重个性选择和个性创造，为用户带来了真正的个性化、去中心化和信息自主权，用户可以根据自己的爱好进行商品的选择和订购，甚至亲自创作文化内容。其次，网上信息的透明性，打破了传统"金字塔"式的社会管理结构，提高了人们的社会自治能力，使得官方权威逐渐被消解，每个人的话语权和行为模式都有了更充分的释放空间。再次，网络进一步冲淡了空间距离造成的地域聚居群体观念，使"地域"、"民族"这一传统文化的内核渐渐消解。所有这一切，都将促成普遍主义的全球文化的形成，从而根本改变人类的生存状态及经济活动方式。在这种普遍主义的全球文化作用下，网络文化产业具有了开放性的特征。

除了开放性之外，网络文化产业还具有全球化的特征。它的发展突破了时间因素的制约，可以每天 24 小时不停歇地运转，是一种全天候的经济，从而加大了各国经济的开放程度，加强了彼此的相互依存关系，促进了经济全球化的进程，这是传统文化产业所不能比拟的。譬如网络金融、网络证券等行业，均不受上下班时间的限制，可以随时随地为人们提供服务，无论用户身处何处，总能通过网络获取来自世界各地的最便捷的服务。网上信息传递速度之快，已超越了地球上的时空概念；网上信息覆盖范围之广，已遍及全球各个角落。网络文化产业中的竞争越来越表现为时间的竞争，经济效益大大提高，经济周期显著缩短，网络文化产业中的从业者，越来越紧密地跟世界联系在一起，不得不与世界保持同步。

（二）知识密集程度高

从网络文化产业的内涵可以看出，网络文化产业的核心是"内容产业"。网络内容产业是指网络文化内容的创造、生产和商业化，它包括网络文化商品和网络文化服务。传统文化产业的范围比较广，涉及新闻出版、广播影视、广告动画等方面；而网络文化产业是基于互联网这个平台进行文化内容的创造和商业化运作的产业，涉及网络新闻、网络出版、网络广告、网络教育、网络旅游等行业。网络文化产业要取得成功，必须遵循内容为王的基本规律，因此，对内容的质量和吸引力也提出了极高的要求。信息技术的迅猛发展使知识储存、传递的成本大大降低，知识成为商品的能力也大大增强，由知识密集型产业引发的知识经济，逐渐进入人们的视野。知识密集型产业创造出许多人们未敢想象的新产品、新服务，产品和服务越来越知识化、智能化、数字化、人性化，生产模式正从规模生产向个性化生产转变，生产工艺越来越智能化，市场越来越电子化。企业的管理从生产向创新转变，其经济效益越来越依赖于知识和创新而不再是有形的资源、厂房和资本。在这种情况下，消费者的需求会得到越来越大的满足，真正的"按需生产"的局面必将出现。这就要求网络文化产业的从业者，除了能够提供有益、有趣的内容服务之外，还要随时跟上用户不断增长的需求，以及不断提高的网络技术水平。如此要求，非高水准、高素质人才不能胜任。网络文化产业的知识密集型特征，在这里得到了充分的体现。

（三）高风险与高回报并存

网络文化产业无疑是一架"造金机器"。以从事网络文化商品运营的企业——上海盛大网络为例，这个靠万元人民币起家的小公司在短短几年时间里创造了上亿元的巨大财富，被人们津津乐道。这家公司的快速成长，让人们仿佛看到了网络文化产业的神话，于是纷纷效仿，希望在这个朝阳产业之中分一杯羹。然而，必须看到的是，网络文化产业除了高回报以外，还存在较高的风险，"盛大"的成功，除了与公司总裁陈天桥本人的运营水平有关外，很重要的一个原因是盛大网络经营的产品具有独特性，个性化的网络游戏产品和娱乐产品很好地满足了网络用户对新鲜事物的需求，并且为他们提供了一个体验激情的平台，受到众多网络玩家的欢迎。然而，随着网络游戏的兴盛，大量网络游戏提供商纷纷涌入，产品逐渐变得高度同质化，用户新鲜感逐渐下降，利益空间也就相应地大大缩小了，错误预估了市场形势的商人，承担了高风险，却无法得到高回报。网络游戏和娱乐业的兴起足以证明网络文化产业的潜力，但也同时提醒人们，网络文化产业不是通往财富之门的万能钥匙，在高风险中落马的可能性，比一举成功的可能性要大得多。

（四）社会渗透性强

网络文化产业不仅传播了思想和知识，而且深刻影响着人们的思维、行为方式以及认知模式。在某种程度上，网络文化产业颠覆了人们的文化价值观、信息观、交往观、时空观、等级观、实体观，产生了新的认知模式，促进了群体思想及其行为规范的创新。譬如，通过合作式的网络游戏，人们逐渐与现实生活中的群体分离开来，逐步建立了网上的稳固社交圈，建立了虚拟平台上的可信赖的合作模式，并逐渐对虚拟社会人际关系产生信任感，对现实社会人际关系产生不同程度的失望。通过网上交友、网上聊天等活动，人们可以发现自我的多重性，找到与现实生活中有所差别、甚至迥然不同的另一个自我；通过办公活动和家庭事务的自动化、网络化，通过网络教育、网络媒体、网上购物、网上会议、电子银行、网上书店、网上图书馆，甚至网上炒股等活动，人们从事生活琐事的时间被大大缩短，基本的生活需要以更迅捷的方式得到了满足，这就极大地解放了人们的劳动力，使人们能够有更多的时间和精力从事自己爱好的事情。网络文化产业的盛行，创造了全新的生活方式，为消费者带来了一个截然不同的个性化时代。

（五）交易效率高

首先，网络文化产业降低了文化产业市场的进入壁垒。由于技术专有性、规模经济等原因，传统文化产业市场存在着较高的进入壁垒，大部分的市场份额被极少数厂商所占有，新进入的生产者很难求得一席之地。对于这种壁垒，网络文化产业利用自身的全球开放性加以克服。互联网与传统媒体联合，组成了庞大的信息网络，为交换和市场活动提供了广阔的信息平台。这种信息共享的理念和技术拆除了市场准入的障碍，把交换活动的范围扩大到前所未有的地步。由于进入壁垒降低，网络文化产业中的企业差别化程度也很低，在这样一个完全开放的体系下，企业之间的相互学习变得更容易、更方便、成本更低，任何一个企业要长久保持与其他企业的差异，都是不可能的。彼此模仿，相互借鉴，成为这些企业生存与竞争的常见模式。由此企业的差异化就有缩小的趋势，也可以说，企业之间差异化的存在时间日益缩短。

其次，网络文化产业提高了交易的频率和速度。电子数字技术更新了金融手段和信用体系，为交换行为提供了全新的交易和结算方式，因而极大地提高了市场效率。传统意义上的商品交换网络是集中型的，以商业中心和批发商为核心，形成辐射型的销售渠道和配送体系。而网络文化产业是分布型的，无数节点相互联结，形成星罗棋布式的网络，交换活动在任何一个节点上都可能发生。渠道的拓展，大大提高了商品流通的效率。

再次，网络文化产业加剧了市场竞争，深化了市场经济的发展水平。网络降低了人们的信息搜集费用、讨价还价成本，使得实际买主的空间分布圈扩大，同一个买主也成为许多不同商家竞相争夺的目标。市场经济是商品经济的高级阶段，在这个阶段，不仅商品生产、商品交换是每一个经济主体本身的职能，而且每一个商品买者或卖者都要通过竞争才能获得成功的交换。竞争意味着任何一种商品的卖主并非一个、买主也并非一个，市场经济的效率通过竞争而发挥出来。从这个意义上看，网络文化产业是市场经济的发达阶段。竞争的效率在这里得到了最大程度的体现，网络文化产业也比传统文化产业更加依赖市场的调节机制。

尽管网络文化产业有以上种种优势，但不可否认，这种产业的兴起也带来了一些潜在的社会问题。由于大众对于互联网文化内容的巨大需求，以及电信基础设施建设的推进和计算机硬件的不断普及，中国的网络文化产业呈现出网络游戏产业反常规的高速发展。在这样高速发展的背景下，不可避免地引发了种种社会问题。常见的社会问题包括：少数网络游戏产品中存在色情、赌博、暴力、愚昧、迷信以及危害国家安全等不健康内容，部分网民沉迷其中，严重危害了身心健康，甚至产生违法犯罪行为；未经内容审查的不合法网络游戏产品充斥中国网络游戏市场，缺少拥有自主知识产权的原创网络游戏产品；"私服"、"外挂"等非法经营行为比较突出，合法经营者的利益常常得不到保护等。网络文化产业作为新兴产业，这些问题的涌现虽然从某种意义上讲是事物发展过程中不可避免的，但也提醒人们，要形成一个健全的、健康的网络文化产业，我们还有很长的路要走。

三、国际经验——美国网络文化产业

自从 1946 年第一台计算机 ENIAC 在美国诞生以来，美国一直是全球信息技术产业的领跑者之一。20 世纪 60 年代，一场席卷全世界的信息技术革命从美国发起，这一场革命改变了地球上大多数人的生活方式。美国以自己雄厚的经济实力为支撑，将自己的快餐文化与好莱坞电影、美剧等捆绑在一起推向全球。以下主要从网络文化产业的产品构成与经营模式分析美国网络文化产业的现状。

（一）网络报纸、杂志与图书出版

网络媒体的出现促使印刷媒体主动或被动地走向了网络化。互联网时代为传统媒体的生存方式提出了挑战。从产品形式到经营模式，传统媒体在经历阵痛之后都做出了自己的调整。

1. 网络报纸

美国报业协会 2009 年 4 月公布的一项由市场研究机构尼尔森在线公司进行的调查显示，2009 年第一季度美国报纸经营的网络版平均每月吸引读者约 7 330 万人次，比 2008 年同期增长 10%，网络报纸读者 2009 年前 3 个月浏览的网页量为每月 35 亿页，同比增长 13%，这个数字是美国报业协会自 2004 年起对网络报纸阅读情况跟踪统计以来的最高纪录。促使美国报业网络化的主要动力有两个：一是发行量下滑，二是广告业务流失。由于网络新闻具有即时、快捷、不占空间的特点，传统的日报纷纷开辟自己的网络新闻站点。美国报业于 20 世纪 90 年代开始涉足互联网，1994 年全美有 20 家报纸上网，到 2000 年这个数字已经变成了 1 100 多家，到 2009 年美国 1 456 家日报社几乎都有了自己的网站，并积极探索着盈利模式。

美国报纸的盈利模式主要从内容和广告两个方面进行探索。从内容收费来看，分为全部收费和部分收费两种模式。在美国 1 456 家日报中，只有《华尔街日报》一家全国性报纸和 40 家规模较小的日报实行全收费。另有几十家报纸部分收费，或仅提供报纸网络版的访问权。广告是目前报纸网站赚钱的主要手段，2006 年第一季度，美国报业的印数和网上广告收入达到 111 亿美元①。此外，报社还投资具有潜力的商务网站，2005 年 6 月，斯克立普斯公司以 5.25 亿美元的价格收购了一家在线购物价格比较网站 Shopzilla，至此，所有报团均已涉足商务网站。美国报业投资商务网站分两类：一类是与报纸业务相关的网站，如《华尔街日报》2004 年以 5.38 亿美元收购个人理财投资网站 Market-watch；另一类是与报业传统业务不相关的网站，如斯克立普斯公司收购的 Shopzilla。

2. 网络杂志

美国的网络杂志分为纸质杂志的网络版和独立经营的网络杂志两种。纸质版杂志与网络版杂志在发行、广告、营销上的互补与报纸的网络化过程非常类似，杂志的网络版使杂志更加立体化，为杂志带来了更多的发展机会。网络公司独立经营的网络杂志则具备受众更加细化、内容组织方式先进、发行手段依托网络、与读者交互感强等特点。

---

① 一季度美国报纸网络广告收入同比增长 35%. http://tech.sina.com.cn/i/2006 - 06 - 04/09581967.shtml.

以 Slate 杂志为例。2004 年它的注册用户已达 600 万，被评为 2005 年仅次于《华盛顿邮报》、《纽约时报》和《华尔街日报》的第四大媒体。Slate 杂志采用先进的 P2P（点对点）技术发行，搭建起信息迅速传播的一个技术平台。首先，提供基于 RSS（简易信息聚合）的服务，通过发布 RSS 文件（一般称为 RSS-Feed），使网站各栏目信息直接被其他站点调用，大大提高了读者阅读质量。网站提供多种多样的阅读模式。通过在线阅读，或 ebook 文件阅读，也可通过定制内容，阅读印刷版的杂志内容，或通过 E-mail 及时阅读网站各栏目信息等，还可将站点内容移植到计算机、掌上电脑、手机等多种个人终端进行阅读，大大扩展了杂志的阅读。其次，积极开展网络广告业务，例如与谷歌建立联系，在各个网页，根据网页内容发布上下文广告；另外，还利用网页空间为广告商发布系列、成套的网络广告。此外，还充分利用播客等新的营销工具和广告方式，为克莱斯勒汽车公司等大型跨国公司在 Slate 的播客上插播短广告，从而收益不菲。[①]

3. 网络图书

美国图书出版的网络化以 2000 年美国畅销书作家史蒂芬·金与西蒙·舒斯特出版社合作在网上出版的短篇小说《骑弹飞行》为标志。该书发行两天便有 50 万人次下载。此后许多出版商开始涉足电子图书业务，并与开发阅读软件的公司组成了联盟。目前美国绝大多数出版社都有了自己的网站，进行着以互联网为流通渠道、以数字内容为流通介质、以网上支付为主要交易手段的图书出版和发行。在图书销售方面，以亚马逊书店为代表的美国网络图书销售行业已经形成了独特的亚马逊模式，并向全世界推广。

（二）网络广播

传统的广播节目由于在内容及收听时间上的局限性，越来越难以满足追求个性化和便捷性的年轻听众的要求，而随着互联网技术发展的网络广播正在逐渐占领市场。网络广播是通过互联网将丰富的音频内容传递给特定的用户群，并通过计算机、手机或者车载收音机收听指定的节目。同时还提供点播、聊天室、互动游戏等服务功能，播出方式分为直播、点播、在线播放与录播等几种方式。网络广播 1995 年问世，如今，时代华纳收购的 Spinner 和雅虎收购的 Broadcast 网站是最受欢迎的网络广播站点。据市场研究机构 Arbitron 的统计，2005 年第一季度美国就已拥有 3 700 万网络广播用户。

网络广播电台的盈利模式有两个：一是提供付费节目，二是在线广告。网络广播的"窄播"特点使广告市场具有突出的时效性和针对性，网络广播的广告信息点击率达 70%，吸引了业界人士的大量关注。

① 陈丹，叶新. 美国网络杂志的运营特点. 出版参考，2007(9).

而 2004 年 10 月诞生的播客为网络广播注入了一支新生的力量。它借助苹果公司推出的 iPod 播放器和相关软件，将网上音乐或者广播等数码声讯文件下载到个人播放器中，并允许用户将个人制作的声讯软件上传到网络上与他人共享。2005 年 1 月诞生了第一个以播客节目为主体的广播电台 KOMO，2009 年美国有 1 300 万个播客节目。但是目前美国广播公司并未将播客作为盈利手段，而是专注于抢占技术市场。播客的运营和盈利方式尚在探索阶段。

（三）网络视频

传统的电视媒体与数字网络技术结合的产物——网络电视，利用宽带有线电视网，集互联网、多媒体、通信等多种技术于一体，向家庭用户提供包括数字电视在内的多种交互式服务。其盈利模式一是节目收费，一是视频点播（VOD）收费。目前网络电视的经营模式已经趋于成熟。

随着 Web2.0 时代的到来，一种以 YouTube 为代表的网络视频网站模式吸引了大量的用户。这种视频网站允许网民自由上传、观看和分享视频短片，YouTube 自从 2005 年一创立，就吸引了大量的网民。

据 ComScore 公司 2008 年 12 月发布的报告，有 77% 的美国网民观看网络视频，每个观众平均观看了 247 分钟视频。9 950 万观众在 YouTube.com 上观看了 53 亿次视频（平均每位观众观看了 53.2 次视频）。5 120 万观众在 MySpace.com 上观看了 5.2 亿次视频（平均每位观众观看了 8 次视频）。

ComScore 在 2009 年 1 月发布的美国互联网调查报告称，美国在线视频的浏览量在 2008 年继续获得高速增长，全美在线视频独立浏览人增加 6%，浏览总量增加了 34%。美国人花在在线视频浏览上的时间占上网时间的 12.5%，比 2007 年增加了 8.5%。在线视频网站 YouTube.com 占到了整个市场 40% 的份额，继续位居在线视频市场的首位，占在线视频浏览总量增加值的 2/3。该网站在 2008 年 11 月的浏览量达到了 51 亿，比上年度同期增加了 74%。

在线视频的另一个发展趋势是从短视频、网友自发上传的视频内容，发展到更多的长视频和专业制作的视频内容，包括完整的电影和电视剧。

YouTube 商业经营模式的主要症结是版权问题。现在存在多种盈利模式。一种可能的模式与电台的盈利模式相似：YouTube 为内容支付版税，完全依靠广告来盈利，比如提供跳转到各类专属频道和电子商务平台的关键词链接，或者引导 YouTube 用户到指定的场所购买唱片和影视作品。另外一种是订阅模式，即建立按观看次数付费（Pay—Per—View）的模式，例如欣赏热门家庭影剧需每次付费 50 美分。无论是上述哪种商业模式，YouTube 都必须跟版权人分享收入。未来盈利模式的关键是如何有效地分配版税。目前的现状是版权人通过制作和发行链提成。一直以来的一个难点是如何与媒体公司分享这笔收入，并找到方法在数字化发行过程中同步进行版权保护。

（四）网络音乐

网络音乐是指音乐产品通过互联网、移动通信网等各种有线和无线方式传播，其主要特点是形成了数字化的音乐产品制作、传播和消费模式。借助先进的网络技术和最新的音乐内容，网络音乐占据了美国乐坛的霸主地位，不但吸引了广大青少年，而且已成为美国众多乐迷获取最新音乐的最主要媒介，利用网络来下载音乐的数量逐年增加。据美国音乐销售市场调查公司 Nielsen Sound Scan 宣布，截至 2006 年的第 49 周，普通消费者下载的乐曲数量已经超过 5.25 亿次。2001 年至 2005 年美国网络音乐发展迅速，2005 年与 2001 年相比，数码下载音乐增长了 40 多倍，网上订购音乐增长了近 30 倍，而音乐传统方式的增长仅为 3 倍多。可见，网络音乐的增长率远远高于音乐传统方式的增长率，表明越来越多的美国消费者接受了网络音乐模式。2007 年 3 月，Nielsen Sound Scan 的最新调查报告表明，在 2007 年第一季度中，美国音乐 CD 唱片销量下滑了 20%，与此同时网络音乐下载业务则撑起了唱片公司的盈利线。据法新社报道，在 2007 年 3 月 18 日之前，美国市场 CD 总销量为 8 900 万张，这个数字在上年同期曾经达到 1.13 亿张，第一季度美国网络音乐销量为 1.19 亿美元，这个数字在上年同期为 9 900 万美元。[①]

盈利模式是各方网络音乐竞争的新的增长点。苹果公司开创的按下载歌曲数量收费的照单点播模式应用最为普遍。另外还有按月付费的订购点播模式、在线购买与个人计算机包月下载同时并行的双轨制模式等。

（五）网络游戏

网络游戏是以计算机游戏为基础，允许用户通过互联网参与游戏并进行互动的一种数字娱乐产品。网络游戏作为新兴产业诞生于 20 世纪 90 年代中期，按游戏模式与经营模式分为两类。初期的人机模式，如 1997 年的《网络创世纪》2D 版本。后期的大型多人扮演的在线网络游戏，如《第二人生》和《网络创世纪》3D 版本。后者允许成千上万的用户参与游戏，游戏可以无限期进行，角色扮演、虚拟社区和虚拟交易是最大的特点，通过游戏货币的兑换实现了虚拟与现实之间的交易转换。

2006 年开始兴起了一种新的网游形式。随着 Web 技术的发展，许多"无端网游"开始兴起，即不用客户端也能玩的游戏，也叫网页游戏或 WebGame，也有一些公司宣称"老板眼皮底下也能玩的游戏"。确实，网页游戏依靠 Web 技术支持能提供在线多人游戏，受到许多办公室白领一族的追捧。

美国的网络游戏产业规模正在逐年扩大，它的产业规模已经超越了好莱坞电影业，成为了美国最大的娱乐行业。ComScore 发布的数据显示，2008 年 12

---

① 侯琳琦. 美国网络音乐发展现状分析. 北京邮电大学学报(社会科学版)，2008(1).

月，美国网络游戏用户同比增长27%，总数量达8 598万。在热门游戏网站前十位中，如表9－1所示，排在首位的Yahoo! Games的用户数量为1 947万，同比增长20%。排在末位的SpilGames用户数量则为672万，同比增长率高达269%。该数据还显示，2008年12月，美国网民花在网络游戏上的时间占其上网总时间的4.9%，与2007年同期相比增长了32%。这一统计量也与美国陷入金融危机有关。在各个企业大幅裁员的情况下，许多网民选择用网络游戏来减轻压力、消磨时间，这是网络游戏用户迅速增长的一个重要原因。①

表9－1　2008年12月美国热门游戏网站前十位

网络游戏网站	2007年12月(万人)	2008年12月(万人)	增长率
合计	6 746	8 598	27%
1. Yahoo! Games	1 619	1 947	20%
2. EA Online	1 267	1 537	21%
3. Disney Games	1 193	1 346	13%
4. WildTangent Network	765	1 331	74%
5. Addictinggames. com	971	1 134	17%
6. AOL Games	838	1 075	28%
7. MSN Games	969	1 026	6%
8. Miniclip. com	726	864	19%
9. Nick. com Games	602	709	18%
10. Spil Games	182	672	269%

资料来源：http：//www.iresearch.com.cn/.

　　美国的网络游戏的盈利模式具有多样化的特点。一是通过游戏本身，二是通过在线广告获取利润。而网络游戏的市场潜力还在进一步挖掘。一是开发经营游戏软件、视频游戏硬件。为了吸引更多的玩家，游戏厂商不断推陈出新，吸引玩家通过购买游戏软件和外设获利。微软称1 400万Xbox游戏机用户中，有近100万人购买了Xbox外设设备。二是提供游戏周边服务。例如付费升级服务和下载游戏内的电影动画和背景音乐，推出游戏中的玩偶等。三是提供虚拟物品与现实货币的交易。虽然当前对这个市场的合法性和规范性还存在着争论，但是其越来越火的发展势态已经成为了不争的事实。

---

① 2008年12月美国网络游戏用户同比增长27%. http：//www.cnii.com.cn/20080623/ca544184.htm.

（六）美国网络文化产业的特点

美国的网络文化产业是其文化产业中最具潜力的产业，从网络出版到网络影视、网络音乐、网络游戏，美国一直走在世界的前列，并领导着世界网络文化产业市场。这一方面与其资本力量雄厚、占尽先机有关，另一方面其发展过程也有很多值得借鉴的特点。

1. 产品技术的不断革新

IT行业高度密集化，为了适应网民不断提高的需求，美国众多网络内容的供应商不断推陈出新，在强大的资金后盾的支持下，不断进行新产品的研发和升级换代。

2. 媒体概念的转变

进入Web2.0时代后，其互动性、社区化及去中心化的特点被网络内容供应商牢牢把握，由此开创了一系列新的网络应用形式。如SNS站点，强调了个人在网络中的作用，增强了识别性和互动，充分发挥了个人网络用户的参与度。又如P2P的传播模式，网络内容直接实现了从人到人的传播，强调网络文化产品的用户既是消费者，又是生产者。又如YouTube等流媒体视频网站，允许普通用户上传文件共享，进一步削减了网络的权威化。

3. 网络产业的集约化经营体制

作为高新技术产业的网络文化产业又被称为创意产业，由于网络文化产品正在逐渐脱离物化的特征，其产品的采集、加工、制作的流程大大缩短，提高了产品生产效率，加强了产业集约化经营。网络产业与电子商务业、广告业、教育业等也不断走向整合，进而促进了网络秩序的变化，兼并、重组一直在发生，产业结构的整合在提高经济效益、促进资源优化配置的同时，也导致了市场垄断。

第二节　中国网络文化产业发展

一、中国网络文化产业发展的取向与特点

（一）创新是中国网络文化产业不断发展壮大的原动力

中国网络文化产业是在全球化条件下，进入小康社会以来，以人们的精神文化、娱乐需求为基础，以高新技术手段为支撑的一种跨行业、跨部门、跨领域筹措和创建的新型的产业方式。英国提出创意产业的概念，很重要的一个基础就是依据网络和数字产业。他们提出的动漫、游戏、数字艺术、软件设计、互动休闲软件、新的数字广告，还有数字电影、数字电视、数字化的新闻出版

刊物、数字工业设计、服装数字设计等这些内涵已经全部奠基于数字时代或者数字技术。因此，网络文化产业应当是一个新型的跨界域、在新的形势下产生的产业类别，它需要各个部门联合，共同来打造的完整、新兴、独立的产业体系。

中国网络文化产业的发展，依赖于当今社会的不平衡状态，总体上会实现一个大的跨越式的发展。与网络文化密切相关的文化内容就是创意为王、内容为王。毫无疑问，今天的网络文化一定是科技文化化和文化科技化融合的产物，同时是文化经济化和经济文化化的产物。目前，科技、经济和文化高度融合与全球化已经成为网络文化产业作为创意产业的一个基点。总之，创新、创意应该成为中国网络文化产业不断发展壮大的原动力。

（二）民族化是中国网络文化产业发展的重要特点

当前，网络传播的全球化催生了网络文化的全球化趋势，各个国家、各个民族的文化正在通过这一全球化的传播方式，生产出新的精神消费类产品。尽管网络传播在形式上具有共同的技术色彩，然而，其生产和负载的内容（包括产品和服务）却具有完全不同的性质。超民族的网络文化不存在，网络信息内容依赖的正是各民族的历史和文化资源，依托于不同的消费对象。传播的全球化并不能掩盖信息内容的民族化。从中国网络文化产业发展的现实情况来看，宝贵的传统文化资源、丰富的民族文化遗产既是中国网络文化产业的重要资源，也是建设中国特色网络文化的精神底蕴。网络文化产业不是从天而降的，而是有着强大的民族传统文化做后盾。以网络游戏为例，所谓的网络游戏中的"十大英雄形象"，都打上浓厚的民族传统文化的烙印，排在第 1 位的 Solid Snake，就源于美国电影 007；关羽这一中国民众十分熟悉的形象则排在第 4 位，与之相关的还有"三国"系列游戏、大话西游等。毫不避讳地说，属于各民族传统文化内容的游戏，占据着网络游戏市场的主导地位，这对于全球都适用。网络文化产业所吸引全球目光的正是民族文化的独特性，这种独特性就是不可替代性，也就是网络文化发展的比较优势所在。

中国的网络文化产业必然是建构在中国特色的网络文化之上，并努力去获得世界认同和接受。因此，中国的网络文化产业首先是满足本国、本民族的精神消费需求，这里就有着无限的市场和发展空间。网络文化产业本质上是一种内容产业，民族文化正是中国网络文化产业的活的文化核心。

（三）网吧成为中国网络文化产业的重要阵地

中国网民总数已超过美国，位居世界第一，但网络普及率却远远低于其他发达国家。与此同时，经济发展的不平衡，也决定了在国内东部与西部之间、城市与乡村之间、中老年人与青少年人之间以及不同的行业和人群之间，网络的普及率存在着巨大的差异。中国还处于社会主义初级阶段，经济发展水平离网络普及的要求还相距甚远。正是由于网络普及率低下限制了网络经济自身有序的发展。因此要打破网络经济发展的僵局，就必须在现阶段寻找一个最好的方式，来缓解经济发展与网络普及率之间的矛盾。而网吧的出现，可以说是一场及时的春雨，缓解了网络经济发展"旱情"，使更多的人可以与网络接触，大大地改善了目前网络普及率低下的状况。

在现今社会发展进程中，网吧作为现代中国网民最为集中的区域，作为重要文化承载的一个集中枢纽点，目前仍是普及互联网知识、计算机知识、进行信息传播的重要阵地，也是为广大民众吸收优秀的网络文化、进行网络娱乐提供基础平台的重要阵地。网吧已经成为人们生活的一部分，在国内互联网建设与普及速度加快的今天，人们对网络无所不在的知识和信息需求越来越大，这客观上为网吧的存在提供了极大的生存空间，网吧产业的健康发展已关乎整个国家的信息化建设，也是构建社会主义和谐社会的一个重要组成部分。

从产业发展的角度来讲，网吧作为网络文化产业中消费群体最为庞大的客户，与网络文化产业中各个行业保持着紧密的联系，居于整个产业链中最重要、最活跃、最底层的环节，它的发展对整个网络文化产业的发展至关重要。从社会发展的角度来看，网吧是科技发展、社会进步和市场需求的产物。随着人们对文化生活需求的不断提高，网吧的普及显得重要起来，国内各界对于网吧的建设给予了高度关注，随着一系列正规化连锁网吧管理模式探索和指导性政策的出台，网吧行业正以稳健的姿态逐步走向成熟。

专栏 9 – 1

网络文化产业成为中国文化产业重要组成部分

据国务院新闻办公室发布的《中国互联网状况》白皮书显示，互联网推进了中国经济社会发展。在经济领域，互联网加速向传统产业渗透，产业边界日益交融，新型商务模式和服务经济加速兴起，衍生了新的业态。互联网在促进经济结构调整、转变经济发展方式等方面发挥着越来越重要的作用。互联网也日益成为人们生活、工作、学习不可或缺的工具，正对社会生活的方方面面产生着深刻影响。

互联网成为推动中国经济发展的重要引擎。包括互联网在内的信息技术与产业，对中国经济高速增长做出了重要贡献。过去 16 年，中国信息产业增加值年均增速超过 26.6%，占国内生产总值的比重由不足 1% 增加到 10% 左右。互联网与实体经济不断融合，利用互联网改造和提升传统产业，带动了传统产业结构调整和经济发展方式的转变。中国的工业设计研发信息化、生产装备数字化、生产过程智能化和经营管理网络化水平迅速提高。互联网发展与运用还催生了一批新兴产业，工业咨询、软件服务、外包服务等工业服务业蓬勃兴起。信息技术在加快自主创新和节能降耗、推动减排治污等方面的作用日益凸显，互联网已经成为中国发展低碳经济的新型战略性产业。2008 年，中国互联网产业规模达到 6 500 亿元人民币，其中互联网制造业销售规模接近 5 000 亿元人民币，相当于国内生产总值的 1/60，占全球互联网制造业销售总额的 1/10；软件运营服务市场规模达 198.4 亿元人民币，比 2007 年增长了 26%。

互联网促进了文化产业发展。网络游戏、网络动漫、网络音乐、网络影视等产业迅速崛起，大大增强了中国文化产业的总体实力。过去五年，中国网络广告市场始终保持约 30% 的年均增长速度，2009 年市场规模达到 200 多亿元人民币。2009 年中国网络游戏市场规模为 258 亿元人民币，同比 2008 年增长 39.5%，居世界前列。中国网络文学、网络音乐、网络广播、网络电视等均呈快速发展态势。持续扩张的网络文化消费催生了一批新型产业，同时直接带动电信业务收入的增长。截至 2010 年 3 月，中国已有各种经营模式的上市互联网企业 30 多家，分别在美国、中国香港和中国内地上市。网络文化产业已成为中国文化产业的重要组成部分。中国政府大力推动优秀民族文化的网络化传播，实施了一系列文化资源共享工程，全国在线数据库总量达到 30 多万个，初步构建起具有一定规模的文化信息资源库群，有效满足了人们多样化的精神文化需求。

资料来源：新华网，http：//www.nxnet.net/newscenter/newsjjnx/201006/t20100609_840338.htm.

二、中国网络文化产业面临的困难与挑战

（一）网络文化产业的快速发展和变化对其建设和管理提出严峻挑战

网络文化产业的快速发展对文化建设提出挑战。网络文化主体的自由性、网络文化内容的动态性、网络文化体系的开放性，决定了网络文化多元、多样、多变的特征。同时增加了网络文化建设的难度。一是网络传播模糊了既有文化形态的界限，多元文化在网络空间相互交融、并存、共生，突出表现是文化参与角色淡化、权威话语失落。二是网络泛娱乐化倾向背离文化的真正价值，其典型代表就是低俗娱乐新闻在网络上的泛滥。目前国内绝大多数网民上网活动比较单一，网络消费多以娱乐为主，网络应用结构严重失衡。三是网络道德失范、网络犯罪难以有效控制，网络暴力、人肉搜索等恶意应用增多。

网络文化产业的快速发展对其管理模式提出新要求。当前政府在网络文化建设和管理工作中做出诸多努力，取得了一些成效，但与新时期网络技术迅猛发展的态势相比，仍存在不相适应的问题，不是漠视网络舆论，就是产生网络

焦虑，急需在观念、措施等方面有所改变和作为。

（二）网络文化产业约束机制和相关立法不健全

随着互联网应用普及率的不断提升，网络游戏货币化、网络交易非法化、网络犯罪多样化、未成年人上网成瘾等一系列问题愈加突出，对网络建设提出挑战。由于国家网络文化立法滞后，地方网络文化管理规定总体上缺乏相应的法律法规支持，很多领域处于一种无法可依、无法可管的状态。同时，地方普遍存在大量使用行政管理手段管理网络文化的现象，行政手段亟待规范，法制管理手段欠缺。如何将行政手段与法制手段有机结合，以法制手段促进网络文化建设和管理的健康发展，是当前政府加强网络文化建设管理的重要课题。

2007年"两会"召开期间，来自全国各地的代表纷纷将目光投向网络文化产业领域，数十位人大代表就网络环境净化、网络市场交易规范、网吧监管、虚拟财产保护以及动画产业发展等几大互联网产业内广受关注的问题提出了议案。2008年3月的"两会"上，有人大代表建议应出台"网络文化产业促进法"，该法的内容包括市场准入与退出，未成年人保护和隐私权保护等18个方面。这些议案的提出，也表明中国当前的网络文化产业配套法律法规尚不健全，亟待建立健全并及时完善，规范网络文化产业，保证其良性发展。

（三）经济波动与危机给网络文化产业发展带来巨大压力

2008年下半年，一轮席卷全球的金融风暴引发连锁反应，世界各国相继出现经济危机征兆，中国社会经济各领域都遭受影响。伴随着金融危机的扩散与深化，网络文化产业发展受到极大冲击，业内人士对网络文化产业发展持比较悲观的态度。

虽然目前世界各国政府采取各种措施应对危机，然而经济波动、甚至危机都是不可避免的，并且随着全球经济联系日益紧密，波动与危机的影响将更加持久、广泛、深入。由此，开放经济条件下，各国特别是像中国这样的发展中国家，推进网络文化产业较发达国家面临更大的挑战和压力。

三、中国网络文化产业的应对之策

全球蓬勃兴起的网络文化，正在推动全球范围内的产业革命、文化观念与活动的创新、社会变革。从世界发展潮流来看，网络文化产业是各国争相发展的产业，完全符合科学发展观的要求，有望成为中国实现国民生产总值翻两番目标的支柱产业。中国应结合国情与互联网特点，积极推动网络文化产业的繁荣发展。

（一）推行精品工程，打造名牌产品和服务

网络的开放性，必然加剧各民族文化的冲突与竞争。要增强企业自主创新能力，推动网络文化产品的创作、生产向以原创为主的转型和升级；积极鼓励、扶持国内软件开发商、网络运营商、内容提供商等各类企业创作和研发弘扬民族精神、反映时代特点、科技含量高、有益于未成年人健康成长、拥有自主知识产权的网络产品，并形成一批具有中国历史文化内涵、代表中华民族传统道德及价值观念、凝聚民族精神与情感的网络精品，打造名牌网络产品和服务，进一步开拓和占领国际市场。

（二）加强行业自律，加大监管力度

网络产品的内容应当符合中国宪法和有关法律法规的规定，有益于弘扬民族优秀文化，提高民族文化素质，传播促进社会进步的思想道德、科学技术和文化知识，丰富人民群众的精神文化生活。由此应加强行业自律，加大监管力度，不断提高网络文化产品的质量和水平，发展健康有益的网络文化，严禁含有色情、暴力、赌博、愚昧迷信、危害国家安全和未成年人健康成长等内容的网络游戏产品在国内生产和传播。同时，加强网络产品的进口管理，实行进口网络产品内容审查制度，严格进口标准，有选择地把世界各地的优秀网络产品介绍进来，防止境外不适合中国国情和含有不健康内容的网络产品的侵入。

（三）大力扶持和推动互联网周边产业

网络对相关产业具有明显的带动作用，要加大对拥有优秀网络文化内容相关行业的扶持力度，扶持开发有中国特色、自主知识产权的网络游戏，用健康有益的先进文化占领网络文化阵地；要促进国产网络衍生产品的开发，包括动漫产品、图书期刊、音像制品、玩具服装、娱乐设施、游戏展会、食品用品等。通过网络衍生产品的综合开发，扩大和增加中国网络文化产业规模，真正形成中国网络文化产业再生产的良性循环机制，为广大人民群众特别是青少年提供健康向上、喜闻乐见的相关文化产品。

（四）加强网络产品策划、技术以及营销管理人才培养

IT人才是网络企业建设和发展的关键因素。当前国内企业对信息技术和网络人才的需求呈现快速上涨趋势，无论是企业网络构建管理，还是网站的开发运营，都需要大量的实用型网络人才。要积极推进IT职业培训，提高社会自身人才培养力度，鼓励网络文化企业独立办学或与高校联合办学，为IT人才培养提供良好的外部环境。此外，还要加快网络文化队伍建设，形成一支与网络文化建设和管理相适应的管理队伍。

（五）切实加强对网吧的整治，规范网络产品市场秩序

要按照取缔非法、控制总量、加强监管、完善自律、创新体制的要求，切实加强对网吧的整治和管理。坚持一手抓整顿和规范，一手抓改造和提高，积极引导网吧产业向连锁化、规模化、集团化、品牌化方向发展，创新体制机制，加强行业监管。认真落实未成年人不得进入互联网上网服务营业场所的规定，严厉查处网吧违规接纳未成年人进入的行为，特别是未成年人到网吧玩游

戏的行为。提倡未成年人到学校、社区、图书馆和家庭，在监护人和师长的监督下上网，最大限度地减少网络产品可能产生的负面影响，保障未成年人的身心健康。

第二节 动漫文化产业

一、动漫文化产业概述

（一）动漫

根据艺恩研究并综合已有的关于动漫的解释，艺恩将动漫划分为四种类型，分别为电视动漫、电影动漫、手机动漫和网络动漫，各自的定义如下。

（1）电视动漫：指在电视频道上播映的动漫作品，包括虚拟形象动漫、真人实景动漫以及两者的结合体。典型代表作品如《喜羊羊与灰太狼》、《天线宝宝》。

（2）电影动漫：以动漫制作的电影，例如《喜羊羊与灰太狼之虎虎生威》。动漫电影的定义有狭义和广义两种。狭义上动漫电影只通过电影院放映，广义上动漫电影除通过电影院放映外，还通过剧场和 DVD 发售。

（3）手机动漫：将动漫元素融入 MMS、WAP 等各类移动增值产品，并兼容手机动漫产品，通过移动运营商（中国移动、中国联通等）的手机终端将产品分发给消费者，通过电信运营商实现收费的一种电信增值服务。

（4）网络动漫：以专业的动漫网站为载体，通过互联网制作和传播的作品与信息以及以动漫和漫画形态提供各种增值应用服务，并从中获得收益。

（二）动漫文化

动漫文化是指视觉消费时代以动漫形象为基础、以现代传媒为动力支撑的大众文化。它以动漫形象为基础，以现代传媒为支撑，是一种消费性的视觉文化。

由于动漫文化可以在一切有形和无形的载体上传播，如广播、电影、电视、网络、手机、期刊、书籍、带有动漫形象的游园设施、公交车、户外广告牌、玩具、文具、食品、服装、商店的卖点广告（POP）等。因此动漫文化的表现方式也多种多样，如组织或参与漫画比赛、在以卡通形象为主体的场所参加游园活动、在家中或其他地方（如漫画吧）阅读动漫期刊或书籍、观赏电影动画或电视动画、参与有动漫角色的网络游戏、购买动漫形象衍生产品、成立民间动漫组织、策划动漫活动、分享动漫故事等。总体看来，动漫文化以动画、漫画、游戏为核心展开，其外延涉及所有带有动漫形象的事物及文化现象。

（三）动漫产业

1. 内涵

国务院办公厅转发财政部等部门《关于推动我国动漫产业发展若干意见的通知》对动漫产业的范围在理论上做出了界定：动漫产业是指以"创意"为核心，以动画、漫画为表现形式，包含动漫图书、报刊、电影、电视、音像制品、舞台剧和基于现代信息传播技术手段的动漫新品种等动漫直接产品的开发、生产、出版、播出、演出和销售，以及与动漫形象有关的服装、玩具、电子游戏等衍生产品的生产和经营的产业。

2. 特点

（1）高投入、高利润和高风险性。作为一种资本密集型产业，其前期的动漫形象创意和塑造投入需求大，这些产业链源头行业的发展影响着市场的占有率，好的创意和动漫形象塑造具有艺术感染力和持续冲击力，能锁住消费者眼球而获得高额利润；反之就会丧失市场，前期投入功亏一篑，构成巨大的经营风险。

（2）与科技结合紧密，对人才需求量大质高。动漫是网络和数字技术发展的产物，动漫作品的创作需要更多的技术支撑，同时需要大量既懂艺术又有技术的综合性人才，除了前期的创作和技术人才外，还需要后期衍生产品生产销售中的营销策划人才及其他相关行业人才。

（3）衍生产品多，营销周期长。动漫产业的衍生产品很多，使得整个产业链的营销周期拉长，获得丰厚的利润。近年来，随着大众文艺娱乐日趋多元化以及数码特效技术的不断创新，动漫文化又开始得以新的繁荣与飞跃，出现了 FLASH 动漫、三维动漫、全息动漫等崭新的动漫形式，在不同的国家与地区都成为主流的文化形式。以漫画、卡通、游戏以及多媒体内容产品等为代表的动漫产业在全球经济中的地位迅速提高，逐步成为继软件产业之后的支柱产业。在 21 世纪，动漫产业必将成为引导世界知识经济整体发展的主导产业之一。

3. 动漫产业链

动漫产业的市场化机制分为两种：一种是以市场需求来进行创作和开发的动漫产品；另一种是创作和开发动漫形象创造市场需求。但一个完整的动漫产业链都应包括三个层次：第一层是动画电影和电视，第二层是音像产品和漫画等，第三层包括各种动漫衍生产品和授权经营业务等（如图 9-1 所示）。

其中动漫产业通过播放动画电影和电视得到的回报只占整个产业链的一小部分，而各种衍生产品的开发才是动漫产业最重要的收入来源。只有具有强大的市场开发和营销手段，善于经营，利用动画衍生品品种多、数量大、应用范围广的特点，才能达到一本万利的效果。动漫的创作和开发是根本源泉，衍生品的销售是收益的保障。

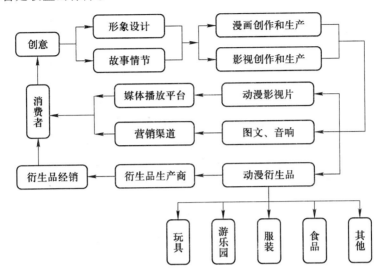

资料来源：广发证券发展研究中心. 动漫产业深度分析报告. 2009 - 9 - 7.

图 9 - 1 动漫产业链示意图

二、动漫产业发展的国际状况——以美、日、韩三国为例

根据《2007—2008 年中国动漫产业分析及投资咨询报告》数据显示，2006年全球数字动画产业的产值已达 2 800 亿美元，与动漫游戏产业相关的衍生产品产值则在 6 000 亿美元以上。动漫产业在欧美、日、韩产生了巨大的经济价值，已经构成一个庞大的产业。动漫产业被专家称为 21 世纪知识经济的核心产业，是继 IT 产业后又一个最具有潜力的产业。

（一）美国

在全球动漫产业中，美国和日本可谓是两大领军者，各具特色。美国动漫产业由于拥有雄厚的财力和先进技术力量的支持以及完备的市场化组织，使其在世界上长期处于领先地位。从 20 世纪初开始发展动漫产业，至今已有百余年的历史，其动漫产业发展大致经历了五个阶段：开创阶段（1907—1937 年）、初步发展期（1937—1949 年）、第一繁荣期（1950—1966 年）、蛰伏期（1967—1988 年）、第二繁荣期（1989 年至今）。

美国动画产业历史悠久，是一个以动画电影为基点、带动整个动漫产业的典型国家。自 20 世纪初以来，美国动画产业保持持续稳步增长。好莱坞是动漫工业的大本营，代表主流媒体，几十年来形成了集投资、制作、生产、发行、宣传、院线、资本回收为一体的完整体系。在美国出口产品中，动画产业名列前茅，仅次于计算机工业。

美国漫画业的发展则相对较弱。1993 年的鼎盛时期收入达 8.5 亿美元，此后持续衰退，市场急剧萎缩，投资商纷纷撤资。1996 年，美国漫画业的出版巨头 Marvel 公司申请了破产保护。1998 年，漫画业的收入仅为 3.7 亿美元。2000 年以后，随着市场上卡通漫画读者群增加以及漫画出版商与好莱坞的联姻和网络的作用，这种状况又有所改善。

经过长期的市场化运作，美国的动漫产业已经形成了一套完善的产业链条和成熟的运作体系。它不但拥有先进的动漫产品创作理念和制作技术，发达的娱乐基础设施，完善的知识产权保护环境，还拥有成熟的市场机制，完备的政策法规和多学科的动漫人才培养。目前，美国动漫产业界越来越着眼于全球市场的开发和全球资源的利用，美国动画产品制作过程中的外包在不断扩大。

（二）日本

日本国民十分喜爱漫画，漫画文化非常发达，以漫画带动动漫产业。追溯日本动漫史，早在 1906 年，北泽创办的日本第一份漫画刊物《东京小精灵》成为了日本现代漫画的开端，随后动漫产业迅速在日本发展壮大起来。日本为了保持其在 20 世纪 80 年代的经济发展势头，积极寻求除汽车和电子产品这些传统优势项目之外新的经济增长点，而包括动漫产业在内的文化产业成为了首选。1996 年，日本政府明确提出要从经济大国转变为文化输出大国，将动漫等文化产业确定为国家的重要支柱产业。

由于动漫作品具有完善的产业链，成熟的漫画市场和广泛的消费群体作基础，拥有顶尖级的动漫大师和制作机构、无尽的创意表现以及政府的支持等，经过十几年的发展，动漫产业作为日本文化产业的代表，已经和日系汽车、电器并列，成为影响世界的三大“日本制造”之一。与此同时，日本动漫产品也开始成功地走向了世界，成为最有价值的出口产品之一。2004 年 6 月 4 日，日本正式公布了《内容产业促进法》，同时内阁会议还决定将内容产业划入《创造新产业战略》，日本政府希望通过文化的产业化，实现经济结构向知识密集型的转化，使产业重心从 GDP 转向 GNC（国民幸福总值），从硬实力——经济和军事，转向软实力——文化价值观和品牌。

目前，全球播放的动画节目中约有 60% 是日本直接或间接参与制作的，世界范围内有 68 个国家曾经或者正在播放日本电视动画，超过 40 个国家上映过其动画电影。作为一个与其他行业关联度极高的行业，动漫的发展大大地带动了音乐、出版、广告、主题公园和旅游等相关行业的发展。日本贸易振兴机构的调查结果显示，日本国内与动漫有关的市场规模已经超过 2 万亿日元。漫画、动画、图书、音像制品和特许经营周边产品在日本已经形成了一整套“产业链”，推动着日本经济的发展。仅以吉卜力工作室为例，自 1984 年公司初具雏形时制作的第一部动画电影《风之谷》开始，截至 2010 年 7 月最新动画电影《借东西的小人阿莉埃蒂》为止，吉卜力工作室在全球范围内的票房收入已达1 331.8亿日元，约合16.26亿美元。其中最为成功的就是2001年上映的《千与千寻》，该片仅全球票房一项收入就达到304亿日元，约合3.75亿美元。除此之外，其不断衍生的系列产品在日本本土就创造了超过3亿美元的市场价值。

由于日本的动漫产业不仅在动画电视、电影方面具有强大的市场竞争力，而且在漫画、游戏、音乐、出版物等衍生品方面也处于领先地位。其中，游戏软件开发更是日本的强项，其作为世界第一生产国、第二消费国，2010年游戏市场规模达到4 936.6亿日元。日本动漫产业不仅在其经济发展过程中起到了重要的支撑作用，还利用动漫文化和动漫品牌的无国籍性，扩大了日本文化在世界的影响力，传播了"酷日本"的理念。

（三）韩国

1998年，经历了亚洲金融风暴的韩国果断地调整国家经济发展战略，明确提出"文化立国"方针，将文化产业作为21世纪韩国的立国之本。韩国政府在文化观光部建立了下属机构——文化产业局，作为专管机构负责文化产业政策的制定。具体就动漫产业来说，文化内容振兴院、富川漫画情报资料中心、首尔动画中心、韩国游戏产业开发院是最重要的动漫产业管理、指导机构。

几年来，韩国文化产业发展迅猛，尤其在动画、游戏领域成绩斐然。韩国动漫产业的产值超过汽车行业成为韩国第三大支柱产业，其动漫产品及其衍生产品的产值占全球动漫产值的30%，是中国的30倍。

动漫产业的发展历程是韩国文化产业崛起的一个缩影。韩国在动漫产业发展过程中仍然是政府主导的产业发展模式，但政府职能与亚洲金融危机前已有很大不同。在实施必要的行政手段的同时，更多地强调法律、经济与行政手段三者共进协调。政府干预的重点更多是对相关基础设施的开发，努力为有创造力的企业和部门提供发挥的平台，以推动文化产业的整体发展。

为了给动画产业提供良好的生存发展空间，韩国政府对国产动画片与进口动画片在本国电视台的播放比例进行了详细的规定：韩国动画片占45%，外国动画片占55%。此外，任何一个外国国家的播放额度不能超过外国动画片播出总量的60%，这主要是为了防止日本动画片充斥电视荧屏。在这样严格的规范之下，目前韩国电视媒介上韩国动画片、日本动画片、其他国家的动画片的播放比例是：45%、33%、22%。为了防止动画片在电视上的播出时段缩小甚至消失，韩国政府修订了《广播法》，从2005年7月起采用本国动画片义务播放制，按规定各电视台要保障用总时间1%~1.5%的时间播放本国动画片，这使韩国动画片有了稳定的国内市场。

在产业发展的定位上，结合国家自身优势与产业未来发展，通过差异化发展战略重点发展网络游戏和动画领域，找到了产业发展的突破口，在较短的时间里迅速崛起。通过制定极具开放性的产业政策，鼓励国内企业与国外同行合作交流，积极参与国际竞争；鼓励企业自主创新，开发出具有市场竞争力的世界级产品。继日本之后，韩国文化立国战略的成功又一次证明了其借鉴的价值。韩国的案例也是考察全球化背景下各国市场开放与文化多样化、市场保护关系的一个研究样本。

三、中国动漫文化产业

中国动画片曾有一个非常辉煌的起步。但是到了 20 世纪 80 年代，在美、日、韩相继而来的动漫大潮冲击下，中国的动漫产业便一蹶不振。90 年代以来，国家开放动漫市场，不再限制产量，也取消了政府收购。自此虽然国内动漫行业与海外相比还有不小的差距，但它已经在压力与动力并存的产业环境中扬起了市场化的大旗。经过十几年的发展，无论是国家重视程度、相关企业数量，还是专业人才、制作水平、播放时间、产品市场，动漫产业无一不展示出蓬勃的生命力。

（一）中国动漫产业市场规模和变化趋势①

中国动漫产业有巨大的潜在市场，近年呈现出高速增长的态势。全国有近 3.67 亿青少年，具有每年近 250 亿元的动漫市场潜力，再加上各种动漫相关的衍生产品，动漫业的产值潜力估计可超过 1 000 亿元。同时中国已经迈过人均 GDP 3 000 美元的临界点，文化消费能力和水平迎来高速增长的黄金时代。美国动漫的 20 世纪 50—60 年代繁荣和日本动漫 70 年代起步都是这一黄金时代的一再重演，中国亦不会例外，未来 5～10 年动漫产业的高速发展是可以预见的。

根据艺恩研究分析，中国动漫产业市场未来三年的复合增长率为 23.5%。而动漫产业的衍生品市场 2012 年市场规模有望达到 220 亿元。随着中国动漫产业市场的发展与成熟，增长率呈现逐步加快的态势。

图 9 - 2 及图 9 - 3 显示的是中国动漫出版物市场与动漫电影市场规模及增长率变化情况。从图示来看，总体保持较为快速的增长趋势。而数据显示，动漫电影在整体电影市场中所占比重呈现稳步快速增长态势，预计市场份额由 2009 年的 10% 提升到 2012 年的 15.2%。

（二）中国动漫产业发展态势和外显特征

依据艺恩咨询调查统计显示，2000 年至 2009 年，中国动漫片产量持续、

---

① 艺恩咨询. 2010 年中国动漫产业投资研究报告. 艺恩娱乐产业网，http：//www.entgroup.cn/reports/c/067090.shtml.

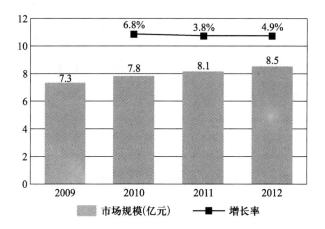

备注：动漫出版物包括动漫图书、报刊及音像制品.

图 9 – 2　2009—2012 年中国动漫出版物市场规模及增长率

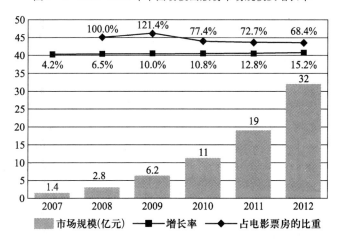

图 9 – 3　2007—2012 年中国动画电影市场规模及增长率

稳定、快速地增长。2000 年中国动漫片产量 4 689 分钟，2004 年增长至 21 819 分钟，五年间动漫片产量增长了 4.6 倍。2004 年 4 月 20 日，国家广电总局推出扶持动漫产业的新政策，国产动漫片生产进入爆发性增长期，由 2004 年的 2 万分钟数量级迅速向 4 万分钟、8 万分钟、10 万分钟迈进，2007 年动漫片产量达到 101 900 分钟，2008 年、2009 年仍然保持高增长势头，2009 年中国动漫片产量达到创纪录的 171 816 分钟（见表 9 – 2）。2009 年，政府提出《文化产业振兴规划》以及相配套的政策措施，《文化产业振兴规划》明确提出要大力扶持包括动漫产业在内的文化差异的快速发展，中国动漫产品将继续保持快速增长的趋势。

表 9 - 2   不同年份中国动画片产量变化情况

年份	1993—2003	2005	2006	2007	2008	2009
动画片产量（万分钟）	4.6	4.27	8.23	10.19	13.1	17.18
产量增长率			92.80%	23.80%	28.60%	31.10%
动画片部数			124	186	249	322

资料来源：国家广播电影电视总局.

目前，中央电视台少儿频道已经在全国 31 个省份 296 个城市落地，每天播放国产动漫片 360 分钟，收视率稳居中央电视台 15 个频道的前五位。

北京、上海、湖南、广东的上星动漫频道分别是：卡酷动漫频道、炫动卡通频道、金鹰卡通频道、嘉佳卡通频道，各频道总体运作良好。另外，全国还有超过 33 个少儿频道已经开播，且全国 1 000 多个电视频道开设了国产动漫栏目，播出众多的国产动漫片。一个庞大的电视播映体系已经形成，成为中国电视动漫片播映的主要平台。

2009 年全国动漫电视播出部数达到 17 544 部，播出集数为 691 776 集，平均每部动漫电视为 34.3 集。2009 年进口动漫电视播出部数为 1 086 部，占全年总播出部数的 6.2%；进口动漫电视播出集数为 41 139 集，占总播出集数的 6.8%。

同时随着新兴技术的发展，动漫产业衍生品市场更加广阔。例如，受 3D 动画的带动，据研究机构 Display Bank 估计，3D 显示器的产值将从 2008 年的 1.47 亿美元，成长到 2010 年的 11.36 亿美元；随着 3G 时代的到来，进一步推动手机动漫行业呈现爆发式增长，2009 年市场规模达到 4 亿元人民币，同比增长 4 000%，未来 3~5 年仍将保持高速增长，手机动漫未来将成为新动漫形象推广的一个平台。

总体来看，中国动漫产业发展外显出如下特征：

第一，行业飞速发展，潜力巨大。

无论从政策导向的倾斜和扶持，还是文化消费群体的增长和扩大、市场需求的增强和扩张等方面，都预示中国动漫产业将迎来发展的黄金时期。

第二，参与主体众多，产业集中度逐步增强。

随着动漫产业的高速发展，国内已有 30 多个动漫产业园区、20 个动画产业基地、6 000 多家动漫机构、450 多所高校开设动漫专业、46 万多动漫专业在校学生。长三角地区、华南地区、华北地区、东北地区、西南地区以及中部地区都形成了若干个动画产业集群带。绝大多数动画产业基地积极落实总局、地方关于推动中国动画产业发展的举措，制定战略规划、完善服务设施、凝聚动画企业、培养动画人才、推进动画生产，取得了较好成绩。不仅如此，民营资本发挥着越来越重要的作用。民营企业制作的动漫影视片数量和市场逐渐超过国有企业。2006 年民营动漫公司制作发行的动漫影视片占全国总数的77.18%。

第三，动漫原创能力不足。

首先，动漫制作认证企业动漫供给量远不能满足市场需求。目前，中国动漫企业 6 000 多家，进行影视动画原创的企业或机构也很多，但大部分为外国动漫企业代工生产，普遍原创能力不足；通常的动画制作过程中，原创作品超过 50% 的资金与时间是用于前期创意、策划环节的，但不少原创企业的这一比例不足 20%，导致产品的创意不足。其次，动漫创作人才缺失。中国青年文化的缺失和动漫业教育体制的不完善，导致国内动漫创作人才的缺失，使得动漫创作兼技术实现的复合型技术人才捉襟见肘。

第四，产业链不完整，产业的盈利模式模糊。

欧美、日韩成熟动漫产业的收入构成主要来源于衍生产品和卡通形象授权的收入，其占总收入的 70% 以上。而在中国，动漫产业尚处于起步阶段，目前国内的动漫企业大多缺乏清晰的盈利模式，也没有形成完整的动漫产业链，动漫制作企业主要通过动漫创作加工和动漫影视播放取得收入，很难体现企业的真正的价值。具体表现在，影视动漫播放收入较低，销售渠道不完善，知识产权保护力度不够，由此加剧了盈利的不确定性，难以形成有效的盈利模式。

未来中国动漫产业要牢牢把握发展机遇，扬长避短，力争成为文化产业的璀璨明珠，在世界动漫产业中占有一席之地。

本章小结

网络及动漫产业已经成为文化产业中极具生命力和影响力的行业部门。就网络产业而言，其具有开放性强、知识密集程度高、高风险与高回报并存、社会渗透性强以及交易效率高等特点。而无论是网络报纸、杂志与图书出版，还是网络广播、视频、音乐、游戏等，美国一直走在世界的前列。动漫产业具有高投入、高利润和高风险并存、与科技结合紧密、对人才需求量大质高、衍生产品多、营销周期长等特点。动漫产业在欧美、日、韩产生了巨大的经济价值，已经构成一个庞大的产业。中国的网络动漫产业正迎来蓬勃发展的战略机遇期，要集中全社会力量，充分发挥政府、企业、民间组织及个人的作用，牢牢把握发展机遇，推进网络动漫产业又快又好发展。

复习思考题

1. 网络、动漫产业的运作特点分别有哪些？与出版业、广播影视业有何异同？
2. 试分析国际上有关网络、动漫业的成功案例，说明其成功的关键因素有哪些？
3. 试分别说明中国网络、动漫业的优势与劣势，并结合实际分析我国如何发展网络、动漫产业。

案例讨论题

网络文化产业期待新生

位于北京市朝阳门外的520网吧在北京已经是名声显赫，它独特的网吧文化为网吧产业的突破探索了一条成功之路。穿过熙熙攘攘的超市和地下美食城，一个安静之所赫然立于面前，仿佛尘世中的一个世外桃源，这就是传说中的520网吧了。这间网吧是520集团专注于"商务"模式的尝试业务，它以其整洁、办公设施齐全的独特"吧文化"吸引了众多有商务需求的人士。在计算机广泛进入家庭的今天，网吧产业的兴旺只有寄望于"吧文化"才是正道。

网络游戏产业中，国内的网游企业也在进行着探索。前不久盛大发布了其系列网络游戏《中华英雄谱》，在第三届网络文化博览会上也出现了更多诸如《金庸群侠传》等挖掘名著、以民族题材为特色的网络游戏。

有学者认为，中国的网络文化产业必须从中国制作走向中国创作。在中国现在的网络游戏以及动漫中，网络游戏以韩国的居多，动漫以日本的居多。但这些产品的制作多集中于中国的江苏、浙江、广东等省，那里有很多人在为日本和韩国企业打工，帮他们制作三维动画。中国是一个世界工厂，只收取加工费，然而中国不能仅仅成为世界文化产业的打工者。我们的国家大剧院、奥体中心都是国外的设计，没有自己民族的创意，不能激发民众的民族自豪感，所以中国更要从中国制造到中国创造。中国文化产业必须提升层次，要从体力国家走向脑力国家，互联网是最突出的例子。把创意变成中国的标志，变成一个旗帜，激发中国的民族创造力时不我待。当网络注入了文化的灵魂，文化插上了网络的翅膀，网络文化产业振翅高飞的日子就不远了。

资料来源：高阿娜. 网络文化产业期待振翅高飞. 中国新通信，2005(11).

问题：

面对日益激烈的竞争，中国网络文化产业应该采取怎样的应对措施？

卡酷卫视：打造动漫全产业链

"购买动画片—播出动画—获取广告收益"，这种国内一般动画频道的普遍盈利模式，在北京卡酷动画卫视公司，仅成为其递进式产业链条当中的一个环节，见图9-4。

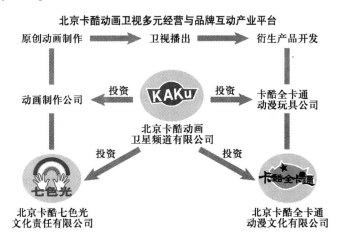

图 9-4　卡酷卫视的全产业链

一、内容为王，投资制作，带动播出繁荣

北京卡酷动画卫视是最早制作动画片的电视台之一，也是目前动画片生产量最大的电视台之一，拥有丰富的动画节目资源。国产原创节目策划开发强劲，库存动画节目达到 15 万分钟，拥有《福娃奥运漫游记》、《快乐东西》、《秦时明月》、《十分开心》、《闪天下》等一系列精品节目和知名栏目。不仅先后赢得了亚洲电视奖、星光奖、金鹰奖和华表奖等众多国际级和国家级专业奖项，而且通过积极的版权交易，把动画节目发行到全国各地。

在其他动画频道仍把受众集中在低幼年龄段，成天播放《天线宝宝》一类动画片的时候，卡酷却有着不同的主张。"我们认为孩子们不是那么简单的。因为现在是信息化社会，孩子们吸取知识的渠道很多，他们也在成长，如今孩子的心理年龄要比其生理年龄大 2~3 岁。因此，我们通过超过目标受众人群 2~3 岁的心理年龄来安排动画片的播放，比如给 5 岁的孩子看别的频道认为应该 7 岁孩子看的动画。这对他们会是一种养成，一种培养，让他们觉得富有挑战，也更有吸引力。"

二、一主三辅，品牌互动，实现集约化经营

俗话说，一个好汉三个帮，一个篱笆三个桩。朴素的语言揭示出，事物之间只有相互促进，才能更好发展的道理。构筑多元化品牌互动平台，正是卡酷卫视近年来迅速崛起的重要法宝。

北京卡酷动画卫视的国产原创品牌《福娃奥运漫游记》在 2007 年荣光无

限。先后勇夺"亚洲青年动漫大赛"最佳作品奖、"金熊猫奖"评委会特别大奖、"金手指奖"2007年度最佳动画片大奖、"金龙奖"年度最佳电视动画和年度最佳人气动画图书两项大奖等多项大奖。该片播出后，收视率创下所有国产动画片的新高，赶超欧美日本的动画大片，更在时间跨度、覆盖空间以及播映模式等方面，开创了国产动画大片营运的新思路。

三、衍生品落地，打造儿童"shopping mall"

动漫的产业链主要包括：动漫创意策划—动漫原创制作—动漫作品电视发行与播出—动漫图书音像出版—动漫衍生产品开发授权。这是几乎任何一个动画频道都能复制的经营模式。然而卡酷动画卫视并未就此满足，通过渠道扩充，开拓连锁经营以及建设大型儿童动漫购物广场 shopping mall，卡酷将自己的空中优势转化为衍生品的落地经营，动漫产业链的外延被大大延伸。

作为强势动漫专业频道，卡酷不仅有条件将动漫作品的电视发行与播出进行互动，而且由于播出效果直接与市场接轨，所以在投资或合作投资进行有价值的动漫原创图书音像和动漫衍生产品的开发销售方面，具有比其他机构更为超前的反应速度。同时，还可以把动漫衍生产品的开发销售，与卫视播出的宣传推广平台优势结合，从而形成产、供、销一体的市场优势。

通过多元化的运作机制，卡酷动画卫视将自己与受众市场、投资制作市场、儿童玩具销售市场接轨，与受众更近，与市场更近，有利于拓展经营，聚拢资金，实现频道收益的稳步增长和自身的不断发展。

资料来源：徐慧，崔岿. 卡酷卫视：打造动漫全产业链. 北京商报，2008 - 2 - 26.

问题：

对比国外动漫实践，说明本案例有哪些值得总结的成功经验。

参考文献

1. 欧阳友权. 文化产业通论. 长沙：湖南人民出版社，2006.

2. 陆地，陈学会. 中国网络文化产业发展报告. 北京：新华出版社，2010.

3. 山东省网络文化办公室. 网络文化建设与管理. 济南：山东人民出版社，2009.

4. 刘瑶. 网络经济的经济特征. 合作经济与科技，2005(8).

5. 徐伟，方兴. 浅谈中国动漫产业发展趋势. 科协论坛（下半月），2008(1).

6. 赵普光，李凌汉. 中国网络文化产业发展的现状、问题与对策. 青岛科技大学学报（社会科学版），2008(3).

7. 金元浦. 创新是网络文化产业的核心. 文化发展论坛网，http：//www.ccmedu.com/bbs20_44866.html.

8. 民族化是网络文化产业发展的重要特点. 东莞瑞恩互动网络，http：//www.seo900.com/newswebpages/2011 - 7 - 13102511.html.

9. 网吧网络文化产业的先锋队. 合肥文化市场网, http://www. hfwhsc. com/Article _ Show. asp? ArticleID = 255.

10. 郝跃南. 新时期网络文化建设及管理创新. 学习时报, http://news. xinhuanet. com/politics/2008 − 01/12/content _ 7408935. htm.

11. 殷俊, 谭玲. 21 世纪文化产业前沿丛书: 动漫产业. 成都: 四川大学出版社, 2009.

12. 罗剑宏, 孔金连. 日本、韩国动漫产业发展的比较分析. 电视研究, 2007(5).

13. 艺恩咨询. 2010 年中国动漫产业投资研究报告. 艺恩娱乐产业网, http://www. entgroup. cn/reports/c/067090. shtml.

14. 顾列铭. 日本特色经济: 小卡通大商机. 中国经济周刊, 2005(26).

15. 陈博. 韩国发展动漫产业的政策措施评析. 当代韩国, 2008(2).

16. 张力文. 世界动漫产业研究. 今传媒, 2011(4).

no.**10**

第十章
演艺娱乐产业

【主要内容】

本章介绍演艺、娱乐文化产业，第一节为演艺产业，主要围绕中国演艺产业现状、机遇、挑战及对策展开；第二节为娱乐产业，概略性介绍了中国娱乐文化产业发展状况。

【学习要求】

1. 了解中国演艺产业的现状。
2. 了解中国演艺产业的机遇与挑战。
3. 了解中国娱乐产业的发展概况。

【课时安排】

4 课时。

【案例导引】

正统京剧走向市场

全国政协委员、京剧表演艺术家梅葆玖，曾对 2011 年春晚"娱乐化"的京剧表演感到痛心，称当晚几名知名演员的扮相已经丧失了京剧的传统，他对京剧流行化的趋势表示惋惜。

3 月 1 日，"2011 中国京剧文化节"启动仪式暨《中国京剧优秀人物丛书》首发式在北京梅兰芳大剧院举行。

"2011 中国京剧文化节"将覆盖全国 10 个重点城市：北京、天津、上海、南京、青岛、济南、大连、郑州、石家庄、香港，历时 8 个月。5 月 7 日—8 日，尚长荣、赵葆秀、李宏图、王蓉蓉、王佩瑜、胡文阁等京剧界明星将在梅兰芳大剧院集中亮相开唱，他们均为国内京剧流派的代表性人物和重要传承人。

2010 年 12 月，京剧申遗成功之后，关于京剧该当做国粹由国家全力"养"还是京剧可以走市场的观点，一直在业内争论不休。

北京原声在线文化传播有限公司负责人原声表示，能到戏院看戏的观众毕竟是极少数的人，京剧艺术传播的狭隘性已经不能满足市场的需求，人们迫切需要其他形式了解京剧、解读京剧、欣赏京剧。因此，他们还将通过流派优秀传人丛书签售、京剧普及讲座及展览等多重方式，为观众了解正统京剧"打开窗口"。

原声说，就目前来看，需要发动全社会力量来推广京剧，也需要多种渠道来传播京剧艺术。"比如京剧艺术进入小学课堂就很有必要。"这也是他们作为一家文化传播公司持续关注京剧艺术的原因所在。

资料来源：郑洁. 正统京剧走向市场. 北京商报，2011 - 3 - 7.

第一节 演艺产业

一、演艺产业概述

演艺业即舞台表演艺术业。众多以舞台或现场表演为主要方式的艺术门类，都属于表演艺术这一行业。演艺业是最早、最传统并且最具专业性和市场化特点的艺术行业，也是最具有再开发和产品衍生潜力的原创型文化产业。无论中外，各国、各民族都是以自己独具特色的戏剧、音乐、舞蹈、曲艺等异彩纷呈的舞台表演形式，最终成为面向演出市场、从多层次的观众群体中获取社会和经济效益的艺术产品。

表演艺术业以其深厚的传统和现代文化内涵、独特的艺术表现方式、形象真实的艺术感染力、视听兼备和现场互动交流等特点，始终稳坐艺术行业之首。当今许多极具市场价值的视听产品，都从演艺业的原创成果中谋利，通过工业复制的技术手段将艺术成果转换成商品，以获取自己的生存和发展机遇。但同时，演艺业也因为时空限制、技术条件、意识形态等诸多因素，难以实现全方位的市场覆盖和文化认同。

当前，作为文化产业核心部门的演艺产业正随着全球文化经济的迅猛发展而在国内外文化市场上表现出强劲的增长势头。全球著名的演艺之都笙歌烂漫，无论是纽约百老汇、伦敦西区、维也纳、悉尼，还是中国的北京、上海，从数十个观众的戏剧小沙龙、数百个观众的音乐厅、T型台，到多达十万以上观众的大型表演场所，充分展示了当代国际演出业的发达。

借助资本和传媒的造势，欧洲、北美洲国际演艺集团群雄并起，竞争加剧。其特点可以概括为：各类演艺机构特别是一些世界著名艺术表演团体，利用冷战结束后文化交流逐步宽松自由、全球演艺市场进一步激活的国际环境巡演全球；表演艺术家们尤其是影视歌多栖明星身价倍增；表演艺术的下游产品开发前景看好；各种演艺经纪机构利润丰厚。

大力发展演艺产业，是社会发展对文化建设提出的新要求，是人民群众对文化生活的新期待，也是文化产业发展的新亮点。

二、中国演艺产业现状[①]

2010年是中国演艺产业蓬勃发展的一年，国家政策及资本平台均为演艺产业的发展亮出绿灯，"演艺第一股"的出现为演艺产业开拓了投融资的新模式，演出院线的方兴未艾使得整个演出市场活力尽现，演艺企业通过建立海外基地的方式积极走出去，中国演出市场整体呈现欣欣向荣景象。

（一）演艺业发展整体向好，院团改制全面展开

2010年，国家相继出台《关于金融支持文化产业振兴和发展繁荣的指导意见》和《关于进一步推进国家文化出口重点企业和重点项目相关工作的指导意见》，明确了金融机构对包括演出娱乐在内的文化产业进行扶持。同时，文化部、国家旅游局评选了《国家文化旅游重点项目名录——旅游演出类》，对列入名录的项目进行政策和资金扶持。相关政策的相继出台，为演艺产业的快速成长构建了良好发展环境。

蓬勃发展的演艺业同样离不开改革的推动。2010年，文化部把加快经营

---

　　① 李军慧，毛修炳. 从2010到2011年：演艺市场回顾与展望. 中国文化报，2011 – 1 – 13. http：//www. ceta. com. cn/webceta/NewsDetail. aspx？ ArcileD = 8757.

性文化单位转企改制步伐和深入推进国有文艺院团体制改革列入文化系统体制改革重点，着力培育演出领域新型市场主体。截至 2010 年 11 月 15 日，343 家国有文艺院团已完成或正在进行转企改制，并通过资源整合、兼并重组等方式组建了 46 家演艺集团。

（二）资本热衷于演艺业，上市风投成为重要投融资形式

资金大量涌入演艺行业，是由中国现阶段演出行业的现状及发展阶段决定的。目前中国演出企业呈现出两大特点，一是民营演出机构普遍规模小、融资渠道缺乏，二是转企改制后的国有控股演艺集团虽然规模大，但在发展壮大的过程中依然需要大量资金支持。与此同时，在演艺行业的品牌化竞争阶段，品牌塑造是一个长期过程，其间需要资本的持续支持。因此，在未来演出行业的发展过程中，资本将成为演艺行业发展的主要推动力，其中企业上市及风险投资引人注目。

2010 年 9 月 30 日，丽江旅游以 2.1 亿元收购印象旅游 51% 股权，成为国内"演艺第一股"；2010 年 12 月 9 日，以旅游演出项目为主营业务之一的宋城股份，正式在深交所挂牌上市。这两家演艺企业的上市，实现演艺产业上市企业零的突破，并为国内演艺企业提供了可借鉴的融资发展模式。而 2010 年云峰基金以 5 000 万美元投资印象公司则拉开资本投资演艺产业的帷幕，旅游演出以投资回报率高、市场潜力巨大受到风险投资的青睐，同时演艺企业借助风险投资者丰富的市场运营经验，有利于规范化地推动企业的发展。

（三）演艺企业集团化日益明显，产业链延伸与跨界合作成为趋势，品牌成争夺热点

国有文艺院团的转企改制将进一步推进，通过合作、兼并或股份制方式实现资产重组、优化资源配置，并按照集约化经营的要求组建跨地区、跨部门的演艺集团成为一种必然发展趋势。而在集团化背景下，产业链延伸与跨界合作成为企业增加利润、扩大行业领域的重要途径。具体表现在：其一，剧院将由单一的演出中心逐步向综合性的娱乐中心转化，一个以餐饮、购物中心和地产为外延的产业链正在形成，随着演艺产业链的延伸，演艺产业的利润增长点也在不断增加和扩大。其二，跨界合作将成为未来演出行业发展的主流方式。一方面，对于演出业来说，通过跨界合作既有利于降低演出业的经营风险，也有利于拓展演出业的营销渠道；另一方面，对于跨界合作方来讲，演出业既是拓展业务的载体，也是行业投资的一种途径。演出行业与餐饮业、旅游业、互联网行业等跨界合作是市场推广及规避风险的重要途径，也是实现优势互补、协同发展的必然趋势。

此外，演出市场竞争激烈，品牌化发展将成为企业的突围之道。中国演出产业目前正处在成长期，主要表现为演出企业逐渐由数量增长转变为品质提

升，演出质量、品牌化成为主要竞争手段。品牌化竞争是演出企业依靠其综合实力而进行市场资源争夺的一种有效方式，现今观众越来越倾向于高品质演出，企业已不能通过简单的数量扩张来获得市场份额，而品牌企业具有较强的市场号召力，更具有稳定的、多渠道收益来源，因此品牌化发展将成为众多演出企业的发展战略。

（四）各种演艺形式呈现新的发展特点，演艺行业蓬勃发展

随着演艺行业的发展，不同演艺形式呈现新的发展特点：第一，旅游实景演出市场火热。2010 年旅游演出市场火热，其中大型实景演出是旅游演出的重要形式，也是推动旅游演出市场火热的重要因素。大型实景演出投入动辄上亿元，但收益参差不齐，《印象·大红袍》于 2010 年 3 月 29 日首演，上座率 70% 以上，已实现盈利；而同为印象系列的《印象·海南岛》则遇冷，收入惨淡，以致投资回收困难，以低价 2 750 万元转让 55% 股权。第二，话剧行业增速明显。以北京和上海为例，北京话剧演出市场平均每年增长速度为 30% 左右。据统计，2010 年北京话剧演出场次可达 4 800 多场。上海的话剧演出市场每年也以 20% 左右的增幅快速发展，已经成为上海市场规模最大、创排速度最快、最具盈利模式的剧种之一。第三，音乐节向二三线城市扩张。2010 年中国音乐节数量飙升至 92 场，音乐节演出区域也由一线城市向二三线城市扩张。音乐节对城市品牌的提升有很强的促进作用，成为政府或相关部门营销的重要利器。第四，儿童剧演出蓬勃发展。儿童剧类市场需求日益扩大，但剧目创作成为儿童剧发展的软肋，致力于儿童类剧目创作人员严重缺乏，儿童类剧本稀缺，高质量的儿童类剧本少之又少。

（五）演出院线与剧院联盟方兴未艾，中国演艺海外基地成功驻演

演出剧院院线或联盟正在成为演出场所跨区域经营的主要形式，目前中国演出市场形成两大院线、五大省际联盟、省内演出联盟蓬勃发展的格局。2010 年 5 月，中演院线在广州启动，采取演出商进行运作的松散加盟模式，目前已有近 30 家单位加盟。以统一标准、直营管理为主体的保利院线则在 2010 年新增五家剧院，形成将近 20 家剧院的规模。省际联盟形式则主要包括了北方剧院联盟、西部演出联盟、东部剧院联盟、长三角演出联盟和珠三角演出联盟；省内演出联盟包括安徽演出联盟和江西演出院线联盟等。

2010 年，《功夫传奇》、《少林武魂》分别在美国布兰森白宫剧院和美国大雾山旅游区东上海剧院成功驻演，标志着中国演出"走出去"迈出具有历史意义的一步。白宫剧院及东上海剧院分别是由天创国际及东上海集团收购的海外剧院，通过建立海外演出基地的模式，打破制约中国演出产品海外推广的瓶颈，为中国演出"走出去"探索了一种可借鉴的模式。

专栏 10 - 1

演艺产业"走出去"的趋势

演艺产品作为文化产品,植根于特定的文化背景,将某种文化背景下的文化产品放在其他的文化背景中,吸引力一般会下降。因此,演出产品对外贸易过程中会出现所谓的"文化折扣"现象。近年来,为了克服文化折扣现象对演艺产品对外贸易的影响,中国演艺产品也更加关注与满足海外市场的"本土化"需求,以更好地适应国外群体的口味、文化环境和思维习惯。

据不完全统计,在 2009 年,中国赴海外商业演出团组数为 426 个,累计演出 16 373 场,实现演出收益约 7 685 万元,涌现出了一批骨干龙头企业。其中,2004 年至 2010 年,中国对外文化集团公司共向全球近 80 个国家和地区派出演出团组 630 多个,演出 33 000 多场,现场观众超过 7 000 万人次,其中商业演出比例超过 60%,实现直接贸易价值 5.5 亿元。

伴随中国改革开放的发展历程和中国文化产业的发展步伐,中国演艺产业开展对外贸易的理念也经历了从劳务输出到产品制作、从产品制作到品牌打造、从产品销售到品牌营销等的发展历程。

1997 年,中国对外演出公司就投资制作了杂技舞台剧《东方》。当时《东方》在国际演出市场一亮相,就受到了广泛的关注;也正是该剧促成了加拿大太阳马戏团与中演公司联合制作了在全球连续演出 10 年的全新杂技舞台剧《龙狮》。

国内演艺界同行在制作国际演出产品时更注重品牌的打造,涌现了《武林时空》、《龙狮》、《时空之旅》、《云南映象》、《风中少林》等一批具有国际影响力的优秀品牌演出产品。同时,近年中国演艺产品国际推广更注重产品的文化内涵,推广理念经历了从产品销售到品牌营销的深刻转变。

可以预见,未来中国演艺产业"走出去"将呈现四大趋势:

第一,现代科技的应用将成为演艺产业发展的新引擎。科技在演艺产品和创作过程中的引入和应用,会不断提升演艺产品的表现和影响力,将成为未来演出产业的核心驱动力。

第二,对外贸易模式趋于多样化,但合作运营仍为主要模式。中国演艺产业对外贸易模式发展趋于多样化,一是通过国外中介机构或演出商进入世界文化市场,二是国内文化企业与剧团同国外知名企业建立文化生产和海外运营的合资企业,三是国内文化企业在海外建立集生产、营销于一体的直营企业,除了开展本土化营销,还将进行本土化生产,形成中国演艺产业对外贸易的新形式。但目前和今后一个阶段，仍将以中外合作运营为对外贸易的主要模式。

第三，资本运营将在海外营销渠道建设过程中发挥重要作用。随着中国文化产业发展进程的提速，资本运营将在中国演艺产业海外营销渠道建设过程中发挥越来越重要的作用，将助力中国演艺产业全球化产业链的拓展和形成。

第四，跨界合作将成演艺产业的重要发展趋势。演艺产业与旅游、会展业的跨界合作，是拓展产业链、丰富盈利方式的有效路径。在这方面，国内同行创造了一些很好的范例，随着整体经济的复苏和发展，演艺产业跨界合作前景十分广阔。

资料来源：张宇. 演艺产业"走出去"的趋势. 光明日报，2011-5-26.

三、中国演艺产业的国际化机遇

以经济的眼光、市场的手段看待和运作文化演出活动，其结果自然会造就演出活动的商业化，孕育出演出市场，进而随着社会经济发展，形成演出产业，并在经济全球化的推动下，逐步实现文化演出业的国际化。国际化中的文化演出业是分工深化、市场拓展、相关要素与资源在更广阔范围内实现流动与配置的过程。而当前国内外社会经济环境和条件的变动则为中国文化演出业国际化提供了极好的发展机遇。

（一）后危机时代全球产业结构加速调整

社会发展史表明，每一次经济大危机带来的不仅仅是经济的萧条、社会的重创，如若从整个社会经济系统自身调整、从而为系统在更高水平健康运行铺平道路的角度看，危机中更孕育着发展的契机。目前，在全球金融危机带来"阵痛"之后，战略性新兴产业成为"后危机时代"的新宠儿。美国、日本、欧盟等都将注意力转向新兴产业，并给予前所未有的强有力政策支持。诸多迹象表明，后危机时代全球产业结构调整正在加速；各国，特别是发达国家竞相发展具有战略意义，能够占据未来经济制高点的产业部门。这种变动发展态势成为那些顺应社会发展趋势、具有极大发展潜力的产业部门迎来大发展的绝佳时机。

（二）中国加快转变经济发展方式，优化经济结构

在全球产业结构加速调整的背景下，中国也在加快转变经济发展方式，优化经济结构。在大力推进工业化、城市化的进程中，更加重视现代制造业和现代服务业的发展，重视技术密集型、知识密集型产业部门的成长。在应对粗放型增长，应对能源消耗过大、产能过剩、污染严重等发展弊端时，着力以集约

的手段、低碳的理念推动绿色经济的壮大。当前中国经济在危机中面临的一系列困难，使得转变与优化的任务更加紧迫。那些有利于发展方式转变、经济结构优化的产业部门自然成为优先支持的重点。

（三）文化、消费与休闲三大经济形态共同催生广阔的文化演出市场

西方学者曾指出，文化经济将成为后金融危机时代有力的经济增长点。而在经济全球化背景下，对外文化贸易无疑是后危机时代文化经济，乃至整个社会经济发展的亮点，影响着其发展水平以及未来去向。因此，大力发展文化产业，积极推进相关产业的国际化步伐成为当前及今后中国社会经济发展的重要战略指向。不仅如此，休闲与消费同样成为未来中国经济发展的重要特征，具体表现在从生存需要向发展需要过渡的过程中，人们对精神享受和非物质产品的需求愈加强烈，而这种需求、消费结构和生产、生活方式也正体现了中国经济未来走向。可见，文化经济、消费经济以及休闲经济这三大经济形态必将催生广阔的非物质产品生产及消费市场，文化演出自然当属其列。

（四）文化产业振兴规划颁布与体制改革深化助力文化演出业大发展

2009 年，中国国务院通过《文化产业振兴规划》，要求发展重点文化产业、实施重大项目带动战略、培育骨干文化企业、扩大文化消费、建设现代文化市场体系以及落实鼓励和支持文化产品与服务出口的政策，扩大对外文化贸易。其中，文化演出属于重点发展的产业部门。2010 年，相关部门又出台《关于金融支持文化产业振兴和发展繁荣的指导意见》，要求通过有效措施进一步加大对文化产业的支持力度。更为重要的是，2012 年召开的全国文化体制改革工作会议，被业界视为文化体制改革工作承前启后的重要一步，中国文化体制改革正在加速推进。上述宏观政策背景表明，中国文化演出业同其他文化产业部门一道，正经历着前所未有的发展契机。积极的政策扶持必将有力推进中国文化演出业的大发展。

（五）贸易、文化"走出去"战略的深入实施以及国际区域合作内容的不断拓展推进中国文化演出业国际化合作水平

"走出去"战略从 2000 年党的十五届五中全会第一次明确提出到现在已有十几年的时间。在这段时间里，随着文化经济化和经济文化化的发展，"走出去"的内容也逐步丰富，文化产品和服务成为贸易的重要对象，国际区域合作的内容也在不断拓展，单纯的文化交流已经不能满足社会经济发展的形势和要求，其中商业文化演出的进出口呈现逐年增长的繁荣态势。我国学者指出，面向未来，中国的大国地位的确立、中国的国家发展总体战略的实现，都要求文化产业必须站在全球高度，内外统筹，全面开启文化产业国际化时代，实现文化产业的外向型发展，助推中华文化的全面复兴。表 10-1 是目前中国演艺业"走出去"出现的新模式。该表进一步表明，后危机时代的文化演出

业将在文化产业繁荣发展的背景下迎来新的成长期,它将以多样化的发展模式成为众多文化产业部门的翘楚。

表 10 - 1   中国演艺业"走出去"出现的新模式

模式	模式简述	典型案例
合作运营	国内外演出院团共同制作、运营大型剧目,融入中国文化元素,开拓国内外市场,让中国演出业快速走出国门	《牡丹亭》:中美多方合作将该剧打造成通俗易懂的大众作品,将赴美国百老汇长期演出,并于 2011 年 7 月在国内展开巡演
		《吴哥的微笑》:云南省与柬埔寨王国合作的文化产业项目,云南文化产业投资控股集团斥资 1 500 万元,云南省 100 多名演员参演,2010 年 9 月在柬埔寨文化名城吴哥首演
海外基地	收购国外剧院,以剧院为演出基地,进行中国剧目演出和文化交流等活动	《蝶》:创作团队来自六个国家,在不同的文化背景下共同合作完成,在韩国演出获得特别大奖
		《哈姆雷特》:被称为"英国出品、日本加工、中国制造"的"混血版",2010 年 5 月作为北京人艺 2010 年经典演出季剧目到日本演出
		2009 年 12 月,天创国际演艺制作交流有限公司收购了位于美国第三大演艺中心密苏里州兰森市的"白宫剧院",2010 年 7 月驻场演出舞台剧《功夫传奇》
		2009 年 12 月,东上海国际文化影视集团出资收购了美国田纳西州的两家剧院,分别命名为"东上海剧院"和"宫殿剧院",上演功夫剧《少林武魂》和舞剧《周璇》

资料来源:盘点中国演出市场八大发展趋势. 北京商报,2010 - 7 - 19.

(六)中国文化演出业的产业化水平及国际认可和接受程度不断提升

中国悠久的历史、深厚的文化积淀以及丰富多样的文化资源成为其文化演出业创作的不竭源泉。当前,中国文化演出业相关要素正在不断优化整合,资源的特色优势、比较优势也在挖掘、发展中逐步显化。从经营主体看,目前中国国有演出表演团体 4 500 多家,民营艺术表演团体约有 7 000 家,演出经纪机构有 1 000 多家,专业的演出场所有 1 800 多家,各类演出单位全年演出场次 200 万场以上,已经形成多层次的主体结构,为相关资源优势发挥奠定了坚实基础;从演出业与其他产业部门的关系看,演出业与传媒业的渗透融合尤为典型,作品渗透、演员渗透、网络渗透加快了中国文化演出业的产业化水平;从演出业集聚情况看,规模经济将愈加明显,文化演出业的实力在不断增强(见表 10 - 2)。近年来,中国文化演出市场日益受到国外的关注,外方演艺经纪公司纷纷表示期待敲响亚洲市场大门，预示着国际化进程中的中国文化演出业将迎来全面繁荣的历史性阶段。

表 10 - 2　中国演艺集聚区的建设状况

城市	演艺集聚区名称	发展状况
北京	海淀区西山文化创意大道演艺集聚区	演艺集聚区面积 5 万平方米，以剧场项目为主，一期先建 12 座剧场，未来可能逐步开发建设 30 多座剧院
	宣武区天桥演艺产业集聚区	天桥表演艺术中心、禄长街活力街区、虎坊桥国粹演出区和留学路演出商务区四个部分
	东城区五大剧场群	开展王府井（包括儿艺、人艺等在内）、东二环（包括保利剧院、蜂巢剧场在内）、银街、隆福寺和交道口五大剧场群建设
	怀柔区原创舞台剧演艺中心	拥有不同规模、不同风格的已建和在建剧场 31 个，分为核心区的杨宋原创演艺剧场群和外围区的特色演艺剧场群
上海	上海世博演艺中心	2010 年在上海浦东开工，已建设成具有世界一流水准的现代演艺场馆；一个集综合演艺、艺术展示、时尚娱乐于一体的文化集聚区
西安	文艺路演艺一条街	集文艺资源整合、演艺品牌塑造、文化项目建设、城市街区改造为一体，构建艺术中心、演艺、文化商贸、休闲娱乐和街心广场等五大板块

资料来源：盘点中国演出市场八大发展趋势. 北京商报，2010 - 7 - 19.

四、中国演艺产业的国际化挑战

中国演艺产业国际化虽然面临着历史性的发展机遇，但是也面临着诸多挑战，只有抓住机遇，才能实现跨越式发展。

（一）如何强化市场理念，加强国际化体制机制建设

以中国目前文化演出业发展状况，市场化理念依然难以适应快速发展的产业态势。新组建的国有文化集团行政色彩依然浓重，新生的民营力量弱小，不是不适应就是难以应对生存的压力。很多转型文化企业推出的项目缺乏甚至忽视前期调研和市场分析，更多的是将决策权交与领导定夺。这种决策方式对于长期、稳定、健康发展的文化演出市场而言，弊端明显。创作不立足于科学的市场调研，就难以拥有良好的市场回应，也就不会造就为大众所欢迎的作品。不仅如此，演出单位在经营上同样缺乏市场意识和运作能力，未能充分发挥市

场配置资源功能，因此也难以与国际市场接轨。

（二）如何增强自主创新能力，探寻"走出去"有效路径

中国文化演出市场人才荟萃，演出单位云集，虽然创新精品时有面世，然而尚未形成创新的大众基础和具有国际影响力的大量传世经典，创新土壤和空间狭小。即使在某些部门，如杂技行业有一定优势，但是可能"占了技术的高端，却成了市场的垫底"，单个节目或几个演员成为外国演出项目的组装的"零配件"，不能以完整品牌节目拓展国际市场。这种"走出去"版权经营意识淡漠的后果就是"技术"高超，利润却惨淡，不符合市场规律，不适应服务贸易的国际规则与发展趋势。

（三）如何提升经营管理效率，着力培育竞争优势

中国文化演出业存在着经营管理低效、管理成本过高的问题，不仅管理环节繁冗，而且"工作票"过多，票务系统效率不高。在北京，票务销售的提成是 10% 至 15%，而在上海大约 8%，国外只有 5%，加之高场租，由此导致高票价，国际化价格比较优势难以培育。此外，大多数演出商只是接手别人的演出，再通过最后的销售获取差价，而自主经营剧场，自主经营制作演出，靠版权、品牌做演出的非常少。上述问题无疑阻碍了中国文化演出业国际化竞争优势的培育和发挥。

（四）如何做强国际化支持平台，扩大对外交流

文化经济发达国家已经形成较为完善的产业扶持体系，由此全方位推动本国演出业国际化发展。目前，中国文化演出业国际化支持平台体系尚未建立，涉及政策规划、公共服务、金融支持、法律法规以及信息化等方面，因此，难以发挥合力作用，也不能与国际文化演出市场有效衔接，亟待加快建立和完善。此外，中国文化演出业的国际交流活动，包括项目合作、发展研讨等，需要进一步扩大，从而为国际化发展提供更多的信息和合作途径。

五、中国演艺产业国际化战略选择

第一，顺应文化经济全球化浪潮，以进军国际市场为目标，以实施"贸易"走出去与文化"走出去"战略为背景，大力推进中国文化演出业国际化步伐。

中国演艺产业国际化要站在全球文化经济发展的高度，牢牢抓住后危机时代国际产业结构调整的机遇，立足于建设世界城市的战略目标，充分发挥自身的资源优势，将城市化、工业化与经济文化化、文化经济化统一起来，以"大文化"、"大市场"的理念进军国际文化演出市场，加快推进中国文化演出业"走出去"步伐。为此，要做好发展战略规划，从各方面创造有利、宽松的环境，在保障国家文化安全的前提下，着力实施产业国际化、贸易国际化、

资本国际化以及人才国际化，使文化演出经营理念、创作创意水平、营销能力水准等方面达到国际化层次。

第二，适应国际演出市场经营管理规律与规则，坚持社会主义市场经济导向，建设中国文化演出市场国际化创新体制、机制，夯实市场基础，扩大受众范围，打造全面繁荣的市场局面。

要处理好转轨时期的困扰和难题，在发挥政府导向作用的同时，一定要坚持社会主义市场经济导向，注重市场调研，发挥市场功能，用市场的手段汇聚资源，调节供求，特别要开拓乡村及不发达地区市场，扩大受众范围，建立稳定的观众基础。要依据文化演出市场经营管理规律，加强文化演出业专业化、精细化、人性化管理以及演出单位的集团化经营，打造全面繁荣的市场局面。

第三，遵循文化演出创作原则和规律，以创造精品、传承经典、服务大众为原则，积极探索演出业产业化流程和创作模式，提高效率，降低成本，实现最佳的经济效益和社会效益。

文艺创作要切实遵循自身原则和规律，在激烈的国际竞争中更要以品牌取胜。因此，要以创造精品、传承经典为原则，在走品牌化路线的同时，特别要坚持文艺创作的人民大众路线，从而确保创作的根源基础和消费保障，并着力建设文化演出素材、项目储备库，抓好创作环节建设。要大力推进中国文化演出业的产业化水平，对于其中的一些具有较强复制性、适宜工业化、标准化流程操作的项目要竭力探索其产业化创作模式，规模化运营，不断提高演出效率，降低成本，为票价调整提供条件，从而实现最佳的经济效益和社会效益。

第四，立足于国际化战略视野，深入研究文化贸易规则和案例，从版权经营入手，大力推进文化演出服务贸易模式的发展，努力构建国际化的文化演出营销网络和平台。

加强对 WTO 及相关规则和案例的研究，为文化演出单位"走出去"提供经验支持。特别要重视与贸易有关的知识产权协定，可与国内科研机构、其他演出单位合作，大力推进文化演出单位版权国际化经营。要重视文化演出服务贸易模式多样化，大力推进跨境交付和商业存在模式，对于条件成熟的单位，可以通过上市、并购等行为加快"走出去"步伐，努力构建国际化的文化演出营销网络和平台。

第五，运用系统理念和思维，内外并举，各方齐上，充分调动一切有利因素，建设中国文化演出业国际化政策、法规体系、信息化平台，创造和谐、有利的国际化环境。

基于系统理念，首先要做强、做大国内文化演出市场，内外并举，实现开放性演出业的良性发展。要积极培育各类经营主体，尤其要扶持民营力量的壮大，中介机构的发展，建立多层次、多元化的演出市场供给体系和中介服务体系。要发挥政府政策引导、支持的作用，从资金、市场、就业政策、税收、监督等方面进行扶持，包括降低税率、给予出口补贴、促进企业或个人投资、广泛推行基金会制度等，建立立体化的政策扶持体系。要研究各种新生演出组织形式的合法性，加强协会、行会的作用，给予其合理性的生存空间，建立有利于文化演出单位发展的法规体系。对于中国文化演出业，有条件加快其信息化建设，从而促进信息的沟通、组织的管理，乃至各种贸易模式的发展。

第二节　娱乐产业

一、娱乐业概述

（一）娱乐

娱乐是人追求快乐的一种天性。在现代社会中，娱乐已经成为一种面向大众的、不可或缺的生活方式。根据不同娱乐方式的主要功能，娱乐大致可分为三大类：

（1）文化娱乐。人们为了"心灵的愉悦"，根据自己的兴趣、爱好选择不同文化产品来消费的行为，这是人类所特有的娱乐。

（2）体育娱乐。人们为了获得"身体的愉悦"，根据自身条件所进行的内容简便易行、富有情趣的各种身体练习，如各种体育游戏等。体育娱乐又可分为文化性体育娱乐和休闲性体育娱乐。

（3）休闲娱乐。人们为了驱逐紧张、单调、寂寞和无聊，选择各种"消费闲暇时间"的行为。当代最普及的娱乐是通过影视、音乐、演出与出版（看电视、电影、报刊、VCD、DVD 和文艺晚会，听 CD、MP3、MP4 和音乐会等），玩游戏（网络、手机、游戏机等）与网上虚拟生活，参加歌舞厅、夜总会、健康休闲和趣味体育活动等来实现。

（二）娱乐产业

国内学者谢伦灿认为，文化娱乐产业囊括了符号、信息、媒介、文化、经济等因素，即文化娱乐产业是将具有娱乐特性的图形、图像、文字、色彩、音符、旋律等娱乐符号通过现有科学技术手段处理成娱乐信息，依托各种媒介包括有机媒介（人的肢体语言、行为动作）、无机媒介（书籍、影视、广播、网络、通信设备、CD、VCD、DVD、EVD、VOD、MP3、MP4、海报招贴、户内外广告媒介等），转变为各种文化娱乐产品，在文化娱乐市场当中进行商品流通，满足大众精神娱乐消费需求，形成经济效益与社会效益的一种特殊的文化经济现象的总称。

概括来讲，所谓娱乐业，就是为人们提供快乐、有趣的享受活动的行业或产业，可理解为"制造快乐"的经济领域。它隶属于文化产业的范畴，具有文化产业所有的文化属性及产业特性，是现代科学、现代工业文明发展与现代精神文明发展相结合的产物。

> **专栏 10 - 2**
>
> ### 娱 乐 经 济
>
> 　　娱乐产品的特性符合现代经济活动的目的。后工业社会显现出的基本经济特征，决定人们越来越重视生活质量的提高，更多地关注劳动者自身的幸福与快乐，与此同时，也开始出现更加丰富多彩的服务产品，娱乐经济便应运而生。娱乐经济是工业经济和后工业社会的重要成果。
>
> 　　娱乐经济建筑于一个高度发展的社会，许多人有闲和有钱构成其"物质基础"，而电子信息技术的广泛应用是其高速发展的"科技基础"。娱乐经济作为大众商业文化的产物，也是一种十分大众化的娱乐体验活动，格雷厄姆·莫利托在《全球经济将出现五大浪潮》一文中指出，娱乐经济具备这样几个条件和特点：生产力高度发展，人类社会信息化；娱乐经济产值将占 GDP50% 以上；人们对购买物品的态度、观点和行动方式将发生根本的变化；提供奇遇和冒险的行业将尤为繁荣兴盛；娱乐经济的核心是创造内在体验。同时，世界各国及不同地区、不同民族的文化交流也推动了娱乐经济的发展。
>
> 　　资料来源：谢伦灿. 当"娱乐"成为"产业". 文化月刊，2010(8).

二、娱乐产业增长方式

娱乐产业经济增长方式主要包括粗放型经济增长方式和集约型经济增长方式两种。

（一）粗放型增长方式

粗放型增长方式是单纯依靠增加资金、人力和物力，将其投入到娱乐产业运营环节过程当中，以实现提高娱乐产量或娱乐产值，见图 10 - 1。该增长方式大多为国家政府计划型，即以政府为主导，依据政府的意识进行，政府通过对经济进行行政干预来调控企业。粗放型增长方式是一种高投入、高消耗、低质量、低产出的经济增长方式。

（二）集约型增长方式

集约型增长方式是把资本资源、材料与技术资源、人力资源、人文资源等整合利用，投入到娱乐产业运营环节过程当中，以实现提高娱乐产量或娱乐产值的目标，见图 10 - 2。该增长方式属于市场主导型，即以市场为主导，政府对市场进行宏观调控，以市场变化引导产业发展。集约型增长方式是一种低投

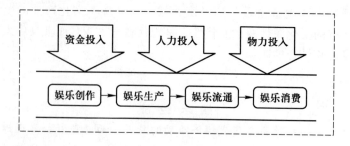

资料来源：谢伦灿. 文化娱乐产业的评价与发展. 北京：中国经济
出版社，2009.

图 10 – 1 粗放型娱乐经济增长方式

入、低消耗、高质量、高产出的战略型经济增长方式。

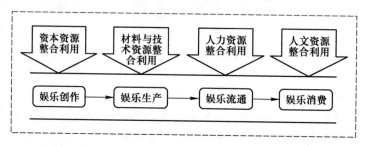

资料来源：谢伦灿. 文化娱乐产业的评价与发展. 北京：中国经济出版
社，2009.

图 10 – 2 集约型娱乐经济增长方式

集约型增长方式与粗放型增长方式相比，是社会主义市场经济条件下娱乐
产业增长的主导方式。如何努力发展和解放娱乐生产力，深化娱乐经济体制改
革，是实现娱乐经济增长方式由政府主导型向以市场为导向、政府加以辅导扶
植的战略型转变的关键所在。

三、中国娱乐产业概况

娱乐改变生活，娱乐创造经济。在美国，娱乐产业每年带来 5 000 亿美元
的收入，已经成为第二大出口产业。相比美、日等发达国家，中国娱乐产业研
究较薄弱，发展也相对滞后，但市场潜力巨大。2008 年金融危机以来，娱乐
产业逆势上扬，体现了娱乐产业的经济贡献价值。

伴随中国经济的转型及居民收入水平的提升，文化娱乐产业正上升为国家
战略性产业。文化娱乐企业改制、产业资金扶植、民营资本介入及海外市场推
动等多种因素促进了中国文化娱乐产业的快速发展。展望未来，产业融合发
展、产品创新及产能扩张将成为文化娱乐产业繁荣的核心方向。图 10 – 3 为

2007—2012 年中国文化娱乐产业规模及增长率。从该图可以看出，未来中国文化产业规模将处于不断扩张之中。

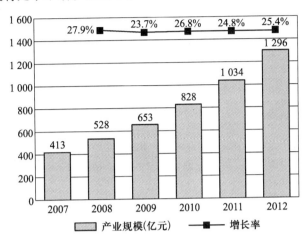

资料来源：艺恩咨询，http://www.entgroup.cn/reports/f/299120.shtml.

图 10-3 2007—2012 年中国文化娱乐产业规模及增长率

然而，中国娱乐文化产业发展也存在诸多问题，主要有：

第一，产业规模有限，成为产业发展的瓶颈。

中国有限的产业规模妨碍了产业价值链的延伸。美国影视产品的延伸价值达 1 050 亿美元，而中国则不足其 0.5%。这样狭小的规模使得中国文化娱乐产业的综合竞争力较低。

第二，知识产权保护不力，娱乐产业竞争无序。

文化娱乐产业作为一项以创意为核心要素的产业，知识产权是其生存的必要条件。在中国，侵害知识产权现象严重，娱乐产业竞争无序，法制环境有待改善。

第三，人才队伍比较松散，行业协会作用欠缺，知名品牌少。

中国娱乐产业专业人才不仅缺乏，而且松散，人才培养体系和机制急需进一步完善。此外，应加强行业协会的自律和协调功能，大力培养知名娱乐产业品牌。

本章小结

作为文化产业核心部门的演艺娱乐产业正随着全球文化经济的迅猛发展而在国内外文化市场上表现出强劲的增长势头。中国演艺产业目前整体向好，院团改制全面展开，在集团化发展、产业链延伸、跨界合作、海外拓展等方面表现不俗，在国际化方面虽有挑战，然而却面临极好的发展机遇。中国娱乐产业，虽然存在诸如产业规模有限、知识产权保护不力、娱乐产业竞争无序、人才队伍比较松散、行业协会作用欠缺、知名品牌少等问题，然而文化娱乐企业改制、产业资金扶植、民营资本介入及海外市场推动等多种因素正促进中国文化娱乐产业快速发展。

复习思考题

1. 试分析娱乐产业国际上的成功案例，说明其成功的关键因素有哪些。

2. 试分别说明中国演艺、娱乐业的优势与劣势，并结合实际分析我国应如何发展演艺、娱乐产业。

3. 与前面所学知识相结合，思考出版业、广播影视业、网络动漫产业及演艺娱乐产业中相关政策的作用。

案例讨论题

美国费城交响乐团访华演出实施方案

一、美国费城交响乐团访华演出项目的洽谈与确定

1. 确定艺术团

美国费城交响乐团是世界著名交响乐团，是美国五大交响乐团之一。2000年是该团成立百年庆典，2001年，作为该团百年庆典的系列活动，费城交响乐团计划进行世界巡演，其中包括亚洲地区，并把中国列为巡演目的地之一。

出于对费城交响乐团地位与水平的了解，以及对近年来北京交响乐演出市场的综合分析，承办方认为费城交响乐团在中国大型城市中的演出具有良好的市场前景。因此，承办方通过多种渠道与费城交响乐团进行接洽，最终与美国费城交响乐团签订了合作意向书，获得了该团在北京、上海演出的承办权。

2. 确定艺术家

美国费城交响乐团音乐总监沃尔夫冈·萨瓦利什是世界知名指挥家，被称为目前在世的最后一位德奥音乐大师，他能否与费城交响乐团共同来华演出，将直接影响本次演出的水平与市场。因此，在与乐团确定初步合作意向后，承办方应进一步与乐团确认该团的访华演出阵容。出于市场因素的考虑，单独进行交响乐演奏形式稍显单调，加入乐器协奏（如钢琴）则会使演出现场气氛更加热烈，而作为世界著名交响乐团的访华演出，如有一位中国音乐家加入效果会更好。经反复比较选择，同时听取费城交响乐团的建议，承办方最终选定了中国青年钢琴家郎朗，并迅速与郎朗的经纪人达成合作意向。最终事实证明，

郎朗的加盟为此次音乐会取得市场成功起到了重要作用。

3. 谈判

在取得与艺术团、艺术家的初步合作意向后，就演出条件等细节双方需要进一步谈判。谈判内容涉及艺术团与艺术家的演出费用，演出时间安排，演出城市，演出场地，在演出地的接待条件，人员交通安排，货物道具运输情况以及在华演出前后行程等。承办方在谈判基础上与艺术团与艺术家签订详细的协议书。

二、寻找赞助合作

为降低项目运作的市场风险，为演出项目寻找赞助是非常重要的。作为世界著名交响乐团，美国费城交响乐团此次访华演出对于很多商家来说，又是一个将自身企业形象与世界著名高雅艺术品牌相结合的良机。精心制作赞助方案，根据项目的目标人群寻找赞助商是演出承办方接下来的重要任务。

三、费城交响乐团北京演出的实施

1. 签约：在与艺术团与艺术家合作意向书及进一步谈判的基础上，双方达成一致的合作条件，最终签署演出协议书。演出协议中应详细规定演出方与承办方的各项责任与义务。

2. 取得演出许可：在与艺术团及艺术家签约后，涉外演出应报批文化部与北京市文化局，经政府主管部门批准后方获得演出许可，可以进行市场运作。

3. 剧场：确定演出剧场——人民大会堂的时间安排与场租事宜，并与剧场签约。

4. 宣传营销：获得演出许可后，根据演出的特点和规模，对演出进行宣传推广，同时进行票务营销。

5. 交通：从形式上分为人员交通与货物、道具运输；从内容上分为国际旅运部分、国内城市间旅运部分、市内交通部分。据此与运输公司签订详细运输协议。

6. 食宿：根据双方协议规定的食宿标准确定住宿饭店——王府饭店，与饭店签署协议。

7. 舞美：聘请舞美公司根据演出内容并结合演出场地确定详细舞美方案，制定舞美制作时间表，与舞美公司签订详细舞美制作协议。

8. 后勤：成立后勤协调组，负责协调各部门工作，并负责提供翻译、演出现场应急问题的解决等工作。

四、文艺演出的运作环节与要素

一个在价值、功能、规模、操作模式等各方面比较规范、符合国情又和国际接轨的演出项目，其在操作过程中所涉及的环节与要素一般细分为如下八个大的部分：

1. 政府机关事项。

2. 演出团体事项。

3. 演出剧场事项。

4. 接待事项安排。

5. 舞美事项安排。

6. 媒介宣传事项。

7. 市场销售事项。

8. 文件、协议与预算。

五、演出项目运作程序

前期联络：E – MAIL、传真、电话、邮件确定团方及艺术家的可能档期，确定可能剧场的可能档期；索取、收集团方及艺术家资料（文字、图片、照片、网页、CD/VCD/DVD/VIDEO TAPE，在华演出历史与媒体评价等。）

撰写项目可行性报告，项目部总监确定初步意见。

征询媒介部、市场部、组委会、艺术委员会专家意见。

制作项目（推广）计划书，获得媒介部、市场部支持。

收集本地、外地目标市场的反馈意见和合作意向。

和团方初步确定演出档期。

初步确定演出场地、巡演项目的外地合作代理。

与团方、艺术家进行项目条件的联络、谈判。

与团方、艺术家或演出经纪代理公司草签演出协议。

发我方邀请函（非官方项目）。

向文化部申请办理本、外地演出项目报批手续（须以文化部名义邀请的，先报批，后发邀请函）。

继续就演出条件、安排等正式合同条款进行联络、谈判。

预订机票、酒店、剧场、车辆、运输、舞美等。

签署正式完备的演出协议或合同（办理时间按实际进度）。

启动媒介宣传、市场营销行动，发使馆签证通知函（办理与发函时间按实际进度）。

团方将有关费用汇入我方账户。

办理机票、酒店、剧场、车辆、运输、舞美等。

接待团方前期考察人员。

正式演出。

演出结束后进行项目总结、媒介宣传总结、市场营销总结。

项目资料存档。

与团方、艺术家及经纪代理保持友好畅通的联络，建立长期合作关系。

作为任何一项大型的演出活动，都要涉及以上提到的方方面面。而作为较小型的演出活动，也具有"麻雀虽小，五脏俱全"的特点，有可能其中一些环节会大大简化，但作为任何一个完整的演出，都应注意以上提到的各个方面。

资料来源：张朝霞，金鑫，王琛. 演出经营与管理. 上海：上海音乐出版社，2004.

问题：

结合案例，说明演艺产业的运作特点有哪些？与出版业、广播影视业、网络、动漫产业相比有何异同？

参考文献

1. 蔡尚伟，王理. 开启中国文化产业国际化时代. 西南民族大学学报（人文社会科学版），2010(5).
2. 谢伦灿. 文化娱乐产业的评价与发展. 北京：中国经济出版社，2009.
3. Pratt，A. C. The Creative and Cultural Economy and The Recession. Geoforum，2009，40(4)：495－496.
4. 杨利英. 近年来中国文化"走出去"战略研究综述. 探索，2009(2).
5. 吴承忠. 国外休闲经济：发展与公共管理. 北京：人民出版社，2008.
6. 魏真柏. 以完整品牌节目拓展国内外演出市场. 杂技与魔术，2008(4).
7. 演艺产业：在资源整合上做文章. 文化市场信息网，http：//www. hnwhsc. com/page. asp? id＝31377.
8. 谢伦灿. 当"娱乐"成为"产业". 文化月刊，2010(8).
9. 中国娱乐文化产业发展逆势上扬. 中国广播网，http：//china. cnr. cn/news/200911/t20091128_ 505682805. html.

第三篇
政　策　篇

第十一章
文化产业政策

【主要内容】

本章主要介绍文化产业政策的相关概念，文化产业政策存在的必要性，政策的内容和政策制定的基本原则等，接着介绍国外文化产业政策基本经验，随后在回顾中国文化产业政策演变历程的基础上提出文化产业政策的应对措施。

【学习要求】

1. 了解文化产业政策的相关概念和制定原则。
2. 了解国外文化产业政策的相关情况。
3. 了解中国文化产业政策演变的基本历程及应对措施。

【课时安排】

3 课时。

【案例导引】

民营文化企业异军突起①

2009 年，赵本山的"刘老根大舞台"九家剧场票房收入过亿元，已经成为东北的一张文化名片。很多外地游客到哈尔滨、长春、沈阳必然选择看二人转。据介绍，大舞台剧场的平均上座率在 80% 以上，其中有的在 98% 以上。这些院团都是地道的民营院团，年收入能过亿元，说明不但演出收入高，而且利润可观。

与此同时，陈佩斯的民营话剧公司在话剧市场中"狡猾"生存。他把拍电影的市场运作方式用在了戏剧实践里，带着他的《托儿》、《亲戚朋友好算账》、《阳台》等话剧全国巡演，喜剧票房总收入也已经过亿元，这在话剧市场是很难得的事。

"赵家班"二人转和"陈式话剧"的火爆，凸显着民营演出企业的迅速发展。

第一节 文化产业政策概述

一、产业政策与文化产业政策

（一）产业政策

"产业政策"一词最早出现于 1970 年日本通产省代表在 OECD（经济合作与发展组织）大会上所作的题为《日本产业政策》的演讲。关于什么是产业政策，目前国际上尚无统一定义。由于研究角度和学术背景的不同，人们对产业政策所作的解释也是多种多样的。

概括来讲，产业政策是一个国家的中央或地区政府为了其全局和长远利益而主动干预产业活动的各种政策的总和。它的构成要素包括：政策对象、政策目标、政策手段和措施、政策实施机构以及产业政策的决策程序和决策方式。

一个完整的产业政策体系包括：产业结构政策、产业组织政策、产业地区政策、产业技术政策、本国产业与国际产业关系政策。各类产业政策之间相互联系、相互交叉，形成一个有机的政策体系。

各国政府通过产业政策对产业结构变动进行干预，以优化结构、改进经济的供给潜力等途径来推动经济增长，由此弥补市场失灵的缺陷，有效配置资源，增强国家实力和产业国际竞争力。

---

① 刘墨. 中华工商时报，2010 – 3 – 16.

目前，在国内外理论界有一个基本共识：在市场发育不充分的情况下，产业政策是政府替代市场发挥阶段性作用的一种方式，且随着经济持续发展、市场不断发育完善而调整，具有整体性、动态性、开放性等特点。这不仅阐释了政府在产业发展中特定的重要作用，而且揭示出了产业政策是一个动态过程，在不同的历史阶段和具体的条件背景下需要运用不同的政策思路做指导，这就为产业政策的演变历程中具有某种或某些内外基本逻辑提供了一种可能性支撑。①

（二）文化产业政策

所谓文化产业政策，就是为了促进本国的经济繁荣和文化的可持续发展，综合运用经济手段、法律手段和必要的行政手段，调整文化产业关系，规范文化产业活动而制定的政策。它是国家宏观经济政策在文化产业领域的具体体现，是政府间接管理文化产业，促进其健康发展的重要手段。

文化产业政策作为国家政策体系的一部分，同其他产业的国家政策相比有共同之处，但它又具有自身的主客体范畴和明显的特征。文化产业政策的主体就是文化产业政策制定、执行、评估和监控的行为承担者，而文化产业政策的客体则是文化产业政策服务的对象，包括产业关系、产业运行和产业发展。作为指导文化产业发展的经济政策之一，它既具有产业政策的一般特征，如时代性、民族性、政治性、供给指向性和市场功能弥补性，又具有文化的教化功能和娱乐功能。

二、文化产业政策制定的基本原则

政府在文化产业政策制定过程中，应当遵循一定的原则。

（一）促进竞争的原则

政府实施产业政策的目的就是促进运作良好的市场机制的形成，只有充分发挥竞争机制，才能保证文化市场的帕累托效率。因此产业政策导向应该以市场为导向，促进市场竞争机制的充分发挥，由此最大限度地提升文化资源的配置效率。

（二）符合公共利益的原则

公共利益原则就是要求政府在制定政策过程中，必须充分考虑社会利益和公共利益，而不能仅仅考虑某一部分人的利益。在社会主义市场经济体制下，文化产业政策制定应该坚持以社会效益为主，社会效益与经济效益相结合；既要坚持更好地为人民服务、为社会主义服务，又要提高经济效益。

（三）政策制定有理有据的原则

---

① 蔡尚伟，刘锐. 中国文化及传媒产业政策的演变. 今传媒，2010(1).

产业政策的制定应该建立在有关法律基础之上，政策体系必须拥有充分的法律依据，符合法定的程序，制定者及政策执行者也要接受法律的约束和社会的监督。

（四）透明度与公共参与的原则

透明度原则是保证政策有效实施的必然要求。具体说来，就是应该使各项文化产业政策的制定、执行与评估等都要具有较高的公开性和广泛参与性，重要的政策法规必须要在指定媒体上公布，并且要提高制定与执行政策程序的透明度。

（五）非歧视原则

所谓非歧视原则，是指政府在政策制定过程中，破除行政性垄断，对不同所有制形式的文化企业的市场准入、价格规制等方面应一视同仁，这是文化市场自由性、竞争性、公正性的基础。

（六）统筹兼顾的原则

政府制定政策的过程是调整各种利益的过程。因此，需要处理好社会稳定、经济安全、政策协调等各种重大关系。如果不从中国文化产业的实际情况出发，操之过急，那么容易引发经济震荡和市场混乱。

第二节 国外文化产业政策概略

一、欧盟国家文化产业政策

20 世纪 80 年代以后，为适应公众不断增长的文化需求，欧盟国家对文化体制和文化政策进行了一系列的改革和调整，主要体现在以下方面：一是在处理国际文化关系中，奉行文化多样性原则，主张各民族文化共同发展。1992年，法国等欧盟国家提出"文化例外"的主张，并确定了如何界定"文化例外"的六条标准。二是欧盟国家政府的文化政策奉行两个原则鼓励竞争原则和国家干预主义原则。前者主要是鼓励公平竞争，让公众自由选择各种媒体；后者是扶持弱小媒体，使之具有与实力雄厚的文化企业同等发言的机会，避免过度集中和垄断发生。三是在文化产业管理体制上引入竞争机制，实行多元化。欧盟各国文化产业呈现出多元化格局，不仅放开对社会资本的限制，而且通过引入竞争机制，提高效率。四是注重扶持和资助文化产业。欧盟许多国家政府十分重视对文化企业给予扶持，对各类文化产业给予各种形式的直接或间接资助。

（一）欧盟国家文化产业政策的基本目标和政策取向

欧盟国家文化产业政策有两个基本目标：文化目标与经济目标。文化目标是保护欧洲的文化遗产和文化多样性。文化是欧洲联合的共同基础，是欧洲一体化向前发展和巩固的一个重要因素。文化的多样性是欧洲社会的基本特征，也是欧洲一体化的动力与活力所在。尽管欧盟文化产业分属于各个国家和区域，但它们都是欧洲共同文化遗产的一部分，是欧洲文化多样性的具体体现和欧洲文化认同的载体。经济目标是通过保护和发展欧盟国家的文化产业，尤其是发展视听业，促进欧盟国家的经济增长和就业。欧洲具有丰厚的文化资源，文化产业已成为欧盟国家收入和就业的重要来源。大力发展文化产业，提高文化产业的国际竞争力，已成为欧盟国家社会经济发展战略和政策的重要组成部分。

从欧盟国家文化产业政策的取向来看，并非只有推向市场的文化活动和文化部门才可以被称为文化产业，才应该获得大力扶持。在实践中，欧盟及其成员国始终把弘扬民族优秀文化，保护环境资源和文化遗产，促进民族融合和认同，鼓励社会平等，改善居民整体利益和基本福利状况作为文化产业的一部分。

(二) 欧盟国家文化产业政策资助和扶持的重点领域

从欧盟国家文化产业政策的规定和措施可以看出，影视业一直是欧盟国家资助和扶持的重点。因为电影和电视是一个国家文化产业的入口，具有很强的文化敏感性。在人类诸多的文化艺术形式中，电视和电影的影响力是最大的。通过发展影视业传播欧洲的独特文化，让世界人民更多地了解欧洲和欧洲人的理念，扩大欧洲的影响力，是欧盟国家的一个重要目标。

欧洲的电影业历史悠久，是欧盟一个相当重要的视听部门。电视则是当今欧洲社会最重要的信息和娱乐来源。98%的欧洲家庭拥有电视，欧洲人每天平均看电视的时间超过200分钟。数字电视的迅速发展，使电视成为整个视听领域乃至文化领域传播范围最广、影响力最大、经济规模最大的传播渠道。因此，可以说视听产业是欧洲文化及社会价值最重要的建构力量，也是欧盟一体化进程的重要支柱。

影视业不仅涉及文化多样性、公共服务和社会责任，而且有着巨大的商业利益，对欧洲的重要性不言而喻。但它们面临着来自美国影视业的巨大挑战。美国拥有全球半数以上的"文化巨无霸企业"，控制了全球75%的电视节目的生产和制作；美国影片只占全球电影产量的6.7%，却占据了全球总放映时间的一半以上。欧洲视听观察组织（European Audiovisual Observatory）的数据显示，2000年在欧盟电影市场，欧洲影片仅占22.3%，而美国电影占了73.7%。欧盟国家保护和促进文化产业发展的规定有助于提高成员国在影视创作方面的竞争力，鼓励成员国的影视作品占领欧盟市场，进而开拓海外市场，与美国的

"单边文化战略"相抗衡。

（三）法国文化产业政策

如果说美国对文化产业的管理代表了文化产业政策的一个极端，即极端强调文化产业的商业属性和市场对于文化发展的自动调节作用，那么法国的文化产业政策则代表了另一个极端，就是对于文化产业中"文化"属性的极端强调。

法国政府对文化的发展和管理的重视在欧洲国家中应该说是最为突出的。自 17 世纪末以来，波旁王朝对文化艺术的管理和资助模式就成为了它的传统，直至今日，法国依旧基本采用皇家赞助的模式。

法国官方发布的文化政策很少出现"文化产业"一词，其文化政策继承从王政时代以来对于文化艺术的扶持策略，尤为注重对内扶持高雅艺术、对外展示法兰西文化的辉煌。法国一向鄙视并激烈反对美国式的娱乐化的"文化"，包括好莱坞电影、肥皂剧和迪斯尼乐园等。它注重传统的、精英化的"文化"，每年有巨额的政府支出用于保护文化产业发展。法国政府认为文化产业发展关系到国民素质、民族传统和凝聚力、国家形象与国家安全等，因此是与其他产业有着巨大区别的特殊领域。

在国内文化产业的管理方面，法国政府不仅出台了系统的文化政策和规划，每年还有庞大的政府支出支持电影、音乐等文化产业领域的发展。在国际文化贸易方面，法国是美国自由贸易政策的坚决反对者。法国以"文化例外"为由，坚决反对文化市场的自由贸易。在世界贸易组织的谈判中，法国进一步将"文化例外"演变为"文化多元化"原则，提出文化产业不同于一般产业，指责美国低俗化的文化产品和文化发展方面的商业倾销对本土文化构成了毁灭性的威胁，全球的"美国化"趋势令人担忧。法国的"文化例外"模式将文化的产品与一般商品生产区别开来，有力地阻止了文化的商业化、低俗化，并对本国文化产业的发展起到了一定的保护作用，但与此同时也带来了文化发展缺乏活力等问题。

（四）英国文化产业政策

英国政府在第二次世界大战以前，对文化产业的参与程度并不积极。直到 1945 年，英国通过法律条款，允许地方政府通过税收资助文化活动，才逐步直接参与到国家对文化的管理和支持中。1946 年，英国成立国家艺术局，同年，苏格兰和威尔士艺术局成立。自此，英国政府开始通过国家艺术局进行财政拨款，直接资助各项文化活动。1992 年，英国成立文化、传播及体育局，负责政府部门对艺术、体育、休闲、图书馆、博物馆、美术馆和广播等的管理和推动。近年来，该机构对多达 40 多个非政府组织提供文化资助，其中包括英国艺术局、英国电影协会、美术工艺局、旅游协会以及全国性的博物馆和美术馆等。1994 年，英国开始执行国家奖券基金，由文化、传播及体育局负责管理，奖券收益除支付管理开支外，平均分配给以下文化领域，即艺术、体育、文化遗产保护、慈善、健康和教育、环境保护等。仅艺术一项每年可以从奖券基金获得 2 亿英镑的款项。除中央政府外，地方政府也是文化事业的主要资助者。

1998 年出台的《英国创意工业路径文件》中更明确地提出了"创意产业"（Creative Industries）的概念。要求政府"为支持文化创意产业而在从业人员的技能培训、企业财政扶持、知识产权保护、文化产品出口等方面"做出积极努力。英国政府采取的主要措施包括，在组织管理、人才培养、资金支持、生产经营等有关方面逐步加强机制建设，对文化产品的研发、制作、经销、出口，实施系统性扶持。在面临国内创意产业环境中关键的金融及投资问题时，英国文化、媒体和体育部出版了专门手册，指导相关企业或个人如何从金融机构或政府部门获得投资援助。同时，逐步推动完整的创意产业财务支持系统，包括以奖励投资、成立风险基金、提供贷款及区域财务论坛等作为对文化创意产业的财务支持。英国政府的创意产业政策，是目前国际上产业架构最完整的文化产业政策。

（五）德国文化产业政策

与英国等国家实行分权式的文化管理不同，德国实行的是集权式的文化管理。德国的文化管理权主要集中在各级政府及所属行政部门，其文化体制是由政府机构和以自我管理权为基础的具体文化组织这两级组成的。1998 年，联邦政府为了扩大自己的文化管理权限，成立了文化事务与媒体委员会，联邦文化基金会也由政府直接管理，同时联邦议会也成立了文化事务委员会，以加强对文化工作的领导。这种高度集权式的文化管理模式，有利于国家文化发展战略的顺利实施，克服由于文化产品的过度市场化和商品化所带来的弊端。

应该指出的是，德国集权式文化管理体制的主要特点是，其文化管理权主要集中于政府，这里"集权"的意思是相对于非官方或半官方组织如艺术理事会而言的。实际上，作为一个联邦制国家，德国主要由地方政府而不是联邦中央政府进行文化管理。德国从未有过类似巴黎之于法国和伦敦之于英国这样的文化中心，各州自己的文化生活使大大小小、各具特征的文化中心得以产生，甚至在小城市和乡镇中，文化和科学生活也很丰富。国家重要的文化机构和文化设施也都分散在各地，比如，整个德意志图书馆由位于法兰克福、莱比锡和柏林的三所图书馆构成。联邦档案馆的中央馆址在科布伦次，分馆设在柏林、波兹坦、布莱斯高的弗赖堡和拜罗伊特。汉堡是新闻媒介最集中的地方，科隆、杜塞尔多夫和卡塞尔是当代艺术生活的三个中心。柏林的剧院数量居于首位。最有价值的博物馆分布在柏林、希尔德斯海姆、法兰克福、慕尼黑、纽伦堡、科隆和斯图加特。两所最重要的文学档案馆在马尔巴赫和魏玛。德国的大多数文化设施由城市和乡镇政府和管理机构维护。

二、日本文化产业政策

20世纪末，日本提出了"文化立国"的战略构想，为贯彻"文化立国"的国策，日本调动了独特的"行政指导体制"。行政指导是日本政府为实现特定目标，不直接运用法律手段，仅以相关法令为依据，通过向产业部门的行政主管机构提出劝告、建议、指导、指示、期望、要求、建议、警告、命令等行政方式，促使企业接受政府的意图并付诸实现，从而控制特定对象的行为。

文化产业等新兴产业是日本"行政指导"的重点。日本政界人士认为：要避免采用生硬的法律约束，使政府和产业界建立相互信任的关系，从而在目标一致的基础上谋求积极而广泛的合作。

首先，制定文化产业规划是其"行政指导"的形式之一。日本政府依据国内外文化产业发展特点指导文化产业的发展计划，力求既符合国家的发展战略，实现其社会效益，又协助产业界确定其具体发展形式、规模和方向，使之避免盲目性和无序状态。政府通过提供各种信息，制定各种扶持性和刺激性的政策，来指导和协助企业走向既定目标，但不是强制性的，企业仍然拥有自己的主动权和自主性。政府通过指引、中介、扶植和宏观调控的方式，扮演企业的领航员及保护人的角色，给文化产业注入了巨大的活力。

其次，大力扶持"创意产业"是其"行政指导"的具体举措。长期以来，日本实行的是政府主导型经济，政府的"行政指导"通过制定良好的产业政策和实施优惠措施来一步步诱导企业前进。近年来，日本政府在创意开发的"行政指导"方面，对"创意企业"实行较多的政策倾斜，即政府通过信贷、财政补贴、税收优惠等经济手段，促进"创意企业"的建立和发展，这给日本的文化产业创造了良好的发展环境。

再次，努力促进创意投资，是政府对文化产业进行"行政指导"的有力手段。文化产业属于新兴产业，它的成长与发展首先需要投资资金的保证。在日本，文化产业的投资受到政府的多方重视。一方面，它作为新兴产业，能够享有"研究投资和科学技术投资"的资助；另一方面，作为对国民投资，它又享有"文化投资"的经费支持。此外，日本政府在促进文化产业创意投资方面，还积极鼓励文化投资同信息产业投资的深度结合。在这一"行政指导"之下，日本许多企业将自己的未来聚焦在娱乐、信息和通信业的交汇点，从而使传播信息、知识和提供娱乐的文化产业兴旺起来。这给日本企业带来了巨大的利润，也是日本文化产业的取胜之道。

与此同时，日本政府建立和完善配套服务，逐步建立起一套比较完备的知识产权保护系统，严厉打击各种盗版行为，使文化创意产业（如动漫等）得到充分的保护。

通过立法保证，到稳步施政以及完善配套服务，日本文化产业在其"文化立国"战略的推动下，通过政府的大力扶持，已经具备了较强的国际竞争力，成为其国民经济中的重要产业，人们还期待它能成为带动日本经济快速发展的向导产业。

日本政府在文化产业方面实行的行政指导的规制模式，不仅有效地促进了竞争性文化市场的产生，又很好地架构了文化市场结构，避免资源的浪费，更重要的是，政府扮演的角色使得以动漫为代表的文化产业发展瞩目于全球，成为日本经济新的增长点，具备了较强的国际竞争力。

三、韩国文化产业政策

1994 年，韩国政府在文化观光部（MCT）内设文化产业局，韩国文化产业振兴政策正式开始推行。从 1995 年到 2005 年，韩国政府在法规及制度上的变化大体上分为两大部分。第一，《文化产业振兴基本法》的出台。这部基本法为之后相关的文化产业机构、文化振兴基金等的建立和有关税收优惠提供了最根本的法律保障和行为准则，是一部带有振兴、扶持性质的法律，具有宏观调控的作用。第二，针对文化产业制定的相关法律。如：制定了《唱片、录像带及游戏产品相关的法令》、《统合放送法》，修订了《电影振兴法》、《演出法》、《与出版社及印刷所登记相关的法律》、《期刊登记相关法律》以及《综合有线放送法》。这些法律法规强化了法律的民主性、公正性，撤销了一些干涉和限制性的规定。基于此，文化产业的相关法律法规有 70% 得到了修改、被废除。

韩国文化产业局成立十年后，产业振兴政策实施后的效果显现出来。随着韩国政府文化全球化发展目标的布局步步深化，韩国文化产业每年以 30% ~ 40% 的速度高速增长，在亚洲以外的区域也开拓了一定的市场空间。在电影、电视节目、音乐产品、游戏产品等出口比例增大，而进口比例减少。韩国政府已经立志成为世界文化五大强国之一，游戏产业跻身世界三强。

韩国文化产业在世界范围内取得的成功，其根本动因是政府推行的文化产业振兴政策，建立了一系列文化产业振兴机制。全球娱乐产业的市场份额之争和国内民间机构自发的、有创意的经营活动促使韩国政府改变了对本国文化产品不自信的消极、被动态度，转而积极地、有计划地推行了一系列文化产业振兴的扶持政策。

这一系列文化产业政策的颁布，使得政府在文化产业政府规制方面有法可依，政府在文化产业中的主导作用也更加突出，其实施规制的范围主要包含文化产业管理机构、文化产业人才的培养以及文化产业的投资等方面。由于韩国政府完善的规制体制以及民间的大力配合，韩国的文化产业健康迅猛发展，其电影旅游产业、游戏产业的影响力不断提高，在世界范围内享有较好声誉。

四、美国文化产业政策

联合国教科文组织在摩纳哥举行第十五届文化产业政策会议时，美国在其研究报告中开宗明义地提出：无论于公于私，美国都没有政府的文化立场。美国的确没有明确的官方立场，联邦政府也没有设立文化部或相关行政主管机关，因为美国在法律上认为文化艺术是地方、私人团体和个人的初始特权，政府无权干预，但这并不意味着美国政府就没有自己的文化立场和文化产业政策。

美国联邦政府在文化产业发展方面将自己定位为协助和鼓励的角色，通过以激励、奖助为主要内容的管理法规与审查制度，为文化艺术工作者提供自由、自主和自律的发展空间。比如，为促进人文艺术的发展，联邦政府设立以奖助为主要业务的国家人文基金会(National Endowment for the Humanities)和国家艺术基金会(National Endowment for the Arts)，协助各州发展文化艺术活动，鼓励与协助各州通过州立法，成立各州艺术委员会和人文委员会，而各市镇也多依照此模式成立地方性艺术人文委员会。

美国国家艺术基金会成立于1965年，是美国联邦政府的独立机构，其成立宗旨在于支持艺术家、促进美国艺术的发展，通过补助计划以及激励措施完成任务。艺术基金会的各项政策、计划、程序、评审等事务受国家艺术委员会(National Council on the Arts)的督导，该委员会的成员包括国家艺术基金会主席以及26位由国会同意并经总统任命的艺术界知名人士，其任期为四年，他们分别是音乐评论总监、州议员、爵士音乐家、博物馆馆长、歌剧团经理、舞蹈团负责人、表演艺术中心负责人、州的艺术委员会主席、艺术赞助人、教育家、编舞者、民俗音乐家等。基金会主席地位很高，他只需向总统负责，提出工作报告。美国联邦政府以激励、资助来代替有形的文化产业政策，完全开放艺术创作空间，这主要是因为美国建国初即建立民主、自由的国家制度，在文化产业政策上也采用开放自由的方针。但这种制度是否适用于每个州、乡、镇等地方政府，以及适用于每个民间团体或个人，仍有待商榷。同时，这种完全放任、自由发展的文化产业政策，是否一定能发展出良性、正面的文化艺术，也值得探讨。

美国是典型的市场主导型国家，自由竞争的价值观是国家治理模式的基本出发点。政府主要依靠社会力量办文化，通过各种文化组织、协会的活动调节文化与公众的关系。在遵循文化产业自身发展规律、考虑文化产业特点的基础上，联邦政府给予放开、优惠的扶植政策。政府的职责是使每个地区都有文化生活，用于资助文化事业的经费由政府核定，议会审查批准。同时要保证这些活动符合法律的规定，凡是背离法律规定的，政府有权予以取缔，政府和议会间发生冲突时由法院予以裁决。各类文化单位多为私人所有，自主经营，自行管理。

美国至今也没有一个正式的官方文化政策文件，学者认为联邦机构"一向因循"的文化政策就是"无为而治"。美国没有文化部，这几乎是每一个不同的人可以给出全然不同解释的象征性现实。一种说法是，这意味着美国没有文化；而另一些人则认为，这恰恰意味着美国人最先领悟，如何使一个文化资源小国变成文化产业大国，并使文化服务于其全球战略的真谛。

由于美国政府没有管理文化事务的专门机构，大部分文化产业，如电影、报纸、杂志等，均没有政府的管制。电视产业稍微有点限制，主要是非美国公民的持股不能超过一定比例；另外，有一个不带广告的非商业电视台有少量政府资金，这是美国政府唯一能"有话事权"的重要媒体平台。向非营利性文化单位提供资助的是国家艺术拨款委员会，该机构主要通过拨款资助、发挥领导作用以及开展影响立法的活动等来鼓励和支持文化的发展。

美国政府用于文化的资金，大多数花在表演艺术和展览艺术领域。这些资金大多是通过类似国家艺术基金会那样的组织审核发放的，而且基本上不会超过一个团体预算的20%。因此政府的钱对于这些团体有"垫底"作用，但并不干扰行业的自由竞争。政府的支持一方面"激发了国家的、州的和地方的基础设施建设"，另一方面也"引起了私人部门对本国的艺术和文化事业的鼎力支持"。许多城市和州的政府、私人基金会或企业对剧院、音乐厅、博物馆、历史遗迹和公园的建设和维修提供资助，甚至给艺术家提供工作室和公寓补助。"它有助于保存国家的文化传统，并激发了艺术和学术工作者的创造性。也许，最重要的结果是政府的支持向美国公众表明了一种态度，即文化艺术是值得去努力的。"跟欧洲相比，美国的古典音乐团体更大程度地依靠观众，因此也就更具有市场活力。市场化和赞助资金的有机搭配，使得美国的高雅艺术避免了"空中楼阁"的命运。

对营利性的文化企业，政府进行市场调节和指导。一方面，这些文化企业通过文化运作来证明自己的存在价值。例如美国的电影业，其法律地位为商业性自主企业，各类电影机构，无论财力雄厚的好莱坞电影制片公司，还是各类电影协会、学会，均为民间性质。政府对电影也没有政策限制，即便电影审查，也由电影业系统内自行组织的美国电影制片人和发行人协会负责进行。其他如娱乐业、出版业、营利性艺术演出团体等，也都要通过文化市场自己求生存发展。另一方面，文化市场也向这些文化产业提供了种种机会促使其繁荣和发展。为了生存和发展，许多文化企业千方百计谋求社会资助，而政府也通过减免税收等立法，鼓励基金会、大公司和个人投资，引导一部分社会财富用于文化产业发展，这也是政府资助文化的税收政策的一部分。

政府对文化的调控手段，除了上述经济政策以外，还通过立法来保护文化发展，所以专门制定了各种文化法规，如《新闻法》、《版权法》、《图书馆法》、《保护志愿人员法》等，通过这些具体的法令法规规范和制衡文化发展。

第三节　中国文化产业政策发展

一、中国文化产业政策演变的基本历程

新中国成立以来的文化产业政策主要经历了改革开放前及开放后两大时期。改革开放前主要是在计划经济体制下对文化经济政策进行初步探索，为以后市场化、产业化阶段的政策制定积累了经验。1978 年十一届三中全会召开之后，中国文化产业政策伴随经济体制改革和国家文化建设进入了全新发展时期，大致可以划分为五个阶段。①

第一阶段，文化市场酝酿期的政策制定（1978—1987 年）。

在这十年中，改革开放虽然使文化事业出现了复苏和空前繁荣，但文化的市场化步伐还未大幅迈开，文化的经济属性和产业属性虽初步显现，但文化单位中计划经济色彩仍旧浓厚，国家仅出台少数政策放松了对文化外围行业的限制，政策的基本取向体现为计划和管制。

第二阶段，文化市场全面推进期的政策制定（1988—1998 年）。

这一阶段见证了文化"市场化"的整体蜕变过程，政策制定着重凸显文化的经济属性，从确立"文化市场"、推进文化产业化发展到加速发展服务业、完善文化经济政策，中国文化产业进入了初步觉醒期，政策的基本取向体现为引导和培育。

从产业政策角度分析，这一阶段的政策措施主要体现在强化文化体制改革，出台众多经济政策。一方面，以总体性政策为主，谋篇布局，推进文化市场化进程，规划构建文化市场、文化经济发展的格局和体系；另一方面，从金融、投资、财税等领域，制定并细化文化产业各个行业发展的优惠政策。

第三阶段，文化产业合法性建构时期的文化产业政策制定（1998—2002 年）。

这一阶段是文化的产业属性急剧迸发、并在有一定"市场化"的基础上

---

① 蔡尚伟，刘锐. 中国文化及传媒产业政策的演变. 今传媒，2010（1）.

进行"产业化"的过程，部分文化行业开始走向产业集群，形成了文化"市场化"和"产业化"同时推动、相互促进的局面。这一时期，中国越来越注重建构文化产业的合法性，文化产业政策的基本取向体现为建构和规范。文化产业终于由依附于国家文化体制改革和脱离文化事业而完全浮出水面，文化产业的合法性建构取得实质性突破。

第四阶段，文化产业合法化发展时期的文化产业政策制定（2003—2008年）。

加入世界贸易组织和十六大开启了文化产业合法化发展的新时期，在文化产业独特而不可替代的战略地位正式确立和文化体制改革深入推进、文化生产力进一步释放、文化建设活力显著增强的大背景下，中国文化产业发展进入了由"相对封闭"向"逐渐开放"转变的快车道，并在国家文化软实力建设和国际化竞争中扮演越来越重要的角色。这一阶段国家在文化产业政策上更加开拓创新，以深化文化体制改革为重心，结合文化产业结构调整，积极利用有利时机全力助推"走出去"战略，内外统筹推动中国文化产业发展繁荣。政策的基本取向体现为鼓励和扶持。

第五阶段，文化产业纵深发展时期的政策制定（2009年至今）。

在国际金融危机背景下，2009年7月，国务院出台《文化产业振兴规划》，文化产业第一次被正式纳入国务院的产业规划体系，这标志着中国文化产业战略地位得到进一步提高，成为助推社会转型、促进国家经济结构调整的新动力。在此背景下国家陆续出台《关于深化国有文艺演出院团体制改革的若干意见》、《关于深化中央各部门各单位出版社体制改革的意见》等政策措施，为全球金融危机中文化产业继续保持"逆势上扬"和中国文化产业应对新的时代发展机遇提供了政策保障。

产业政策的演变是诸多因素共同、动态作用的结果，它不仅受到国际产业发展趋势、经济体制、政府发展战略、经济环境、政府行为能力等宏观因素的影响，也受到产业发展阶段、产业结构、相关产业及产业集群等微观因素的影响。中国文化产业政策的演变历程是有序的，因为这种政策演变逻辑符合中国改革开放事业和各项体制改革的推动进程，符合中国文化产业发展规模变化、执政党建设思路演变、民意诉求变迁以及世界文化产业发展趋势。

> **专栏 11 - 1**
>
> **中国文化产业政策大事记**
>
> ● 1998年8月，文化部文化产业司成立并制定工作规则，这是政府部门第一次设立文化产业专门管理机构。

● 2000 年 10 月 11 日，《中共中央关于制定国民经济和社会发展第十个五年计划的建议》，提出了"深化文化体制改革"、"完善文化产业政策"的任务，并首次在政府文件中使用"文化产业"概念。

● 2003 年 12 月 5 日，胡锦涛在全国宣传思想工作会议上提出"坚持把积极发展文化事业和文化产业作为宣传文化部门的重要任务"。

● 2005 年 10 月 11 日，《中共中央关于制定国民经济和社会发展第十一个五年规划的建议》提出："丰富人民群众精神文化生活。积极发展文化事业和文化产业。"

● 2007 年 10 月 15 日，胡锦涛在党的十七大报告中指出，要"大力发展文化产业，实施重大文化产业项目带动战略……繁荣文化市场，增强国际竞争力"。

● 2008 年 1 月 22 日，胡锦涛在全国宣传工作会议上指出，"要以满足人民日益增长的精神文化需求为目的，以改革为动力，统筹文化事业和文化产业。"

● 2009 年 7 月 22 日，国务院常务会议原则通过《文化产业振兴规划》。

● 2010 年 4 月 8 日，九部门发布金融支持文化产业振兴发展指导意见。

资料来源：证券时报网 ，http：//zt．stcn．com/zt2010/content/2010 – 08/16/content_ 1078981．htm.

二、中国文化产业政策应对措施

实现中国文化产业跨越式发展，必须进一步建立健全主导政策和配套，提供良好的政策环境和有力的政策支撑。[1]

第一，合理配置资源，放宽市场准入政策，鼓励社会各方面力量投资兴办文化产业。

政府要遵循市场规律，优化和配置文化市场资源，打造新型文化投融资体制，建立以资产和业务为纽带、以市场为基础的投融资主体，发挥市场在国家宏观调控下对文化资源和要素的配置中发挥基础性作用，运用市场机制，通过重组等方式，调整利益关系，促进地区、部门、行业间的合作，改变部门分割、行业垄断和地区封锁现象。调整文化产业结构、产品结构、组织结构和所

---

① 张首映．关于实现我国文化产业跨越式发展的思考．人民网，http：//media．people．com．cn/GB/192301/192303/192681/207930/13305660．html.

有制结构，实行多媒体经营和跨地区发展，提高集约化经营水平和整体能力。

组建国有文化控股公司、国有文化资产经营公司，发挥国有文化企业优势，运用联合、重组、兼并、上市等方式，盘活国有文化存量，拓展发展空间，提高市场竞争力，使那些具有市场潜力的文化企业最终走向市场，使那些已经在市场中站稳脚跟的文化企业能够获得更多的社会资源、资本和资金，通过股份制改造，在国内外资本市场发行股票、可转换债券或企业债券，从而做强做大，实现跨行业、跨地区和跨国发展，在国际文化市场中占有一席之地。

政府要开发门户，降低门槛，采取措施，逐步打破行业、部门和地区垄断，拓宽投资渠道，组合各种社会资源来支持文化发展，动员社会各方面力量积极参与文化产业建设，投资文化设施，参与市场竞争。政府鼓励各种所有制经济投资兴建的文化产业项目和文化场馆，在市场准入、土地使用、信贷等方面，给予与国有经济投资的同等待遇，完善以文化投资主体多元化为核心的文化产业政策体系。按照 WTO 规则，实行对外开放，允许或鼓励和支持境外资本进入相关文化行业，给予同等国民待遇，使海外文化企业在中国文化市场得到发展。

第二，进一步完善国家财税政策，为加快文化产业发展创造宽松的经济环境。

近年来，中国积极实施财政政策，推动了经济和文化教育事业的持续快速发展。文化作为民族精神的象征，文化产业作为中国新的重要经济增长点，国家在财税政策上应予更多的倾斜。一是财政要进一步加大对文化事业和文化产业投入，每年安排一定数量的文化产业引导资金。提高财政对于文化领域的投入增长比例，扭转财政文化经费下降的局面；二是要转变财政投入方式，积极支持文化事业单位适应市场加快深化改革。逐步从"养人头"为主向"养事业"为主的转变，从"养单位"为主向"做项目"为主的转变，使财政资金更多地用于促进文化事业和产业的发展；三是对于文化部门新办的具有示范性、导向性或国家优先发展的重要文化产业项目，财政在启动资金、银行贷款和税收等方面给予扶持。对于文化事业单位进行企业化改造或创办文化企业的，在改制创办企业之初的一定时期，按国家关于文化事业的有关规定，享受事业单位享有的相关优惠政策；四是发挥财政资金的导向作用，制定相关的税收优惠政策，鼓励新办的文化企业，使它们在三年内享受减免税收的优惠政策；五是落实发展文化企业的各项配套政策，逐项细化和具体落实支持文化企业发展的财政政策、税收政策、投资导向政策、工商登记管理政策，以及经营性文化事业单位转制为企业过程中，国有文化资产授权经营、资产处置、收入分配、社会保障、人员分流安置、法人登记以及财税政策等一系列配套政策，用良好的政策环境推动文化企业改革和发展。

第三，加强对中华民族文化资源的抢救、保护、开发和利用，建立健全创新体制和机制。

文化资源是文化产业的生命。中华民族的文化资源是我们赖以生存和发展的根基。爱护国家优良文化资源，明确保护范围、保护责任和处置权限，组织专家学者对文化资源进行普查，建立科学的、行之有效的评估和监督系统，运用现代技术保护文化遗产，加大财政支出力度，加强对文化遗产的抢救和保护，把保人、保物、保项目统一起来，防止祖国文化资源、具有鲜明地方特色的文化资源、口头和非物质文化遗产、民俗文化资源的流失和损坏。同时，要适当利用和深入开发特色文化资源，加快文化资源向文化资本的转化，提高特色文化资源的综合效益。

政府要建立健全文化创新体制和战略，实施激励文化创新的机制，设立文化产业创业投资基金，安排专项资金，支持有创新能力的文化工作者开展文化创新活动，促进有创新能力的文化企业通过"文化生产—市场运作—大众消费"（arts－business－consumers，简称为 ABC）模式进行管理和项目创新，促进如网络游戏、动画、卡通、创意设计等新兴文化项目，推进高新技术成果与文化产业的结合，培植开发与高新技术密切结合的新兴文化产业的项目，提高文化产品生产和文化服务的科技含量，鼓励运用高新技术改造传统文化产业。

第四，制定文化产业人才战略，完善人才管理制度和激励机制。

人才是文化产业的最重要资源。政府要制定文化产业人才战略，积极改进人才管理和使用制度，完善人才激励机制，拓宽人才选拔途径，发挥市场对人才资源的配置作用，面向社会广泛引进经营管理人才、文化经纪人和科技创新人才等文化产业急需各类人才，吸引和聘用海外高级人才，创造优秀人才脱颖而出的环境。要创新人事、劳动和分配制度，深化用工分配制度改革，坚持劳动、资本、技术和管理等生产要素按贡献参与分配的原则，允许有特殊才能的文化人才、经营管理人才以其拥有的知识产权、创作成果和科研技术成果等无形资产参与收益分配，努力营造鼓励人才干事业、支持人才干好事业、帮助人才干成事业的用人环境，对各地引进的发展文化产业急需的高中级人才，要打破行业、学历、地域、民族等方面的限制，给予周到照顾，全面实行引得进、留得住、用得活的人才战略。

培训文化产业人才是文化产业走可持续发展道路的基础。要根据文化产业发展需求，挖掘人才潜力，培养一批懂管理、善经营又具有一定文化专业特长的文化经营管理人才，为文化产业可持续发展积蓄人力资本，提供人才保障。

本章小结

文化产业政策是国家政策体系的组成部分。国外文化经济强国在推进文化产业发展方面拥有较为成熟且适合本国国情及文化市场发展的政策体系与相关规定，从而确保了文化产业拥有健康、稳定的政策法制环境。改革开放后的中国文化产业政策经历了文化市场酝酿期、全面推进期、合法性建构期、合法化发展期及纵深发展期五个政策制定阶段，实现了从自发到自觉、从由"政府主导型"向"政府与市场二元推动型"的发展转变。推进中国文化产业跨越式发展，必须进一步建立健全主导政策和配套措施，提供良好的政策环境和有力的政策支撑。

复习思考题

1. 什么是文化产业政策？其制定的基本原则有哪些？
2. 试将国外文化产业政策和中国文化产业政策作对比，分析各自优缺点。
3. 中国文化产业政策在哪些方面可以汲取一些他国的经验？

案例讨论题

回顾 2010：中国文化产业政策渐成体系

2000 年 10 月，党的十五届五中全会明确提出要"完善文化产业政策"，这是"文化产业政策"概念首次出现在官方正式文件中。2010 年，《关于金融支持文化产业振兴和发展繁荣的指导意见》等一系列文化产业政策和支持文化产业发展的政策相继出台、渐成体系，促进了文化服务体系的构建，推动了文化产业的发展。

一、《新闻出版总署关于进一步推动新闻出版产业发展的指导意见》

政策发布：

2010 年 1 月 4 日，新闻出版总署发布了《新闻出版总署关于进一步推动新闻出版产业发展的指导意见》。

《指导意见》提出新闻出版产业发展目标，明确强调新闻出版改制、"走出去"和数字出版将成为 2010 年重要任务。

数字展示：

1:1.46

第十七届北京国际图书博览会达成各类版权输出与合作出版协议 1 412

种，比 2009 年同期增长 22%，达成引进协议 967 项，引进与输出之比为
1∶1.46，实现中国图书版权输出的重大突破。

二、《国务院办公厅关于促进电影产业繁荣发展的指导意见》

政策发布：

2010 年 1 月 21 日，国务院办公厅发布《国务院办公厅关于促进电影产业
繁荣发展的指导意见》。《指导意见》提出中国电影产业 2010 年发展重点：大
力繁荣创作生产、积极培育新型企业、大力支持城镇数字影院建设、鼓励加大
投融资政策支持和积极推动科技创新。其中尤其提出鼓励非公有制电影企业，
加强数字影院和电影院线建设。

数字展示：

100 亿元

根据预计，2010 年中国电影票房突破 100 亿元已成定局，同比增幅超过
60%。而中国电影家协会产业研究中心发布的《"十二五"期间中国电影产业黄
金五年发展研究报告》，对 2011—2015 年中国电影市场发展趋势做出预测，认
为未来五年内全国票房将突破 300 亿元，到"十二五"末期，中国将成为全
球第二大电影市场。

三、《关于金融支持文化产业振兴和发展繁荣的指导意见》

政策发布：

2010 年 4 月 8 日，央行、中宣部、财政部、文化部、广电总局、新闻出
版总署、银监会、证监会和保监会九部委联合下发《关于金融支持文化产业振
兴和发展繁荣的指导意见》，明确鼓励银行业开发适合文化产业特点的信贷产
品，加大有效信贷投放；完善授信模式、加强和改进对文化企业的金融服务。
同时，鼓励保险机构可开发适合文化企业特点和文化产业需要的保险产品，提
高保险在文化产业中的覆盖面和渗透度，有效分散文化产业的项目运作风险。

数字展示：

600 亿元

2010 年 10 月 28 日，在第四届中国北京文化创意产业投融资论坛上，农行
北京分行将与北京市文化创意产业促进中心签署合作协议，农行北京分行将加
入支持北京文创产业发展行列，每年提供 200 亿元信用支持额度。届时，北京
市各商业银行对文创产业累计授信规模将接近 600 亿元。

四、《关于加快中国数字出版产业发展的若干意见》

政策发布：

2010 年 9 月 15 日，新闻出版总署下发《关于加快中国数字出版产业发展
的若干意见》。《意见》提出，到"十二五"末期，中国数字出版总产值将力争
达到新闻出版产业总产值的 25%；在全国形成 8～10 家各具特色、年产值超

百亿元的国家数字出版基地或国家数字出版产业园区；形成 20 家左右年主营业务收入超过 10 亿元的具有国际竞争力的数字出版骨干企业；传统出版单位到 2020 年基本完成数字化转型。

数字展示：

900 亿元

据不完全统计，2010 年上半年共有包括中国出版集团、读者集团、上海新世纪出版集团在内的 20 多家出版机构或 IT 厂商推出了自有品牌的电子书阅读器。据第三方研究机构清科研究中心数据显示，2010 年上半年电子书阅读器共计销售近 30 万台，整个产业预估的产值为 15 亿元。而据分析师预计，2010 年中国数字出版产业规模将超 900 亿元。

五、《文物艺术品拍卖规程》

政策发布：

中国拍卖行业恢复 20 年来的第一个行业标准《文物艺术品拍卖规程》于 7 月 1 日正式颁布实施。此项标准内容涵盖了文物艺术品拍卖从拍品鉴定到展示、拍卖的全过程，将对文物艺术品拍卖的规范产生积极的影响，也是中国拍卖行业自律成长过程中的一个关键点，同时也为保证中国艺术品拍卖市场继续繁荣奠定了监管的基础。

数字展示：

961 918.6 万元

2010 年春拍，全国八大拍卖公司一共成交 961 918.6 万元。其中北京保利拍卖公司成交 331 348.2 万元，中国嘉德公司成交 212 781.1 万元，北京翰海公司成交 131 618 万元，北京匡时公司成交 108 131.2 万元，中贸圣佳公司成交 68 653.6 万元，杭州西泠公司成交 65 263.6 万元，北京华辰公司成交 23 027.1 万元，北京荣宝公司成交 21 095.8 万元。

六、《全国文化系统人才发展规划（2010—2020 年）》

政策发布：

2010 年 8 月，文化部制定并颁布实施了《全国文化系统人才发展规划（2010—2020 年）》。这是文化系统第一个人才发展规划。

数字展示：

280 万人

根据《规划》，中国到 2020 年文化人才总体发展目标已经明确：到 2020 年，文化从业人员总量从现在的 195.6 万人增加到 280 万人，增长 43.2%。文化人才总量占全社会总人口比例得到较大幅度提升，占全国人才资源总量的比例预计达到 2% 左右。各类人才的思想素质、文化水平、业务能力得到全面提升，人才竞争比较优势明显增强。到 2020 年，具有大学以上学历的达到

60%，专业技术人才中具有中级以上职称的达到 60% 左右。

七、《关于加强文化产业园区基地管理、促进文化产业健康发展的通知》

政策发布：

2010 年 6 月 9 日，文化部下发《关于加强文化产业园区基地管理、促进文化产业健康发展的通知》，要求各级文化行政部门加强文化产业园区、基地管理，促进文化产业健康发展。《通知》指出，当前文化产业园区、基地发展进程中出现了一些不容忽视的不良倾向，一哄而上、盲目发展的问题比较突出。

数字展示：

600 亿元

2004 年以来，文化部先后命名了两批共 4 家国家级文化产业示范园区和 4 批共 204 家国家文化产业示范基地，充分发挥了集聚效应和孵化功能，提高了中国文化产业的整体发展水平。2009 年，这些示范园区和示范基地收入总额超过 600 亿元。

八、《网络游戏管理暂行办法》

政策发布：

2010 年 6 月 3 日，文化部出台《网络游戏管理暂行办法》，将于 2010 年 8 月 1 日起正式实施，这也是中国第一部专门针对网络游戏进行管理和规范的部门规章。《办法》确立了从事网络游戏活动的基本原则，明确了适用范围及"网络游戏"、"网络游戏上网运营"、"网络游戏虚拟货币"等概念；同时，以网络游戏内容管理、网络游戏未成年人保护、网络游戏经营单位的经营行为、网络游戏虚拟货币发行及管理和网络游戏用户权益保障为重点，做出了具体的制度安排。

数字展示：

180 天

对于网络游戏虚拟货币的交易，《办法》要求网络游戏虚拟货币的使用范围仅限于兑换自身提供的网络游戏产品和服务；不得以恶意占用用户预付资金为目的；保存网络游戏用户的购买记录 180 天以上；将网络游戏虚拟货币发行种类、价格、总量等情况按规定报送注册地省级文化行政部门备案等。

资料来源：陈杰. 回顾 2010：中国文化产业政策渐成体系. 北京商报，2010－12－20.

问题：

结合国外文化产业政策状况，谈谈中国在制定完善文化产业政策尚需努力的方向和措施。

参考文献

1. 汪同三，齐建国．产业政策与经济增长．北京：社会科学出版社，1996．

2. 陈杰，闵锐武．文化产业政策与法规．北京：中国海洋大学出版社，2006．

3. 郭鉴．地方文化产业研究．杭州：浙江大学出版社，2008．

4. 蔡尚伟，刘锐．中国文化及传媒产业政策的演变．今传媒，2010(1)．

5. 顾江．文化产业经济学．南京：南京大学出版社，2007．

6. 周正兵．文化产业导论．北京：经济科学出版社，2009．

7. 植草益．微观规制经济学．北京：中国发展出版社，1992．

8. 曼昆．经济学原理．梁小民，译．北京：北京大学出版社，1999．

9. 祁述裕．中国和欧盟国家文化体制、文化政策比较分析．中国特色社会主义研究，2005 (2)．

10. 文化产业：世界各国决战 21 世纪"最高点"．中国文化投资网，http：//culture. ocn. com. cn/2008613/Info2008613108. html.

11. 李宁．"自由市场"还是"文化例外"：美国与法、加文化产业政策比较及其对中国的启示．世界经济与政治论坛，2006(5)．

12. 佟贺丰．英国文化创意产业发展概况及其启示．科技与管理，2005(1)．

13. 赵丽芳，柴葆青．韩国文化产业爆炸式增长背后的产业振兴政策．新闻界，2006(3)．

14. 陈金秀，吴继兰．独具特色的美国文化管理体制．中国信息报，2010 – 11 – 24．

15. 张志宏．美国文化产业的概况和发展经验．中国文化产业发展报告．北京：社会科学文献出版社，2002．

16. 李河．发达国家当代文化政策一瞥．中国文化产业发展报告．北京：社会科学文献出版社，2004．

17. 辛文．国外文化产业投融资体系简析．文化月刊，2010(3)．

18. 江凌．中外文化产业政策基本特征比较．福建论坛·人文社会科学版，2010(12)．

19. 张首映．关于实现中国文化产业跨越式发展的思考．人民网，http：//media. people. com. cn/GB/192301/192303/192681/207930/13305660. html.

no.12 第十二章
国际协定与文化产业

【主要内容】

本章主要介绍国际协定中关于文化产业的规定，文化例外与文化多样性，并在此基础上引出对文化安全与国家利益的探讨。第一节国际协定及相关公约关于文化产业的规定，主要介绍相关国际组织关于文化产业的一般规定以及国际公约和国际法中文化产业政策。第二节文化例外与文化多样性，介绍了文化例外的提出及相关约定。第三节文化安全与国家利益，介绍了文化安全的概念，提出从国家利益出发制定文化政策，保障文化安全，分析了国际协定与中国国家文化安全观和规制的冲突。

【学习要求】

1. 了解国际协定中关于文化产业的相关规定。

2. 了解文化例外与文化多样性提出的背景、概念及相关国际公约。

3. 了解文化安全与国家利益相关概念，理解从国家利益出发制定文化产业政策、保障文化安全的重要性。

【课时安排】

3 课时。

【案例导引】

世界贸易组织纠纷败诉　文化产业需内外兼修

中美出版品贸易纠纷再起争端。

2009 年 8 月 12 日，世界贸易组织(以下简称 WTO)争端解决机构正式向其成员散发超过四百页的中美出版物市场准入案专家组报告。

美方四项申诉：首先，美国要求磋商的限制进出口权的措施涉及以下四类产品，即影院放映的电影、出版物、家庭视听娱乐产品和录音产品。其次，美国认为在出版物、家庭娱乐视听产品和录音产品的分销服务方面，中国采取的管理措施构成市场准入限制和歧视待遇。再次，针对影院放映的电影，美国认为中国对进口电影和国产电影的放映实行双重发行体制，进口电影放映的机会不及国产电影优惠。最后，中国对物理介质形式进口的音乐发行前的内容审查制度造成进口音乐享受的待遇不及国产音乐优惠。

WTO 专家组认为，中国政府对四类产品的进口限制违反了《中国加入 WTO 议定书》的相关规定。中国对四类产品在本国市场实施了歧视性措施，违反了《1994 年关贸总协定》(GATT1994)。中国对出版物、DVD、音乐制品的外资经销商的限制措施，违反了 WTO《服务贸易总协定》(GATS)。

不过，WTO 结论并未支持美方的所有指控。针对美国提出的中国对进口读物订阅和对电子出版物进口的限制，WTO 认为并不处于 WTO 规则之内，没有做出裁决。对美国宣称的"中国审查制度对互联网音乐专辑销售，相比于传统 CD 销售构成了歧视"，WTO 认为其所掌握的证据不足以支持这一判断。美国所称"中国对进口出版物销售的'烦琐'审批要求和'冗长'程序，对外资销售商不利"的观点，也不在 WTO 规则框架之内。

资料来源：时代周报. 网易财经，http：//money. 163. com/09/0819/23/5H4881DH00253B0H. html.

第一节 国际协定及相关公约关于文化产业的规定

一、世界贸易组织关于文化产业的一般规定

世界贸易组织比关贸总协定(GATT)有着更广泛的调整范围，它不仅包括原关贸总协定所涵盖的货物贸易，还延伸到了服务贸易、知识产权、投资等领域。其中《服务贸易总协定》(GATS)、《与贸易有关的知识产权

协定》(TRIPS)以及 GATT 的第四条款《有关电影片的特殊规定》与文化产业具有密切联系。

《服务贸易总协定》(GATS)的宗旨是实现全球服务贸易自由化,它不仅要求各缔约方对外国的服务和服务提供者给予最惠国待遇和国民待遇,还要求他们具体承诺开放服务业市场的义务。GATS 将服务业划分为 12 个大类,其中三个大类与文化产业有关,基本涵盖了文化产业的大部分领域。第一大类"商业性服务"中的"其他服务"中包括了出版、印刷服务和广告、咨询服务;第二类"通信服务"中的"视听服务"包括电视、广播、电影服务;第十大类"文化娱乐及体育服务"包括除视听服务外的一切文化、娱乐、新闻、图书馆、博物馆、档案馆、体育服务等。

在诸多条款中,GATS 第十四条规定各成员在特定情况下可采取与 GATS 不一致的措施,特定情况是指"出于维护、公共卫生、环境、文化资源等"和"为了维护国内法律和制止欺诈行为等"。因为服务业往往涉及国家安全、意识形态等敏感问题,所以本条款意义重大。此外,GATS 中允许成员在服务的大量进口对国内产业形成严重威胁时,可采取紧急保障措施,限制服务的大量进口。

《与贸易有关的知识产权协定》(TRIPS)对于保护知识产权做出了明确规定,文化产业的大量产品包括报纸刊物、出版物、广播电视节目、音像制品、计算机软件、光盘、广告设计等都属于知识产权领域。TRIPS 在国际贸易中,对各类版权、商标、专利、工业设计、外观设计等知识产权实行充分有效的保护;对于侵犯知识产权的行为包括盗版、伪造、侵权、假冒等采取了极为严厉的措施,要求各缔约方的国内立法与行政程序同协定保持一致,规定司法当局有权命令当事方停止对知识产权的侵犯行为,特别是禁止那些对知识产权构成侵权行为的进口产品加入商业渠道。规定司法当局有权采取及时、有效的临时措施,以使知识产权得到充分的保护。

具体到备受关注的电影片,GATT 及 WTO 对其有特殊规定。在 GATT 的第四条款中特别规定,缔约方在不短于一年的指定时间里,国产电影的放映可以在各国商业片的放映总时间中占一定的比例,然而除此之外,不得正式或实际上依照电影片的实际来源分配它们的放映时间。依此条款中国在 1999 年 11 月 15 日与美国签订的双边协议中承诺,加入 WTO 后三年内,电影行业允许外国服务提供者在与中国相关电影管理条例相一致的情况下,对影院进行投资改造,允许合资、参与经营,但控股比例不得超过 49%;允许以分账形式进口 20 部外国影片,用于影院放映。放映总量是国产影片 2/3,进口影片 1/3。

二、《伯尔尼公约》

（一）《伯尔尼公约》的签订

《伯尔尼公约》全称为《保护文学艺术作品的伯尔尼公约》，是世界上第一个保护文学、艺术和科学作品的国际公约，所有缔约国组成伯尔尼联盟。

1858 年在布鲁塞尔举行了文学与艺术作品作家的代表会议，会上就建立保护著作权进行了讨论。之后又召开了安特卫普会议（1861 年和 1877 年）和巴黎会议（1878 年）。从 1883 年起，此项工作持续在伯尔尼进行，举行了三次外交代表会议后，于 1886 年签订了一项关于保护文学艺术作品的国际公约，公约于 1887 年 12 月 5 日正式生效。这是《伯尔尼公约》的最初文本，在这个最初文本中确定了两项基本原则：国民待遇原则和版权独立保护原则。在保护范围上，该文本遵循了地域原则和国籍原则。

最初文本对这些内容的规定和所确立的保护制度已经构成了版权国际保护的基本框架。随着社会的发展，《伯尔尼公约》也在不断地修订和完善，先后经过 1896 年巴黎会议、1908 年柏林会议、1914 年伯尔尼补充议定书、1928 年罗马会议、1948 年布鲁塞尔会议、1967 年斯德哥尔摩会议的数次修改，现行的文本是 1971 年的巴黎文本。

《伯尔尼公约》是生产进步和经济发展的产物。这个公约的签订对于促进各国之间的文化交流，统一各国不同的版权制度，从而避免因各国在处理国际文化交流中产生纠纷的不同做法而带来的诸多困难，具有十分现实的意义。不仅如此，它还确立了版权保护的各种原则和一些重要规则，这些原则和规则正在被越来越多的国家所认可，并在国内法中予以体现。

《伯尔尼公约》是世界上最大的保护版权的国际公约，也是参加国家最多的国际公约。截至 2002 年 7 月 15 日，共有 149 个国家批准或承认这个公约的不同文本。中国于 1992 年 10 月加入了《伯尔尼公约》。中国的著作权法体系就是在其影响下建立起来的，其对中国著作权法体系和一些基本观念的建立都产生了深远的影响。

（二）《伯尔尼公约》的基本原则

1. 国民待遇原则

该原则要求各国在著作权保护方面给予公约其他成员国国民的待遇不低于本国国民的待遇，国民待遇原则还应适用于作品首先在成员国发表的非成员国国民，以及在成员国有惯常居所的人。这一原则在一定程度上排除了国际版权法中的法律冲突问题。但必须说明的是，国民待遇并不是说本国作品在外国得到的保护与其在本国得到的保护是相同的，而是说本国作品在外国得到的保护与该国给予其本国作品的保护是相同的。

2. 自动保护原则

公约成员国的国民和在成员国有居所的人在作品完成时就自动享有著作权，无须履行任何手续；在成员国无居所的非成员国国民的作品首先在成员国出版的，也自动享有著作权。

3. 版权独立保护原则

享有国民待遇的作者在任何成员国受到的保护不因其作品来源而不同，对作者权利的保护、行政或司法救济方式等，均按提供保护的国家的法律。版权独立保护原则要求对外国作者的著作权保护不能低于规定的限度，但在规定的限度之上，各国有权依本国的具体情况制定相应的国内法的版权制度。

4. 最低保护限度原则

此项原则系指各成员国为享有国民待遇的外国国民提供的著作权保护不能低于公约所规定的专门保护。这些内容可在成员国直接生效适用，不允许附加任何条件。公约规定保护的权利有经济权利和精神权利。经济权利亦称"版权财产权利"，是指版权权利中具有财产性质或可以带来经济收益的权利，一般包括禁止或授予他人以复制权、出版权、公演权、广播权、朗诵权、展览权、发行权、翻译权、改编权、汇编权、制片权等方式使用自己作品的权利，以及因许可他人以上述方式使用作品而获得经济报酬的权利。精神权利亦称"版权人身权利"，即版权权利中与人身不可分割的或非财产性质的权利，一般包括作者身份权、发表权、署名权、作品完整性权、作品修改权和收回作品权等。精神权利永远依附于作者，不能继承和转让；作者去世后，由继承人或有关机构保护其不受侵犯。一般作品的保护期不得少于作者生前加死后 50 年，电影作品不少于公开放映后 50 年，匿名作品不少于作品发表后 50 年，摄影和实用美术作品不少于完成后 25 年。

此外，还有一些原则，如地域性原则和国籍原则等。地域性原则指只要作品在参加国的领土范围内首次出版，就受该公约保护。版权具有地域性特征，实际意义上的国际版权并不存在。国籍原则即承认凡是公约成员国的公民，不论其作品在哪国首次发表，都受公约保护。

（三）《伯尔尼公约》的主要内容

《伯尔尼公约》保护的作品范围是缔约国国民或在缔约国内首次发表的文学、科学和艺术领域内的一切成果，不论其表现形式或方式如何，如文学艺术作品、演绎作品、实用艺术作品以及工业品外观设计，均应受到公约的保护。"文学艺术作品"包括文学、科学和艺术领域内的一切作品，如图书、讲课、演讲、讲道、戏剧、舞蹈、乐曲、电影作品、图画、建筑、雕塑、摄影作品等。它还包括"演绎作品"，即改编、翻译、注释、整理的作品，是作者在已有作品的基础上经过创造性的劳动而产生的作品，只要不损害原作的著作权，这种改造就应得到与原作同等的保护。

《伯尔尼公约》（以下简称《公约》）列出了出版的概念，并确定其含义是"必须以制作大量复制本并用公众可以获得的方式进行传播"，指出仅有"间接传播方式"复制属于出版，展览、演出等"直接传播方式"不属于出版。《公约》将作者列为第一保护主体，保护包括精神权利和财产权利在内的专有权利。规定了作者享有以下几种财产权利：翻译权、复制权、公开表演权、广播权、公开朗诵权、改编权、延续权等。

《公约》承认作者的精神权利，规定这些精神权利即使在作品的财产权转让时依然归作者所有；并且强调了精神权利也应适用于版权保护的独立性原则；保护作者不依赖其财产权利而独立存在的精神权利，就是即使作者把自己某部作品的版权（即财产权利部分）全部转让给了出版者或广播组织，后者也无权将作者的名字从作品上删去，或篡改他的作品。

《公约》确定了著作权保护期为 50 年。但是该条不带强制性质，允许各国法律规定不同的著作权保护期，但该期限不应超过作品来源国所规定的期限。

《公约》规定了关于在计算合著作品的著作权保护期时，承认作品的完整性和不可分割性的原则，并赋予公约条款以回溯力。

《伯尔尼公约》还允许缔约国对不是本国公民、也不在其领土上居住的作家权利加以限制，前提是这些作家的所属国不是该公约的缔约国，而且对公约缔约国的作家也未提供足够保护。发展中国家争取到了很多优惠的权利，主要体现在保护期、翻译权、传播权等方面。

三、《世界版权公约》

《世界版权公约》是关于作品保护的国际性公约，于 1952 年 9 月在联合国教科文组织主持下在日内瓦签订，1955 年 9 月 16 日生效。1971 年 7 月修订，修订后的公约于 1974 年 7 月 10 日生效。公约不允许缔约国对某些条款予以保留。该公约由联合国教科文组织管理，成员国不必交纳会费。1992 年 10 月 30 日中国成为该公约成员国，1995 年加入该公约的政府间委员会。

该公约保护的作品版权主要包括文学、艺术和学术三个方面。公约目的在于给予文学、科学和艺术作品以版权保护，保证对个人权利的尊重，并鼓励文学、艺术和科学的发展，促进人类精神产品更加广泛的传播和增进国际了解。

公约由 7 条实体条文与 14 条行政条文组成。对要求版权保护须履行一定手续的国家，公约规定，只要在作品上标有"C"（英文"版权 Copyright"一词的第一个字母）符号并注明版权所有者姓名、初版年份，即认为履行了手续。一个缔约国对其他缔约国的作品，只要符合这一规定，即承认其著作权。

《世界版权公约》的主要内容可以归结为六点：

（1）双国籍国民待遇原则，即兼顾作者国籍与作品国籍，成员国国民的已出版作品，不论在何地出版，均在各成员国内享有该国国民已出版作品的同等保护权利；凡在成员国中首次出版第一版的作品，不论作者是否系成员国国民，均享有各成员国给予本国国民已出版的作品同样的保护；成员国国民的未出版的作品，在每个成员国中均享有该国给予本国国民未出版的作品同样的保护。这里指的"国民"，也可以包括居住在成员国的外籍居民。《世界版权公约》对国民待遇的规定比《伯尔尼公约》要简单得多。

（2）非自动保护原则，即有条件的自动保护原则，是指必须在出版的作品上加注"版权保留"的版权标志方予保护。

（3）受保护作品范围。公约提出对文学、科学和艺术作品给予充分、有效的保护，各缔约国自行决定保护范围。

（4）经济权利。《世界版权公约》要求成员国必须予以保护的只有四项经济权利：复制权、公演权、广播权以及翻译权。此外，为了与美国等一些国家不保护精神权利的国内法规定相适应，《世界版权公约》也没有要求成员国保护作者的精神权利。

（5）保护期。对作品的保护期限定为作者生前加死后25年，或作品首次发表之后25年。

（6）无追溯力规定。未明示保护作者的身份权，不具有追溯力，且不允许缔约国对某些条款予以保留。

《世界版权公约》同样适用独立保护原则和最低保护限度原则，但公约并不对作者的精神权利（或称"人身权"）提供一般保护，只是在其中"对发展中国家的优惠条款"内，含有禁止篡改他人作品以及作者有权收回已进入市场的作品等相当于保护精神权利的规定。

《世界版权公约》和《伯尔尼公约》是两个相互独立的公约。两者相比，《伯尔尼公约》规定比较具体、详细，规定作品享有版权不依赖于任何手续（如注册登记、缴纳样本等）；规定的保护期也较长，并有追溯效力。《世界版权公约》则容许有手续，规定的保护期较短，没有追溯效力。《伯尔尼公约》以西欧国家为主，《世界版权公约》则具有较大的普遍性。

四、《保护工业产权巴黎公约》

《保护工业产权巴黎公约》（Paris Convention on the Protection of Industrial Property）简称《巴黎公约》，于1883年3月20日在巴黎签订，1884年7月7日生效。巴黎公约的调整对象即保护范围是工业产权，包括发明专利权、实用新型、工业品外观设计、商标权、服务标记、厂商名称、产地标志或原产地名称以及制止不正当竞争等。《巴黎公约》的基本目的是保证一成员国的工业产权在所有其他成员国都得到保护。由于各成员国间的利益矛盾和立法差别，《巴黎公约》没能制定统一的工业产权法，而是以各成员国内立法为基础进行保护，因此它没有排除专利权效力的地域性。1985年3月19日中国成为该公约成员国，中国政府在加入书中声明：中华人民共和国不受公约第28条第1款的约束。

《巴黎公约》自1883年签订以来，已做过多次修订，现行的是1980年2月在日内瓦修订的文本。它共有30条，分为3组，第1~12条为实质性条款，第13~17条为行政性条款，第18~30条是关于成员国的加入、批准、退出及接纳新成员国等内容，称为"最后条款"。

公约在尊重各成员的国内立法的同时，规定了各成员国必须共同遵守的几个基本原则，以协调各成员国的立法，使之与公约的规定相一致。相关基本原则和重要条款包括：（1）国民待遇原则；（2）优先权原则；（3）独立性原则；（4）强制许可专利原则；（5）商标的使用；（6）驰名商标的保护；（7）商标权的转让；（8）展览产品的临时保护。

公约其他内容还有：建立管理工业产权的主管机关；发明人有权在专利书上署名；各成员国不准以国内法规定不同为理由，拒绝给某些够批准条件的发明授予专利权或宣布专利权无效，以及对未经商标权人同意而注册的商标等问题做出规定。这些是公约对成员国的最低要求。

五、《罗马公约》

《保护表演者、音像制品制作者和广播组织罗马公约》（简称《罗马公约》）1961年由国际劳工组织与世界知识产权组织及联合国教科文组织共同发起，在罗马缔结了该公约，并于1964年生效。

《罗马公约》的基本内容包括：

（1）国民待遇原则，即任何一个成员国均应依照本国法律，给予其他成员国的表演者、录音制品录制者及广播组织以相当于本国同类自然人及法人的待遇。

（2）在录音制品录制者或表演者就录音制品享有专有权方面，实行非自动保护原则。

（3）规定了专有权的内容——表演者权、录音制品录制者权、广播组织权。

（4）保护期。三种不同邻接权的保护期是以20年为最低限，按三者的情况分别规定。

（5）对邻接权的权利限制。公约中规定了使用邻接权所保护的演出、录音制品及广播节目时，可以不经权利所有人同意、也无需付酬的四种特殊情况。

（6）管理机关。公约由联合国的教科文组织、国际劳工组织及世界知识产权组织共同管理，日常事务由该公约的政府间委员会及其秘书处办理。

（7）"闭合式"公约。版权领域的闭合式公约以参加《伯尔尼公约》或《世界版权公约》为前提条件。公约的第22条与24条规定，只有参加了上述两个版权基本公约中的一个，才允许参加《罗马公约》。

六、《佛罗伦萨协议》及《内罗毕草案》

联合国教科文组织倡议通过了《佛罗伦萨协议》。这是一个关于教育、科学和文化物资进口的法律文件，本着自由流通的原则，旨在促进国际的相互理解及国际文化对话。

到2000年，有94个国家通过了这一国际性法律文件。按照这一文件，协议同意废除如下进口商品的关税：图书、艺术品、教育、科研和文化所需的视听材料；科研设备、盲人用品及其原料。这一文件还声明应当为公共图书馆购买图书发放可兑换货币与进口许可证。

《佛罗伦萨协议》最初于1950年订立，1976年采纳《内罗毕草案》加以修订。《内罗毕草案》把自由流通的原则扩展到了其他类别的文化产品，特别是当时采用新技术开发出来的产品，如视听材料。虽然《佛罗伦萨协议》及其《内罗毕草案》明确支持文化商品市场的自由开放，但该协议和草案都有保留条款，允许各国不进口那些可能对本国文化产业发展构成损害的文化商品。

专栏 12 - 1

国际公约和国际法中的文化产业政策

1982年联合国教科文组织（UNESCO）在墨西哥城召开"世界文化政策大会"。会议明确把人文—文化发展纳入全球经济、政治和社会的发展进程，并把推动文化发展当做各国政府面临新世纪所应做出的承诺。15年后的1997年，联合国教科文组织又出台《联合国世界文化发展10年（1988—1997年）》，明确提出要提高对全球人类共同体的人文—文化关怀，进一步促进经济、政治、文化的融合。1998年3月，联合国文化与发展委员会在斯德哥尔摩举行题为"促进发展的文化政策"（Cultural Policy for Development）的政府间会议，并同时出版两年一度的《世界文化发展报告》。斯德哥尔摩会议的行动方案敦促世界各国"设计和出台文化政策或更新已有的文化政策，将它们当做可持续发展中的一项重要内容"。

始于1998年6月的国际文化政策论坛则是探讨文化政策和事务的政府间部长级非正式国际论坛。20世纪90年代以来，随着科学技术的发展

和经济全球化的日益加深，许多国家认识到民族文化的多样性和丰富性正受到严重威胁，由各国文化部长参加的国际会议相继召开，以讨论和呼吁加强对各民族传统文化的保护。1998 年 3 月，联合国教科文组织在瑞典斯德哥尔摩召开了主题为"文化政策促进发展"的政府间国际会议。会议起草了《文化政策促进发展行动计划》，呼吁建立一个文化间相互交流和相互理解的世界，强调文化商品和服务有别于其他商品和服务的理念，以迎接全球化和技术变革对传统文化带来的挑战。作为斯德哥尔摩会议的后续，1998 年 6 月在加拿大渥太华召开了国际文化政策部长会议，20 个国家负责文化事务的部长出席。会议讨论经济全球化过程中保护地方和民族文化的重要性，认为政府应致力于将文化政策视为可持续发展政策的重要组成部分，并与社会其他领域的政策相协调。会议决定成立国际文化政策论坛并每年举行一次部长级会议。目的在于建立一个非正式国际场所，使各国负责文化事务的部长们可以探讨新出现的文化政策问题，并在全球化日益加深的形势下考虑维护和发展文化多样性的整体思路。中国自2002 年起参加部长年会，2004 年中国上海成功主办了"国际文化政策论坛"第七届部长年会，会议积极推动了《保护文化内容和艺术表现形式多样性公约》的制定工作。

而文化立法工作则开始得更早一些，在国外文化立法中，最早进行保护的是文学艺术方面。《安妮法》(The Statute of Anne)，亦称《安妮女王法令》，是世界上第一部现代意义上的版权法。英国资产阶级革命后，原先由王室发放专印许可证的封建版权制度解体，图书盗印活动泛滥，印刷出版商向国会寻求保护，1709 年国会下院以保护作者和鼓励学术为目的，提出并通过一项版权保护法案，1710 年以英国女王安妮的名义颁布生效，法案规定：对已出版的图书，作者享有印制权 21 年；对未出版的书稿，作者享有印制权 14 年，期满作者未亡，则续展 14 年。此外还规定了登记注册、缴纳样本和侵权惩罚的内容。该法在世界上首次确认作者为版权的受益人，使版权不再是统治者赐予的特权，而成为受法律保护的公民权利，为现代版权法奠定了基础。它不仅结束了少数出版商垄断印刷出版业的历史，而且使新的封建垄断不可能再产生。在版权理论和版权立法实践方面，对其他国家产生了深远的影响。但该法也有其局限性，如没有规定作者的精神权利，经济权利也仅限于图书的印制权，规定凡买下书稿的书商或其他人也可作为权利主体等。

承认和保护外国作者的权利始于 19 世纪下半叶。这一时期，产生了进步的、有效的复制文学和艺术作品的方法，大学、图书馆的建立、图书贸易的发展、对外国语的学习，为出版业创造了有利的发展条件，智力劳动的产品开始符合商品的特征。随着国际经济、文化联系的发展，翻译书籍的数量不断增加，越来越多的作品在国外出版或出口到国外，而国外非法的廉价图书又被运回国，这给国内的出版业带来了很大的打击，而一国法律已不足以有效地保障利益相关各方的权利，建立版权国际公约的要求日益被提上日程。可以说，最早要求建立国际统一的著作权规则的人正是各国的出版商和书商。加之各国法律中关于著作权的规定差异甚大，这为版权跨国纠纷的解决又增添了许许多多新的麻烦。正是在这种背景下，各国达成共识，希望建立一项国际公约，来解决这一问题，于是《伯尔尼公约》便应运而生。

第二节　文化例外与文化多样性

一、文化例外

"文化例外"（culture exception）这个词最早源于 20 世纪 90 年代初关于关贸总协定的谈判中。文化例外，是指文化产业在经济全球化过程中，拥有受保护的特殊性。

在全球多边贸易谈判中，文化产品是否与普通商品相同这一问题是美国、法国以及加拿大等国争执的一个焦点。1993 年，在关贸总协定（世界贸易组织的前身）乌拉圭回合的开放服务市场的谈判中，美国坚持把文化产品和文化服务纳入自由贸易范畴，引起法国的反对。在这场谈判中，法国首次提出了"文化例外"的主张。其论点是：文化产品不是普通商品，它既有商品的属性，又有精神层面和价值观层面的内涵。文化不能屈从于商业，贸易自由化原则不适用于文化产品和文化服务。所以，应该将它们从贸易自由化的谈判中排除。这一命题得到了欧盟其他国家和加拿大等国的支持，在理论上成为它们保护本国文化市场的一种强有力的武器。

法国认为文化领域不能适用于 WTO 贸易自由原则，国民待遇、最惠国待遇等 GATT 原则如不加区别地运用在版权保护的物品上以维护商业利益，便会损害其本身的文化特征和独特的地位。经过激烈争论，最终将影视产品与服务排除在 GATT 适用于一般商品的规定之外。从此，这一默契就作为"文化例外"被熟知，其基础即文化产品与服务传达思想、价值的超越商业价值的特殊性，能够反映国家的多种特性和国内创作的多样性。随后其他欧洲国家和加拿大等国纷纷响应，支持这一主张，以保护本国文化不遭受别国文化冲击。

乌拉圭回合谈判结束后，"文化例外"也已经被较为广泛地接受。所谓"文化例外"原则，是指 WTO 成员有权根据本国、本民族的实际情况和历来传统，在文化领域和明显涉及文化层面的产业领域采取一定的保护性措施，以使本国、本民族文化免受外来文化的冲击，而在世界格局的需求下保护人类文化的多样性。

作为一种"主张"，"文化例外"没有任何法律地位，也就是说，它没有被写进任何协议或条约。文化例外的主张只是基于这样一种原则：文化不同于其他任何产品，因为它的价值超过了商业价值；文化产品和服务传达着观念、价值和生活方式，这些反映了一个国家的多重身份及其公民创新的多样性。

实质上，文化例外是一种为了保护本国的文化不被其他文化侵袭而制定的一种政策。在市场准入和国民待遇原则以及最惠国待遇原则中，"文化例外"主张得到了反映。WTO 的这一例外规章允许各国尤其是发展中国家对其进行一定的贸易保护，并不强求对等和一律。

然而，WTO 协定文本中并没有关于文化例外的具体规定，文化例外在 WTO 体制中没有明确的法律地位，目前它只是作为一种说法在 WTO 规则中有所反映。主要体现在以下几个方面：

（1）GATT1994 第 4 条有关影片的特殊规定，涉及电影上映限额，即要求当地制作的影片上映时间不少于全部影片上映时间的指定最小比率，以保护本国影视业。

（2）GATT1994 的第 20 条(f)项将保护具有学术历史和考古价值的国家财产规定为一般例外。

（3）GATS 包含一份最惠国豁免单，其中有五项属于视听领域。另外，最惠国待遇的豁免还允许欧盟制定公共政策来支持视听产业，如传播（电视和广播）限额、资金援助和地域性的生产合作协议等。

（4）GATS 中的市场准入与国民待遇需要成员就单个服务部门做出具体承诺，因此对于没有开放的某些文化产业而言，这两项 WTO 准则就不能适用。例如欧盟拒绝提供视听服务（电影、收音机、电视等）的开放，或与图书馆、档案文件、博物馆相关的服务。相对而言，市场准入与国民待遇多运用于出版、演出和建筑服务业已经开放的行业，只有 14 个国家在这些行业做出了特别限定。

提出"文化例外"实际上是为了一个民族的文化安全着想。乌拉圭回合后，法国继续争取"文化例外"的合法性。1998 年 12 月，在经合组织"多边贸易协定"的谈判中，它反对投资的过度自由化和随意性。1999 年西雅图世贸大会上，在新的视听产品领域和服务领域，如网络服务、电子商务等，美国与法国关于开放与反开放的斗争进一步激化。

2000年，联合国开发计划署发表的《人文发展报告》称："当今的文化传播失去平衡，呈现从富国向穷国传播一边倒的趋势。"报告还指出："必须扶持本土文化和民族文化，让它们同外国文化并驾齐驱。"

二、文化多样性

（一）文化多样性的定义

20世纪90年代上半期，在保护欧洲文化的旗帜下，法国、西班牙等欧洲国家就是否把视听产品的自由流通写进《关贸总协定》与美国发生了激烈的斗争，反对某些美国作品自由入境，其结果是乌拉圭回合暂时将视听产品搁置在《关贸总协定》之外。

WTO成员方之间围绕文化商品引发的激烈争论表明，文化作为一种特殊的商品，关系到一个国家和民族的文化认同问题，受到了世界各国政府的广泛特殊关注和保护。

由于文化例外在推行中存在较大的困难，经过近10年的实践与思考，法国决定把争取"文化例外"之战提升为争取文化多样性之战；决定摆脱在世贸组织内同美国无休无止的争论，走上联合国教科文组织讲坛，到这个更适宜弘扬文化多样性原则的机构，为文化产品争一个合法的身份地位；同时，团结所有受到文化全球化威胁的国家，争取它们应有的文化生存权、传播权。文化多样性就这样成为法国多边外交的一个组成部分。2000年起，法国每年在凡尔赛宫举办"文化多样性论坛"，邀请各国政界、文化界人士参加，想把它办成可与达沃斯经济论坛相媲美的文化论坛。

进入21世纪以来，法国领导人在多种高峰会议上，倡导文化多样性的原则：

（1）文化创造具有特殊性，文化产品不是一般意义的商品。

（2）所有的文化享有同等尊严，享有通过表达和传播得到表现的权利。

（3）每个国家有权自主地决定文化政策，有权通过必要的公共政策，保护和发展文化遗产和语言遗产。

（4）文化多样性既体现为保护和发展自己文化，也体现为对其他文化的尊重和开放。

2001年11月2日，联合国教科文组织大会在第31届会议上集中讨论了文化多样性问题，以及现代化对文化多样性所带来的负面影响，并通过了《世界文化多样性宣言》。《宣言》主张："各国应在相互信任与理解氛围下，尊重文化多样性。宽容、对话及合作是国际和平与安全的最佳保障之一。"《宣言》认为："文化在各不相同的时空中会有各不相同的表现形式。这种多样性的具体表现形式，便是构成各人类群体所具有的独特性和多样性。文化的多样性是交流、革新和创作的源泉，对人类来说，保护它就像与保护生物多样性进而维持生物平衡一样必不可少。从这个意义上讲，文化多样性是人类的共同遗产，应从当代人和子孙后代的利益考虑予以承认和肯定。"

2005 年 10 月在巴黎举行第 33 届联合国教科文组织大会上确认文化多样性是人类社会的一项基本特性，也是人类文明进步的重要动力。应当对其加以珍爱和保护。大会通过的《保护和促进文化表现形式多样性公约》中，将"文化多样性"定义为各群体和社会借以表现其文化的多种不同形式。文化多样性不仅体现在人类文化遗产通过丰富多彩的文化表现形式来表达、弘扬和传承的多种方式，也体现在借助各种方式和技术进行的艺术创造、生产、传播、销售和消费的多种方式。

这一公约反映了联合国教科文组织广大成员的愿望和要求，它对保护文化多样性、促进不同文明间的对话将会起到重要作用。这项由法国和加拿大倡议的公约包括 35 项条款，它是在联合国教科文组织 2001 年 11 月 2 日通过的《世界文化多样性宣言》的基础上，加以修改、细化、补充后完成的。公约提出了与 WTO 商品贸易不同的文化产品及服务贸易的原则。它确认"文化多样性是人类的一项基本特征"，"是人类的共同遗产"，"文化多样性创造了一个多彩的世界"等一系列有关人类文化的基本概念，强调各国有权利"采取它认为合适的措施"来保护自己的文化遗产。公约为此确定了尊重人权自由、文化主权、文化平等、国际互助、经济文化互补、可持续发展、平等共享和公平平衡等八项原则。

（二）《保护文化内容和艺术表现形式多样化公约》

《保护文化内容和艺术表现形式多样化公约》（简称《文化多样性公约》）2005 年 10 月 20 日通过。这意味着文化多样性原则被提到国际社会应该遵守的伦理道德高度，并具有国际法律文书的性质。

《文化多样性公约》的诞生是对经济全球化逆向思考的结果。文化贸易的全球化造成了文化商品的标准化和单一化，致使一些国家的"文化基因"流失。如同物种基因单一化造成物种的退化一样，文化单一化将使人类的创造力衰竭，使文化的发展道路变得狭窄。而《文化多样性公约》的通过为不同文化的真诚交流、和谐相处提供了条件。它包括 35 项条款。

《公约》第 3 条就适用范围做出明确规定，不同于强硬性的保护与促进观点，该条在用语上采取了较为中立的表述方式："本公约适用于缔约方采取的有关保护和促进文化表现形式多样性的政策和措施。"起草文本的专家曾宣称，《公约》中的"保护"一词不应被当做避开外国文化表达的借口，而应以积极的方式去解释，以确保各种不同的文化表达都能够共存。

《公约》第 4 条对与之相关的几个重要概念都作了界定，包括文化多样性、文化内容、文化表达形式、文化活动、产品与服务、文化产业、文化政策和措施保护等。

《公约》的核心即对消除文化自由贸易给文化多样性带来的消极影响提供了一系列的保护措施。第 5 条和第 6 条强调了国家在本国领土内采取保护和促进文化多样性的主权权利，包括一国政府采取规制措施的权利等。《公约》第 8 条规定了缔约国的紧急保障权利，即在一国领土内文化表达方式（包括电影、音乐、杂志和其他产业）面临灭绝危险、严重威胁或其他的情况下，缔约国可采取"所有适当的措施"来保护和保留文化表达方式。

《公约》把重点放在各国的文化政策主权以及加强国际合作保护并改善文化表现力的多样化等方面，同时还规定了应对发展中国家的艺术家和其他文化专业人员及从业人员，以及为发展中国家的文化产品和文化服务提供特别优惠待遇。最重要的是，《文化多样性公约》明确规定，该公约不附属于其他协议，即要求在履行其他国际协议的义务时，必须考虑《文化多样性公约》的相关规定。

《公约》生效后，各国自主制定和保护文化表达方式多样性政策有了保障，在多边国际组织框架内推动文化多样性的交流与合作有了保障，为弱势文化的发展提供了极大的空间。

从 1982 年联合国教科文组织发布《墨西哥城文化政策宣言》开始，到 2001 年联合国教科文组织第 31 届会议通过《世界文化多样性宣言》，再到 2005 年联合国教科文组织第 33 届大会通过《保护和促进文化表现形式多样性公约》，国际社会形成了关于文化多样性问题的一系列重要共识，旨在保护和促进文化多样性的努力出现了"从言论到行动"的重要变化。一百多个公约缔约国积极推进旨在保护和促进文化多样性的立法和政策程序；联合国相关机构正在起草一系列重大项目，积极推动《保护和促进文化表现形式多样性公约》中的各项条约的落实；著名非政府组织和国际论坛正在行动起来，以文化多样性为主题的会议和研究机构不断出现。[①] 这些情况一方面反映出在文化经济化过程中国际文化贸易将面临竞争、博弈等更加复杂的局面，另一方面也为其长久健康发展开辟了道路。

中国作为教科文组织成员国，始终支持和重视《公约》的制定，中国参与了"保护和促进文化表现形式多样性公约"制定的全过程，并为推动《公约》顺利通过发挥了重要作用。2007 年中国正式向联合国教科文组织递交了"保

---

① "世界文化多样性论坛"发起倡议书. http://www.chinatibetnews.com/wenhua/2010 – 11/19/content_587616. htm.

护和促进文化表现形式多样性公约"批准书，并表示愿为促进世界文化多样性做出自己的贡献。中国也以缔约国的身份积极参加保护和促进文化表现形式多样性的国际事务和活动。

第三节　文化安全与国家利益

一、文化安全

当今世界，全球化和文化多元化的两种趋势将长期并存。承认、尊重和自觉维护文明的多样性和文化的多元化是全人类的共识。对于一个民族国家尤其是中国这样具有悠久灿烂、独具特色文明的发展中国家来说，在全球化环境下统筹好文化安全和文化开放非常重要。文化的发达，不仅可以形成巨大的民族凝聚力和文化认同感，而且这种认同感和凝聚力所形成的文化屏障可以极大地提高国家的整体安全度，赢得良好的国际安全环境。

生存和发展是国家文化安全的核心，也是国家文化安全的主体构架。一个民族、一个国家要自立于民族之林，必须满足两个基本的需求：一是国家生存、安全的需求；二是经济社会发展的需求。国家、民族生存安全是第一位的，是首要的利益。只有生存安全有保障，发展才有坚实的基础。一个民族在发展过程中，其文化是和世界其他民族相区别的重要标志，同时也是确定其人类学身份的根本依据。因此，文化对于一个民族和一个国家来说，是一种能够凝聚和整合民族和国家一切资源的根本力量，这种力量的任何形式的丧失，都将危及一个民族和国家的生存安全。正因如此，文化安全就成为能否确保一个民族和国家的生存安全的一种战略安全。维护和捍卫本民族的文化传统，进而实现社会发展的目标，是为了获得更多、更可靠的安全保障。①

文化安全是整个国家安全体系的一个重要组成部分，对于确保国家政治安全、经济安全、军事安全有着重要意义。在当前全球化浪潮的背景下，发展中国家面对的文化安全问题必然更加突出。

在全球化环境下要善于统筹文化市场开放和文化安全，要着眼长远、着眼全局、着眼根本，超越短期利益、局部利益和表面利益。文化市场开放的根本目的是为了充分满足人民的精神文化需求，繁荣民族文化。民族文化和文化产业的繁荣、本土文化企业的强大是践行科学发展观的题中之意。

---

① 杨建新. 维护国家文化安全的战略意义. 中国社会科学院院报∥人民网，2006 - 7 - 16，http：//theory. people. com. cn/GB/49157/49165/4594676. html.

对中国来说，采取海纳百川、有容乃大的开放姿态主动参与世界文化交流和融合，"走出去，引进来"，谋求中西文化的和谐，是提高中华文化竞争力和活力的必然选择，孤芳自赏、封闭市场、故步自封是死路一条。任何民族和国家搞文化孤立主义或理想化的纯净民族文化，都是没有出路的。

但是，对外国文化产业也不能一味拿来、引进，必须认识到文化多元化的趋势和维护民族文化安全的极端重要性。我们有责任使中华民族文化世世代代传承和弘扬。文化产业作为 21 世纪对中国具有战略意义的黄金产业，蕴藏着极为巨大的商机，在开放文化市场、吸取国外优秀文化成分的同时，必须以维护国家文化安全为前提，采取有效措施维护中华民族文化的独立性、完整性。有必要在遵循 WTO 规则和国际惯例的前提下对尚属幼稚产业的文化产业进行保护，实行有管理的渐进开放。

专栏 12 - 2

文化保护已刻不容缓，从文化安全高度保护文化遗产

文化遗产是一个国家和民族在历史发展过程中，经过时间积淀留存下来的具有传统和民族特色的文化精品，是具有代表性和民族性的历史文化成果。21 世纪《文化多样性与人类全面发展——世界文化与发展委员会报告》中曾指出："文化遗产之间的互动关系组成了人类的整体文化景观，它们是本地人思维和行动的历史文化坐标系，只有对它们加以妥善保护，我们才能从历史发展的角度看待本土文化。"但现实是，随着经济全球化趋势和现代化步伐的加快，世界文化的多样性面临着挑战，留存住本国、本民族独特的文化遗产不被破坏，现已成为各个国家，尤其是发展中国家维护本国和本民族文化安全，不被发达国家文化同化的重要一环。

在我国，虽然近些年关于文化遗产保护的呼声越来越高，与之相关的法律法规也在逐步完善。但是，不可否认的一点是，文化遗产保护的观念还没有上升到文化安全的高度，认识不到文化遗产保护对于我国文化安全造成的显性和隐性的影响，因此保护形势依然十分严峻。不少基层政府组织对文化遗产保护的重要性和必要性认识不到位，相关人员缺乏必备的文化专业知识，业务能力不强；对文化遗产保护工作缺乏规划甚至根本没有将之摆上议事日程，相关投入自然也不足。而伴随着城市化进程，地方城乡发展与文化遗产保护之间的矛盾也普遍存在，一旦面临经济开发与保护文化遗产的选择，很多地方政府都短视地选择了前者。

　　而民众的参与意识差对于文化遗产的保护也同样形成了极大的障碍。近年随着人们生活方式的改变，传统的技艺开始逐渐退出历史舞台，人们对于曾经代代相传的一些非物质文化遗产（以下简称非遗）的认同感下降，更缺乏保护遗产的历史使命感。不少非遗资源流失严重，后继乏人，这样一来使得中华文化极易发生断层，导致整个民族意识发生变化，对我国的文化传承和保持中华文化的独特性造成了很大的影响。

　　以我国的民族语言为例，据2008年商务印书馆出版的语言国情学术专著《中国的语言》统计，中国56个民族有129种语言，其中有20多种语言使用人口不足1 000人，处于濒临消亡的边缘。而民族语言是人类最重要的遗产之一，每一种语言都传承着一个民族的独特文化和智慧，因此任何一种语言的消亡都将是中华文明的损失。再以中国的传统节日为例。曾几何时，我们开始热衷于西方的节日，情人节、圣诞节、愚人节等在中国土地上大张旗鼓，中国传统节日在人们的生活中呈式微趋势。直到2005年韩国"江陵端午祭"申报"世界口头和非物质文化遗产"成功，我们才意识到传统节日之于中华民族的意义所在。中国文联书记处书记白庚胜研究员在接受媒体采访时曾明确指出，传统节日事关文化安全："传统文化是一种巨大的社会组织力，也是一种巨大的社会和谐力——在精神深处，最根本的东西是民族认同和文化认同。从这个意义上来说，传统节日相当重要。"

　　文化遗产的保护处理不善除了动摇中华民族的文化根基，影响我国的文化安全以外，还从国际文化战略层面直接关涉我国的国家安全局势。除了上面提到的韩国"江陵端午祭"申报"世界口头和非物质文化遗产"成功的事例，近些年，韩国和中国的文化遗产申报已经全面发生矛盾。比如，2007年，韩国人将"祭孔大典"进行了正式的文化遗产申报；再比如印刷，韩国人说"活字印刷"是韩国人发明的；韩国又提出，造纸也是他们发明的；还有中医，韩国已经用若干年时间做中医的申遗。毋庸置疑，如果我们再不从文化安全的高度重视遗产的保护，本属于中华民族的独特文化和历史将成为别国的文化名片。

　　文化安全的问题不是空谈，是实实在在的问题，文化遗产的保护和传承已经对我们国家的生存基础产生危机，对国家的文化安全产生危机。从文化安全的高度充分认识保护文化遗产的重要性，已经刻不容缓。

　　资料来源：宗波. 文保已刻不容缓，从文化安全高度保护文化遗产. 人民日报海外版，2010 - 12 - 7.

二、国家利益视野中的文化安全

文化安全离不开国家利益，必须从国家利益的角度出发来界定文化安全。国家利益是分析国家行动的基本概念。对于"国家利益"这一概念的界定，学者们众说纷纭，而且倾向于从各自的研究领域进行分析。美国著名政治学家亨廷顿从价值观层面来定义国家利益：国家利益是一种公共产品，它是所有公民都共同关心的问题；所谓致命的国家利益，就是人们宁愿用鲜血和财富来捍卫的东西。一方面，国家利益包括安全和物质上的考虑，另一方面，国家利益包括道德和种族考虑。①

而国家利益视野中的文化安全，应该注意下述几个方面：

第一，文化安全的主体是国家，而不是其他个体或小群体，在思考文化安全问题时，不可缺少"国家"这个概念。而中国国家的文化利益，与中华民族、中华人民共和国的文化利益是合为一体的、不可分割的。

第二，有威胁才有安全，国家的文化安全不是杞人忧天，也不是凭空臆造的。从国家利益的角度出发制定文化政策，保障文化安全，就需要弄清楚什么是国家的文化利益，什么威胁了国家的文化利益，如此才能知道如何保卫我们的文化安全。

第三，并不是所有的文化利益都能够上升为文化安全问题，在文化利益中，只有那些关乎民族生死存亡、牵涉国家传承的重大文化利益，才能够最终上升为文化安全问题。

本章小结

文化产业国际化发展过程中不能忽视对相关国际协定及公约的学习和研究。世界贸易组织关于文化产业的一般规定，以及《伯尔尼公约》、《世界版权公约》、《保护工业产权巴黎公约》、《罗马公约》、《佛罗伦萨协议》和《内罗毕草案》等提出的种种规定是活跃于世界文化市场中的各国及地区应该了解并遵循的规则。然而，文化例外与文化多样性、文化安全与国家利益同样值得重视。在全球文化经济繁荣的时代背景下，要善于统筹文化市场开放和文化安全，采取海纳百川、有容乃大的开放姿态主动参与世界文化交流和融合，"走出去，引进来"，谋求中西文化的和谐，是提高中华文化竞争力和活力的必然选择。

---

① Samuelr P. Huntington, The Erosion of American National Interests, Foreign Affairs, September/October, 1997.

复习思考题

1. 世界贸易组织关于文化产业有哪些规定？还有哪些公约对文化产业作出了规定？
2. 什么是文化例外原则？如何认识文化多样性？
3. 如何从国家利益出发制定文化政策，保障文化安全？

案例讨论题

从美国与加拿大期刊争端看新国际贸易环境的调整

WTO 为国际文化产品贸易提供了一个新的环境。各国文化政策的制定和实施，也必须在这个新环境下展开。也许有人会问，WTO 规则既然对本土文化形成了威胁，为什么还要加入 WTO 呢？一方面，这是因为，WTO 是经济全球化和世界贸易体系的具体而微的缩影，这个时代，没有任何国家能够脱离全球化，准确地说，没有任何国家能够承担脱离全球化和世界贸易体系的代价。从另一方面来讲，WTO 也不是"紧箍咒"，在贸易规则的制定和争端解决过程中，各成员方还是有一定发挥余地的。

WTO 权力的重要来源就是它的争端解决机制。WTO 成立以来，涉及文化产品贸易的案例只有一个，即美国和加拿大的期刊争端。研究这一案例，对于准备未来可能遇到的文化产品贸易争端，具有非常重要的借鉴意义。下面详细介绍这一争端的起因、解决过程和影响，并附相关的政策建议。

随着经济、社会和信息全球化的深入发展，大型跨国传媒集团普遍采取全球采购、全球生产和全球传播的经营战略。"外国期刊本地版"就是这种扩张战略的一个产物。加拿大是美国文化产品最大的海外市场，以《时代周刊》和《读者文摘》为先锋，美国大型期刊从 20 世纪 30 年代开始编印加拿大版。此后半个多世纪，美国期刊的膨胀扩张战略和加拿大政府采取严厉措施治理"外国期刊加拿大版"产生了一系列冲突，最终导致 WTO 历史上最著名的涉及文化产品争端案例：美国—加拿大期刊争端案。

一、争端产生的背景

这场争端的导火索是美国时代公司期刊业务向海外的迅速扩张。1993 年 1 月，美国时代华纳集团下属的时代公司宣布要在加拿大出版《体育画报》(加拿大版)。当时，时代华纳集团是世界上最大的媒体集团之一，时代公司负责集团的期刊出版业务。期刊出版是时代华纳集团当时最成功的业务部门，也是最大的利润来源之一，约占集团总收入的 25%。20 世纪 90 年代初，时代公司利用品牌扩张战略，积极推动集团名牌期刊在海外出版，力图迅速覆盖新的地区和细分化的读者群。

　　时代公司从一开始就盯住了加拿大期刊业的弱点。自从 1976 年蒙特尔尔奥运会以来，加拿大人在体育运动方面的成绩引人注目，其体育运动趋向于国际化，北美冰球、橄榄球、棒球和篮球已经形成统一赛事。体育运动日益成为加拿大人生活中不可缺少的一部分，是加拿大人最关注的话题之一。但是，在加拿大所有的期刊中，却没有一份期刊专门反映这方面的内容。《体育画报》（加拿大版）一出版，马上填补了这个市场空间，发行量很快达到 15 万份。

　　相比之下，加拿大本土期刊业力量非常薄弱。1993 年，美国期刊业总收入为 220 亿美元，而加拿大期刊业总收入只有 8 亿美元。1992 年至 1993 年，美国期刊出口增长了 8 亿美元，其中 78% 流向加拿大，而同期加拿大期刊出口总额只有 2 000 万美元。在加拿大报摊上出售的所有期刊中，加拿大期刊只占 6%，70% 的加拿大期刊在报摊上根本见不到。加拿大期刊收入主要依赖于发行量，广告收入很低，税前利润还不到 3%。《体育画报》（加拿大版）的出现，不仅给加拿大期刊出版商增加了一个强有力的竞争对手，更危险的是，这种行为可能带动一批美国期刊向加拿大进军。

　　加拿大期刊出版商协会（CMPA）意识到了这种威胁。在第一期《体育画报》尚未出版之前，该协会就向联邦政府投诉，认为时代公司此举违反了联邦政府执行了半个世纪的禁止外国期刊出版加拿大版的政策。所谓"外国期刊加拿大版"（split-run-magazine）就是外国原版期刊的一种派生品，其绝大部分内容（超过 80%）取自原版期刊，但根据加拿大市场的情况，增加了一部分反映加拿大生活的内容，以吸引加拿大广告客户。由于这种期刊大部分编辑内容取自原版期刊，编辑成本下降，广告价格低廉，加之这些期刊背后多有大传媒公司巨额广告促销资金和发行网络支持，发行量很大，深受广告客户的青睐。

　　应期刊出版商协会等组织的要求，加拿大联邦政府成立了一个特别调查组，对加拿大期刊市场现状和"外国期刊加拿大版"可能对本土期刊业产生的影响进行调查。

　　以上背景说明：搞"外国期刊本地版"是发达国家大型传媒集团惯用的在海外谋取暴利、实施文化影响的一种战略，而本土期刊出版业的弱势和市场覆盖的缺失常常是大型传媒集团的突破口。

二、加拿大政府的对策

　　长期以来，加拿大联邦政府一直采用关税、邮政补贴和广告税减免三种办法抑制外国期刊的生长，促进本土期刊的发展。加拿大海关对进口的外国期刊课以重税，阻外国期刊于国门之外；邮政补贴由政府直接拨款到加拿大邮政公司，本土期刊享受费用极低的邮发服务；加拿大商家在加拿大期刊上做广告，可以享受税收减免待遇。这三项措施一反两正，相辅相成，似乎比较完备。

但 20 世纪 90 年代以来，高新技术与国际贸易环境的飞速变化，对加拿大政府长期执行的保护期刊业的措施提出了挑战。以《体育画报》（加拿大版）为例，第一，该刊并非在美国编辑加工，通过海关进口到加拿大，而是将原版期刊的内容通过电子媒介传送到加拿大境内一家印刷厂，直接在加拿大编辑加工，这就绕过了加拿大海关，使关税形同虚设。第二，该刊虽然无法享受加拿大本土期刊的邮政补贴，但凭借时代华纳巨额的广告资金和强大的发行网络，发行量远远超过加拿大期刊。第三，发行量的增长，使该刊广告量大增，拉走了一大批广告客户，侵蚀了加拿大期刊业的广告市场。

特别调查组经过调查，向联邦政府提交了一份报告。报告认为，"外国期刊加拿大版"与加拿大本土期刊存在不公平竞争，在《体育画报》（加拿大版）上做整页广告花费只有 6 250 加元，相当于原版期刊在美国境内广告收费的一半，这将吸引大量的加拿大广告客户，加拿大期刊业将损失 40% 的广告收入。《体育画报》（加拿大版）的成功会产生连带效应，估计将有 53 种外国期刊可能会仿效它的做法，如果这种现象发生，很多加拿大期刊将被挤出市场，被迫停刊，而另一些期刊为了维持生存，将不得不紧缩成本，降低编辑内容的数量和质量，这样做只会进一步降低发行量，形成恶性循环。换句话说，"外国期刊加拿大版"将会给加拿大期刊业带来毁灭性的打击。特别调查组最后建议，为保护加拿大期刊业，在原有的关税、邮政补贴和广告免税等措施外，还必须增加另外一项严厉措施，即对"外国期刊加拿大版"每期广告收入征收 80% 的消费税。

联邦政府采纳了特别调查组的建议，《体育画报》（加拿大版）被允许在加拿大继续出版，但实际上，这项 80% 的消费税已经断绝了任何"外国期刊加拿大版"在加拿大市场上生存的希望。时代公司的高层管理人员抱怨，加拿大政府此举实际上是"把我们的财产充公了"。

从上可知，保护本土文化产业是国际通行做法，发展中国家和发达国家莫不如此。保护措施不能一成不变，要随时代和环境变化而不断调整。

三、争端解决过程

时代华纳集团向美国贸易代表办公室提出申诉。美国贸易代表办公室多次与加拿大政府进行磋商，但被加拿大以"期刊出版涉及文化主权"为由拒绝。美国贸易代表办公室非常恼火，认为加拿大此举违反了它对 WTO 的承诺，决定向 WTO 提出争端解决。

根据 WTO 争端解决机制的要求，美国和加拿大首先进行磋商，双方在 1996 年 3 月开始谈判，但未达成任何协议。WTO 在 6 月份成立裁决委员会，对争端情况进行调查。1997 年 3 月，裁决委员会做出裁定，认为加拿大保护期刊业的三项措施中的两项——对进口期刊征收关税和对"外国期刊加拿大版"征收 80% 的消费税——与 WTO 规则不符，但认为加拿大对国内期刊进行邮政补贴并未违反 WTO 规则。加拿大和美国都对裁决结果表示不服，同时提起上诉。WTO 上诉机构于 1997 年 6 月做出最后裁定，宣布加拿大保护国内期刊业的三项措施全部违反 WTO 规则，规定加拿大必须在 15 个月内取消上述歧视措施，履行其对 WTO 的承诺。

值得一提的是，美国在这场期刊争端中耍了一个花招。美国与加拿大和墨西哥签有《北美自由贸易协定》，其中也有争端解决机制，按常理，美国应首先在这一地区性自由贸易协定中解决期刊争端。美国之所以绕开《北美自由贸易协定》而转向 WTO，是因为在加拿大的强烈要求下，《北美自由贸易协定》中加入了"文化例外"条款，而 WTO 则没有。

美国—加拿大期刊争端是 WTO 历史上第一个涉及文化产品的争端案例。这一案例不仅对加拿大保护性的文化政策提出了挑战，而且对整个国际文化产品贸易格局都将产生重大影响。WTO 对此案的裁决将成为今后成员方涉及文化产品贸易的争端的重要参考。

从上可知，WTO 的宗旨是推进自由贸易，在美国的推动下，WTO 以一轮一轮的贸易谈判不断扩大自由贸易的范围，越来越多的文化产品贸易将被纳入 WTO 自由贸易体制，对本土文化产业的威胁越来越大。

四、加拿大政府的政策调整

加拿大政府不得不对外宣布执行 WTO 的裁定。但是，加拿大政府并未退却，它把目光转移到在 WTO 框架下未做任何承诺的广告服务领域。加拿大政府扬言，将出台一项新法案，规定加拿大商家不得在"外国期刊加拿大版"上做广告，并且"外国期刊加拿大版"广告中不能含有针对加拿大客户的广告内容。如果这项措施出台，"外国期刊加拿大版"将很难在加拿大市场上生存。

在时代华纳公司等几家大型传媒集团的游说下，美国贸易代表办公室与加拿大政府进行了拉锯式的谈判和交涉。美国威胁加拿大，如果加拿大通过这项法案，美国将提出一份贸易清单，对加拿大进行大规模的贸易报复。1998 年至 1999 年，双方经过多次较量，都做了妥协和让步，最后达成了协议。

加拿大虽然做了让步，但它合理利用 WTO 规则与美国讨价还价，最后掌握了主动权，使期刊业的损失不致过大。加拿大联邦政府宣布：加拿大政府取消对外国期刊 80% 的消费税；加拿大商家不论在加拿大期刊还是外国期刊上做广告都享有税收减免的待遇。根据该期刊所含"加拿大内容"的比例而享受不同比例的税收减免。

加拿大政府随即进行了一系列政策调整，调整后，加拿大保护和发展期刊业的措施变为立法、行政管理、投资限制和税收调节的综合体。（1）不允许外资收购加拿大期刊。(2)外资可以在加拿大创办新期刊，但必须符合两个条件：一是投资活动要对加拿大有"净收益"，投资行为在得到加拿大工业部批准后，还必须报文化主管部门——文化遗产部复审；二是该期刊要刊登50%以上的"加拿大内容"，所谓"加拿大内容"由文化遗产部负责解释。(3)外国期刊可以刊登加拿大企业的广告，但如果该期刊的"加拿大内容"少于50%，则最多只能刊登18%的加拿大广告。(4)所谓"加拿大内容"必须满足两个条件中的一个，一是作者必须是加拿大人；二是内容采编自加拿大，而且没有在其他外国期刊中出现过。"加拿大内容要求"与立法、税收和投资措施联系在一起。只有"加拿大内容"占编辑内容大多数的外国期刊才有资格享受税收减免，才能进入广告市场。

这些措施并未使加拿大感到高枕无忧。相反，加拿大认识到国际贸易的进一步扩大必将会对本土文化产业产生重大冲击，所有这些措施都只是一种临时屏障。因此，加拿大积极寻求一种长远的解决办法。目前，加拿大与法国一道，联合爱尔兰、韩国等20多个国家，起草了一份国际文化协定，准备交由联合国教科文组织大会通过，旨在替代WTO成为文化领域具有约束力的国际协定。

从上可知：(1)在全球自由贸易新形势下，必须学会合理利用自由贸易规则保护自己。(2)对文化产业的开放承诺必须慎重。WTO服务贸易领域采取承诺开放制，文化产品贸易主要包含在服务贸易领域，加拿大对服务贸易未做任何承诺，这才能使它在输掉与美国的期刊争端后，马上利用广告服务进行制约。(3)贸易主管部门必须与文化主管部门加强沟通与合作。加拿大在加入WTO谈判中，始终有文化遗产部高官参加，对文化产业的承诺决策主要听取文化遗产部的意见。调整后的措施也规定，文化遗产部对文化产业的投资审查、税收减免资格有最终决定权。(4)加强国际合作，积极参与国际文化协定的制定与修改，推动建立保护文化的国际联盟，利用国际力量增强保护自己的砝码。

资料来源：张玉国. 国家利益与文化政策. 广州：广东人民出版社，2005.

问题：

在文化产业国际化过程中，如何应对各种争端和摩擦？

参考文献

1. 冯宗宪，郭根龙. 国际服务贸易. 西安：西安交通大学出版社，2008.

2. 张玉国. 国家利益与文化政策. 广州：广东人民出版社，2005.

3. 马冉. 论《保护和促进文化表现形式多样性公约》与WTO协定的冲突与协调. 黑龙江省政法管理干部学院学报，2010(8).

4. 宋彦麟. 辽宁省文化产业竞争力研究. 沈阳：辽宁人民出版社，2007.

5. 胡惠林. 文化产业学：现代文学产业理论与政策. 上海：上海文艺出版社，2006.

6. 赵国鸿. 文化产业不能只看 GDP：论全球化条件下文化开放与文化安全. http：∥theory. people. com. cn/GB/41038/4379235. html.